Les Fascicules 1 et 2 sont réunis sous une même couverture
Jusqu'au 31 Mars 188., ils seront vendus ensemble seulement **30** centimes

CHEFS-D'ŒUVRE
du
THÉÂTRE FRANÇAIS

ÉDITION TRÈS SOIGNÉE COMPRENANT :

I. Portrait et Vie de chaque auteur ; — Étude critique générale de son Théâtre.
II. Analyse et Histoire de chacune des pièces publiées et Notices sur ses principaux interprètes, depuis la première représentation jusqu'à l'époque actuelle.
III. Par chaque fascicule, un ou deux portraits d'après nature ou d'après des originaux communiqués par la *Bibliothèque Nationale* et la *Comédie Française*.
IV. Chaque pièce est précédée d'un titre, fac-similé exact de celui de la première édition.

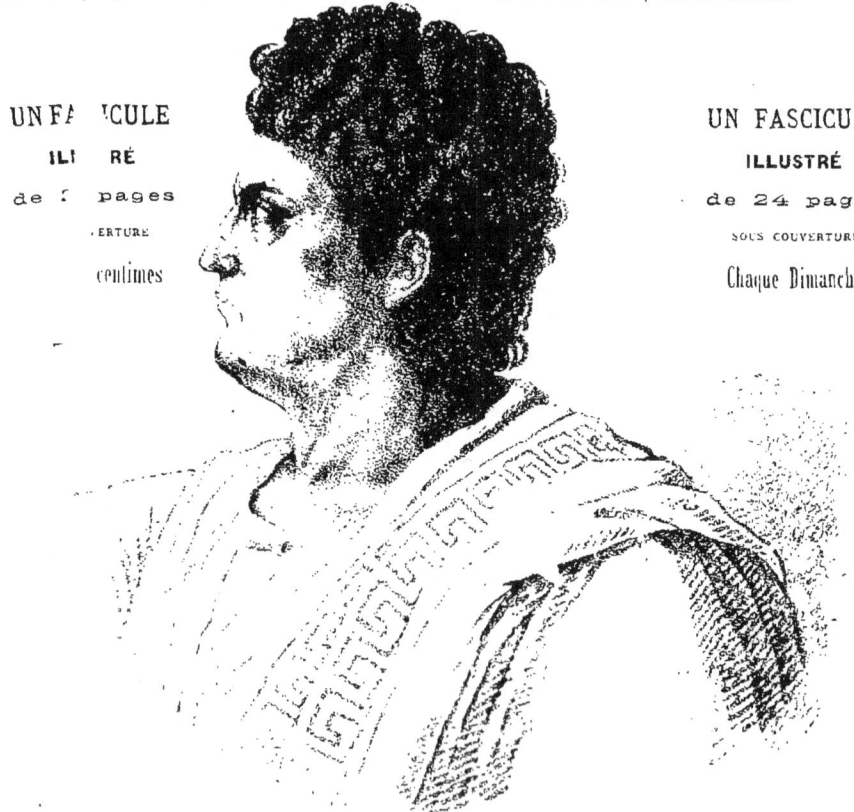

UN FASCICULE
ILLUSTRÉ
de 24 pages
SOUS COUVERTURE
centimes

UN FASCICULE
ILLUSTRÉ
de 24 pages
SOUS COUVERTURE
Chaque Dimanche

TALMA. — Rôle d'Oreste dans *Andromaque*
reproduction d'une gravure communiquée par la *Bibliothèque Nationale*

Pièces choisies de Corneille, Racine, Molière, Voltaire, Regnard, Marivaux, etc., etc.
Par Jules FAVRE
PROFESSEUR DE L'UNIVERSITÉ, DOCTEUR ÈS LETTRES, LAURÉAT DE L'ACADÉMIE FRANÇAISE

Librairie générale de vulgarisation (A. DEGORCE, éditeur), 9, rue de Verneuil, Paris

CHEFS-D'ŒUVRE DU THÉATRE FRANÇAIS

PIÈCES CHOISIES DE

CORNEILLE — RACINE — MOLIÈRE — VOLTAIRE

REGNARD — MARIVAUX, ETC.

CORNEILLE

1606-1684

D'APRÈS UNE GRAVURE DE CH. LASNE, CONTEMPORAIN DE CORNEILLE
(Communiquée par la *Bibliothèque Nationale*.)

CHEFS-D'ŒUVRE DU THÉATRE FRANÇAIS

CORNEILLE

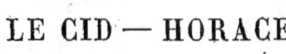

LE CID — HORACE
CINNA — POLYEUCTE — LE MENTEUR

PAR

JULES FAVRE

PROFESSEUR AGRÉGÉ DE L'UNIVERSITÉ, DOCTEUR ÈS LETTRES
LAURÉAT DE L'ACADÉMIE FRANÇAISE

PARIS
LIBRAIRIE GÉNÉRALE DE VULGARISATION (A. DEGORCE)
9, RUE DE VERNEUIL, 9

AVANT-PROPOS

Nous offrons aux lecteurs de la Librairie de vulgarisation le théâtre choisi de nos grands auteurs dramatiques. Nous commençons par Corneille, et le présent volume se compose du *Cid*, d'*Horace*, de *Cinna*, de *Polyeucte* et du *Menteur*. On pourra ultérieurement donner *Mélite*, *Médée*, comédie et tragédie de début du grand poète, l'*Illusion comique*, et les tragédies de *Rodogune*, de *Nicomède* et de *Sertorius* qui étaient fort goûtées des contemporains. Mais nous attendrons d'abord l'accueil qui sera fait à notre tentative. Aussi bien, les chefs-d'œuvre que nous publions aujourd'hui suffiraient à la gloire de Corneille.

Nous n'avons pas oublié que nous nous adressons ici à un public spécial : aussi nous sommes-nous abstenu de commentaires et de discussions critiques et savantes.

Dans le premier chapitre de l'étude préliminaire, nous racontons, année par année, la vie du poète; dans le second, laissant de côté tout ce qui ne se rapporte point au théâtre, nous passons rapidement ses œuvres en revue.

Quant aux pièces que nous avons choisies, nous les analysons successivement et racontons leur histoire à la scène depuis la première représentation jusqu'à l'époque actuelle.

Les documents, quoique incomplets, ont été réunis pour les siècles antérieurs. Pour le dix-neuvième, nous avons consulté les archives de la Comédie française en nous laissant guider par l'obligeant conservateur, M. Georges Monval. Nous avons pu ainsi établir exactement la liste des interprètes, célèbres ou distingués, des principaux rôles, depuis Talma et Mlle Duchesnois jusqu'à Rachel et, de nos jours, M. Mounet-Sully. C'est la nouveauté de notre livre[*]; peut-être y trouvera-t-on quelque intérêt.

Nous avons adopté le texte de l'édition des *Grands Écrivains*[**].

Nous donnons trois portraits, un par siècle, des comédiens ou comédiennes qui se sont fait le plus remarquer dans chaque pièce publiée. En l'absence complète de renseignements précis sur les costumes

---

[*] Chacune des pièces publiées aura pour titre de première page le *fac-simile* authentique du titre de sa première édition. (Note de l'éditeur)

[**] *Les Grands Écrivains de la France.* — Hachette et Cie, éditeurs.

que revêtaient à l'origine Rodrigue ou Chimène, le vieil Horace ou Camille, Cinna ou Émilie, Pauline ou Félix, nous nous contentons de reproduire, tels que nous les trouvons à la Comédie française et à la Bibliothèque nationale, les portraits des acteurs sur lesquels notre choix s'est arrêté. Pour les interprètes de notre siècle, les documents ne manquent pas : nous les représentons avec le costume consacré aujourd'hui.

Il va sans dire que nous avons tiré parti de tous les ouvrages importants qui ont traité de Corneille. Il serait fastidieux de les énumérer ici. Toutefois nous tenons à déclarer que nous devons beaucoup à M. Marty-Lavaux qui, chargé, dans la collection des *Grands Écrivains*, de dire tout ce que l'on sait sur Corneille, l'a dit si bien et si complètement. Nous avons profité aussi des savantes études de notre collègue, M. Felix Hémon, professeur de rhétorique au lycée Louis-le-Grand, et c'est un plaisir pour nous de le reconnaître.

J. F.

CHEFS-D'ŒUVRE DU THÉATRE FRANÇAIS

CORNEILLE

SA VIE ET SON THÉATRE

I

VIE DE CORNEILLE

Pierre Corneille naquit à Rouen, le 6 juin 1606. Son père, Pierre Corneille, était maître particulier des eaux et forêts en la vicomté de cette ville. Sa mère s'appelait Marthe Lepesant. Il était l'aîné de sept enfants, de deux frères, Antoine, baptisé le 10 juillet 1611, et Thomas, baptisé le 24 août 1625, plus tard poète dramatique et académicien, de quatre sœurs, Marie (1609), Magdelaine (1618), Marthe (1623), qui fut la mère de Fontenelle, une autre Magdelaine enfin qui mourut à l'âge de six ans (1629-1635).

La maison natale de Corneille, qu'on a laissé démolir, était située rue de la Pie. Mais c'est à Petit-Couronne, aux environs de la ville, dans une très modeste maison de campagne achetée en 1608 par son père, que le poète, selon toute vraisemblance, passa une partie de son enfance. Cette petite propriété est devenue aujourd'hui un musée dans lequel on garde pieusement les derniers souvenirs de la maison où Corneille est né à Rouen et de celle où il mourut à Paris, rue d'Argenteuil : la porte d'entrée de la première et une rampe d'escalier ayant appartenu à la seconde.

Corneille fit d'excellentes études au collège des jésuites de Rouen. Déjà sur les bancs il s'exerçait à la poésie et montrait un goût particulier pour Lucain : on raconte qu'il remporta un prix pour une traduction en vers d'un épisode de la *Pharsale*.

Au sortir du collège, Corneille étudia le droit. Le 18 juin 1624, il était licencié ès lois, comme on disait alors, et prêtait serment en qualité d'avocat au Parlement de Rouen. Il ne fut guère avocat que de nom. Si l'on en croit l'auteur des *Nouvelles de la République des Lettres*, livre publié en 1685, il se serait vite dégoûté de la chicane et n'aurait plaidé qu'une fois. Il ne dit pas cependant un adieu définitif à la carrière judiciaire, car le 16 février 1629 il succéda officiellement à maître Pierre Desmogerets dans la charge de conseiller et avocat du Roi à la Table de Marbre de Normandie.

De 1624 à 1629, Corneille, comme nous venons de le voir, parut très rarement au Parlement. Que fit-il pendant ces quatre années? Resta-t-il oisif? Cela n'est guère probable, puisque sa première comédie, *Mélite*, est de 1629. On ne s'improvise pas poète, et surtout poète dramatique. Il est donc vraisemblable que de 1624 à 1629 Corneille, cédant à une vocation irrésistible, composa des vers et se prépara à écrire des comédies. Si l'on ajoute foi à son propre témoignage, ce fut l'amour qui lui révéla son génie pour le théâtre.

J'ai brûlé fort longtemps,

dit-il dans son *Excuse à Ariste*,

d'une amour assez grande,
Et que jusqu'au tombeau je dois bien estimer,
Puisque ce fut par là que *j'appris à rimer*.
Mon bonheur commença quand mon âme fut prise ;
Je gagnai de la gloire en perdant ma franchise ;
Charmé de deux beaux yeux, mon vers charma la cour,
Et ce que j'ai de nom, je le dois à l'amour.

Ces deux beaux yeux seraient, selon quelques-uns, ceux d'une jeune fille, nommée Marie Courant, selon d'autres, ceux d'une demoiselle Milet, de Rouen. Corneille avait pris en amitié Marie Courant qui n'était elle-même qu'une enfant pendant qu'il était encore au col-

lège. Plus tard il en devint amoureux. Il lui lisait toutes ses pièces
de vers avant de les publier; elle les critiquait, et son goût judicieux
fut, paraît-il, plus d'une fois utile au poète qui débutait alors. Ainsi elle
voulait bien s'intéresser à ses premiers travaux; mais sa sympathie n'allait pas plus loin, car elle épousa Thomas du Pont, correc-
teur en la chambre des comptes de Normandie. Sévère et pratique,
comme une jeune fille qui donne des conseils et peut corriger des
vers, elle préféra un homme posé à un poète inconnu encore, et, de
plus, avocat sans causes. A l'entendre, Corneille fut inconsolable. Ne
dit-il pas encore dans son *Excuse à Ariste :*

> Et bien que maintenant cette belle inhumaine
> Traite mon souvenir avec un peu de haine,
> Je me trouve toujours en état de l'aimer;
> Je me sens tout ému quand je l'entends nommer?

Mais il faut se méfier un peu de la constance des poètes en amour.
En effet, Corneille s'éprit quelque temps après de Mlle Milet, une
jeune fille de Rouen, moins savante sans doute. Sauf une lettre
de trop, le nom imaginé de *Mélite* est l'anagramme du nom réel.
Ne pourrait-on pas supposer que Corneille, à vingt-trois ans, eut
deux Égéries, l'une, grave et sérieuse qui l'estimait pour ses
vers, l'autre qui l'aimait pour lui-même, et que ce fut la seconde,
selon toute apparence, celle qui ne s'est point mariée, qui lui
inspira sa première comédie?

Le célèbre acteur Mondory, directeur d'une troupe de comédiens
qui allaient en province de ville en ville, de passage à Rouen, demanda
le manuscrit de *Mélite* à Corneille, et, de retour à Paris, monta cette
pièce sur le théâtre du Marais. Hardy, le poète à la mode, reconnut
que « c'était une jolie bagatelle ». Corneille vint de Rouen à Paris
pour assister à la première représentation. Ce fut sans doute
dans ce voyage qu'il commença à se lier avec les poètes célèbres
du temps, qui formaient une sorte de pléiade dramatique, Scudéry,
Mairet, Rotrou, du Ryer, Bois-Robert et Claveret. Sa seconde comédie, *Clitandre,* est de 1632. Avec la *Veuve* (1633), il conquit, outre
le public, tous ses émules. Selon une habitude qui était fort prati-

quée au seizième siècle et qui était encore en usage au commencement du dix-septième, ces aînés de Corneille, sinon par l'âge, du moins par la notoriété, adressèrent au nouveau venu parmi eux des hommages poétiques que celui-ci s'empressa de placer en tête de la *Veuve*. Sa quatrième pièce, la *Galerie du Palais* (1633), obtint un très vif succès.

En même temps que Corneille recherchait l'amitié des poètes, il se ménageait aussi dans la haute société des protecteurs puissants. Ainsi il dédiait, lorsqu'il eut le privilège d'imprimer, sa comédie de *Clitandre* (1632) à Monseigneur le duc de Longueville qui pensionnait les gens de lettres ; et celle de *Mélite*, jouée trois ans avant, mais imprimée un an après *Clitandre*, à M. de Liancourt (1633).

Cette même année (1633), Corneille eut l'occasion d'attirer sur lui directement l'attention du cardinal de Richelieu. Il se trouvait à Rouen dans un moment où Louis XIII, la reine et le cardinal faisaient une saison à Forges. Il fut chargé par l'archevêque de Rouen, Harlay de Champvallon, dont il avait su se concilier la faveur, de composer une pièce de vers latins en l'honneur des hôtes augustes de la petite ville d'eaux. Le poète se tira de son compliment avec l'habileté du Normand et une heureuse prétérition de rhétorique : il supplia dans ses vers le prélat « d'épargner son faible luth », et de ne point le solliciter de « célébrer les louanges des héros », c'est-à-dire de Louis XIII et de Richelieu ; mais sa modestie ne l'empêcha point de proclamer, en s'aidant du même luth, sa gloire naissante de poète. Richelieu, qui connaissait Corneille par le succès de sa dernière comédie, *la Galerie du Palais*, l'attacha dès lors à son cabinet dramatique où travaillaient déjà pour son compte Bois-Robert, Colletet, l'Estoile et Rotrou. Ces cinq auteurs, Corneille compris, développaient les idées de comédies fournies par le ministre.

Toutefois, avant son entrée dans cette compagnie, Corneille avait donné seul une cinquième pièce intitulée *la Suivante* (1634), et une sixième, la *Place Royale*, probablement la même année. Tandis que la *Veuve* avait été placée sous la protection de la veuve de M. de la Châtre, maréchal de France, baron de la Maisonfort, et que la *Galerie du Palais* avait été dédiée à Mme de Liancourt, la *Suivante* et la *Place Royale* parurent avec des dédicaces dont les destinataires sont restés inconnus, le poète n'ayant mis que des initiales.

En 1635, Corneille, comme nous venons de le voir, faisait partie de la maison de Richelieu. Celui-ci avait imaginé le sujet d'une comédie intitulée *La Comédie des Tuileries;* ses cinq poètes l'écrivirent. Corneille eut pour sa part le troisième acte à faire. Ce troisième acte est de beaucoup le meilleur; mais le poète s'était permis de changer quelque chose au canevas imposé. Cette liberté déplut au cardinal qui déclara que Corneille n'avait point *l'esprit de suite*. Corneille profita de l'occasion pour reconquérir son indépendance. Il prétexta des affaires qui l'appelaient à Rouen, et Richelieu lui accorda son congé.

A peine libre, Corneille se remit à l'œuvre. Il composa sa première tragédie, *Médée* (1635). Après cette tentative honorable, il fit jouer l'*Illusion comique*, quelques mois seulement avant le *Cid*. Enfin, dans les derniers jours de l'année 1636, parut le *Cid*. A partir de ce moment, Corneille, hors de pair, peut dire avec fierté ce qu'il avançait encore timidement dans la pièce de vers latins, dont nous parlions plus haut : « Au théâtre peu de poètes m'ont égalé, nul ne m'a dépassé. »

Me pauci hic fecere parem, nullusque secundum.

Sa gloire une fois établie, malgré les attaques passionnées que nous aurons à raconter, servit à son père, quelques jours après l'éclatant succès du Cid. En effet, en janvier 1637, le père de Corneille reçut des lettres de noblesse qui lui furent accordées pour récompenser la fermeté et le courage qu'il avait déployés dans l'exercice de sa charge de maître des eaux et forêts. Or il s'était démis de ces fonctions en 1620, et il y avait dix-sept ans que la chancellerie l'oubliait. Le triomphe du fils rappela tout à coup le souvenir du père.

De 1636 à 1640, Corneille ne donna rien à l'hôtel du Marais. Ces quatre années furent, en pure perte pour le théâtre, employées par lui soit à répondre aux diverses critiques qui avaient assailli le Cid, soit à régler des affaires de famille après le décès de son père qui ne jouit que pendant deux ans de la distinction qu'il avait obtenue, soit enfin à former opposition aux provisions de l'office de second avocat du roi à la Table de marbre du Parlement de Rouen obtenues, contre tout droit, par un certain François Hays qui, de ce fait, le frustrait de la moitié des revenus de sa charge.

Horace ne fut joué qu'en 1640. Des critiques malveillantes s'élevèrent encore ; mais Corneille y coupa court en dédiant sa tragédie au cardinal de Richelieu. La même année vit paraître *Cinna*, nouveau triomphe après lequel le poète songea au mariage. Il épousa Marie de Lampérière, fille de Mathieu de Lampérière, lieutenant général aux Andelys : il avait alors trente-six ans. Il eut de son mariage six enfants, quatre fils et deux filles, dont voici la liste, par ordre d'âge : Marie (1642), qui fut l'aïeule de Charlotte Corday, Pierre (1643), — tous les fils aînés dans la famille portaient le prénom de Pierre, — un fils cadet, dont nous ignorons le prénom et la date de naissance, mais dont nous aurons à parler dans la suite, Charles, filleul du P. de la Rue, un des professeurs les plus aimés du poète, Thomas, qui fut abbé d'Ayguevive, mais dont nous ne savons que la date de la mort (1699), enfin Marguerite, plus tard religieuse dominicaine sous le nom de sœur de la Trinité.

La tragédie de *Polyeucte* fut donnée après *Cinna* (1643). Corneille la lut d'abord à l'hôtel de Rambouillet, dans ce salon célèbre où se réunissaient autour de Mme de Rambouillet et de sa fille Julie d'Angennes les plus beaux esprits du temps et les juges les plus délicats ; on ne l'y goûta guère. Mais au théâtre elle réussit pleinement.

Pompée, tragédie, et le *Menteur*, comédie imitée de l'espagnol, furent composés dans le même hiver, sans doute dans celui de 1643-1644. En 1644, parut la *Suite du Menteur*, et, l'année suivante, *Rodogune* réunit tous les suffrages. Le succès de *Polyeucte* devant le public engagea Corneille à renouveler sa tentative dans le genre religieux et chrétien, mais il échoua complètement avec *Théodore* (1645). Malgré cet insuccès, ses précédentes victoires avaient fait de lui le premier poète du temps. Aussi reçut-il une lettre que le roi Louis XIV, encore enfant, lui écrivit de sa main, sous la dictée de la Régente, pour le charger de composer des vers en l'honneur de son père, dans un grand ouvrage à figures gravées par le célèbre Valdor et intitulé *les Triomphes de Louis le Juste*. En 1646, son plus fidèle ami, Rotrou, dans la tragédie de *Saint-Genest*, put, sans que personne songeât à lui reprocher l'anachronisme, saluer en lui par allusion le maître de la poésie dramatique. Il eut enfin sa revanche sur le théâtre même. La tragédie d'*Héraclius*, qu'il fit représenter à la fin de 1646 ou dans les premiers jours de 1647, fournit une fructueuse carrière. Une dernière satisfaction lui était réservée : le 22 janvier 1647, il remplaçait à l'Académie française le président Maynard, le plus distingué avec Racan des disciples de Malherbe. C'était la troisième fois qu'il se présentait. Le fauteuil du latiniste Bourbon, vacant le premier, avait été donné à un avocat général au Grand Conseil, M. de Salomon, et celui de Faret au poète dramatique du Ryer. Corneille qui, jusqu'en 1647, avait eu son domicile réel à Rouen ou à Petit Couronne et qui n'avait à Paris qu'un pied à terre, dut assurer l'Académie « qu'il avait disposé ses affaires de telle sorte qu'il pourrait passer une partie de l'année à Paris. » L'Académie avait exigé en effet de Corneille cette promesse avant de l'admettre au nombre de ses membres. Ce fut à cette époque que Charles Lebrun peignit le beau portrait qui est resté la plus célèbre et la plus vivante représentation du poète.

Les années qui suivirent son élection à l'Académie française furent peu favorables aux lettres. C'était l'époque de la Fronde. Tous les poètes, et Corneille, comme les autres, — il le dit expressément dans une lettre à M. de Zuylichem auquel il dédia plus tard *Don Sanche*, — durent, pendant les troubles civils, « resserrer dans le cabinet ce qu'ils se préparoient à donner à la France ». Cependant, vers les derniers jours de 1649, le calme revint un peu, et la vie littéraire parut se ranimer. C'est à cette époque que furent publiés les *Triomphes de Louis le Juste*. En 1650, *Andromède* et *Don Sanche* se suivirent.

En 1651 parurent la tragédie de *Nicomède* et la traduction en vers français des vingt premiers chapitres de l'*Imitation de Jésus-Christ*. C'est sur les conseils des pères jésuites ses amis que Corneille avait entrepris ce dernier travail. Il n'avait jamais oublié les années passées au collège de Rouen et l'éducation chrétienne qu'il y avait reçue, et il gardait aux maîtres de sa jeunesse une pieuse reconnaissance. Ainsi on lit cette dédicace sur un exemplaire, conservé à la bibliothèque de la Sorbonne, de l'édition de 1664 de son théâtre :

*Patribus societatis Jesu
Colendissimis præceptoribus suis
Grati animi pignus
D. D. Petrus Corneille.*

Aux pères de la société de Jésus
A ses maîtres vénérables et vénérés
Pierre Corneille a voulu donner
Cette marque de sa reconnaissance.

A l'âge de soixante-deux ans, il signa respectueusement « son très obligé disciple » une pièce de vers qu'il adressa au P. Delidel. Comme nous l'avons vu plus haut, le P. de la Rue était le parrain de l'un de ses fils. Le poète avait donné aussi une preuve non équivoque de ses sentiments chrétiens dans ses tragédies de *Polyeucte* et de *Théodore*. En publiant les vingt premiers chapitres de l'*Imitation*, il ne fit que céder aux mouvements d'une vive piété, et mit le comble à la joie de ses amis. Cette traduction fut accueillie avec une grande faveur. Il l'interrompit quelques mois pour faire jouer *Pertharite* qui tomba (1652). Cette chute le chagrina ; mais son intimité avec le saint livre lui inspira une abnégation toute chrétienne.

De 1653 à 1659, il s'éloigna absolument du théâtre. Il ne voulut plus composer de vers pour les sujets profanes ; il ne songea plus qu'à la gloire de Dieu et au salut de son âme. Ainsi il publia successivement les cinq derniers chapitres du livre Ier de l'*Imitation de Jésus-Christ* et les six premiers du deuxième (1652), les deux premiers livres entiers (1653), les trente premiers chapitres du livre III (1654), l'ouvrage entier enfin avec dédicace au pape Alexandre VI (1656). Selon toute probabilité, il demeura à Rouen presque tout le temps qu'il consacra à la pénitence. En tout cas, il était marguillier et trésorier de la paroisse de Saint-Sauveur en cette ville, de 1652 à 1653. Il était encore à Rouen en 1658, lorsque la troupe de Molière passa et y joua quelques-unes de ses pièces. On raconte que le poète, malgré ses cinquante-deux ans, s'éprit d'une actrice de cette troupe qui remplissait avec talent les principaux rôles, Mlle du Parc. Il lui adressa des vers qui ne sont pas les moins beaux qu'il ait écrits. Mais Mlle du Parc n'accepta, paraît-il, du vieux poète que ses hommages poétiques. Elle venait de quitter Rouen, lorsque Fouquet encouragea Corneille à travailler de nouveau pour le théâtre, et lui conseilla de traiter le sujet d'*OEdipe*. Corneille se mit à l'œuvre et donna bientôt avec un grand succès la tragédie de ce nom (1659). Le roi combla à cette occasion le poète de ses libéralités. Aussi Corneille consacra-t-il au monarque tout ce qui lui restait d'ardeur poétique. Dans le prologue de la *Toison d'Or*, pièce représentée en 1660, à l'époque du mariage du roi, il chanta la gloire de Louis XIV et de Marie-Thérèse.

Cette année (1660) parut une édition du théâtre de Corneille, revue par le poète lui-même, dans laquelle il tenait compte des critiques qui lui avaient été faites et des judicieuses remarques que Vaugelas avait présentées sur la langue française en 1647. Il joignit à cette édition trois *discours* sur le théâtre, l'un sur le poème dramatique en général, le second sur la tragédie, le troisième sur les trois unités. Ces discours étaient précédés d'avertissements au lecteur où il rendait raison des innovations orthographiques qu'il avait hasardées dans ses pièces. Chacune de celles-ci était suivie d'un examen où il se jugeait lui-même et appréciait son œuvre avec une grande impartialité.

L'année 1661 fut stérile pour l'auteur dramatique. Mais le père fut heureux ; Corneille fit placer son second fils comme page chez la duchesse de Nemours, grâce, en partie, à la recommandation de Chapelain.

A la fin de février 1662, le théâtre du Marais représenta *Sertorius*, tragédie sur laquelle Corneille comptait beaucoup et qui fut très applaudie. Corneille se décida alors à quitter définitivement Rouen pour Paris. Ce déplacement ne lui laissa guère de liberté d'esprit, et le reste de l'année se passa sans qu'il publiât le moindre vers.

On semble être d'accord pour supposer que Corneille vint s'établir à l'Hôtel de Guise, rue du Chaume, où sont aujourd'hui les Archives nationales, dans un logis accordé par le prince de Guise, véritable Mécène, à l'auteur dramatique le plus digne de cet honneur. Corneille y succédait à Tristan l'Hermite. Dès 1655, année de la mort de ce poète, l'auteur de *Polyeucte* eût pu y entrer ; il ne le fit qu'en 1662. En même temps il était porté sur la liste des pensions du roi pour la somme annuelle de 2,000 francs.

En janvier 1663, Corneille donna *Sophonisbe* sans grand succès. Mais *Othon* (1664) le dédommagea amplement. Il faut croire que sa pension ne lui était point payée très régulièrement, car, en 1663, il adressa au roi une petite pièce assez ironique où il réclamait spirituellement contre ce retard :

> Grand roi, dont nous voyons la générosité
> Montrer pour le Parnasse un excès de bonté
>   Que n'ont jamais eu tous les autres,
> Puissiez-vous dans cent ans donner encor des lois,
> Et puissent tous vos ans être de quinze mois
>   Comme vos commis font les nôtres!

Jusqu'à *Sophonisbe*, Corneille avait été plein de gloire : deux insuccès, ceux de *Théodore* et de *Pertharite*, avaient balancé des victoires éclatantes, et le souvenir s'en était vite effacé. Avec l'année 1663 la décadence arrive pour lui : il voit avec amertume s'élever à ses côtés sur la scène française un rival plus redoutable que tous ceux dont il avait méprisé les jalousies : Racine vient de se faire connaître avec sa tragédie d'*Alexandre*. Au contraire, lui-même baisse dans la faveur publique : son *Agésilas* tombe à plat (1666), et *Attila* (1667), quoique mieux accueilli, est vivement critiqué. Ajoutez à ces blessures d'amour propre des chagrins poignants de famille. Son second fils, qui était page chez la duchesse de Nemours, comme nous l'avons vu plus haut, blessé au siège de Douai, est ramené à Paris dans la maison de son père. Corneille demeurait alors rue de Cléry, sur la paroisse de Saint-Eustache. Dans la même année il perd prématurément, à l'âge de quatorze ans, son troisième fils, le filleul du P. de la Rue.

De 1667 à 1670, Corneille n'écrivit rien pour le théâtre. Racine prenait la place que délaissait le vieux poète fatigué et vaincu, et il l'occupait en maître. Ce fut cependant en traitant le même sujet que son rival que Corneille rentra au théâtre. Il est vrai qu'il n'en chercha point l'occasion. C'est Henriette d'Angleterre qui le plus innocemment du monde les mit aux prises. Hélas! Corneille échoua dans la lutte, et la *Bérénice* de Racine n'eut point de peine à l'emporter sur la faible tragédie de *Tite et Bérénice* (1670).

En 1671, il collabora avec Molière et Lulli pour leur tragédie-ballet de *Psyché*. Les trois derniers actes sont de lui, et quelques scènes, notamment celle où se trouve la déclaration de l'Amour à Psyché, renferment les vers les plus délicats et les plus tendres qu'il ait jamais écrits. C'est une consolation que de pouvoir signaler cette gracieuse inspiration dans une période malheureuse de sa carrière.

Corneille donna en 1672 au théâtre du Marais *Pulchérie*. Cette tragédie ne réussit qu'à moitié. Le poète s'estima pourtant heureux. Il en était venu à se contenter de demi-succès. Il ne renouvela point l'épreuve, du moins en 1673. Sa dernière tragédie, *Suréna*, est de 1674. Cette pièce fut écrite sous le coup d'une violente douleur. Il venait de perdre son second fils, celui qui avait été blessé au siège de Douai ; le vaillant soldat s'était fait tuer cette fois au siège de Grave, et il avait fini en véritable héros. Il ne restait plus au poète que deux fils, l'aîné Pierre, capitaine de cavalerie, et le quatrième, le religieux, qui obtint en 1680 l'abbaye d'Ayguevive en Touraine.

Les huit dernières années de la vie de Corneille furent malheureuses. Au deuil et aux inquiétudes du père, aux désillusions de l'écrivain dramatique vinrent s'ajouter des angoisses plus terribles encore : Corneille connut la misère. Pendant plus de quatre ans, sa pension ne lui fut point payée. Il espéra trouver des ressources en publiant une nouvelle édition de ses œuvres, celle de 1682, et ce fut à cette unique occupation qu'il consacra les dernières forces qui lui restaient. Pour être juste, il faut reconnaître que le roi fit porter un secours de deux cents louis à l'auteur du *Cid* : mais l'envoyé, La Chapelle, arriva bien tard, quelques jours seulement avant la mort de Corneille. Corneille expira dans la nuit du 30 septembre au 1er octobre 1684 ; il occupait alors le troisième domicile qu'il ait eu à Paris, rue d'Argenteuil, sur la Paroisse de Saint-Roch.

Il fut remplacé à l'Académie française par son frère Thomas Corneille. La Compagnie chargea Racine de louer le grand Corneille : il le fit avec une émotion sincère et enthousiaste et sut parler d'avance le langage de la postérité.

Nous ne saurions mieux terminer cette biographie qu'en empruntant au neveu de Corneille, Fontenelle, le portrait qu'il nous a tracé de son oncle : « M. Corneille, dit-il, était assez grand et assez plein, l'air fort simple et fort commun, toujours négligé, et peu curieux de son extérieur. Il avait le visage assez agréable, un grand nez, la bouche belle, les yeux pleins de feu, la physionomie vive, des traits fort marqués et propres à être transmis à la postérité dans une médaille ou dans un buste. »[*]

---

[*] Le lecteur remarquera sans doute la ressemblance parfaite du portrait de Corneille d'après Ch. Lasne, reproduit en tête de cette édition, avec le portrait que Fontenelle trace ici de son oncle.

II

LE THÉATRE DE CORNEILLE

Un auteur dramatique qui débute, prend d'ordinaire pour modèle le poète à la mode. Corneille n'a pas échappé à la loi commune. Il ne pouvait guère en être autrement. Les pièces de théâtre sont faites pour plaire au public : comment ne pas lui offrir ce qu'il aime? Corneille a donc commencé par regarder autour de lui : tous les écrivains dramatiques qui se produisaient alors étaient les disciples plus ou moins avoués du fameux Alexandre Hardy, véritable amuseur dont la principale règle au théâtre était de satisfaire la curiosité et de suivre le goût de ses contemporains, d'ailleurs peu observateur, nullement philosophe. Corneille fit comme ses émules.

Sa première comédie, *Mélite*, se ressent de cette influence. L'intrigue est compliquée, la composition faible, les mœurs et les caractères sont médiocrement observés.

Mais que de qualités innées déjà! Le comique aisé, le ton mesuré, les incidents nouveaux; tous les acteurs de convention — sauf la *nourrice* qui devait bientôt, elle aussi, céder la place à la *suivante*, — valets, bouffons, parasites, docteurs, capitans de l'ancienne comédie, tous ces êtres d'imagination remplacés par des personnages vivants, réels, tels qu'on en voit tous les jours, un peu forcés de caractères, fruits plutôt encore de la fantaisie du poète que de l'observation de la vie humaine, mais s'exprimant déjà dans un style naïf, clair, bien français.

Malheureusement Corneille ne sut pas d'abord développer ces qualités.

Manquant encore de confiance en lui-même, et, quoiqu'on en ait dit, sensible aux critiques, il délaissa le genre simple et naturel qu'il avait entrevu avec *Mélite* pour tomber dans le genre romanesque et faux avec *Clitandre*. La tragi-comédie de *Clitandre*, on peut le dire, est due aux reproches adressés par les gens du métier à la comédie de *Mélite* qu'ils trouvaient trop simple. Ils la blâmaient de manquer de coups de théâtre, d'être écrite dans un style trop familier, de violer enfin l'unité de temps. « Pour la justifier contre cette censure par une espèce de bravade, j'entrepris d'en faire une régulière (c'est-à-dire dans les vingt-quatre heures), pleine d'incidents, et d'un style plus élevé, mais qui ne vaudroit rien du tout. » C'est Corneille qui parle ainsi lui-même de sa seconde pièce. Mais il parle avec cette sévérité vingt-huit ans après l'avoir composée, en 1660, à l'époque où il donna la première édition de son théâtre. Il ne la condamnait point aussi absolument en 1632, puisqu'il s'empressait de la faire imprimer avant *Mélite*. C'est qu'alors Corneille cherchait sa voie, et il n'était point sûr de l'avoir trouvée. Il va tâtonner encore jusqu'en 1636, jusqu'au *Cid*, mais à chaque étape, il aura fait un véritable progrès vers le mieux.

Ainsi la *Veuve*, qui vient ensuite, quoiqu'elle soit bien loin de mériter les éloges pompeux, mais intéressés, des rivaux de Corneille qui ne trouvaient pas alors au poète une taille au-dessus de la leur et échangeaient avec lui des hommages poétiques, est de beaucoup supérieure à *Clitandre*, et fait souvenir assez de *Mélite* pour le sujet et le style, avec une intrigue plus compliquée, un cinquième acte aussi inutile, mais avec des caractères plus raisonnables.

Le progrès s'accentue dans la *Galerie du Palais*. Corneille rompt entièrement avec les traditions de l'ancienne comédie, en substituant résolument à la nourrice, rôle qui était joué par un homme, la suivante, personnage rendu par une femme et plus conforme à la vérité. En outre, l'unité de lieu est strictement observée, et l'endroit où se passe l'action est heureusement choisi. Ce n'est pas aujourd'hui seulement que le public trouve un piquant plaisir à voir des décors qui lui rappellent plutôt mal que bien les lieux qu'il fréquente dans la vie réelle. On passe avec indifférence devant le Palais de justice ; on bat des mains à l'image qui en est représentée sur une toile peinte. C'est ce qui arriva en 1633. Les spectateurs furent ravis de retrouver au théâtre cette Galerie du palais où le libraire offre aux acheteurs les récentes nouveautés, où la lingère fait une sorte de cours sur l'histoire de la mode et des costumes. Comme pour la *Veuve*, la durée de cette pièce est de cinq jours consécutifs. Mieux que dans les productions précédentes, l'intérêt a été ménagé, et le cinquième acte est enfin une véritable conclusion, ce qu'il doit toujours être, au lieu de n'être qu'un hors d'œuvre comme dans *Mélite* et dans la *Veuve*.

Bien que la cinquième comédie, la *Suivante*, soit écrite plus faiblement que ses aînées, bien que l'intrigue y soit peut-être plus embrouillée, et que le poète prenne certainement plus de plaisir que le lecteur à en démêler les fils, nous croyons encore y constater un progrès dans la manière de Corneille. Il nous présente un caractère nouveau, esquissé seulement dans la *Galerie du Palais*, développé ici, celui de la *Suivante*, Amarante, qui joue le principal rôle. Sans doute on ne peut pas dire que ce soit même une parente éloignée de Dorine ou de Toinette; elle n'a ni la gaieté franche ni le désintéressement de ces bonnes filles de Molière : elle est la rivale de sa maîtresse, et, dans les éclats de sa jalousie, elle parle un peu comme Hermione. Mais enfin, on y découvre en germe ce type de soubrette que l'avenir doit dégager en le précisant.

La *Place Royale*, la sixième et dernière pièce de la première période, dut, comme la *Galerie du Palais*, une grande part de son succès, qui fut considérable, au choix que le poète fit du lieu où se passe l'action. La Place-Royale était à cette époque la promenade à la mode : c'était là que se donnaient les rendez-vous galants. Corneille ne pouvait mieux placer les intrigues amoureuses de ses personnages que dans cet endroit bien connu où se réunissait la société brillante et polie. Mais si l'unité de lieu était respectée, l'unité d'action, la plus importante des trois, la seule indispensable, pourrait-on dire, était enfreinte. Il y avait dans cette pièce une duplicité d'action, comme le reconnut franchement plus tard Corneille lui-même. Alidor essaie de se rendre odieux à une maîtresse importune; mais le moyen qu'il emploie tourne contre son gré : il voulait la donner à son ami Cléandre, et c'est un autre, Doraste, qui devient son amant. Il s'efforce alors de regagner le cœur qu'il dédaignait : il y a deux actions dans ces deux desseins formés l'un après l'autre. Une seule pièce pourrait développer l'une ou l'autre de ces données. De plus, les personnages principaux des quatre premiers actes deviennent insignifiants au cinquième, et ceux du second plan se placent au premier : il y a là un défaut de composition qui saute aux yeux.

Ces six premières pièces, si elles ne sont point aussi languissantes que le dit La Bruyère, ne s'élevaient pas beaucoup pourtant au-dessus de ce que donnaient les autres poètes contemporains. Si Corneille en fût resté là, il n'aurait pas eu une réputation supérieure à celle de ses rivaux, et son nom ne frapperait point davantage l'oreille que les noms de Scudéry, de Mairet et même de Rotrou. On ne trouverait à louer, dans ces comédies de début, que le vif désir, rarement satisfait, de conformer à la vérité des inventions de l'esprit, et une langue déjà précise, ferme et claire.

Mais la *Galerie du Palais* est, à proprement parler, le dernier des essais dramatiques de Corneille. Il va maintenant entrer dans sa véritable voie, en abordant la tragédie. Il ne réussira point tout à fait du premier coup : entre *Médée* et le *Cid* et les autres chefs-d'œuvre qui suivirent, se glissera une comédie, mais il ne s'en glissera qu'une, et encore cette comédie, en dépit de son titre, ne laissera point de montrer un certain héroïsme. Aussi bien peut-on dire que le caractère de son talent, même dans les premières pièces que nous venons d'énumérer, poussait Corneille, presque malgré lui, vers ce genre élevé où il devait devenir si original et atteindre si souvent au sublime. Il avait commencé par suivre le goût de son temps ; mais, qu'il le voulût ou non, la comédie chez lui chaussait le cothurne.

Euripide et Sénèque avaient déjà essayé, dans le sujet de *Médée*, d'attirer la pitié, sinon la sympathie, sur cette femme abandonnée de celui à qui elle avait tout sacrifié, et immolant plus tard, pour se venger de l'infidèle, sa rivale et ses propres enfants. Corneille, en mettant à son tour ce sujet au théâtre, se sentit attiré de préférence vers Sénèque : car il ne prit presque rien de la fable grecque. Il y avait dans les tirades philosophiques du poète latin et dans les sentences stoïciennes qu'il exprimait parfois avec une concision si vigoureuse un mouvement et un tour qui répondaient assez exactement à la nature de son esprit. Mais Sénèque est froid et déclamatoire ; l'action de sa tragédie est languissante, les caractères s'opposent les uns aux autres dans une antithèse où il y a plus de symétrie que de naturel. Corneille ne put échapper à cette influence fâcheuse. On relève dans sa *Médée* plus de taches que de qualités, et quelques superbes vers ici et là ne sauraient compenser le défaut d'une action traînante et de figures outrées. Toutefois cet essai d'un genre nouveau pour Corneille mais qui avait déjà eu ses représentants en France au seizième siècle, Jodelle, et plus tard, Garnier, obtint un honorable succès.

Avec l'*Illusion comique* qui suivit *Médée* et ne précéda le *Cid* que de quelques mois, Corneille reprit le genre qui était si cher à ses contemporains, la comédie, plus par intérêt, je pense, que par goût. Toutefois, en écrivant l'*Illusion comique*, il accentue plus que jamais ce caractère tragique que nous avons signalé : ainsi il fait dire à son Matamore, personnage comique de tradition pourtant, des vers de Rodrigue avec le ton de don Gormas.

Le *Cid* parut enfin, cette tragédie chevaleresque qui rappelle les mœurs du moyen âge, cette véritable épopée dramatique qu'il conçut et écrivit sous l'inspiration du théâtre espagnol, mais qui n'eut point de lendemain. Car pour se conformer aux critiques qui l'avaient assailli de toutes parts, le poète donna ensuite trois autres tragédies et faites selon les règles, trois chefs d'œuvre, il est vrai, les *Horaces*, *Cinna*, *Polyeucte*, mais qui n'ont point, malgré leur admirable beauté, le charme de jeunesse et la vie éclatante qui se montrent à chaque vers dans le *Cid*.

Corneille revint après *Polyeucte* à l'imitation des Espagnols avec la tragédie de *Pompée* et la comédie du *Menteur*. Il n'était point d'ailleurs le seul des écrivains de son temps qui s'inspirât des drames et des comédies de l'Espagne. La littérature espagnole exerçait alors sur les esprits en France une influence assez analogue à celle qu'avait eue au seizième siècle la littérature italienne. Mais peut-être est-il avec Rotrou, son émule et son ami, le poète qui eût pour ces modèles la prédilection la plus marquée. Ainsi, dans sa tragédie de *Pompée*, c'est encore sur les traces d'un Espagnol qu'il se plaît à marcher : il imite le poète latin Lucain, natif de Cordoue, comme Sénèque, l'inspirateur de *Médée*.

La Mort de Pompée, bien que déjà décrite dans la *Pharsale* de Lucain, est avec *Rodogune* celle des tragédies de Corneille où il montre le plus d'originalité. Sans doute, il s'est servi de Lucain et aussi des historiens anciens, mais il a su user des droits du poète et n'a pris à l'histoire que ce qui pouvait orner son sujet et entrer dans le cadre qu'il avait imaginé. S'il n'a eu qu'à transporter César et Cléopâtre de l'histoire sur le théâtre, en représentant le premier, tel qu'il était, ambitieux, mais généreux, fier et magnanime, en nous montrant la reine d'Egypte, telle qu'elle était aussi, désireuse, dans sa coquetterie vraiment royale, de ne voir à ses pieds que les maîtres du monde, le personnage de Cornélie, est tout entier de son invention. L'histoire parle à peine de la compagne de Pompée : Corneille lui a donné toute la fierté romaine. Il n'a point trouvé dans l'histoire les éléments du portrait qu'il nous trace ; mais il la fait agir et parler comme il convient devant César, le rival heureux du grand Pompée. L'intérêt de la tragédie est fondé sur ce héros qui n'y paraît pas, mais dont la mémoire plane sur toute l'action. Comme Hector dans l'*Andromaque* de Racine, il est l'âme de la pièce : de même que Pyrrhus, César, le vivant et le vainqueur, n'est qu'au second plan.

La *Suite du Menteur* (1644) comédie imitée de Lope de Véga, peut laisser à désirer pour la composition, mais elle offre des détails charmants. Certaines situations sont d'une franche gaieté. On voudrait seulement que les plaisanteries qui font rire dans la pièce ne sortissent point toutes de la bouche du valet Cliton. On regrette que deux années d'expérience aient suffi pour assombrir Dorante et lui enlever un peu de sa gentillesse d'esprit.

Si l'on devait s'en rapporter au jugement de Corneille lui-même, *Rodogune*, empruntée à l'historien latin Appien Alexandrin, serait la meilleure de ses tragédies. Cette préférence est peut-être chez lui, pour citer ses propres paroles, « un effet de ces inclinations aveugles qu'ont beaucoup de pères pour quelques-uns de leurs enfants plus que pour les autres. » Cependant un pareil juge ne saurait être écouté légèrement. Il faut reconnaître que, sous le rapport de l'invention, le poète avait quelque droit à revendiquer pour cette tragédie sinon le premier, du moins, un des premiers rangs. Le sujet y est vraiment nouveau : rien de plus tragique que cette rivalité de deux reines, également ambitieuses, également animées de la passion de la vengeance, dont l'une, Cléopâtre, dans sa fureur, ne respire que le crime, dont l'autre, Rodogune, le désire aussi, mais avec une joie moins féroce, pour sauver sa vie et sa dignité, toutes deux enfin dominant de jeunes princes timides et vertueux, Cléopâtre, parce qu'elle

(D'après une gravure communiquée par la *Bibliothèque Nationale*.)

est leur mère, Rodogune, parce qu'ils l'aiment l'un et l'autre ! Et quel art merveilleux chez le poète pour tirer ses personnages des situations terribles où il les a jetés, et qui paraissaient inextricables ! L'intérêt croît d'acte en acte jusqu'au cinquième, le plus terrible qui soit au théâtre.

Si *Théodore* n'eut dans sa nouveauté que cinq représentations et fut une chute irrémédiable, *Héraclius*, au contraire, obtint un grand succès devant le public; mais ce succès n'a point été ratifié par la postérité. Comme dans *la Mort de Pompée* et dans *Rodogune*, Corneille s'inspira de l'histoire : avec sa hardiesse et son habileté ordinaires, il l'accommoda à son dessein. Le malheur fut que le sujet n'était point clair. La représentation fatiguait l'esprit autant qu'une étude sérieuse. C'est Corneille lui-même qui l'avoue, et on peut le croire sur parole. Boileau songeait peut-être à Corneille et à *Héraclius* lorsqu'il disait dans son *Art poétique* :

> Je me ris d'un auteur qui, lent à s'exprimer,
> De ce qu'il veut d'abord ne sait pas m'informer,
> Et qui, débrouillant mal une pénible intrigue,
> *D'un divertissement me fait une fatigue* [1].

Nous citons à sa place, mais sans insister, la tragédie d'*Andromède*, curieux modèle de féerie. Corneille, quoiqu'il eût conçu le sujet et écrit les vers, eut moins de mérite que ses deux collaborateurs, le machiniste Torelli et le musicien d'Assoucy. C'était un ouvrage de commande, et il en composera un autre du même genre, la *Conquête de la Toison d'or*, jouée d'abord sur le théâtre particulier du marquis de Sourdéac, puis à l'Hôtel du Marais. Cette dernière pièce mettait à la scène le commencement de l'histoire de *Médée*, dont il avait raconté la fin dans la tragédie de ce nom.

Don Sanche est encore une comédie héroïque imitée de l'espagnol. Corneille lui-même nous apprend, dans son examen, qu'après un certain nombre de représentations brillantes, elle cessa d'attirer le public, parce qu'il lui manqua un illustre suffrage. On croit généralement que c'est Condé qui refusa d'applaudir la nouvelle pièce du poète. Il déplut à ce prince, si fier de sa naissance, de voir un aventurier, qui passe

---

1. Ch. III, v. 29-32.

pour le fils d'un pêcheur, inspirer par ses exploits de l'amour à deux reines. C'était pourtant un fils de roi, dont l'enfance et la jeunesse avaient été mystérieuses; mais la naissance de ce prince n'était dévoilée que dans la seconde moitié du cinquième acte. Quoi qu'il en soit de cette tradition, le sujet était nouveau. *Don Sanche* rappelait de très loin Rodrigue. On pouvait presque voir dans cette pièce comme le modèle de nos *drames*, et c'était encore une innovation curieuse du poète.

Ainsi Corneille ne se renfermait pas toujours dans le même genre. La souplesse de son esprit se prêtait aux inspirations les plus diverses; l'imitation espagnole lui avait fourni un grand nombre de comédies, de tragédies ou de tragi-comédies, voire un véritable drame, *don Sanche*; à l'imitation des Latins, il devait *Médée*, les *Horaces*, *Cinna*, *Pompée*, *Rodogune*, *Héraclius*.

Il revint aux Latins avec *Nicomède*, tragi-comédie qui peut être classée, pour la valeur et l'intérêt, après la *Mort de Pompée* et *Rodogune*. N'osant pas aborder le sujet d'Annibal, dont la grandeur était digne pourtant de le tenter, Corneille nous présente un disciple de ce héros. Il avait pris plaisir dans les *Horaces*, dans *Cinna*, dans *Pompée* à exalter les vertus de Rome; dans *Nicomède*, il rabaisse le sénat et humilie la majesté consulaire devant un jeune prince hautain, fidèle aux leçons de son maître.

Corneille a écrit peu de tragédies où les caractères fussent aussi étudiés. Celui de Prusias, véritable préfet de Rome sur son trône de Bithynie, est vrai et instructif, s'il n'est ni héroïque ni tragique. Arsinoé est le type de la reine ambitieuse qui abuse de son ascendant sur un époux faible et lâche. Laodice est une princesse qui mérite l'amour de Nicomède par son courage et sa fierté. Quant à Nicomède, Corneille n'a point créé de caractère plus généreux, de rôle plus brillant et plus théâtral. Dans un dénouement inattendu et plein de noblesse, Nicomède, par la grandeur de son âme, subjugue Attale, dont l'éducation seule avait altéré la nature, et étonne Arsinoé, Prusias, Flaminius eux-mêmes.

Pertharite, qui a quelques points de rapport avec *Andromaque*, et dont Racine s'est peut-être souvenu, n'a d'autre titre à l'attention qu'une certaine nouveauté. Jusqu'à *Don Sanche*, c'était surtout l'histoire ancienne qui était la source des tragédies. Corneille crut donner

plus de vie et d'intérêt au théâtre en s'adressant à l'histoire moderne.
S'il n'y réussit point, l'intention n'en était pas moins méritoire,
et il nous plaît de le voir toujours attentif à renouveler les ressources
de son art.

Sept ans après *Pertharite*, Corneille sortait triomphalement de
sa retraite avec cette tragédie d'*Œdipe*, dont, paraît-il, Fouquet lui proposa le sujet. La cour et la ville firent à l'œuvre nouvelle un accueil des
plus chaleureux. Corneille d'ailleurs et les critiques du temps eurent
toujours une sorte de prédilection pour elle. Ainsi La Bruyère ne
craint point de confondre dans le même éloge *Œdipe* et les *Horaces*.
Mais nous nous étonnons aujourd'hui, et avec raison, d'une pareille
méprise. On ne reconnaît pas le grand Corneille dans *Œdipe*; c'est
un autre Corneille, bien différent, qui semble remonter presque
jusqu'à ses débuts : craignant de ne plus être compris du public, après
un si long silence, le poète, toujours désireux du succès, adore ce
qu'il avait brûlé et n'hésite pas à écrire, à l'exemple des plus heureux,
dans le goût du jour.

Il semble que le public voulait témoigner à Corneille la joie que
lui causait son retour. Sa tragédie de *Sertorius* fut fort applaudie
et fort admirée. La foule et les délicats y prirent un plaisir
extrême. Le plus grand nombre fut frappé de l'intérêt de certaines
situations dramatiques ; les délicats s'intéressèrent à l'art du poète
qui savait trouver pour parler de la guerre et de la politique les
expressions les plus nettes et les plus justes. Tous enfin apprécièrent
la nouveauté d'un sujet où, comme le dit Corneille lui-même, il n'y
avait « ni tendresses d'amour, ni emportements de passions, ni descriptions pompeuses, ni narrations pathétiques », agréments ordinaires des tragédies.

Corneille traita ensuite le sujet de *Sophonisbe* que Mairet, d'abord
son ami à l'époque de *la Veuve* et de *la Galerie du Palais*, puis l'un de
ses plus fougueux adversaires, après le triomphe du *Cid*, avait déjà mis
au théâtre avec un très grand succès. On sait que l'on considérait
cette œuvre comme la première tragédie régulière. La tentative
de Corneille laissa intacte la réputation de son prédécesseur. Celui-ci en fut quitte pour de vaines appréhensions. Mairet, en effet,
redoutait beaucoup l'apparition de la nouvelle tragédie de son ancien
rival, avec lequel il s'était réconcilié, du reste, depuis *Horace*. La

Sophonisbe de Corneille n'eut qu'un succès d'estime, comme nous dirions aujourd'hui.

Tite-Live avait servi à Corneille pour sa *Sophonisbe;* Tacite l'inspira pour *Othon*. C'est le chant du cygne du poète ; c'est la dernière œuvre où brillent encore quelques feux d'une ardeur qui s'éteint. Sans doute dans *Othon* il n'y a pas assez d'action, sans doute il y a trop de discours et de raisonnements. Mais quel admirable tableau de l'anarchie de Rome sous les empereurs! Cest une tragédie faible au point de vue du théâtre, et cela suffit pour la condamner ; mais, si l'on ne considère que le style, on est obligé de reconnaître qu'il y a intérêt, du moins pour les lettrés, à voir Corneille aux prises avec Tacite, et à constater dans cette lutte l'égalité de leurs forces.

A partir d'*Agésilas* commence pour Corneille la véritable décadence. Un nouveau poète vient de s'emparer de la scène : la même année (1667) où *Agésilas* tombe au milieu de l'indifférence publique, *Andromaque*, de Racine, est acclamée et rappelle dans une certaine mesure l'enthousiasme qu'avait inspiré le *Cid*. La décadence se confirme avec *Attila*, bien que cette tragédie offre un sujet qui n'est pas sans héroïsme, et quelques détails, ici et là, qui ne manquent point de grandeur. Elle est enfin complète avec *Tite et Bérénice*. Corneille est battu dans sa lutte avec Racine. Dans *OEdipe*, il avait pu rivaliser avec le « doucereux Quinault ». Racine était un adversaire plus redoutable. L'imagination de Corneille n'était pas trop mal à l'aise pour triompher dans le fade et le maniéré, mais la peinture de l'amour, même subtile et raffinée, demandait au poète une observation que Racine n'avait qu'à puiser dans son propre cœur.

Sauf *Psyché*, qu'il écrivit en collaboration avec Molière, et qui obtint un succès dont il ne fut point seul la cause, ses dernières tragédies ne purent le relever de la chute d'*Agésilas*. *Pulchérie* ne réussit point. La faveur publique s'attachait alors, nous l'avons dit, à Racine, et *Bajazet*, qui était joué la même année que *Pulchérie*, gagnait tous les suffrages. *Suréna* ne fit quelque bruit à l'Hôtel de Bourgogne que par respect pour le nom de son auteur. A partir de ce dernier échec, Corneille, qui vécut encore dix ans, ne donna plus rien au théâtre. Il laissa les tragédies « pour les jeunes gens », comme le lui conseillait cruellement M. de Montausier, après l'insuccès de *Surena;* il céda la place à Racine qui venait de faire représenter *Mithridate* (1673).

Cette revue des œuvres de Corneille nous montre quel fut son système dramatique : ce système n'eut rien de fixe et d'immuable. Corneille fut préoccupé avant tout de savoir quel était le goût de son temps. Il a toujours recherché l'actualité. Il attache à ses premières comédies, nous l'avons vu, un intérêt aussi vivant que possible, en transportant le lieu de la scène à Paris, dans les endroits les plus habituellement fréquentés. Certaines de ses tragédies, de celles mêmes qui furent écrites dans sa période glorieuse, se ressentent de l'influence exercée, soit par les événements politiques, soit par les idées qui occupaient le plus les esprits. *Cinna* est joué dans une époque agitée où la clémence sera bientôt le devoir le plus difficile, mais le plus généreux de la royauté : on est à la veille de la Fronde. Les discussions théologiques sur la grâce ne sont pas absolument étrangères à la conception de *Polyeucte*. *Nicomède* rappelle assez la vaillance téméraire de Condé, sa généreuse et bouillante nature, sa fierté et son esprit mordant, sa hauteur devant un pouvoir faible qui comptait avec lui. Ce n'est qu'à partir d'*Othon* que Corneille substitue à cette suggestion extérieure son goût personnel, et l'on a vu que ce changement de méthode ne lui fut pas heureux.

S'il a tant imité les Espagnols, c'est moins par une prédilection marquée que parce que le caractère de ce peuple n'était pas antipathique aux Français de son temps. Le point d'honneur est aussi fort de chaque côté des Pyrénées : les deux nations ont cette grandeur chevaleresque dont nos chansons de gestes et les drames espagnols donnent d'héroïques exemples. Toutefois, cette grandeur est surtout déclamatoire chez nos voisins. Le goût de Corneille, sa mesure dans l'imitation l'ont guidé, et il a su offrir à un public français ce que ce public pouvait supporter de l'emphase et des fanfaronnades espagnoles. Même dans l'imitation, il a montré une souplesse d'esprit extraordinaire. Il a imité les Espagnols, les Latins, l'histoire du moyen âge, l'histoire presque moderne. Il n'y a que les Grecs sur les traces desquels il n'ait point marché. Comme Molière, il a pris son bien partout où il le trouvait, et une imitation à la manière de Corneille est une autre forme de création. Il a eu le génie de l'invention, et, plus que tout autre poète, l'imagination la plus subtile pour sortir des intrigues compliquées qu'il s'est toujours plu à nouer, croyant, — ce fut son erreur — que le mérite de la difficulté vaincue devait passer avant toutes les autres qualités.

Les hommes, dans Corneille, sont au-dessus de l'humanité. Corneille ne les a pas vus tels qu'il sont et surtout tels qu'ils pouvaient être ; il les a conçus plus grands que nature. Il les jette dans des situations exceptionnelles ; quelque difficiles qu'elles soient, ils sont toujours capables d'en sortir. Tout plie devant leur héroïsme. Mais s'il est heureux dans la création des caractères grands et généreux, il ne réussit qu'à moitié dans celle des natures méchantes ou lâches. Un Polyeucte, un Nicomède atteignent au sublime : un Félix, un Prusias rampent à terre.

Corneille ne connaissait guère le cœur de la femme. Se repliant sur lui-même, quand il travaillait dans sa maison de Petit-Couronne, il tirait ses personnages de son imagination. Il ne se mêla point, surtout à partir de *Médée*, comme Racine le fit jusqu'à *Phèdre* inclusivement, aux divers groupes de la société, qui reste toujours la meilleure école du théâtre. Aussi les femmes de ses tragédies ressemblent-elles trop à des hommes, et à des hommes d'une rare énergie, sauf cependant Chimène et Pauline qui sont réellement femmes par la passion la plus belle de leur sexe, celle du sacrifice.

Quant au style de Corneille, il est excellent, même dans ses moindres pièces ; d'une clarté lumineuse, d'une propriété et d'une justesse qui l'empêchent de vieillir, d'une fière sonorité enfin qui va bien avec l'allure superbe de ses héros.

LE CID

TRAGI-COMEDIE

A PARIS,
Chez AVGVSTIN COVRBE', Imprimeur & Libraire de Monseigneur frere du Roy, dans la petite Salle du Palais, à la Palme.

M. DC. XXXVII.
AVEC PRIVILEGE DV ROY.

PERSONNAGES*	ACTEURS 1636	ACTEURS 1886
DON FERNAND, premier roi de Castille......		M. Silvain.
DONA URRAQUE, infante de Castille........	Mlle Beauchateau.	Melle Martin.
DON DIÈGUE, père de don Rodrigue.........		M. Maubant.
DON GOMÈS, comte de Gormas, père de Chimène		M. Martel.
DON RODRIGUE, amant de Chimène.........	Mondory.	M. Mounet-Sully.
DON SANCHE, amoureux de Chimène........		M. Raphaël-Duflos.
DON ARIAS, } gentilshommes castillans.....		M. Villain.
DON ALONSE, }		M. Hamel.
CHIMÈNE, fille de don Gomès...............	Mme Villiers.	Mlle Dudlay.
LÉONOR, gouvernante de l'Infante..........		Mme Thénard.
ELVIRE, gouvernante de Chimène..........		Mlle Fayolle.
UN PAGE de l'Infante......................		Mme Jameau.

La scène est à Séville.

* Nous ne donnons que les noms des créateurs dont on est sûr.

HISTOIRE DU *CID* AU THÉATRE

(1636-1886)

On croit généralement que la première représentation du *Cid* eut lieu vers la fin de décembre 1636. Mais il est certain que cette tragédie fut jouée d'abord par la troupe de Mondory sur le théâtre de l'Hôtel du Marais. Mondory, qui connaissait et appréciait le poète depuis *Mélite*, monta avec le plus grand soin le chef-d'œuvre de Corneille. Dès le premier soir, et pendant près de deux années, l'enthousiasme ne connut point de bornes. Le public assiégeait les portes, bien avant que les chandelles fussent allumées, comme on disait alors, et les recoins du théâtre, où d'ordinaire les pages venaient voir ou essayer de voir les comédies, étaient devenus des places recherchées par les plus nobles spectateurs.

Le *Cid* obtenait le même succès à la cour et chez les grands : on le joua trois fois au Louvre, et deux fois à l'Hôtel de Richelieu. La province voulut aussi connaître cette merveille : on l'applaudit partout, et bientôt dans toute la France on dit en manière de proverbe : *Cela est beau comme le Cid.*

Le *Cid*, en effet, n'était pas seulement une pièce qui laissait bien loin derrière elle tout ce que Corneille avait écrit et toutes les productions de ses rivaux : c'était le premier drame vraiment humain qui parût sur la scène française. L'auteur régénérait notre théâtre en y introduisant la vérité à la place de la convention, et tout le monde pouvait apprécier ce mérite extraordinaire. Ce qu'il y avait de sublime dans la tragédie nouvelle frappait également la foule et les délicats : l'héroïsme du sacrifice est une vertu que nous pouvons tous concevoir, sinon pratiquer. On rapprochait dans une admiration spontanée Rodrigue, Chimène, don Diègue de cet idéal de beauté et de grandeur qui est au fond de toutes les âmes, et l'on trouvait avec surprise que la distance entre ces personnages et l'idéal n'était point éloignée. Une impression aussi forte et aussi généralement partagée ne pouvait être donnée que par un chef-d'œuvre.

Jamais plus beau sujet n'avait été porté au théâtre. Rodrigue, fils de don Diègue, ancien général des armées de Castille, aime Chimène, fille du comte don Gormas, qui est aujourd'hui ce que don Diègue fut autrefois. Ils vont être unis quand un événement imprévu vient détruire leur bonheur. Le roi Fernand a choisi don Diègue comme gouverneur de l'Infant de Castille. Le comte, avide d'honneurs, espérait obtenir cette nouvelle dignité. N'était-il pas le plus ferme appui du royaume ? Mais le prince a voulu récompenser des services passés et faire servir l'expérience d'un vieux soldat à l'instruction de son fils. Don Gormas jaloux accueille mal don Diègue, quand celui-ci vient lui parler de l'hymen de Rodrigue et de Chimène ; il l'accable de ses railleries, de son dédain, et lui donne un soufflet. Le vieillard tire l'épée : son rival le désarme sans peine. Don Diègue demeure un moment le front courbé sous la honte. Heureusement son fils paraît : il relève la tête ; il confie à Rodrigue le soin de les venger sans lui cacher le nom de l'insolent. Après quelques instants d'hésitation, Rodrigue prend son parti : il vengera son père sur le père de Chimène ! Il cherche le comte, l'aborde, le provoque, et le tue. A cette nouvelle, Chimène vient demander au roi la mort du meurtrier, bien que ce meurtrier soit son amant. Ainsi tous deux sacrifient avec la même piété filiale leur amour à leur devoir. Ils se revoient après cette cruelle séparation, mais pour se confirmer leurs sentiments : Chimène ne cessera de poursuivre celui qu'elle adore jusqu'à ce qu'elle ait obtenu justice, et Rodrigue, qui était venu lui offrir sa vie en expiation, la quitte désespéré, mais sans regretter d'avoir fait son devoir.

Il rencontre alors son père qui le cherchait depuis l'issue du duel. Il oppose sa tristesse et sa mélancolie à la joie et à l'orgueil de don Diège qui l'engage à mourir glorieusement, puisqu'il veut mourir.

L'occasion d'un beau trépas s'offre à lui : les Maures viennent de faire une descente à Séville, capitale du royaume. Qu'il meure ou plutôt qu'il force Chimène au pardon en se couvrant de gloire ! Rodrigue attaque les Maures, les taille en pièces, fait prisonniers les chefs qui l'appellent le *Cid*, c'est-à-dire le Seigneur, et vient raconter au roi les péripéties de la bataille. Le roi reconnaissant embrasse le héros qui remplace pour lui désormais don Gormas.

On annonce à ce moment la fille du comte. Le roi fait cacher Rodrigue et dit à l'orpheline, pour l'éprouver, que son amant a été tué par les ennemis ; Chimène est sur le point de défaillir ; mais, comme le roi se hâte trop de proclamer un amour qu'elle ne peut cacher, comprenant la feinte et n'oubliant pas sa vengeance, qui reste son devoir sacré, puisque don Fernand hésite à punir, elle promet d'épouser le chevalier qui tuera Rodrigue dans un combat singulier. Le monarque accepte sa proposition, mais à la condition qu'elle sera la femme du vainqueur, quel qu'il soit. Un chevalier téméraire, don Sanche, sort des rangs et demande à Chimène d'être son champion. Chimène l'accepte. Avant de croiser le fer, Rodrigue vient une dernière fois offrir sa vie à celle dont il ne peut souffrir la haine. Ils pleurent ensemble sur leur bonheur perdu ; emportée par la passion, Chimène laisse échapper l'aveu de son amour :

> Sors vainqueur d'un combat dont Chimène est le prix !

Elle fuit aussitôt, couverte de confusion par ce cri de son cœur.

Sûr d'être encore aimé, Rodrigue court à don Sanche : il voudrait avoir une armée entière à combattre et à vaincre ! Il triomphe facilement de son adversaire, le désarme, et, selon les usages de la chevalerie, lui ordonne d'apporter l'épée du vaincu aux pieds de sa maîtresse. A cette vue, Chimène, croyant don Sanche vainqueur de son amant qui, résolu à mourir, ne s'est point défendu, accable le malheureux de ses imprécations et proclame tout haut son amour, maintenant qu'elle peut l'avouer sans crime. Le roi la détrompe et l'engage à épouser Rodrigue. Chimène refuse encore, mais on prévoit que le jour n'est pas éloigné où la vaillance de Rodrigue, le temps, qui calme les plus grandes douleurs, et le roi, qui se fera obéir quand il le jugera opportun, triompheront des dernières et pieuses résistances de la fille de don Gormas.

Le lecteur remarquera que nous n'avons rien dit de l'Infante qui prend pourtant une assez grande place dans la pièce. C'est une preuve de l'insignifiance de ce personnage épisodique qui ne tient pas du tout à l'action. Au dix-huitième siècle, les comédiens passaient les scènes où l'Infante et la suivante Léonor ne faisaient, selon eux, que ralentir l'action. Il faut bien avouer qu'elles la ralentissent en effet par leur présence et leurs plaintes inutiles. Mais on doit à un poète comme Corneille de respecter son œuvre, telle qu'il l'a conçue, et de la jouer dans son intégrité. Napoléon 1er défendait ainsi l'Infante contre ses censeurs : « Ce rôle est fort bien imaginé ; Corneille a voulu nous donner la plus haute idée du mérite de son héros, et il est glorieux pour le Cid d'être aimé par la fille de son roi en même temps que par Chimène. » Le poète n'a pu qu'esquisser cette figure pour ne point détourner l'intérêt qui doit se concentrer tout entier sur Rodrigue et Chimène : si Corneille eût développé davantage cette idée, il y eût eu duplicité d'action. Il n'en reste pas moins vrai, comme le dit Sainte-Beuve dans sa belle étude sur le *Cid* que, « faute de place et d'espace, l'Infante, dans la pièce française, n'est pas un personnage vivant, et, s'il est permis de le dire, en chair et en os[1] ».

Le triomphe du *Cid* excita la jalousie des auteurs dramatiques du temps. Sauf Rotrou, qui reconnut hautement la supériorité de Corneille, tous les autres, Mairet, Scudéry et Claveret se déchaînèrent contre lui. C'étaient pourtant les mêmes qui avaient signé ces éloges hyperboliques placés en tête de la *Veuve*. Mais les temps étaient changés : Corneille, dans le *Cid*, s'écartait absolument de leur manière : ils le désavouèrent. Ces critiques acharnés s'appuyaient aussi sur le concours de Richelieu lui-même qui avait vu avec déplaisir le succès du *Cid*, pour deux raisons. La première, il faut bien le dire, était la jalousie. Richelieu, on le sait, avait des prétentions littéraires ; les tragédies qu'il avait données avec la collaboration *des cinq auteurs*, qui étaient en même temps les poètes les plus illustres de l'époque, n'avaient eu aucun succès : il était offensé qu'un petit avocat de Rouen, du premier coup, gagnât le public tout entier. La seconde était plus digne de lui. La nature même du sujet et les idées qui inspiraient la tragédie du *Cid* ne pouvaient que déplaire à

---

1. *Nouveaux lundis*, t. VIII, p. 261.

un ministre ennemi des combats singuliers et dont la politique intérieure ne poursuivait d'autre but que l'établissement en France de ce pouvoir absolu auquel l'orgueilleux don Gormas refuse d'obéir. Corneille, qui dédaignait ses autres ennemis, voulut ménager celui-là: il dédia sa tragédie à la nièce de Richelieu, Mme de Combalet, qui avait défendu avec chaleur Rodrigue et Chimène contre leurs ennemis.

Cette démarche était habile, mais elle ne suffit point pour conjurer l'orage qui menaçait : s'il éclata, ce fut un peu de la faute de Corneille. Dans son *Excuse à Ariste*, pièce de vers curieuse où le poète parle de lui avec cette noble franchise qu'il retrouvera lorsqu'il écrira ses *Examens*, il ne craignit point d'accepter sans fausse modestie le premier rang que le succès du *Cid* venait de lui mériter. Ce fut le signal des hostilités.

Mairet attaqua le premier, d'abord sous l'anonyme, une seconde fois, le visage découvert, car Corneille lui avait arraché son masque. Il reprocha à l'auteur du *Cid*, en l'appelant *corneille déplumée*, d'avoir copié entièrement sa pièce sur le drame espagnol de Guilhem de Castro. L'accusation n'était point fondée. Corneille doit le sujet du *Cid* à ce poète, cela est certain ; mais il a su le faire sien en l'adaptant aux mœurs de son temps, en lui enlevant ce qu'il avait de sauvage, de barbare même, et en concentrant tout l'intérêt sur la lutte qui se livre dans l'âme des deux jeunes gens entre le devoir et la passion, combat moral qui ne fut même point entrevu par Guilhem de Castro. Il n'y a pas de comparaison non plus à établir pour l'art et la composition entre les deux auteurs.

Après Mairet, Scudéry se mit en ligne contre Corneille. Il écrivit ses *Observations sur le Cid* où il chercha à prouver que le sujet du *Cid* ne valait rien ; qu'il choquait les principales règles du poème dramatique ; qu'il manquait de jugement en sa conduite ; qu'il avait beaucoup de méchants vers ; que presque tout ce qu'il avait de beautés était dérobé, et qu'ainsi l'estime qu'on en faisait était injuste. Rodrigue, à ses yeux, était un brutal sans délicatesse ; Chimène, une impudique parricide ; don Diègue, un grotesque ; le Comte, un fanfaron ridicule. Corneille fut tristement étonné de voir un homme qu'il avait cru son ami jusqu'à ce jour user envers lui d'un tel procédé : il lui répondit par sa *Lettre apologétique* où il ne laissa rien voir de son chagrin, mais railla agréablement l'auteur fanfaron après s'être défendu victorieusement contre l'accusation de plagiat.

Claveret, le plus obscur des trois, dont le nom avait été cité dédaigneusement par Corneille dans la *Lettre apologétique*, lança contre l'auteur du *Cid* des attaques, plus ridicules encore, s'il est possible, que les *Observations* de Scudéry : Corneille ne lui fit point l'honneur de lui répondre lui-même. Un ami du poète conseilla simplement à Claveret de se taire et de se souvenir « que sa personne était si peu considérable qu'il ne devait jamais croire que M. Corneille ait eu envie de le choquer ».

Malgré ces assauts répétés, le *Cid* restait debout ; le public ne cessait de s'intéresser à Rodrigue et à Chimène. Scudéry demanda alors que l'Académie française, récemment créée par Richelieu, donnât son avis officiel sur le *Cid*. Richelieu, approuvant l'idée de Scudéry, invita l'Académie à intervenir dans la querelle. La Compagnie chercha d'abord à se dérober en se retranchant derrière l'un de ses statuts qui ne l'autorisait à parler d'un ouvrage qu'à la prière de l'auteur. Le consentement de Corneille fut obtenu avec peine, malgré l'habileté de Bois-Robert. D'abord insinuant, puis plus pressant, le secrétaire de Richelieu fut bien obligé, à la fin, d'être menaçant au nom du maître qui voulait que le poète se soumît au jugement de l'Académie. Celle-ci se mit à l'œuvre, et les *Sentiments de l'Académie française* furent publiés, après cinq mois de laborieuse composition et de tâtonnements dans la rédaction avant d'arriver à la forme définitive.

Pendant les cinq mois que dura le travail de critique entrepris malgré elle par l'Académie, Scudéry et Mairet continuèrent d'attaquer Corneille, et Corneille continua de se défendre, les uns et les autres mêlant l'injure à leurs critiques ou à leur apologie. Mais bientôt, au nom de Richelieu, Bois-Robert, tout en félicitant Mairet de ce qu'il avait écrit contre Corneille, lui exprima le désir qu'avait le cardinal de voir cesser la querelle. Le même ordre fut donné à Corneille.

Les Sentiments de l'Académie sur le Cid avaient le tort de mettre sur un pied d'égalité Corneille et Scudéry. Chapelain, qui les avait rédigés, partageait l'avis de Scudéry sur un certain nombre de points : par exemple, il trouvait que dans le *Cid* les règles étaient violées ; il y relevait « des vers bas et des façons de parler impures » et blâmait le dénouement. Cependant il louait le poète pour le sens et la délicatesse de plusieurs de ses pensées, pour la naïveté et la véhémence de ses passions.

Quelque modéré que fût ce jugement dans la forme, il n'obtint pas le résultat qu'on s'était proposé ; il n'apaisa point la querelle. Les partisans de Scudéry le trouvèrent trop favorable, les amis de Corneille tout à fait injuste. Les lettrés restèrent divisés. L'un d'entre eux, cependant, le plus grand écrivain en prose du temps, Balzac, écrivit à Scudéry une lettre où, sans le blesser, il le mit fort au-dessous de Corneille. Quant au public, il y avait longtemps qu'il était convaincu de l'excellence de l'œuvre.

La querelle du *Cid* arrêta court la source d'inspiration nouvelle d'où Corneille venait de tirer son premier chef-d'œuvre. Il n'osa plus y puiser. S'il eût continué à élargir cette mine si riche en sujets que pouvait offrir à sa brillante imagination l'étude de l'histoire au moyen âge, la tragédie en France, comme le dit si justement un critique allemand, W. Schlegel, eût eu quelque chose de plus vrai, de plus intime, de plus vivant et de plus actuel. Découragé par les critiques dont le *Cid* avait été l'objet, et surtout par le jugement suprême de l'Académie qui renvoyait dos à dos les deux parties, Scudéry et lui, « Corneille, conclut Schlegel, s'arrêta dans cette carrière et n'y eut point de successeurs. » Jamais le mot que La Bruyère devait prononcer plus tard n'a trouvé d'application plus juste qu'à l'occasion de cette fâcheuse querelle du *Cid* : « Le plaisir de la critique nous ôte celui d'être vivement touchés de très belles choses. » Un autre sentiment aveugle venait s'ajouter à ce malin plaisir : l'envie.

Le *Cid* fut joué pour la première fois, comme nous l'avons vu, à l'hôtel du Marais.

Le rôle de Rodrigue fut créé par Mondory. Cet acteur, qui était en 1636 dans tout l'éclat de son talent, tenait les premiers emplois avec la plus grande autorité. Son habileté était telle, bien que son jeu fût forcé et sa déclamation ampoulée, qu'il faisait valoir les plus méchants vers. Poète lui-même, il dut se surpasser dans Rodrigue qui parlait avec autant de fermeté et de noblesse qu'il agissait. Avec sa taille bien prise, son visage agréable et expressif, sa mine fière, Mondory avait à peu près la physionomie du héros.

La Villiers créa le rôle de Chimène, et la Beauchâteau celui de l'Infante. Mme de Villiers joua Chimène, parce que son emploi était celui des premiers rôles tragiques. Mais elle n'a guère eu d'éclat. C'était la femme de ce comédien qui attaqua Molière dans sa pièce intitulée *La vengeance des marquis*. Quant à Mme de Beauchâteau, femme de l'acteur de ce nom, elle réussissait assez dans les princesses tragiques. Elle avait, comme Mondory, la déclamation ampoulée et chantante, qui plaisait fort à cette époque.

Peut-être d'Orgemont créa-t-il don Diègue ; mais ce n'est pas bien sûr. On ne sait pas grand chose de ce comédien, sinon qu'il faisait partie de la troupe de Mondory, et était estimé de son chef et apprécié du public. On ne connaît pas les autres interprètes de la création.

C'est Beauchâteau qui, à l'hôtel de Bourgogne, succéda à Mondory. C'était un Rodrigue encore plus emphatique. Dans l'*Impromptu de Versailles*, Molière critique le ton peu naturel dont il débitait les stances de la fin du premier acte :

> Percé jusques au fond du cœur, etc...

Après Beauchâteau, ce fut le célèbre Baron, l'élève de Molière, qui joua Rodrigue, lorsque les trois théâtres du Marais, de l'Hôtel de Bourgogne et du Palais Royal ne firent plus qu'une seule troupe et que se fonda ainsi la Comédie Française (1680). Baron était grand et bien fait : il avait une beauté mâle, un air imposant et fier, tendre et passionné, selon les personnages qu'il rendait. Sa voix était juste, sonore et flexible ; il disait les vers avec une rare perfection et son geste, comme son attitude, avait une noblesse et un naturel incomparables. Il ne déclamait pas, il parlait : il substituait la simplicité du ton, qui n'exclut pas la dignité, quand on conserve à la voix une certaine ampleur, à l'emphase et à la déclamation. Baron était si sûr de lui qu'à l'âge de 67 ans, en 1720, il ne craignit point de jouer encore Rodrigue. Lemazurier, dans sa *Galerie historique des acteurs du Théâtre Français,* raconte qu'il excita un éclat de rire général en récitant les vers suivants :

> Je suis jeune, il est vrai ; mais aux âmes bien nées
> La valeur n'attend pas le nombre des années.

« Mais en grand comédien que rien ne peut déconcerter, il recommença ces deux vers avec tant d'assurance et de sang-froid, en affectant même d'appuyer sur le premier hémistiche : *Je suis jeune il est vrai*, qu'il en imposa au public qui fut forcé de l'applaudir ». Le père de cet illustre acteur, Michel Boyron, dit Baron, qui tenait à l'Hôtel de Bourgogne l'emploi des rois de tragédie, avait joué aussi sur ce théâtre le rôle de don Diègue. Il y mit tant de chaleur, dans la scène de la jalousie entre les deux pères, que, repoussant du pied l'épée que don Gormas venait de lui faire tomber des mains, il se blessa avec la pointe. Il n'y fit point attention : mais la gangrène se mit à cette blessure, et l'amputation fut jugée nécessaire. Il refusa énergiquement de s'y prêter, en disant qu'un roi de théâtre se ferait huer avec une jambe de bois ; il aima mieux mourir.

Au dix-huitième siècle, on fit des coupures dans la tragédie du *Cid*. C'est ainsi que l'on retrancha les rôles de l'Infante et de Léonor. Une suppression plus fâcheuse encore, ce fut celle de tout le commencement du premier acte jusqu'à la scène où les deux pères sont aux prises. On enlevait ainsi à la pièce son exposition.

Les principaux acteurs qui se distinguèrent dans Rodrigue au dix-huitième siècle furent en première ligne Lekain, qui donna, en 1764, des observations intéressantes sur le *Cid*, puis, au-dessous de Lekain, Dufresne et Dubois. Lekain n'avait de beau dans la figure que les yeux qui étaient très vifs. Il fut d'abord la doublure de Grandval qui était au contraire un comédien séduisant. Ce ne fut qu'à force de patience et de travail, en résistant aux cabales, qu'il acquit la première place. Grandval fut obligé de la lui céder dans le tragique, sous la pression même du parterre. Lekain marqua tous ses rôles, malgré sa laideur qui se changeait en véritable beauté quand la passion animait son visage, d'une originalité que Voltaire avait été le premier à reconnaître et à proclamer. Dufresne avait surtout des qualités extérieures, et son talent consistait principalement dans la grâce et la noblesse de sa taille, dans la douceur et la sonorité de sa voix. Dubois était plutôt un confident qu'un premier rôle : comme il avait joué Rodrigue à ses débuts avec quelque succès, il avait bien de la peine plus tard à s'effacer dans le modeste emploi où le limitait son engagement de sociétaire.

Dans le rôle de Chimène, on cite successivement Mlles Gaussin et Desgarcins, et, au-dessous d'elles, Mlles Quinault, de Clèves et Connell, que nous nous contenterons de nommer.

Le rôle de Chimène valut à Mlle Gaussin, après de très

brillants débuts, le titre de sociétaire à demi-part. Mais ce fut surtout dans les tragédies de Voltaire que sa réputation grandit et arriva à son apogée. M{to be}lle{/to be} Desgarcins fut la digne héritière de la Gaussin. Elle excellait à peindre les tourments de l'amour. Sa voix était touchante, pleine de larmes. La fin de sa carrière et de sa vie, terminées prématurément, fut des plus tragiques. Lemazurier rappelle ainsi la scène affreuse où elle perdit la raison. « La maison isolée qu'elle habitait parut facile à surprendre ; des brigands s'y introduisirent dans le silence de la nuit, enchaînèrent M{to be}lle{/to be} Desgarcins et les femmes qui la servaient, les descendirent dans une cave, et se livrèrent ensuite au pillage..... Plus de vingt-quatres heures s'écoulèrent sans que les cris de ces infortunées leur attirassent du secours : ils furent enfin entendus par quelques habitants d'un hameau voisin qui vinrent les délivrer. Il était trop tard ». M{to be}lle{/to be} Desgarcins était devenue folle ; elle mourut quelque temps après.

Dans le rôle de don Diègue, Vanhove était pathétique et touchant.

Au commencement de ce siècle, le 1{to be}er{/to be} janvier 1806, on joua à Saint-Cloud, devant l'Empereur, le *Cid* dans toute son intégrité avec cette distribution : Talma (Rodrigue), Monvel (Don Diègue), Lafon (le Roi), M{to be}lle{/to be} Duchesnois (Chimène), M{to be}lle{/to be} Georges (l'Infante). Nous aurons l'occasion de reparler de Talma, de Monvel et de Lafon. M{to be}lle{/to be} Duchesnois débuta au Théâtre Français en 1802 dans le rôle de Phèdre. Elle y remporta un véritable triomphe ainsi que dans Hermione, qui fut aussi un de ses rôles de début. Jusqu'au 30 mai 1833, date de sa dernière représentation, elle brilla au premier rang. Le critique Geoffroy lui reprochait une espèce de hoquet qu'elle n'avait pu vaincre malgré tous ses efforts et que ne compensaient point à ses yeux la sonorité et la douceur de sa voix. Il lui préférait M{to be}lle{/to be} Georges qui apportait plus de tendresse et de passion dans les rôles de princesses tragiques ; M{to be}lle{/to be} Georges, jusqu'à son départ pour la Russie en 1808, fut pour M{to be}lle{/to be} Duchesnois une rivale redoutable.

Rachel ne joua Chimène, en trois ans, que quatorze fois. Elle n'y réussit qu'à demi. C'est ainsi que Jules Janin, dans son histoire de *Rachel et la tragédie*, définit ce rôle qui est le plus difficile du théâtre tragique : « Il faut une jeune fille belle, éloquente et passionnée ! il faut qu'elle ait un noble cœur, une intelligence ardente et vive, qu'elle ait des larmes dans les yeux, de la grâce dans le geste, de la noblesse, du charme et de la douleur dans la voix ; qu'elle soit tour à tour la jeune fille amoureuse et la grande dame qui se venge ;... qu'elle aime et qu'elle le dise, et qu'elle le sente, et qu'aussi elle appelle à son aide toutes sortes de mépris, de colères, de grâces, de fureurs. Rien qu'à la voir, je veux qu'on la plaigne et qu'on l'aime ; je veux que rien ne soit plus beau, plus simple et plus grand, plus charmant et plus terrible... »

Un rôle si complexe est trop lourd pour qu'une actrice puisse réussir dans toutes les nuances variées et opposées qui le constituent : même Rachel a succombé à la peine. Elle y fut trop la grande dame qui se venge. A côté de Rachel, Beauvallet, dans Rodrigue, montra de la chaleur, de la jeunesse et de l'entraînement. Il déclama fort bien les stances, et le récit du combat fut dit par lui avec beaucoup de poésie. Les critiques du temps citèrent encore Guyon, excellent dans don Diègue, rôle assez facile d'ailleurs et qui porte son interprète.

Après la mort de Rachel, la tragédie à Paris retomba dans le sommeil d'où le génie de la grande artiste l'avait tirée : elle apparut de temps à autre, le vendredi, sur la scène du Théâtre Français, devant des banquettes à peine garnies, au milieu de l'indifférence générale ; mais aucun acteur — sauf Beauvallet, toujours sur la brèche, pathétique don Diègue, après avoir été un brillant Rodrigue — n'eut assez de talent pour la réveiller. Il fallut attendre jusqu'à l'année 1871, jusqu'au lendemain de nos désastres. Il se fit alors dans le goût du public une sorte de réaction vers la tragédie. Il est vrai qu'un tragédien de premier ordre, M. Mounet-Sully, venait de se révéler dans l'Oreste d'*Andromaque*. Le 4 octobre 1872, M. Mounet-Sully continua ses débuts dans Rodrigue à côté de Mlle Rousseil. Il y fut moins heureux, mais on sentit que les défauts disparaîtraient avec l'expérience et que les qualités étaient déjà dans tout leur éclat : un organe sonore et d'une douceur infinie dans les passages de tendresse, une taille avantageuse, une physionomie tragique, une mimique expressive, et surtout un rare talent de composition.

Le *Cid* a aujourd'hui une interprétation hors ligne : voici le jugement que portait sur les acteurs, à la dernière représentation importante de cette tragédie (14 juin 1886), M. Francisque Sarcey, celui des critiques contemporains dont le feuilleton hebdomadaire reflète le plus exactement l'opinion générale du public :

« Je ne sais si le rôle de Rodrigue n'est pas le meilleur de Mounet-Sully. Il est plus également parfait dans celui d'Hippolyte. Mais dans Rodrigue, il a de si beaux élans ! Ah ! comme il nous a dit ce merveilleux récit du *Cid* ! C'est la diction classique dans ce qu'elle a de plus correct et de plus pur ; et, par-dessus, ce goût de panache sans lequel il n'est point de grand art tragique. Quel superbe mélange de fierté et de modestie, de jeunesse et d'héroïsme ! Et les stances, c'est une joie d'entendre ce chant divin s'exhaler des lèvres de l'artiste en plaintes douloureuses où se mêlent les révoltes et les cris de l'homme offensé !

« Maubant a la grande allure de don Diègue : sa voix magnifique fait sonner, avec une extraordinaire puissance, les alexandrins retentissants du vieux Corneille. Il donne, dans ce rôle, aux amateurs du classique, un plaisir sans mélange.

« J'avais, dans le temps, reproché à Silvain d'avoir donné au Roi du Cid trop de familiarité dans la bonhomie. Je lui demandais de hausser légèrement le ton : il a tenu compte de cette observation. Le rôle est au point à cette heure. »

Il n'y a que pour Mlle Dudlay (Chimène) que M. Sarcey nous semble substituer à l'opinion du public son propre jugement : nous dirons seulement que, si le public est le juge sans appel des auteurs dramatiques et de leurs interprètes, Mlle Dudlay est traitée par lui avec la plus grande faveur. On tient compte de la difficulté du rôle et l'on sait gré à l'intelligente artiste des qualités d'énergie qu'elle y déploie.

LE CID

TRAGÉDIE

ACTE I

SCÈNE PREMIÈRE
CHIMÈNE, ELVIRE.

CHIMÈNE.
Elvire, m'as-tu fait un rapport bien sincère ?
Ne déguises-tu rien de ce qu'a dit mon père ?
ELVIRE.
Tous mes sens à moi-même en sont encor charmés :
Il estime Rodrigue autant que vous l'aimez,
Et si je ne m'abuse à lire dans son âme,
Il vous commandera de répondre à sa flamme.
CHIMÈNE.
Dis-moi donc, je te prie, une seconde fois
Ce qui te fait juger qu'il approuve mon choix :
Apprends-moi de nouveau quel espoir j'en dois prendre ;
Un si charmant discours ne se peut trop entendre ;
Tu ne peux trop promettre aux feux de notre amour
La douce liberté de se montrer au jour.
Que t'a-t-il répondu sur la secrète brigue
Que font auprès de toi don Sanche et don Rodrigue ?
N'as-tu point trop fait voir quelle inégalité
Entre ces deux amants me penche d'un côté ?
ELVIRE.
Non ; j'ai peint votre cœur dans une indifférence
Qui n'enfle d'aucun d'eux ni détruit l'espérance,

Et sans les voir d'un œil trop sévère ou trop doux,
Attend l'ordre d'un père à choisir un époux.
Ce respect l'a ravi, sa bouche et son visage
M'en ont donné sur l'heure un digne témoignage,
Et puisqu'il vous en faut encor faire un récit,
Voici d'eux et de vous ce qu'en hâte il m'a dit :
« Elle est dans le devoir ; tous deux sont dignes d'elle,
Tous deux formés d'un sang noble, vaillant, fidèle,
Jeunes, mais qui font lire aisément dans leurs yeux
L'éclatante vertu de leurs braves aïeux.
Don Rodrigue surtout n'a trait en son visage
Qui d'un homme de cœur ne soit la haute image,
Et sort d'une maison si féconde en guerriers,
Qu'ils y prennent naissance au milieu des lauriers.
La valeur de son père, en son temps sans pareille,
Tant qu'a duré sa force, a passé pour merveille ;
Ses rides sur son front ont gravé ses exploits,
Et nous disent encor ce qu'il fut autrefois.
Je me promets du fils ce que j'ai vu du père ;
Et ma fille, en un mot, peut l'aimer et me plaire. »
Il alloit au conseil, dont l'heure qui pressoit
A tranché ce discours qu'à peine il commençoit ;
Mais à ce peu de mots je crois que sa pensée
Entre vos deux amants n'est pas fort balancée.
Le Roi doit à son fils élire un gouverneur,
Et c'est lui que regarde un tel degré d'honneur :
Ce choix n'est pas douteux, et sa rare vaillance
Ne peut souffrir qu'on craigne aucune concurrence.
Comme ses hauts exploits le rendent sans égal,
Dans un espoir si juste il sera sans rival ;
Et puisque don Rodrigue a résolu son père
Au sortir du conseil à proposer l'affaire,
Je vous laisse à juger s'il prendra bien son temps,
Et si tous vos desirs seront bientôt contents.

CHIMÈNE.

Il semble toutefois que mon âme troublée

MADEMOISELLE GAUSSIN
(1711-1767)
D'APRÈS UN PORTRAIT A L'HUILE ATTRIBUÉ A TILLIER.
(Communiqué par la *Comédie-Française*.)

Refuse cette joie et s'en trouve accablée ;
Un moment donne au sort des visages divers,
Et dans ce grand bonheur, je crains un grand revers.
ELVIRE.
Vous verrez cette crainte heureusement déçue.
CHIMÈNE.
Allons, quoi qu'il en soit, en attendre l'issue.

SCÈNE II

L'INFANTE, LÉONOR, LE PAGE.

L'INFANTE.
Page, allez avertir Chimène de ma part
Qu'aujourd'hui pour me voir elle attend un peu tard,
Et que mon amitié se plaint de sa paresse.
(Le page rentre.)
LÉONOR.
Madame, chaque jour même désir vous presse,
Et dans son entretien je vous vois chaque jour
Demander en quel point se trouve son amour.
L'INFANTE.
Ce n'est pas sans sujet : je l'ai presque forcée
A recevoir les traits dont son âme est blessée.
Elle aime don Rodrigue, et le tient de ma main,
Et par moi don Rodrigue a vaincu son dédain :
Ainsi de ces amants ayant formé les chaînes,
Je dois prendre intérêt à voir finir leurs peines.
LÉONOR.
Madame, toutefois parmi leurs bons succès
Vous montrez un chagrin qui va jusqu'à l'excès.
Cet amour, qui tous deux les comble d'allégresse,
Fait-il de ce grand cœur la profonde tristesse,
Et ce grand intérêt que vous prenez pour eux
Vous rend-il malheureuse alors qu'ils sont heureux ?

Mais je vais trop avant, et deviens indiscrète.
L'INFANTE.
Ma tristesse redouble à la tenir secrète.
Écoute, écoute enfin comme j'ai combattu,
Écoute quels assauts brave encor ma vertu.
L'amour est un tyran qui n'épargne personne :
Ce jeune cavalier, cet amant que je donne,
Je l'aime.
LÉONOR.
Vous l'aimez !
L'INFANTE.
Mets la main sur mon cœur,
Et vois comme il se trouble au nom de son vainqueur,
Comme il le reconnoît !
LÉONOR.
Pardonnez-moi, Madame,
Si je sors du respect pour blâmer cette flamme.
Une grande princesse à ce point s'oublier
Que d'admettre en son cœur un simple cavalier !
Et que diroit le Roi ? que diroit la Castille ?
Vous souvient-il encor de qui vous êtes fille ?
L'INFANTE.
Il m'en souvient si bien que j'épandrai mon sang,
Avant que je m'abaisse à démentir mon rang.
Je te répondrois bien que dans les belles âmes
Le seul mérite a droit de produire des flammes,
Et si ma passion cherchoit à s'excuser,
Mille exemples fameux pourroient l'autoriser ;
Mais je n'en veux point suivre où ma gloire s'engage ;
La surprise des sens n'abat point mon courage,
Et je me dis toujours qu'étant fille de roi,
Tout autre qu'un monarque est indigne de moi.
Quand je vis que mon cœur ne se pouvoit défendre,
Moi-même je donnai ce que je n'osois prendre.
Je mis, au lieu de moi, Chimène en ses liens,
Et j'allumai leurs feux pour éteindre les miens.

Ne t'étonne donc plus si mon âme gênée
Avec impatience attend leur hyménée :
Tu vois que mon repos en dépend aujourd'hui.
Si l'amour vit d'espoir, il périt avec lui :
C'est un feu qui s'éteint, faute de nourriture ;
Et malgré la rigueur de ma triste aventure,
Si Chimène a jamais Rodrigue pour mari,
Mon espérance est morte, et mon esprit guéri.
    Je souffre cependant un tourment incroyable :
Jusques à cet hymen Rodrigue m'est aimable ;
Je travaille à le perdre, et le perds à regret ;
Et de là prend son cours mon déplaisir secret.
Je vois avec chagrin que l'amour me contraigne
A pousser des soupirs pour ce que je dédaigne ;
Je sens en deux partis mon esprit divisé :
Si mon courage est haut, mon cœur est embrasé ;
Cet hymen m'est fatal, je le crains, et souhaite :
Je n'ose en espérer qu'une joie imparfaite.
Ma gloire et mon amour ont pour moi tant d'appas
Que je meurs, s'il s'achève ou ne s'achève pas.

LÉONOR.

Madame, après cela, je n'ai rien à vous dire,
Sinon que de vos maux avec vous je soupire :
Je vous blâmois tantôt, je vous plains à présent ;
Mais puisque dans un mal si doux et si cuisant
Votre vertu combat et son charme et sa force,
En repousse l'assaut, en rejette l'amorce,
Elle rendra le calme à vos esprits flottants.
Espérez donc tout d'elle, et du secours du temps ;
Espérez tout du ciel : il a trop de justice
Pour laisser la vertu dans un si long supplice.

L'INFANTE.

Ma plus douce espérance est de perdre l'espoir.

LE PAGE.

Par vos commandements, Chimène vous vient voir.

L'INFANTE, à Léonor.

Allez l'entretenir en cette galerie.

LÉONOR.

Voulez-vous demeurer dedans la rêverie?

L'INFANTE.

Non, je veux seulement, malgré mon déplaisir,
Remettre mon visage un peu plus à loisir.
Je vous suis...
   Juste ciel, d'où j'attends mon remède,
Mets enfin quelque borne au mal qui me possède :
Assure mon repos, assure mon honneur.
Dans le bonheur d'autrui je cherche mon bonheur :
Cet hyménée à trois également importe ;
Rends son effet plus prompt, ou mon âme plus forte.
D'un lien conjugal joindre ces deux amants,
C'est briser tous mes fers, et finir mes tourments.
Mais je tarde un peu trop : allons trouver Chimène,
Et par son entretien soulager notre peine.

SCÈNE III

LE COMTE, DON DIÈGUE.

LE COMTE.

Enfin vous l'emportez, et la faveur du Roi
Vous élève en un rang qui n'étoit dû qu'à moi :
Il vous fait gouverneur du prince de Castille.

DON DIÈGUE.

Cette marque d'honneur qu'il met dans ma famille
Montre à tous qu'il est juste, et fait connoître assez
Qu'il sait récompenser les services passés.

LE COMTE.

Pour grands que soient les rois, ils sont ce que nous sommes :
Ils peuvent se tromper comme les autres hommes ;
Et ce choix sert de preuve à tous les courtisans
Qu'ils savent mal payer les services présents.

DON DIÈGUE.

Ne parlons plus d'un choix dont votre esprit s'irrite :
La faveur l'a pu faire autant que le mérite ;
Mais on doit ce respect au pouvoir absolu,
De n'examiner rien quand un roi l'a voulu.
A l'honneur qu'il m'a fait, ajoutez-en un autre ;
Joignons d'un sacré nœud ma maison à la vôtre :
Vous n'avez qu'une fille, et moi je n'ai qu'un fils ;
Leur hymen nous peut rendre à jamais plus qu'amis :
Faites-nous cette grâce, et l'acceptez pour gendre.

LE COMTE.

A des partis plus hauts ce beau fils doit prétendre ;
Et le nouvel éclat de votre dignité
Lui doit enfler le cœur d'une autre vanité.
Exercez-la, Monsieur, et gouvernez le Prince :
Montrez-lui comme il faut régir une province,
Faire trembler partout les peuples sous sa loi,
Remplir les bons d'amour et les méchants d'effroi.
Joignez à ces vertus celles d'un capitaine :
Montrez-lui comme il faut s'endurcir à la peine,
Dans le métier de Mars se rendre sans égal,
Passer les jours entiers et les nuits à cheval,
Reposer tout armé, forcer une muraille,
Et ne devoir qu'à soi le gain d'une bataille.
Instruisez-le d'exemple, et rendez-le parfait,
Expliquant à ses yeux vos leçons par l'effet.

DON DIÈGUE.

Pour s'instruire d'exemple, en dépit de l'envie,
Il lira seulement l'histoire de ma vie.
Là, dans un long tissu de belles actions,
Il verra comme il faut dompter des nations,
Attaquer une place, ordonner une armée,
Et sur de grands exploits bâtir sa renommée.

LE COMTE.

Les exemples vivants sont d'un autre pouvoir ;
Un prince dans un livre apprend mal son devoir.

Et qu'a fait après tout ce grand nombre d'années,
Que ne puisse égaler une de mes journées?
Si vous fûtes vaillant, je le suis aujourd'hui,
Et ce bras du royaume est le plus ferme appui.
Grenade et l'Aragon tremblent quand ce fer brille ;
Mon nom sert de rempart à toute la Castille :
Sans moi, vous passeriez bientôt sous d'autres lois,
Et vous auriez bientôt vos ennemis pour rois.
Chaque jour, chaque instant, pour rehausser ma gloire,
Met lauriers sur lauriers, victoire sur victoire.
Le Prince à mes côtés feroit dans les combats
L'essai de son courage à l'ombre de mon bras ;
Il apprendroit à vaincre en me regardant faire ;
Et pour répondre en hâte à son grand caractère,
Il verroit...

DON DIÈGUE.

Je le sais, vous servez bien le Roi :
Je vous ai vu combattre et commander sous moi.
Quand l'âge dans mes nerfs a fait couler sa glace,
Votre rare valeur a bien rempli ma place ;
Enfin, pour épargner les discours superflus,
Vous êtes aujourd'hui ce qu'autrefois je fus.
Vous voyez toutefois qu'en cette concurrence
Un monarque entre nous met quelque différence.

LE COMTE.

Ce que je méritois, vous l'avez emporté.

DON DIÈGUE.

Qui l'a gagné sur vous l'avoit mieux mérité.

LE COMTE.

Qui peut mieux l'exercer en est bien le plus digne.

DON DIÈGUE.

En être refusé n'en est pas un bon signe.

LE COMTE.

Vous l'avez eu par brigue, étant vieux courtisan.

DON DIÈGUE.

L'éclat de mes hauts faits fut mon seul partisan.

LE COMTE.
Parlons-en mieux, le Roi fait honneur à votre âge.
DON DIÈGUE.
Le Roi, quand il en fait, le mesure au courage.
LE COMTE.
Et par là, cet honneur n'étoit dû qu'à mon bras.
DON DIÈGUE.
Qui n'a pu l'obtenir ne le méritoit pas.
LE COMTE.
Ne le méritoit pas! Moi?
DON DIÈGUE.
Vous.
LE COMTE.
Ton impudence,
Téméraire vieillard, aura sa récompense.
(Il lui donne un soufflet.)
DON DIÈGUE, mettant l'épée à la main.
Achève, et prends ma vie après un tel affront,
Le premier dont ma race ait vu rougir son front.
LE COMTE.
Et que penses-tu faire avec tant de foiblesse?
DON DIÈGUE.
O Dieu! ma force usée en ce besoin me laisse!
LE COMTE.
Ton épée est à moi; mais tu serois trop vain,
Si ce honteux trophée avoit chargé ma main.
Adieu. Fais lire au Prince, en dépit de l'envie,
Pour son instruction, l'histoire de ta vie :
D'un insolent discours ce juste châtiment
Ne lui servira pas d'un petit ornement.

SCÈNE IV

DON DIÈGUE.

O rage! ô désespoir! ô vieillesse ennemie!
N'ai-je donc tant vécu que pour cette infamie?

Et ne suis-je blanchi dans les travaux guerriers
Que pour voir en un jour flétrir tant de lauriers?
Mon bras, qu'avec respect toute l'Espagne admire,
Mon bras, qui tant de fois a sauvé cet empire,
Tant de fois affermi le trône de son roi,
Trahit donc ma querelle, et ne fait rien pour moi?
O cruel souvenir de ma gloire passée!
Œuvre de tant de jours en un jour effacée!
Nouvelle dignité, fatale à mon bonheur!
Précipice élevé d'où tombe mon honneur!
Faut-il de votre éclat voir triompher le Comte,
Et mourir sans vengeance, ou vivre dans la honte?
Comte, sois de mon prince à présent gouverneur :
Ce haut rang n'admet point un homme sans honneur ;
Et ton jaloux orgueil, par cet affront insigne,
Malgré le choix du Roi, m'en a su rendre indigne.
Et toi, de mes exploits glorieux instrument,
Mais d'un corps tout de glace inutile ornement,
Fer, jadis tant à craindre, et qui, dans cette offense,
M'as servi de parade, et non pas de défense,
Va, quitte désormais le dernier des humains,
Passe, pour me venger, en de meilleures mains.

SCÈNE V

DON DIÈGUE, DON RODRIGUE.

DON DIÈGUE.

Rodrigue, as-tu du cœur?

DON RODRIGUE.

Tout autre que mon père
L'éprouveroit sur l'heure.

DON DIÈGUE.

Agréable colère!
Digne ressentiment à ma douleur bien doux!
Je reconnois mon sang à ce noble courroux ;

Ma jeunesse revit en cette ardeur si prompte.
Viens, mon fils, viens, mon sang, viens réparer ma honte;
Viens me venger.

DON RODRIGUE.
De quoi?

DON DIÈGUE.
D'un affront si cruel,
Qu'à l'honneur de tous deux il porte un coup mortel :
D'un soufflet. L'insolent en eût perdu la vie;
Mais mon âge a trompé ma généreuse envie,
Et ce fer que mon bras ne peut plus soutenir,
Je le remets au tien pour venger et punir.
Va contre un arrogant éprouver ton courage :
Ce n'est que dans le sang qu'on lave un tel outrage;
Meurs ou tue. Au surplus, pour ne te point flatter,
Je te donne à combattre un homme à redouter :
Je l'ai vu, tout couvert de sang et de poussière,
Porter partout l'effroi dans une armée entière;
J'ai vu par sa valeur cent escadrons rompus;
Et pour t'en dire encor quelque chose de plus,
Plus que brave soldat, plus que grand capitaine,
C'est....

DON RODRIGUE.
De grâce, achevez.

DON DIÈGUE.
Le père de Chimène.

DON RODRIGUE.
Le...

DON DIÈGUE.
Ne réplique point, je connois ton amour;
Mais qui peut vivre infâme est indigne du jour.
Plus l'offenseur est cher, et plus grande est l'offense.
Enfin tu sais l'affront, et tu tiens la vengeance :
Je ne te dis plus rien. Venge-moi, venge-toi;
Montre-toi digne fils d'un père tel que moi.
Accablé des malheurs où le destin me range,
Je vais les déplorer : va, cours, vole, et nous venge.

SCÈNE VI

DON RODRIGUE.

Percé jusques au fond du cœur
D'une atteinte imprévue aussi bien que mortelle,
Misérable vengeur d'une juste querelle,
Et malheureux objet d'une injuste rigueur,
Je demeure immobile, et mon âme abattue
    Cède au coup qui me tue.
Si près de voir mon feu récompensé,
    O ! Dieu, l'étrange peine !
En cet affront mon père est l'offensé,
Et l'offenseur le père de Chimène !

    Que je sens de rudes combats !
Contre mon propre honneur mon amour s'intéresse :
Il faut venger un père, et perdre une maîtresse :
L'un m'anime le cœur, l'autre retient mon bras.
Réduit au triste choix ou de trahir ma flamme,
    Ou de vivre en infâme,
Des deux côtés mon mal est infini.
    O ! Dieu, l'étrange peine !
Faut-il laisser un affront impuni ?
Faut-il punir le père de Chimène ?

    Père, maîtresse, honneur, amour,
Noble et dure contrainte, aimable tyrannie,
Tous mes plaisirs sont morts ou ma gloire ternie.
L'un me rend malheureux, l'autre indigne du jour.
Cher et cruel espoir d'une âme généreuse,
    Mais ensemble amoureuse,
Digne ennemi de mon plus grand bonheur,
    Fer qui causes ma peine,
M'es-tu donné pour venger mon honneur ?
M'es-tu donné pour perdre ma Chimène ?

Il vaut mieux courir au trépas.
Je dois à ma maîtresse aussi bien qu'à mon père :
J'attire en me vengeant sa haine et sa colère ;
J'attire ses mépris en ne me vengeant pas.
A mon plus doux espoir l'un me rend infidèle,
    Et l'autre indigne d'elle.
  Mon mal augmente à le vouloir guérir ;
    Tout redouble ma peine.
  Allons, mon âme ; et puisqu'il faut mourir,
Mourons du moins sans offenser Chimène.

    Mourir sans tirer ma raison !
Rechercher un trépas si mortel à ma gloire !
Endurer que l'Espagne impute à ma mémoire
D'avoir mal soutenu l'honneur de ma maison !
Respecter un amour dont mon âme égarée
    Voit la perte assurée !
  N'écoutons plus ce penser suborneur,
    Qui ne sert qu'à ma peine.
Allons, mon bras, sauvons du moins l'honneur,
Puisqu'après tout il faut perdre Chimène.

    Oui, mon esprit s'étoit déçu.
Je dois tout à mon père avant qu'à ma maîtresse :
Que je meure au combat, ou meure de tristesse,
Je rendrai mon sang pur comme je l'ai reçu.
Je m'accuse déjà de trop de négligence :
    Courons à la vengeance ;
  Et tout honteux d'avoir tant balancé,
    Ne soyons plus en peine,
Puisqu'aujourd'hui mon père est l'offensé,
Si l'offenseur est père de Chimène.

FIN DU PREMIER ACTE.

ACTE II

SCÈNE PREMIÈRE

DON ARIAS, LE COMTE.

LE COMTE.
Je l'avoue entre nous, mon sang un peu trop chaud
S'est trop ému d'un mot, et l'a porté trop haut,
Mais puisque c'en est fait, le coup est sans remède.

DON ARIAS.
Qu'aux volontés du Roi ce grand courage cède :
Il y prend grande part, et son cœur irrité
Agira contre vous de pleine autorité.
Aussi vous n'avez point de valable défense :
Le rang de l'offensé, la grandeur de l'offense,
Demandent des devoirs et des submissions
Qui passent le commun des satisfactions.

LE COMTE.
Le Roi peut à son gré disposer de ma vie.

DON ARIAS.
De trop d'emportement votre faute est suivie.
Le Roi vous aime encore; apaisez son courroux.
Il a dit : « Je le veux. » Désobéirez-vous ?

LE COMTE.
Monsieur, pour conserver tout ce que j'ai d'estime,
Désobéir un peu n'est pas un si grand crime ;
Et quelque grand qu'il soit, mes services présents
Pour le faire abolir sont plus que suffisants.

DON ARIAS.
Quoi qu'on fasse d'illustre et de considérable,
Jamais à son sujet un roi n'est redevable.

Vous vous flattez beaucoup, et vous devez savoir
Que qui sert bien son roi ne fait que son devoir.
Vous vous perdrez, Monsieur, sur cette confiance.
LE COMTE.
Je ne vous en croirai qu'après l'expérience.
DON ARIAS.
Vous devez redouter la puissance d'un roi.
LE COMTE.
Un jour seul ne perd pas un homme tel que moi.
Que toute sa grandeur s'arme pour mon supplice,
Tout l'État périra, s'il faut que je périsse.
DON ARIAS.
Quoi ! vous craignez si peu le pouvoir souverain...
LE COMTE.
D'un sceptre qui sans moi tomberoit de sa main.
Il a trop d'intérêt lui-même en ma personne,
Et ma tête en tombant feroit choir sa couronne.
DON ARIAS.
Souffrez que la raison remette vos esprits.
Prenez un bon conseil.
LE COMTE.
Le conseil en est pris.
DON ARIAS.
Que lui dirai-je enfin ? je lui dois rendre compte.
LE COMTE.
Que je ne puis du tout consentir à ma honte.
DON ARIAS.
Mais songez que les rois veulent être absolus.
LE COMTE.
Le sort en est jeté, Monsieur ; n'en parlons plus.
DON ARIAS.
Adieu donc, puisqu'en vain je tâche à vous résoudre :
Avec tous vos lauriers, craignez encor le foudre.
LE COMTE.
Je l'attendrai sans peur.

DON ARIAS.

Mais non pas sans effet.

LE COMTE.

Nous verrons donc par là don Diègue satisfait.
(Il est seul.)

Qui ne craint point la mort ne craint point les menaces.
J'ai le cœur au-dessus des plus fières disgrâces;
Et l'on peut me réduire à vivre sans bonheur,
Mais non pas me résoudre à vivre sans honneur.

SCÈNE II

LE COMTE, DON RODRIGUE.

DON RODRIGUE.

A moi, Comte, deux mots.

LE COMTE.

Parle.

DON RODRIGUE.

Ote-moi d'un doute.
Connois-tu bien don Diègue?

LE COMTE.

Oui.

DON RODRIGUE.

Parlons bas; écoute.
Sais-tu que ce vieillard fut la même vertu?
La vaillance et l'honneur de son temps? le sais-tu?

LE COMTE.

Peut-être.

DON RODRIGUE.

Cette ardeur que dans les yeux je porte,
Sais-tu que c'est son sang? le sais-tu?

LE COMTE.

Que m'importe?

DON RODRIGUE.

A quatre pas d'ici je te le fais savoir.

LE COMTE.

Jeune présomptueux !

DON RODRIGUE.

Parle sans t'émouvoir.
Je suis jeune, il est vrai ; mais aux âmes bien nées
La valeur n'attend point le nombre des années.

LE COMTE.

Te mesurer à moi ! qui t'a rendu si vain,
Toi qu'on n'a jamais vu les armes à la main ?

DON RODRIGUE.

Mes pareils à deux fois ne se font point connoître,
Et pour leurs coups d'essai veulent des coups de maître.

LE COMTE.

Sais-tu bien qui je suis ?

DON RODRIGUE.

Oui ; tout autre que moi
Au seul bruit de ton nom pourroit trembler d'effroi.
Les palmes dont je vois ta tête si couverte
Semblent porter écrit le destin de ma perte.
J'attaque en téméraire un bras toujours vainqueur ;
Mais j'aurai trop de force, ayant assez de cœur.
A qui venge son père, il n'est rien impossible.
Ton bras est invaincu, mais non pas invincible.

LE COMTE.

Ce grand cœur qui paroît aux discours que tu tiens,
Par tes yeux, chaque jour, se découvroit aux miens ;
Et croyant voir en toi l'honneur de la Castille,
Mon âme avec plaisir te destinoit ma fille.
Je sais ta passion, et suis ravi de voir
Que tous ses mouvements cèdent à ton devoir ;
Qu'ils n'ont point affoibli cette ardeur magnanime ;
Que ta haute vertu répond à mon estime ;
Et que voulant pour gendre un cavalier parfait,
Je ne me trompois point au choix que j'avois fait ;
Mais je sens que pour toi ma pitié s'intéresse ;
J'admire ton courage, et je plains ta jeunesse.

Ne cherche point à faire un coup d'essai fatal;
Dispense ma valeur d'un combat inégal;
Trop peu d'honneur pour moi suivroit cette victoire :
A vaincre sans péril, on triomphe sans gloire.
On te croiroit toujours abattu sans effort;
Et j'aurois seulement le regret de ta mort.

DON RODRIGUE.

D'une indigne pitié ton audace est suivie :
Qui m'ose ôter l'honneur craint de m'ôter la vie ?

LE COMTE.

Retire-toi d'ici.

DON RODRIGUE.

Marchons sans discourir.

LE COMTE.

Es-tu si las de vivre ?

DON RODRIGUE.

As-tu peur de mourir ?

LE COMTE.

Viens, tu fais ton devoir, et le fils dégénère
Qui survit un moment à l'honneur de son père,

SCÈNE III

L'INFANTE, CHIMÈNE, LÉONOR.

L'INFANTE.

Apaise, ma Chimène, apaise ta douleur;
Fais agir ta constance en ce coup de malheur.
Tu reverras le calme après ce foible orage;
Ton bonheur n'est couvert que d'un peu de nuage,
Et tu n'as rien perdu pour le voir différer.

CHIMÈNE.

Mon cœur outré d'ennuis n'ose rien espérer,
Un orage si prompt qui trouble une bonace
D'un naufrage certain nous porte la menace :
Je n'en saurois douter, je péris dans le port.

J'aimois, j'étois aimée, et nos pères d'accord ;
Et je vous en contois la charmante nouvelle,
Au malheureux moment que naissoit leur querelle,
Dont le récit fatal, sitôt qu'on vous l'a fait,
D'une si douce attente a ruiné l'effet.
   Maudite ambition, détestable manie,
Dont les plus généreux souffrent la tyrannie !
Honneur impitoyable à mes plus chers désirs,
Que tu me vas coûter de pleurs et de soupirs !

L'INFANTE.

Tu n'as dans leur querelle aucun sujet de craindre :
Un moment l'a fait naître, un moment va l'éteindre.
Elle a fait trop de bruit pour ne pas s'accorder,
Puisque déjà le Roi les veut accommoder ;
Et tu sais que mon âme, à tes ennuis sensible,
Pour en tarir la source y fera l'impossible.

CHIMÈNE.

Les accommodements ne font rien en ce point :
De si mortels affronts ne se réparent point.
En vain on fait agir la force ou la prudence :
Si l'on guérit le mal, ce n'est qu'en apparence.
La haine que les cœurs conservent au dedans
Nourrit des feux cachés, mais d'autant plus ardents.

L'INFANTE.

Le saint nœud qui joindra don Rodrigue et Chimène
Des pères ennemis dissipera la haine ;
Et nous verrons bientôt votre amour le plus fort
Par un heureux hymen étouffer ce discord.

CHIMÈNE.

Je le souhaite ainsi plus que je ne l'espère :
Don Diègue est trop altier, et je connois mon père.
Je sens couler des pleurs que je veux retenir ;
Le passé me tourmente, et je crains l'avenir.

L'INFANTE.

Que crains-tu ? d'un vieillard l'impuissante foiblesse ?

CHIMÈNE.
Rodrigue a du courage.
L'INFANTE.
Il a trop de jeunesse.
CHIMÈNE.
Les hommes valeureux le sont du premier coup.
L'INFANTE.
Tu ne dois pas pourtant le redouter beaucoup :
Il est trop amoureux pour te vouloir déplaire,
Et deux mots de ta bouche arrêtent sa colère.
CHIMÈNE.
S'il ne m'obéit point, quel comble à mon ennui !
Et s'il peut m'obéir, que dira-t-on de lui ?
Étant né ce qu'il est, souffrir un tel outrage !
Soit qu'il cède ou résiste au feu qui me l'engage,
Mon esprit ne peut qu'être ou honteux ou confus,
De son trop de respect, ou d'un juste refus.
L'INFANTE.
Chimène à l'âme haute, et quoiqu'intéressée,
Elle ne peut souffrir une basse pensée ;
Mais si jusques au jour de l'accommodement
Je fais mon prisonnier de ce parfait amant,
Et que j'empêche ainsi l'effet de son courage,
Ton esprit amoureux n'aura-t-il point d'ombrage ?
CHIMÈNE.
Ah ! Madame, en ce cas je n'ai plus de souci.

SCÈNE IV

L'INFANTE. CHIMÈNE, LÉONOR, LE PAGE.

L'INFANTE.
Page, cherchez Rodrigue, et l'amenez ici.
LE PAGE.
Le comte de Gormas et lui...

CHIMÈNE.
Bon Dieu ! je tremble.
L'INFANTE.
Parlez.
LE PAGE.
De ce palais ils sont sortis ensemble.
CHIMÈNE.
Seuls ?
LE PAGE.
Seuls, et qui sembloient tous bas se quereller.
CHIMÈNE.
Sans doute ils sont aux mains, il n'en faut plus parler.
Madame, pardonnez à cette promptitude.

SCÈNE V

L'INFANTE, LÉONOR.

L'INFANTE.
Hélas ! que dans l'esprit je sens d'inquiétude !
Je pleure ses malheurs, son amant me ravit ;
Mon repos m'abandonne, et ma flamme revit.
Ce qui va séparer Rodrigue de Chimène
Fait renaître à la fois mon espoir et ma peine ;
Et leur division, que je vois à regret,
Dans mon esprit charmé jette un plaisir secret.

LÉONOR.
Cette haute vertu qui règne dans votre âme
Se rend-elle sitôt à cette lâche flamme ?

L'INFANTE.
Ne la nomme point lâche, à présent que chez moi
Pompeuse et triomphante elle me fait la loi :
Porte-lui du respect, puisqu'elle m'est si chère.
Ma vertu la combat, mais malgré moi j'espère ;
Et d'un si fol espoir mon cœur mal défendu
Vole après un amant que Chimène a perdu.

LÉONOR.

Vous laissez choir ainsi ce glorieux courage,
Et la raison chez vous perd ainsi son usage ?

L'INFANTE.

Ah! qu'avec peu d'effet on entend la raison,
Quand le cœur est atteint d'un si charmant poison!
Et lorsque le malade aime sa maladie,
Qu'il a peine à souffrir que l'on y remédie!

LÉONOR.

Votre espoir vous séduit, votre mal vous est doux ;
Mais enfin ce Rodrigue est indigne de vous.

L'INFANTE.

Je ne le sais que trop ; mais si ma vertu cède,
Apprends comme l'amour flatte un cœur qu'il possède.
Si Rodrigue une fois sort vainqueur du combat,
Si dessous sa valeur ce grand guerrier s'abat,
Je puis en faire cas, je puis l'aimer sans honte.
Que ne fera-t-il point, s'il peut vaincre le Comte?
J'ose m'imaginer qu'à ses moindres exploits
Les royaumes entiers tomberont sous ses lois ;
Et mon amour flatteur déjà me persuade
Que je le vois assis au trône de Grenade,
Les Mores subjugués trembler en l'adorant,
L'Aragon recevoir ce nouveau conquérant,
Le Portugal se rendre, et ses nobles journées
Porter delà les mers ses hautes destinées,
Du sang des Africains arroser ses lauriers :
Enfin tout ce qu'on dit des plus fameux guerriers,
Je l'attends de Rodrigue après cette victoire,
Et fais de son amour un sujet de ma gloire.

LÉONOR.

Mais, Madame, voyez où vous portez son bras,
En suite d'un combat qui peut-être n'est pas.

L'INFANTE.

Rodrigue est offensé ; le Comte a fait l'outrage :
Ils sont sortis ensemble : en faut-il davantage?

LÉONOR.
Eh bien! ils se battront, puisque vous le voulez;
Mais Rodrigue ira-t-il si loin que vous allez?

L'INFANTE.
Que veux-tu? je suis folle, et mon esprit s'égare :
Tu vois par là quels maux cet amour me prépare.
Viens dans mon cabinet consoler mes ennuis,
Et ne me quitte point dans le trouble où je suis.

SCÈNE VI

DON FERNAND, DON ARIAS, DON SANCHE.

DON FERNAND.
Le Comte est donc si vain et si peu raisonnable!
Ose-t-il croire encor son crime pardonnable?

DON ARIAS.
Je l'ai de votre part longtemps entretenu;
J'ai fait mon pouvoir, Sire, et n'ai rien obtenu.

DON FERNAND.
Justes cieux! ainsi donc, un sujet téméraire
A si peu de respect et de soin de me plaire!
Il offense don Diègue, et méprise son roi!
Au milieu de ma cour il me donne la loi!
Qu'il soit brave guerrier, qu'il soit grand capitaine,
Je saurai bien rabattre une humeur si hautaine.
Fût-il la valeur même, et le dieu des combats,
Il verra ce que c'est que de n'obéir pas.
Quoi qu'ait pu mériter une telle insolence,
Je l'ai voulu d'abord traiter sans violence;
Mais puisqu'il en abuse, allez dès aujourd'hui,
Soit qu'il résiste ou non, vous assurer de lui.

DON SANCHE.
Peut-être un peu de temps le rendroit moins rebelle :
On l'a pris tout bouillant encor de sa querelle;

Sire, dans la chaleur d'un premier mouvement,
Un cœur si généreux se rend malaisément.
Il voit bien qu'il a tort, mais une âme si haute
N'est pas sitôt réduite à confesser sa faute.

DON FERNAND.

Don Sanche, taisez-vous, et soyez averti
Qu'on se rend criminel à prendre son parti.

DON SANCHE.

J'obéis, et me tais; mais de grâce encor, Sire,
Deux mots en sa défense.

DON FERNAND.

Et que pouvez-vous dire?

DON SANCHE.

Qu'une âme accoutumée aux grandes actions
Ne se peut abaisser à des submissions :
Elle n'en conçoit point qui s'expliquent sans honte;
Et c'est à ce mot seul qu'a résisté le comte.
Il trouve en son devoir un peu trop de rigueur,
Et vous obéiroit, s'il avait moins de cœur.
Commandez que son bras, nourri dans les alarmes,
Répare cette injure à la pointe des armes.
Il satisfera, Sire; et vienne qui voudra,
Attendant qu'il l'ait su, voici qui répondra.

DON FERNAND.

Vous perdez le respect; mais je pardonne à l'âge,
Et j'excuse l'ardeur en un jeune courage.
  Un roi dont la prudence a de meilleurs objets
Est meilleur ménager du sang de ses sujets :
Je veille pour les miens, mes soucis les conservent,
Comme le chef a soin des membres qui le servent.
Ainsi votre raison n'est pas raison pour moi :
Vous parlez en soldat; je dois agir en roi;
Et quoi qu'on veuille dire, et quoi qu'il ose croire,
Le Comte à m'obéir ne peut perdre sa gloire.
D'ailleurs, l'affront me touche : il a perdu d'honneur
Celui que de mon fils j'ai fait le gouverneur;

C.A.Littret de Montigny ad vivum del. et Sculp.

LE KAIN
(1728-1778.)

(D'après une gravure communiquée par la *Bibliothèque nationale*).

S'attaquer à mon choix, c'est se prendre à moi-même,
Et faire un attentat sur le pouvoir suprême.
N'en parlons plus. Au reste, on a vu dix vaisseaux
De nos vieux ennemis arborer les drapeaux ;
Vers la bouche du fleuve ils ont osé paroître.

DON ARIAS.

Les Mores ont appris par force à vous connoître,
Et tant de fois vaincus, ils ont perdu le cœur
De se plus hasarder contre un si grand vainqueur.

DON FERNAND.

Ils ne verront jamais sans quelque jalousie
Mon sceptre, en dépit d'eux, régir l'Andalousie ;
Et ce pays si beau, qu'ils ont trop possédé,
Avec un œil d'envie est toujours regardé.
C'est l'unique raison qui m'a fait dans Séville
Placer depuis dix ans le trône de Castille,
Pour les voir de plus près, et d'un ordre plus prompt
Renverser aussitôt ce qu'ils entreprendront.

DON ARIAS.

Ils savent aux dépens de leurs plus dignes têtes
Combien votre présence assure vos conquêtes :
Vous n'avez rien à craindre.

DON FERNAND.

     Et rien à négliger :
Le trop de confiance attire le danger ;
Et vous n'ignorez pas qu'avec fort peu de peine
Un flux de pleine mer jusqu'ici les amène.
Toutefois j'aurois tort de jeter dans les cœurs,
L'avis étant mal sûr, de paniques terreurs.
L'effroi que produiroit cette alarme inutile,
Dans la nuit qui survient troubleroit trop la ville :
Faites doubler la garde aux murs et sur le port.
C'est assez pour ce soir.

SCÈNE VII

DON FERNAND, DON SANCHE, DON ALONSE.

DON ALONSE.

Sire, le Comte est mort :
Don Diègue, par son fils, a vengé son offense.
DON FERNAND.
Dès que j'ai su l'affront, j'ai prévu la vengeance;
Et j'ai voulu dès lors prévenir ce malheur.
DON ALONSE.
Chimène à vos genoux apporte sa douleur;
Elle vient tout en pleurs vous demander justice.
DON FERNAND.
Bien qu'à ses déplaisirs mon âme compatisse,
Ce que le Comte a fait semble avoir mérité
Ce digne châtiment de sa témérité.
Quelque juste pourtant que puisse être sa peine,
Je ne puis sans regret perdre un tel capitaine.
Après un long service à mon État rendu,
Après son sang pour moi mille fois répandu,
A quelques sentiments que son orgueil m'oblige,
Sa perte m'affoiblit, et son trépas m'afflige.

SCÈNE VIII

DON FERNAND, DON DIÈGUE, CHIMÈNE, DON SANCHE,
DON ARIAS, DON ALONSE.

CHIMÈNE.
Sire, Sire, justice!
DON DIÈGUE.
Ah! Sire, écoutez-nous.
CHIMÈNE.
Je me jette à vos pieds.
DON DIÈGUE.
J'embrasse vos genoux.
CHIMÈNE.
Je demande justice.

DON DIÈGUE.
Entendez ma défense.
CHIMÈNE.
D'un jeune audacieux punissez l'insolence :
Il a de votre sceptre abattu le soutien,
Il a tué mon père.
DON DIÈGUE.
Il a vengé le sien.
CHIMÈNE.
Au sang de ses sujets un roi doit la justice.
DON DIÈGUE.
Pour la juste vengeance il n'est point de supplice.
DON FERNAND.
Levez-vous l'un et l'autre, et parlez à loisir.
Chimène, je prends part à votre déplaisir ;
D'une égale douleur je sens mon âme atteinte.
Vous parlerez après ; ne troublez pas sa plainte.
CHIMÈNE.
Sire, mon père est mort ; mes yeux ont vu son sang
Couler à gros bouillons de son généreux flanc ;
Ce sang qui tant de fois garantit vos murailles,
Ce sang qui tant de fois vous gagna des batailles,
Ce sang qui tout sorti fume encor de courroux
De se voir répandu pour d'autres que pour vous,
Qu'au milieu des hasards n'osoit verser la guerre,
Rodrigue en votre cour vient d'en couvrir la terre.
J'ai couru sur le lieu, sans force et sans couleur :
Je l'ai trouvé sans vie. Excusez ma douleur,
Sire, la voix me manque à ce récit funeste ;
Mes pleurs et mes soupirs vous diront mieux le reste.
DON FERNAND.
Prends courage, ma fille, et sache qu'aujourd'hui
Ton roi te veut servir de père au lieu de lui.
CHIMÈNE.
Sire, de trop d'honneur ma misère est suivie ;
Je vous l'ai déjà dit, je l'ai trouvé sans vie ;
Son flanc étoit ouvert ; et pour mieux m'émouvoir,

Son sang sur la poussière écrivoit mon devoir;
Ou plutôt sa valeur en cet état réduite
Me parloit par sa plaie, et hâtoit ma poursuite;
Et pour se faire entendre au plus juste des rois,
Par cette triste bouche elle empruntoit ma voix.
   Sire, ne souffrez pas que sous votre puissance
Règne devant vos yeux une telle licence;
Que les plus valeureux, avec impunité,
Soient exposés aux coups de la témérité;
Qu'un jeune audacieux triomphe de leur gloire,
Se baigne dans leur sang, et brave leur mémoire.
Un si vaillant guerrier qu'on vient de vous ravir
Éteint, s'il n'est vengé, l'ardeur de vous servir.
Enfin mon père est mort, j'en demande vengeance,
Plus pour votre intérêt que pour mon allégeance.
Vous perdez en la mort d'un homme de son rang :
Vengez-la par une autre, et le sang par le sang.
Immolez, non à moi, mais à votre couronne,
Mais à votre grandeur, mais à votre personne,
Immolez, dis-je, Sire, au bien de tout l'État
Tout ce qu'enorgueillit un si haut attentat.

DON FERNAND.

Don Diègue, répondez.

DON DIÈGUE.

   Qu'on est digne d'envie,
Lorsqu'en perdant la force on perd aussi la vie,
Et qu'un long âge apprête aux hommes généreux,
Au bout de leur carrière, un destin malheureux!
Moi, dont les longs travaux ont acquis tant de gloire,
Moi, que jadis partout a suivi la victoire,
Je me vois aujourd'hui, pour avoir trop vécu,
Recevoir un affront et demeurer vaincu.
Ce que n'a pu jamais combat, siège, embuscade,
Ce que n'a pu jamais Aragon ni Grenade,
Ni tous vos ennemis, ni tous mes envieux,
Le Comte en votre cour l'a fait presque à vos yeux,
Jaloux de votre choix, et fier de l'avantage

Que lui donnoit sur moi l'impuissance de l'âge.
   Sire, ainsi ces cheveux blanchis sous le harnois,
Ce sang pour vous servir prodigué tant de fois.
Ce bras, jadis l'effroi d'une armée ennemie,
Descendoient au tombeau tous chargés d'infamie,
Si je n'eusse produit un fils digne de moi,
Digne de son pays et digne de son roi.
Il m'a prêté sa main, il a tué le Comte ;
Il m'a rendu l'honneur, il a lavé ma honte.
Si montrer du courage et du ressentiment,
Si venger un soufflet mérite un châtiment,
Sur moi seul doit tomber l'éclat de la tempête :
Quand le bras a failli, l'on en punit la tête.
Qu'on nomme crime, ou non, ce qui fait nos débats,
Sire, j'en suis la tête, il n'en est que le bras.
Si Chimène se plaint qu'il a tué son père,
Il ne l'eût jamais fait si je l'eusse pu faire.
Immolez donc ce chef que les ans vont ravir,
Et conservez pour vous le bras qui peut servir.
Aux dépens de mon sang satisfaites Chimène :
Je n'y résiste point, je consens à ma peine ;
Et loin de murmurer d'un rigoureux décret,
Mourant sans déshonneur, je mourrai sans regret.

DON FERNAND.

L'affaire est d'importance, et, bien considérée,
Mérite en plein conseil d'être délibérée.
Don Sanche, remettez Chimène en sa maison.
Don Diègue aura ma cour et sa foi pour prison.
Qu'on me cherche son fils. Je vous ferai justice.

CHIMÈNE.

Il est juste, grand Roi, qu'un meurtrier périsse.

DON FERNAND.

Prends du repos, ma fille, et calme tes douleurs.

CHIMÈNE.

M'ordonner du repos, c'est croître mes malheurs.

FIN DU SECOND ACTE

ACTE III

SCÈNE PREMIÈRE

DON RODRIGUE, ELVIRE.

ELVIRE.
Rodrigue, qu'as-tu fait? où viens-tu, misérable?
DON RODRIGUE.
Suivre le triste cours de mon sort déplorable.
ELVIRE.
Où prends-tu cette audace et ce nouvel orgueil,
De paroître en des lieux que tu remplis de deuil?
Quoi? viens-tu jusqu'ici braver l'ombre du Comte?
Ne l'as-tu pas tué?
DON RODRIGUE.
Sa vie étoit ma honte :
Mon honneur de ma main a voulu cet effort.
ELVIRE.
Mais chercher ton asile en la maison du mort!
Jamais un meurtrier en fit-il son refuge?
DON RODRIGUE.
Et je n'y viens aussi que m'offrir à mon juge.
Ne me regarde plus d'un visage étonné;
Je cherche le trépas après l'avoir donné.
Mon juge est mon amour, mon juge est ma Chimène :
Je mérite la mort de mériter sa haine,
Et j'en viens recevoir, comme un bien souverain,
Et l'arrêt de sa bouche, et le coup de sa main.
ELVIRE.
Fuis plutôt de ses yeux, fuis de sa violence;

A ses premiers transports dérobe ta présence :
Va, ne t'expose point aux premiers mouvements
Que poussera l'ardeur de ses ressentiments.
DON RODRIGUE.
Non, non, ce cher objet à qui j'ai pu déplaire
Ne peut pour mon supplice avoir trop de colère ;
Et j'évite cent morts qui me vont accabler,
Si pour mourir plus tôt je puis la redoubler.
ELVIRE.
Chimène est au palais, de pleurs toute baignée,
Et n'en reviendra point que bien accompagnée.
Rodrigue, fuis, de grâce : ôte-moi de souci.
Que ne dira-t-on point si l'on te voit ici ?
Veux-tu qu'un médisant, pour comble à sa misère,
L'accuse d'y souffrir l'assassin de son père ?
Elle va revenir ; elle vient, je la voi :
Du moins, pour son honneur, Rodrigue, cache-toi.

SCÈNE II

DON SANCHE, CHIMÈNE, ELVIRE.

DON SANCHE.
Oui, Madame, il vous faut de sanglantes victimes :
Votre colère est juste, et vos pleurs légitimes ;
Et je n'entreprends pas, à force de parler,
Ni de vous adoucir, ni de vous consoler.
Mais si de vous servir je puis être capable,
Employez mon épée à punir le coupable ;
Employez mon amour à venger cette mort :
Sous vos commandements mon bras sera trop fort.
CHIMÈNE.
Malheureuse !
DON SANCHE.
De grâce, acceptez mon service.

CHIMÈNE.
J'offenserois le Roi, qui m'a promis justice.
DON SANCHE.
Vous savez qu'elle marche avec tant de langueur,
Qu'assez souvent le crime échappe à sa longueur ;
Son cours lent et douteux fait trop perdre de larmes.
Souffrez qu'un cavalier vous venge par les armes :
La voie en est plus sûre, et plus prompte à punir.
CHIMÈNE.
C'est le dernier remède ; et s'il faut y venir,
Et que de mes malheurs cette pitié vous dure,
Vous serez libre alors de venger mon injure.
DON SANCHE.
C'est l'unique bonheur où mon âme prétend ;
Et pouvant l'espérer, je m'en vais trop content.

SCÈNE III

CHIMÈNE, ELVIRE.

CHIMÈNE.
Enfin je me vois libre, et je puis sans contrainte
De mes vives douleurs te faire voir l'atteinte ;
Je puis donner passage à mes tristes soupirs,
Je puis t'ouvrir mon âme et tous mes déplaisirs.
Mon père est mort, Elvire, et la première épée
Dont s'est armé Rodrigue, a sa trame coupée.
Pleurez, pleurez, mes yeux, et fondez-vous en eau !
La moitié de ma vie a mis l'autre au tombeau,
Et m'oblige à venger, après ce coup funeste,
Celle que je n'ai plus sur celle qui me reste.
ELVIRE.
Reposez-vous, Madame.
CHIMÈNE.
Ah ! que mal à propos

Dans un malheur si grand tu parles de repos !
Par où sera jamais ma douleur apaisée,
Si je ne puis haïr la main qui l'a causée ?
Et que dois-je espérer qu'un tourment éternel,
Si je poursuis un crime, aimant le criminel ?

ELVIRE.

Il vous prive d'un père, et vous l'aimez encore !

CHIMÈNE.

C'est peu de dire aimer, Elvire : je l'adore ;
Ma passion s'oppose à mon ressentiment ;
Dedans mon ennemi je trouve mon amant ;
Et je sens qu'en dépit de toute ma colère,
Rodrigue dans mon cœur combat encor mon père :
Il l'attaque, il le presse, il cède, il se défend,
Tantôt fort, tantôt faible, et tantôt triomphant ;
Mais en ce dur combat de colère et de flamme,
Il déchire mon cœur sans partager mon âme ;
Et quoi que mon amour ait sur moi de pouvoir,
Je ne consulte point pour suivre mon devoir :
Je cours sans balancer où mon honneur m'oblige.
Rodrigue m'est bien cher, son intérêt m'afflige,
Mon cœur prend son parti ; mais malgré son effort,
Je sais ce que je suis, et que mon père est mort.

ELVIRE.

Pensez-vous le poursuivre ?

CHIMÈNE.

Ah ! cruelle pensée !
Et cruelle poursuite où je me vois forcée !
Je demande sa tête, et crains de l'obtenir :
Ma mort suivra la sienne, et je le veux punir !

ELVIRE.

Quittez, quittez, Madame, un dessein si tragique ;
Ne vous imposez point de loi si tyrannique.

CHIMÈNE.

Quoi ! mon père étant mort, et presque entre mes bras,
Son sang criera vengeance, et je ne l'orrai pas !

Mon cœur, honteusement surpris par d'autres charmes,
Croira ne lui devoir que d'impuissantes larmes !
Et je pourrai souffrir qu'un amour suborneur
Sous un lâche silence étouffe mon honneur !

ELVIRE.

Madame, croyez-moi, vous serez excusable
D'avoir moins de chaleur contre un objet aimable,
Contre un amant si cher : vous avez assez fait,
Vous avez vu le Roi ; n'en pressez point l'effet,
Ne vous obstinez point en cette humeur étrange.

CHIMÈNE.

Il y va de ma gloire, il faut que je me venge ;
Et de quoi que nous flatte un désir amoureux,
Toute excuse est honteuse aux esprits généreux.

ELVIRE.

Mais vous aimez Rodrigue, il ne vous peut déplaire.

CHIMÈNE.

Je l'avoue.

ELVIRE.

Après tout, que pensez-vous donc faire ?

CHIMÈNE.

Pour conserver ma gloire et finir mon ennui,
Le poursuivre, le perdre, et mourir après lui.

SCÈNE IV

DON RODRIGUE, CHIMÈNE, ELVIRE.

DON RODRIGUE.

Eh bien ! sans vous donner la peine de poursuivre,
Assurez-vous l'honneur de m'empêcher de vivre.

CHIMÈNE.

Elvire, où sommes-nous, et qu'est-ce que je voi ?
Rodrigue en ma maison ! Rodrigue devant moi !

DON RODRIGUE.

N'épargnez point mon sang : goûtez sans résistance
La douceur de ma perte et de votre vengeance.

CHIMÈNE.

Hélas !

DON RODRIGUE.

Écoute-moi.

CHIMÈNE.

Je me meurs.

DON RODRIGUE.

Un moment.

CHIMÈNE.

Va, laisse-moi mourir.

DON RODRIGUE.

Quatre mots seulement :
Après ne me réponds qu'avecque cette épée.

CHIMÈNE.

Quoi ! du sang de mon père encor toute trempée !

DON RODRIGUE.

Ma Chimène...

CHIMÈNE.

Ote-moi cet objet odieux,
Qui reproche ton crime et ta vie à mes yeux.

DON RODRIGUE.

Regarde-le plutôt pour exciter ta haine,
Pour croître ta colère, et pour hâter ma peine.

CHIMÈNE.

Il est teint de mon sang.

DON RODRIGUE.

Plonge-le dans le mien,
Et fais-lui perdre ainsi la teinture du tien.

CHIMÈNE.

Ah ! quelle cruauté, qui tout en un jour tue
Le père par le fer, la fille par la vue !
Ote-moi cet objet, je ne le puis souffrir :
Tu veux que je t'écoute, et tu me fais mourir !

DON RODRIGUE.

Je fais ce que tu veux, mais sans quitter l'envie
De finir par tes mains ma déplorable vie ;
Car enfin n'attends pas de mon affection
Un lâche repentir d'une bonne action.
L'irréparable effet d'une chaleur trop prompte
Déshonoroit mon père, et me couvroit de honte.
Tu sais comme un soufflet touche un homme de cœur ;
J'avois part à l'affront, j'en ai cherché l'auteur :
Je l'ai vu, j'ai vengé mon honneur et mon père ;
Je le ferois encor, si j'avois à le faire.
Ce n'est pas qu'en effet contre mon père et moi
Ma flamme assez longtemps n'ait combattu pour toi ;
Juge de son pouvoir : dans une telle offense
J'ai pu délibérer si j'en prendrois vengeance.
Réduit à te déplaire, ou souffrir un affront,
J'ai pensé qu'à son tour mon bras étoit trop prompt ;
Je me suis accusé de trop de violence ;
Et ta beauté sans doute emportoit la balance,
A moins que d'opposer à tes plus forts appas
Qu'un homme sans honneur ne te méritoit pas ;
Que malgré cette part que j'avois en ton âme,
Qui m'aima généreux me haïroit infâme ;
Qu'écouter ton amour, obéir à sa voix,
C'était m'en rendre indigne et diffamer ton choix.
Je te le dis encore ; et quoique j'en soupire,
Jusqu'au dernier soupir je veux bien le redire :
Je t'ai fait une offense, et j'ai dû m'y porter
Pour effacer ma honte, et pour te mériter ;
Mais quitte envers l'honneur, et quitte envers mon père,
C'est maintenant à toi que je viens satisfaire :
C'est pour t'offrir mon sang qu'en ce lieu tu me vois.
J'ai fait ce que j'ai dû, je fais ce que je dois.
Je sais qu'un père mort t'arme contre mon crime ;
Je ne t'ai pas voulu dérober ta victime :
Immole avec courage au sang qu'il a perdu

Celui qui met sa gloire à l'avoir répandu.

CHIMÈNE.

Ah! Rodrigue, il est vrai, quoique ton ennemie,
Je ne puis te blâmer d'avoir fui l'infamie;
Et de quelque façon qu'éclatent mes douleurs,
Je ne t'accuse point, je pleure mes malheurs.
Je sais ce que l'honneur, après un tel outrage,
Demandoit à l'ardeur d'un généreux courage:
Tu n'as fait le devoir que d'un homme de bien;
Mais aussi, le faisant, tu m'as appris le mien.
Ta funeste valeur m'instruit par ta victoire;
Elle a vengé ton père et soutenu ta gloire:
Même soin me regarde, et j'ai, pour m'affliger,
Ma gloire à soutenir, et mon père à venger.
Hélas! ton intérêt ici me désespère:
Si quelque autre malheur m'avoit ravi mon père,
Mon âme auroit trouvé dans le bien de te voir
L'unique allégement qu'elle eût pu recevoir;
Et contre ma douleur j'aurois senti des charmes,
Quand une main si chère eût essuyé mes larmes.
Mais il me faut te perdre après l'avoir perdu;
Cet effort sur ma flamme à mon honneur est dû,
Et cet affreux devoir, dont l'ordre m'assassine,
Me force à travailler moi-même à ta ruine.
Car enfin n'attends pas de mon affection
De lâches sentiments pour ta punition.
De quoi qu'en ta faveur notre amour m'entretienne,
Ma générosité doit répondre à la tienne:
Tu t'es, en m'offensant, montré digne de moi;
Je me dois, par ta mort, montrer digne de toi.

DON RODRIGUE.

Ne diffère donc plus ce que l'honneur t'ordonne:
Il demande ma tête, et je te l'abandonne;
Fais-en un sacrifice à ce noble intérêt:
Le coup m'en sera doux, aussi bien que l'arrêt.
Attendre après mon crime une lente justice,

C'est reculer ta gloire autant que mon supplice.
Je mourrai trop heureux, mourant d'un coup si beau.

CHIMÈNE.

Va, je suis ta partie, et non pas ton bourreau.
Si tu m'offres ta tête, est-ce à moi de la prendre?
Je la dois attaquer, mais tu dois la défendre ;
C'est d'un autre que toi qu'il me faut l'obtenir,
Et je dois te poursuivre, et non pas te punir.

DON RODRIGUE.

De quoi qu'en ma faveur notre amour t'entretienne,
Ta générosité doit répondre à la mienne ;
Et pour venger un père emprunter d'autres bras,
Ma Chimène, crois-moi, c'est n'y répondre pas :
Ma main seule du mien a su venger l'offense,
Ta main seule du tien doit prendre la vengeance.

CHIMÈNE.

Cruel! à quel propos sur ce point t'obstiner?
Tu t'es vengé sans aide, et tu m'en veux donner!
Je suivrai ton exemple, et j'ai trop de courage
Pour souffrir qu'avec toi ma gloire se partage.
Mon père et mon honneur ne veulent rien devoir
Aux traits de ton amour ni de ton désespoir.

DON RODRIGUE.

Rigoureux point d'honneur! hélas! quoi que je fasse,
Ne pourrai-je à la fin obtenir cette grâce?
Au nom d'un père mort, ou de notre amitié,
Punis-moi par vengeance, ou du moins par pitié.
Ton malheureux amant aura bien moins de peine
A mourir par ta main qu'à vivre avec ta haine.

CHIMÈNE.

Va, je ne te hais point.

DON RODRIGUE.

Tu le dois.

CHIMÈNE.

Je ne puis.

DON RODRIGUE.
Crains-tu si peu le blâme, et si peu les faux bruits ?
Quand on saura mon crime, et que ta flamme dure,
Que ne publieront point l'envie et l'imposture !
Force-les au silence, et sans plus discourir,
Sauve ta renommée en me faisant mourir.
CHIMÈNE.
Elle éclate bien mieux en te laissant la vie ;
Et je veux que la voix de la plus noire envie
Elève au ciel ma gloire et plaigne mes ennuis,
Sachant que je t'adore et que je te poursuis.
Va-t'en, ne montre plus à ma douleur extrême
Ce qu'il faut que je perde, encore que je l'aime.
Dans l'ombre de la nuit cache bien ton départ :
Si l'on te voit sortir, mon honneur court hasard.
La seule occasion qu'aura la médisance,
C'est de savoir qu'ici j'ai souffert ta présence :
Ne lui donne point lieu d'attaquer ma vertu.
DON RODRIGUE.
Que je meure !
CHIMÈNE.
Va-t'en.
DON RODRIGUE.
A quoi te résous-tu ?
CHIMÈNE.
Malgré des feux si beaux, qui troublent ma colère,
Je ferai mon possible à bien venger mon père ;
Mais malgré la rigueur d'un si cruel devoir,
Mon unique souhait est de ne rien pouvoir.
DON RODRIGUE.
O miracle d'amour !
CHIMÈNE.
O comble de misères !
DON RODRIGUE.
Que de maux et de pleurs nous coûteront nos pères !
CHIMÈNE.
Rodrigue, qui l'eût cru ?

DON RODRIGUE.
Chimène, qui l'eût dit?
CHIMÈNE.
Que notre heur fût si proche et sitôt se perdit?
DON RODRIGUE.
Et que si près du port, contre toute apparence,
Un orage si prompt brisât notre espérance?
CHIMÈNE.
Ah! mortelles douleurs!
DON RODRIGUE.
Ah! regrets superflus!
CHIMÈNE.
Va-t'en, encore un coup, je ne t'écoute plus.
DON RODRIGUE.
Adieu : je vais traîner une mourante vie,
Tant que par ta poursuite elle me soit ravie.
CHIMÈNE.
Si j'en obtiens l'effet, je t'engage ma foi
De ne respirer pas un moment après toi.
Adieu : sors, et surtout garde bien qu'on te voie.
ELVIRE.
Madame, quelques maux que le ciel nous envoie...
CHIMÈNE.
Ne m'importune plus, laisse-moi soupirer,
Je cherche le silence et la nuit pour pleurer.

SCÈNE V

DON DIÈGUE.

Jamais nous ne goûtons de parfaite allégresse :
Nos plus heureux succès sont mêlés de tristesse ;
Toujours quelques soucis en ces évènements
Troublent la pureté de nos contentements.

Au milieu du bonheur mon âme en sent l'atteinte :
Je nage dans la joie, et je tremble de crainte.
J'ai vu mort l'ennemi qui m'avoit outragé ;
Et je ne saurois voir la main qui m'a vengé.
En vain je m'y travaille, et d'un soin inutile,
Tout cassé que je suis, je cours toute la ville.
Ce peu que mes vieux ans m'ont laissé de vigueur
Se consume sans fruit à chercher ce vainqueur.
A toute heure, en tous lieux, dans une nuit si sombre,
Je pense l'embrasser, et n'embrasse qu'une ombre ;
Et mon amour déçu par cet objet trompeur,
Se forme des soupçons qui redoublent ma peur.
Je ne découvre point de marques de sa fuite ;
Je crains du Comte mort les amis et la suite ;
Leur nombre m'épouvante, et confond ma raison.
Rodrigue ne vit plus, ou respire en prison.
Justes cieux ! me trompé-je encore à l'apparence,
Ou si je vois enfin mon unique espérance ?
C'est lui, n'en doutons plus ; mes vœux sont exaucés,
Ma crainte est dissipée, et mes ennuis cessés.

SCÈNE VI

DON DIÈGUE, DON RODRIGUE.

DON DIÈGUE.

Rodrigue, enfin le ciel permet que je te voie !

DON RODRIGUE.

Hélas !

DON DIÈGUE.

Ne mêle point de soupirs à ma joie ;
Laisse-moi prendre haleine afin de te louer.
Ma valeur n'a point lieu de te désavouer :
Tu l'as bien imitée, et ton illustre audace
Fait bien revivre en toi les héros de ma race ;

C'est d'eux que tu descends, c'est de moi que tu viens :
Ton premier coup d'épée égale tous les miens ;
Et d'une belle ardeur ta jeunesse animée
Par cette grande épreuve atteint ma renommée.
Appui de ma vieillesse, et comble de mon heur,
Touche ces cheveux blancs à qui tu rends l'honneur,
Viens baiser cette joue, et reconnois la place
Où fut empreint l'affront que ton courage efface.

DON RODRIGUE.

L'honneur vous en est dû : je ne pouvois pas moins,
Étant sorti de vous et nourri par vos soins.
Je m'en tiens trop heureux, et mon âme est ravie
Que mon coup d'essai plaise à qui je dois la vie ;
Mais parmi vos plaisirs ne soyez point jaloux
Si je m'ose à mon tour satisfaire après vous.
Souffrez qu'en liberté mon désespoir éclate ;
Assez et trop longtemps votre discours le flatte.
Je ne me repens point de vous avoir servi ;
Mais rendez-moi le bien que ce coup m'a ravi.
Mon bras, pour vous venger, armé contre ma flamme,
Par ce coup glorieux m'a privé de mon âme ;
Ne me dites plus rien ; pour vous j'ai tout perdu :
Ce que je vous devois, je vous l'ai bien rendu.

DON DIÈGUE.

Porte, porte plus haut le fruit de ta victoire :
Je t'ai donné la vie, et tu me rends ma gloire ;
Et d'autant que l'honneur m'est plus cher que le jour,
D'autant plus maintenant je te dois de retour.
Mais d'un cœur magnanime éloigne ces foiblesses ;
Nous n'avons qu'un honneur, il est tant de maîtresses !
L'amour n'est qu'un plaisir, l'honneur est un devoir.

DON RODRIGUE.

Ah ! que me dites-vous ?

DON DIÈGUE.

Ce que tu dois savoir.

DON RODRIGUE.

Mon honneur offensé sur moi-même se venge ;
Et vous m'osez pousser à la honte du change !
L'infamie est pareille, et suit également
Le guerrier sans courage et le perfide amant.
A ma fidélité ne faites point d'injure ;
Souffrez-moi généreux sans me rendre parjure :
Mes liens sont trop forts pour être ainsi rompus ;
Ma foi m'engage encor si je n'espère plus ;
Et ne pouvant quitter ni posséder Chimène,
Le trépas que je cherche est ma plus douce peine.

DON DIÈGUE.

Il n'est pas temps encor de chercher le trépas :
Ton prince et ton pays ont besoin de ton bras.
La flotte qu'on craignoit, dans ce grand fleuve entrée,
Croit surprendre la ville et piller la contrée.
Les Mores vont descendre, et le flux et la nuit
Dans une heure à nos murs les amène sans bruit.
La cour est en désordre, et le peuple en alarmes :
On n'entend que des cris, on ne voit que des larmes.
Dans ce malheur public mon bonheur a permis
Que j'aie trouvé chez moi cinq cents de mes amis,
Qui, sachant mon affront, poussés d'un même zèle,
Se venoient tous offrir à venger ma querelle.
Tu les as prévenus ; mais leurs vaillantes mains
Se tremperont bien mieux au sang des Africains.
  Va marcher à leur tête où l'honneur te demande :
C'est toi que veut pour chef leur généreuse bande.
De ces vieux ennemis va soutenir l'abord :
Là, si tu veux mourir, trouve une belle mort ;
Prends-en l'occasion, puisqu'elle t'est offerte ;
Fais devoir à ton roi son salut à ta perte ;
Mais reviens-en plutôt les palmes sur le front.
Ne borne pas ta gloire à venger un affront ;
Porte-la plus avant : force par ta vaillance
Ce monarque au pardon, et Chimène au silence ;

Si tu l'aimes, apprends que revenir vainqueur,
C'est l'unique moyen de regagner son cœur.
Mais le temps est trop cher pour le perdre en paroles ;
Je t'arrête en discours, et je veux que tu voles.
Viens, suis-moi, va combattre et montrer à ton roi
Que ce qu'il perd au Comte il le recouvre en toi.

FIN DU TROISIÈME ACTE

ACTE IV

SCÈNE PREMIÈRE

CHIMÈNE, ELVIRE.

CHIMÈNE.
N'est-ce point un faux bruit? le sais-tu bien, Elvire?
ELVIRE.
Vous ne croiriez jamais comme chacun l'admire,
Et porte jusqu'au ciel, d'une commune voix,
De ce jeune héros les glorieux exploits.
Les Mores devant lui n'ont paru qu'à leur honte;
Leur abord fut bien prompt, leur fuite encor plus prompte.
Trois heures de combat laissent à nos guerriers
Une victoire entière et deux rois prisonniers.
La valeur de leur chef ne trouvoit point d'obstacles.
CHIMÈNE.
Et la main de Rodrigue a fait tous ces miracles?
ELVIRE.
De ces nobles efforts ces deux rois sont le prix :
Sa main les a vaincus, et sa main les a pris.
CHIMÈNE.
De qui peux-tu savoir ces nouvelles étranges?
ELVIRE.
Du peuple, qui partout fait sonner ses louanges,
Le nomme de sa joie et l'objet et l'auteur,
Son ange tutélaire, et son libérateur.
CHIMÈNE.
Et le roi, de quel œil voit-il tant de vaillance?
ELVIRE.
Rodrigue n'ose encor paroître en sa présence;

Mais don Diègue ravi lui présente enchaînés,
Au nom de ce vainqueur, ces captifs couronnés,
Et demande pour grâce à ce généreux prince
Qu'il daigne voir la main qui sauve la province.
CHIMÈNE.
Mais n'est-il point blessé ?
ELVIRE.
Je n'en ai rien appris.
Vous changez de couleur ! reprenez vos esprits.
CHIMÈNE.
Reprenons donc aussi ma colère affoiblie :
Pour avoir soin de lui faut-il que je m'oublie ?
On le vante, on le loue, et mon cœur y consent !
Mon honneur est muet, mon devoir impuissant !
Silence, mon amour, laisse agir ma colère :
S'il a vaincu deux rois, il a tué mon père :
Ces tristes vêtements où je lis mon malheur,
Sont les premiers effets qu'ait produits sa valeur ;
Et quoi qu'on dise ailleurs d'un cœur si magnanime,
Ici tous les objets me parlent de son crime.

Vous qui rendez la force à mes ressentiments,
Voiles, crêpes, habits, lugubres ornements,
Pompe que me prescrit sa première victoire,
Contre ma passion soutenez bien ma gloire ;
Et lorsque mon amour prendra trop de pouvoir,
Parlez à mon esprit de mon triste devoir,
Attaquez sans rien craindre une main triomphante.
ELVIRE.
Modérez ces transports, voici venir l'Infante.

SCÈNE II

L'INFANTE, CHIMÈNE, LÉONOR, ELVIRE.

L'INFANTE.
Je ne viens pas ici consoler tes douleurs ;

MAUBANT
RÔLE DE DON DIÈGUE

Je viens plutôt mêler mes soupirs à tes pleurs.
CHIMÈNE.
Prenez bien plutôt part à la commune joie,
Et goûtez le bonheur que le ciel vous envoie,
Madame : autre que moi n'a droit de soupirer.
Le péril dont Rodrigue a su nous retirer,
Et le salut public que vous rendent ses armes,
A moi seule aujourd'hui souffrent encor les larmes :
Il a sauvé la ville, il a servi son roi ;
Et son bras valeureux n'est funeste qu'à moi.
L'INFANTE.
Ma Chimène, il est vrai qu'il a fait des merveilles.
CHIMÈNE.
Déjà ce bruit fâcheux a frappé mes oreilles ;
Et je l'entends partout publier hautement
Aussi brave guerrier que malheureux amant.
L'INFANTE.
Qu'a de fâcheux pour toi ce discours populaire ?
Ce jeune Mars qu'il loue a su jadis te plaire :
Il possédoit ton âme, il vivoit sous tes lois ;
Et vanter sa valeur, c'est honorer ton choix.
CHIMÈNE.
Chacun peut la vanter avec quelque justice ;
Mais pour moi sa louange est un nouveau supplice.
On aigrit ma douleur en l'élevant si haut :
Je vois ce que je perds quand je vois ce qu'il vaut.
Ah ! cruels déplaisirs à l'esprit d'une amante !
Plus j'apprends son mérite, et plus mon feu s'augmente :
Cependant mon devoir est toujours le plus fort,
Et, malgré mon amour, va poursuivre sa mort.
L'INFANTE.
Hier ce devoir te mit en une haute estime ;
L'effort que tu te fis parut si magnanime,
Si digne d'un grand cœur, que chacun à la cour
Admiroit ton courage et plaignoit ton amour.

Mais croirois-tu l'avis d'une amitié fidèle?
CHIMÈNE.
Ne vous obéir pas me rendroit criminelle.
L'INFANTE.
Ce qui fut juste alors ne l'est plus aujourd'hui.
Rodrigue maintenant est notre unique appui,
L'espérance et l'amour d'un peuple qui l'adore,
Le soutien de Castille, et la terreur du More.
Le roi même est d'accord de cette vérité,
Que ton père en lui seul se voit ressuscité ;
Et si tu veux enfin qu'en deux mots je m'explique,
Tu poursuis en sa mort la ruine publique.
Quoi! pour venger un père est-il jamais permis
De livrer sa patrie aux mains des ennemis?
Contre nous ta poursuite est-elle légitime,
Et pour être punis avons-nous part au crime?
Ce n'est pas qu'après tout tu doives épouser
Celui qu'un père mort t'obligeoit d'accuser :
Je te voudrois moi-même en arracher l'envie ;
Ote-lui ton amour, mais laisse-nous sa vie.
CHIMÈNE.
Ah! ce n'est pas à moi d'avoir tant de bonté ;
Le devoir qui m'aigrit n'a rien de limité.
Quoique pour ce vainqueur mon amour s'intéresse,
Quoiqu'un peuple l'adore et qu'un roi le caresse,
Qu'il soit environné des plus vaillants guerriers,
J'irai sous mes cyprès accabler ses lauriers.
L'INFANTE.
C'est générosité quand pour venger un père
Notre devoir attaque une tête si chère ;
Mais c'en est une encor d'un plus illustre rang,
Quand on donne au public les intérêts du sang.
Non, crois-moi, c'est assez que d'éteindre ta flamme ;
Il sera trop puni s'il n'est plus dans ton âme.
Que le bien du pays t'impose cette loi :
Aussi bien, que crois-tu que t'accorde le Roi?

CHIMÈNE.
Il peut me refuser, mais je ne puis me taire.
L'INFANTE.
Pense bien, ma Chimène, à ce que tu veux faire.
Adieu : tu pourras seule y penser à loisir.
CHIMÈNE.
Après mon père mort, je n'ai point à choisir.

SCÈNE III

DON FERNAND, DON DIÈGUE, DON ARIAS,
DON RODRIGUE, DON SANCHE.

DON FERNAND.
Généreux héritier d'une illustre famille,
Qui fut toujours la gloire et l'appui de Castille,
Race de tant d'aïeux en valeur signalés,
Que l'essai de la tienne a sitôt égalés,
Pour te récompenser ma force est trop petite ;
Et j'ai moins de pouvoir que tu n'as de mérite.
Le pays délivré d'un si rude ennemi,
Mon sceptre dans ma main par la tienne affermi,
Et les Mores défaits avant qu'en ces alarmes
J'eusse pu donner ordre à repousser leurs armes.
Ne sont point des exploits qui laissent à ton roi
Le moyen ni l'espoir de s'acquitter vers toi.
Mais deux rois tes captifs feront ta récompense.
Ils t'ont nommé tous deux leur Cid en ma présence :
Puisque Cid en leur langue est autant que Seigneur,
Je ne t'envierai pas ce beau titre d'honneur.
Sois désormais le Cid : qu'à ce grand nom tout cède ;
Qu'il comble d'épouvante et Grenade et Tolède,
Et qu'il marque à tous ceux qui vivent sous mes lois
Et ce que tu me vaux, et ce que je te dois.

DON RODRIGUE.

Que Votre Majesté, Sire, épargne ma honte.
D'un si foible service elle fait trop de conte,
Et me force à rougir devant un si grand roi
De mériter si peu l'honneur que j'en reçoi.
Je sais trop que je dois au bien de votre empire
Et le sang qui m'anime, et l'air que je respire ;
Et quand je les perdrai pour un si digne objet,
Je ferai seulement le devoir d'un sujet.

DON FERNAND.

Tous ceux que ce devoir à mon service engage
Ne s'en acquittent pas avec même courage ;
Et lorsque la valeur ne va point dans l'excès,
Elle ne produit point de si rares succès.
Souffre donc qu'on te loue, et de cette victoire
Apprends-moi plus au long la véritable histoire.

DON RODRIGUE.

Sire, vous avez su qu'en ce danger pressant,
Qui jeta dans la ville un effroi si puissant,
Une troupe d'amis chez mon père assemblée
Sollicita mon âme encor toute troublée...
Mais, Sire, pardonnez à ma témérité,
Si j'osai l'employer sans votre autorité :
Le péril approchoit ; leur brigade étoit prête ;
Me montrant à la cour, je hasardois ma tête,
Et s'il falloit la perdre, il m'étoit bien plus doux
De sortir de la vie en combattant pour vous,

DON FERNAND.

J'excuse ta chaleur à venger ton offense,
Et l'État défendu me parle en ta défense :
Crois que dorénavant Chimène a beau parler,
Je ne l'écoute plus que pour la consoler.
Mais poursuis.

DON RODRIGUE.

   Sous moi donc cette troupe s'avance,

Et porte sur le front une mâle assurance.
Nous partîmes cinq cents ; mais par un prompt renfort
Nous nous vîmes trois mille en arrivant au port,
Tant, à nous voir marcher avec un tel visage,
Les plus épouvantés reprenoient de courage !
J'en cache les deux tiers, aussitôt qu'arrivés,
Dans le fond des vaisseaux qui lors furent trouvés ;
Le reste, dont le nombre augmentoit à toute heure,
Brûlant d'impatience, autour de moi demeure,
Se couche contre terre, et sans faire aucun bruit,
Passe une bonne part d'une si belle nuit.
Par mon commandement la garde en fait de même,
Et se tenant cachée, aide à mon stratagème,
Et je feins hardiment d'avoir reçu de vous
L'ordre qu'on me voit suivre et que je donne à tous.

 Cette obscure clarté qui tombe des étoiles
Enfin avec le flux nous fait voir trente voiles ;
L'onde s'enfle dessous, et d'un commun effort
Les Mores et la mer montent jusques au port.
On les laisse passer ; tout leur paroît tranquille ;
Point de soldats au port, point aux murs de la ville.
Notre profond silence abusant leurs esprits,
Ils n'osent plus douter de nous avoir surpris ;
Ils abordent sans peur, ils ancrent, ils descendent,
Et courent se livrer aux mains qui les attendent.
Nous nous levons alors, et tous en même temps
Poussons jusques au ciel mille cris éclatants.
Les nôtres, à ces cris, de nos vaisseaux répondent ;
Ils paroissent armés, les Mores se confondent,
L'épouvante les prend à demi descendus ;
Avant que de combattre, ils s'estiment perdus.
Ils couroient au pillage, et rencontrent la guerre ;
Nous les pressons sur l'eau, nous les pressons sur terre,
Et nous faisons courir des ruisseaux de leur sang,
Avant qu'aucun résiste ou reprenne son rang.
Mais bientôt, malgré nous, les princes leurs rallient ;

Leur courage renaît, et leurs terreurs s'oublient :
La honte de mourir sans avoir combattu
Arrête leur désordre, et leur rend leur vertu.
Contre nous de pied ferme ils tirent leurs alfanges,
De notre sang au leur font d'horribles mélanges ;
Et la terre, et le fleuve, et leur flotte, et le port,
Sont des champs de carnage où triomphe la mort.
O combien d'actions, combien d'exploits célèbres
Sont demeurés sans gloire au milieu des ténèbres,
Où chacun, seul témoin des grands coups qu'il donnoit,
Ne pouvoit discerner où le sort inclinoit !
J'allois de tous côtés encourager les nôtres,
Faire avancer les uns, et soutenir les autres,
Ranger ceux qui venoient, les pousser à leur tour,
Et ne l'ai pu savoir jusques au point du jour.
Mais enfin sa clarté montre notre avantage :
Le More voit sa perte, et perd soudain courage ;
Et voyant un renfort qui nous vient secourir,
L'ardeur de vaincre cède à la peur de mourir.
Ils gagnent leurs vaisseaux, ils en coupent les câbles,
Poussent jusques aux cieux des cris épouvantables,
Font retraite en tumulte, et sans considérer
Si leurs rois avec eux peuvent se retirer.
Pour souffrir ce devoir leur frayeur est trop forte :
Le flux les apporta ; le reflux les remporte,
Cependant que leurs rois, engagés parmi nous,
Et quelque peu des leurs, tous percés de nos coups,
Disputent vaillamment et vendent bien leur vie.
A se rendre, moi-même, en vain je les convie :
Le cimeterre au poing, ils ne m'écoutent pas ;
Mais voyant à leurs pieds tomber tous leurs soldats,
Et que seuls désormais en vain ils se défendent,
Ils demandent le chef : je me nomme, ils se rendent.
Je vous les envoyai tous deux en même temps ;
Et le combat cessa faute de combattants.
    C'est de cette façon que, pour votre service...

SCÈNE IV

DON FERNAND, DON DIÈGUE, DON RODRIGUE, DON ARIAS, DON ALONSE, DON SANCHE.

DON ALONSE.
Sire, Chimène vient vous demander justice.
DON FERNAND.
La fâcheuse nouvelle, et l'importun devoir !
Va, je ne la veux pas obliger à te voir.
Pour tous remercîments il faut que je te chasse ;
Mais avant que sortir, viens, que ton roi t'embrasse.
(Don Rodrigue sort).
DON DIÈGUE.
Chimène le poursuit, et voudroit le sauver.
DON FERNAND.
On m'a dit qu'elle l'aime et je veux l'éprouver.
Montrez un œil plus triste.

SCÈNE V

DON FERNAND, DON DIÈGUE, DON ARIAS, DON SANCHE, DON ALONSE, CHIMÈNE, ELVIRE.

DON FERNAND.
                      Enfin soyez contente,
Chimène, le succès répond à votre attente :
Si de nos ennemis Rodrigue a le dessus,
Il est mort à nos yeux des coups qu'il a reçus ;
Rendez grâces au ciel, qui vous en a vengée.
(A don Diègue.)
Voyez comme déjà sa couleur est changée.
DON DIÈGUE.
Mais voyez qu'elle pâme, et d'un amour parfait ;
Dans cette pâmoison, Sire, admirez l'effet.

Sa douleur a trahi les secrets de son âme,
Et ne vous permet plus de douter de sa flamme.

CHIMÈNE.

Quoi! Rodrigue est donc mort?

DON FERNAND.

Non, non, il voit le jour,
Et te conserve encore un immuable amour :
Calme cette douleur qui pour lui s'intéresse.

CHIMÈNE.

Sire, on pâme de joie, ainsi que de tristesse :
Un excès de plaisir nous rend tous languissants,
Et quand il surprend l'âme, il accable les sens.

DON FERNAND.

Tu veux qu'en ta faveur nous croyions l'impossible?
Chimène, ta douleur a paru trop visible.

CHIMÈNE.

Eh bien! Sire, ajoutez ce comble à mon malheur,
Nommez ma pâmoison l'effet de ma douleur :
Un juste déplaisir à ce point m'a réduite.
Son trépas déroboit sa tête à ma poursuite;
S'il meurt des coups reçus pour le bien du pays.
Ma vengeance est perdue et mes desseins trahis ;
Une si belle fin m'est trop injurieuse.
Je demande sa mort, mais non pas glorieuse,
Non pas dans un éclat qui l'élève si haut,
Non pas au lit d'honneur, mais sur un échafaud;
Qu'il meure pour mon père, et non pour la patrie ;
Que son nom soit taché, sa mémoire flétrie.
Mourir pour le pays n'est pas un triste sort ;
C'est s'immortaliser par une belle mort.
J'aime donc sa victoire, et je le puis sans crime;
Elle assure l'État, et me rend ma victime,
Mais noble, mais fameuse entre tous les guerriers,
Le chef, au lieu de fleurs, couronné de lauriers ;
Et pour dire en un mot ce que j'en considère,
Digne d'être immolée aux mânes de mon père...

Hélas! à quel espoir me laissé-je emporter!
Rodrigue de ma part n'a rien à redouter :
Que pourroient contre lui des larmes qu'on méprise ?
Pour lui tout votre empire est un lieu de franchise ;
Là, sous votre pouvoir, tout lui devient permis ;
Il triomphe de moi comme des ennemis.
Dans leur sang répandu la justice étouffée
Aux crimes du vainqueur sert d'un nouveau trophée :
Nous en croissons la pompe, et le mépris des lois
Nous fait suivre son char au milieu de deux rois.

DON FERNAND.

Ma fille, ces transports ont trop de violence.
Quand on rend la justice, on met tout en balance ;
On a tué ton père, il étoit l'agresseur ;
Et la même équité m'ordonne la douceur.
Avant que d'accuser ce que j'en fais paroître,
Consulte bien ton cœur : Rodrigue en est le maître,
Et ta flamme en secret rend grâces à ton roi,
Dont la faveur conserve un tel amant pour toi.

CHIMÈNE.

Pour moi! mon ennemi! l'objet de ma colère!
L'auteur de mes malheurs! l'assassin de mon père!
De ma juste poursuite on fait si peu de cas
Qu'on me croit obliger en ne m'écoutant pas!
    Puisque vous refusez la justice à mes larmes,
Sire, permettez-moi de recourir aux armes ;
C'est par là seulement qu'il a su m'outrager,
Et c'est aussi par là que je me dois venger.
A tous vos cavaliers je demande sa tête :
Oui, qu'un d'eux me l'apporte, et je suis sa conquête ;
Qu'ils le combattent, Sire ; et le combat fini,
J'épouse le vainqueur, si Rodrigue est puni.
Sous votre autorité souffrez qu'on le publie.

DON FERNAND.

Cette vieille coutume en ces lieux établie,
Sous couleur de punir un injuste attentat,

Des meilleurs combattants affoiblit un État ;
Souvent de cet abus le succès déplorable
Opprime l'innocent, et soutient le coupable.
J'en dispense Rodrigue : il m'est trop précieux
Pour l'exposer aux coups d'un sort capricieux ;
Et quoi qu'ait pu commettre un cœur si magnanime,
Les Mores en fuyant ont emporté son crime.

DON DIÈGUE.

Quoi ! Sire, pour lui seul vous renversez des lois
Qu'a vu toute la cour observer tant de fois !
Que croira votre peuple, et que dira l'envie,
Si sous votre défense il ménage sa vie,
Et s'en fait un prétexte à ne paroître pas
Où tous les gens d'honneur cherchent un beau trépas ?
De pareilles faveurs terniroient trop sa gloire.
Qu'il goûte sans rougir les fruits de sa victoire.
Le Comte eut de l'audace ; il l'en a su punir :
Il l'a fait en brave homme, et le doit maintenir.

DON FERNAND.

Puisque vous le voulez, j'accorde qu'il le fasse ;
Mais d'un guerrier vaincu mille prendroient la place,
Et le prix que Chimène au vainqueur a promis
De tous mes cavaliers feroient ses ennemis.
L'opposer seul à tous seroit trop d'injustice :
Il suffit qu'une fois il entre dans la lice.
　　Choisis qui tu voudras, Chimène, et choisis bien ;
Mais après ce combat ne demande plus rien.

DON DIÈGUE.

N'excusez point par là ceux que son bras étonne :
Laissez un champ ouvert, où n'entrera personne.
Après ce que Rodrigue a fait voir aujourd'hui,
Quel courage assez vain s'oseroit prendre à lui ?
Qui se hasarderoit contre un tel adversaire ?
Qui seroit ce vaillant, ou bien ce téméraire ?

DON SANCHE.

Faites ouvrir le champ : vous voyez l'assaillant ;

Je suis ce téméraire, ou plutôt ce vaillant.
Accordez cette grâce à l'ardeur qui me presse,
Madame : vous savez quelle est votre promesse.
DON FERNAND.
Chimène, remets-tu ta querelle en sa main ?
CHIMÈNE.
Sire, je l'ai promis.
DON FERNAND.
Soyez prêt à demain.
DON DIÈGUE.
Non, Sire, il ne faut pas différer davantage :
On est toujours trop prêt quand on a du courage.
DON FERNAND.
Sortir d'une bataille, et combattre à l'instant !
DON DIÈGUE.
Rodrigue a pris haleine en vous la racontant.
DON FERNAND.
Du moins une heure ou deux je veux qu'il se délasse (*).
Mais de peur qu'en exemple un tel combat ne passe,
Pour témoigner à tous qu'à regret je permets
Un sanglant procédé qui ne me plut jamais,
De moi ni de ma cour il n'aura la présence.
(Il parle à don Arias.)
Vous seul des combattants jugerez la vaillance :
Ayez soin que tous deux fassent en gens de cœur,
Et le combat fini, m'amenez le vainqueur.
Qui qu'il soit, même prix est acquis à sa peine :
Je le veux de ma main présenter à Chimène,
Et que pour récompense il reçoive sa foi.

(*) « Je me suis toujours repenti d'avoir fait dire au Roi, dans *le Cid*, qu'il vouloit que Rodrigue se délassât une heure ou deux après la défaite des Maures avant que de combattre don Sanche : je l'avois fait pour montrer que la pièce étoit dans les vingt-quatre heures, et cela n'a servi qu'à avertir les spectateurs de la contrainte avec laquelle je l'y ai réduite. » (*Discours de la tragédie*, tome I, p. 96.)

CHIMÈNE.
Quoi ! Sire, m'imposer une si dure loi !
DON FERNAND.
Tu t'en plains ; mais ton feu, loin d'avouer ta plainte,
Si Rodrigue est vainqueur, l'accepte sans contrainte.
Cesse de murmurer contre un arrêt si doux :
Qui que ce soit des deux, j'en ferai ton époux.

FIN DU QUATRIÈME ACTE

ACTE V

SCÈNE PREMIÈRE

DON RODRIGUE, CHIMÈNE.

CHIMÈNE.

Quoi ! Rodrigue, en plein jour ! d'où te vient cette audace ?
Va, tu me perds d'honneur ; retire-toi, de grâce.

DON RODRIGUE.

Je vais mourir, Madame, et vous viens en ce lieu,
Avant le coup mortel, dire un dernier adieu :
Cet immuable amour qui sous vos lois m'engage
N'ose accepter ma mort sans vous en faire hommage.

CHIMÈNE.

Tu vas mourir !

DON RODRIGUE.

Je cours à ces heureux moments
Qui vont livrer ma vie à vos ressentiments.

CHIMÈNE.

Tu vas mourir ! Don Sanche est-il si redoutable
Qu'il donne l'épouvante à ce cœur indomptable ?
Qui t'a rendu si foible, ou qui le rend si fort ?
Rodrigue va combattre, et se croit déjà mort !
Celui qui n'a pas craint les Mores, ni mon père,
Va combattre don Sanche, et déjà désespère !
Ainsi donc au besoin ton courage s'abat !

DON RODRIGUE.

Je cours à mon supplice, et non pas au combat ;
Et ma fidèle ardeur sait bien m'ôter l'envie,
Quand vous cherchez ma mort, de défendre ma vie.
J'ai toujours même cœur ; mais je n'ai point de bras

Quand il faut conserver ce qui ne vous plaît pas ;
Et déjà cette nuit m'auroit été mortelle,
Si j'eusse combattu pour ma seule querelle ;
Mais défendant mon roi, son peuple et mon pays,
A me défendre mal je les aurois trahis.
Mon esprit généreux ne hait pas tant la vie,
Qu'il en veuille sortir par une perfidie.
Maintenant qu'il s'agit de mon seul intérêt,
Vous demandez ma mort, j'en accepte l'arrêt.
Votre ressentiment choisit la main d'un autre
(Je ne méritois pas de mourir de la vôtre) :
On ne me verra point en repousser les coups ;
Je dois plus de respect à qui combat pour vous ;
Et ravi de penser que c'est de vous qu'ils viennent,
Puisque c'est votre honneur que ses armes soutiennent,
Je vais lui présenter mon estomac ouvert,
Adorant en sa main la vôtre qui me perd.

CHIMÈNE.

Si d'un triste devoir la juste violence,
Qui me fait malgré moi poursuivre ta vaillance,
Prescrit à ton amour une si forte loi
Qu'il te rend sans défense à qui combat pour moi,
En cet aveuglement ne perds pas la mémoire
Qu'ainsi que de ta vie il y va de ta gloire,
Et que dans quelque éclat que Rodrigue ait vécu,
Quand on le saura mort, on le croira vaincu.

Ton honneur t'est plus cher que je ne te suis chère,
Puisqu'il trempe tes mains dans le sang de mon père,
Et te fait renoncer, malgré ta passion,
A l'espoir le plus doux de ma possession :
Je t'en vois cependant faire si peu de conte,
Que sans rendre combat tu veux qu'on te surmonte.
Quelle inégalité ravale ta vertu ?
Pourquoi ne l'as-tu plus, ou pourquoi l'avois-tu ?
Quoi ? n'es-tu généreux que pour me faire outrage ?
S'il ne faut m'offenser, n'as-tu point de courage ?

Et traites-tu mon père avec tant de rigueur,
Qu'après l'avoir vaincu tu souffres un vainqueur?
Va, sans vouloir mourir, laisse-moi te poursuivre,
Et défends ton honneur, si tu ne veux plus vivre.

DON RODRIGUE.

Après la mort du Comte, et les Mores défaits,
Faudroit-il à ma gloire encor d'autres effets?
Elle peut dédaigner le soin de me défendre :
On sait que mon courage ose tout entreprendre,
Que ma valeur peut tout, et que dessous les cieux,
Auprès de mon honneur, rien ne m'est précieux.
Non, non, en ce combat, quoique vous veuilliez croire,
Rodrigue peut mourir sans hasarder sa gloire,
Sans qu'on l'ose accuser d'avoir manqué de cœur,
Sans passer pour vaincu, sans souffrir un vainqueur.
On dira seulement : « Il adoroit Chimène ;
Il n'a pas voulu vivre et mériter sa haine ;
Il a cédé lui-même à la rigueur du sort
Qui forçoit sa maîtresse à poursuivre sa mort :
Elle vouloit sa tête ; et son cœur magnanime,
S'il l'en eût refusée, eût pensé faire un crime.
Pour venger son honneur il perdit son amour,
Pour venger sa maîtresse il a quitté le jour,
Préférant, quelque espoir qu'eût son âme asservie,
Son honneur à Chimène, et Chimène à sa vie. »
Ainsi donc vous verrez ma mort en ce combat,
Loin d'obscurcir ma gloire, en rehausser l'éclat;
Et cet honneur suivra mon trépas volontaire,
Que tout autre que moi n'eût pu vous satisfaire.

CHIMÈNE.

Puisque, pour t'empêcher de courir au trépas,
Ta vie et ton honneur sont de foibles appas,
Si jamais je t'aimai, cher Rodrigue, en revanche,
Défends-toi maintenant pour m'ôter à don Sanche;
Combats pour m'affranchir d'une condition
Qui me donne à l'objet de mon aversion.

Te dirai-je encor plus? va, songe à ta défense,
Pour forcer mon devoir, pour m'imposer silence;
Et si tu sens pour moi ton cœur encore épris,
Sors vainqueur d'un combat dont Chimène est le prix.
Adieu : ce mot lâché me fait rougir de honte.

DON RODRIGUE.

Est-il quelque ennemi qu'à présent je ne dompte?
Paroissez, Navarrois, Mores et Castillans,
Et tout ce que l'Espagne a nourri de vaillants;
Unissez-vous ensemble, et faites une armée,
Pour combattre une main de la sorte animée :
Joignez tous vos efforts contre un espoir si doux;
Pour en venir à bout, c'est trop peu que de vous.

SCÈNE II

L'INFANTE.

T'écouterai-je encor, respect de ma naissance,
    Qui fais un crime de mes feux?
T'écouterai-je, amour, dont la douce puissance
Contre ce fier tyran fait révolter mes vœux?
    Pauvre princesse, auquel des deux
    Dois-tu prêter obéissance?
Rodrigue, ta valeur te rend digne de moi;

Mais pour être vaillant, tu n'es pas fils de roi.
Impitoyable sort, dont la rigueur sépare
    Ma gloire d'avec mes désirs!
Est-il dit que le choix d'une vertu si rare
Coûte à ma passion de si grands déplaisirs?
    O cieux! à combien de soupirs
    Faut-il que mon cœur se prépare,
Si jamais il n'obtient sur un si long tourment
Ni d'éteindre l'amour, ni d'accepter l'amant!

Mais c'est trop de scrupule, et ma raison s'étonne
  Du mépris d'un si digne choix :
Bien qu'aux monarques seuls ma naissance me donne,
Rodrigue, avec honneur je vivrai sous tes lois.
   Après avoir vaincu deux rois,
   Pourrois-tu manquer de couronne ?
Et ce grand nom de Cid que tu viens de gagner
Ne fait-il pas trop voir sur qui tu dois régner ?

Il est digne de moi, mais il est à Chimène ;
  Le don que j'en ai fait me nuit.
Entre eux la mort d'un père a si peu mis de haine,
Que le devoir du sang à regret le poursuit :
   Ainsi n'espérons aucun fruit
  De son crime, ni de ma peine,
Puisque pour me punir le destin a permis
Que l'amour dure même entre deux ennemis.

SCÈNE III

L'INFANTE, LÉONOR.

L'INFANTE.

Où viens-tu, Léonor ?

LÉONOR.

   Vous applaudir, Madame,
Sur le repos qu'enfin a retrouvé votre âme.

L'INFANTE.

D'où viendroit ce repos dans un comble d'ennui ?

LÉONOR.

Si l'amour vit d'espoir, et s'il meurt avec lui,
Rodrigue ne peut plus charmer votre courage.
Vous savez le combat où Chimène l'engage :
Puisqu'il faut qu'il y meure, ou qu'il soit son mari,
Votre espérance est morte, et votre esprit guéri.

L'INFANTE.

Ah ! qu'il s'en faut encor !

LÉONOR.
Que pouvez-vous prétendre?
L'INFANTE.
Mais plutôt quel espoir me pourrois-tu défendre?
Si Rodrigue combat sous ces conditions,
Pour en rompre l'effet, j'ai trop d'inventions.
L'amour, ce doux auteur de mes cruels supplices,
Aux esprits des amants apprend trop d'artifices.
LÉONOR.
Pourrez-vous quelque chose, après qu'un père mort
N'a pu dans leurs esprits allumer de discord?
Car Chimène aisément montre par sa conduite
Que la haine aujourd'hui ne fait pas sa poursuite.
Elle obtient un combat, et pour son combattant
C'est le premier offert qu'elle accepte à l'instant:
Elle n'a point recours à ces mains généreuses
Que tant d'exploits fameux rendent si glorieuses;
Don Sanche lui suffit, et mérite son choix,
Parce qu'il va s'armer pour la première fois.
Elle aime en ce duel son peu d'expérience;
Comme il est sans renom, elle est sans défiance;
Et sa facilité vous doit bien faire voir
Qu'elle cherche un combat qui force son devoir,
Qui livre à son Rodrigue une victoire aisée,
Et l'autorise enfin à paroître apaisée.
L'INFANTE.
Je le remarque assez, et toutefois mon cœur
A l'envi de Chimène adore ce vainqueur.
A quoi me résoudrai-je, amante infortunée?
LÉONOR.
A vous mieux souvenir de qui vous êtes née :
Le ciel vous doit un roi, vous aimez un sujet!
L'INFANTE.
Mon inclination a bien changé d'objet.
Je n'aime plus Rodrigue, un simple gentilhomme!
Non, ce n'est plus ainsi que mon amour le nomme :

Si j'aime, c'est l'auteur de tant de beaux exploits,
C'est le valeureux Cid, le maître de deux rois.
　Je me vaincrai pourtant, non de peur d'aucun blâme,
Mais pour ne troubler pas une si belle flamme ;
Et quand pour m'obliger on l'auroit couronné,
Je ne veux point reprendre un bien que j'ai donné.
Puisqu'en un tel combat sa victoire est certaine,
Allons encore un coup le donner à Chimène,
Et toi qui vois les traits dont mon cœur est percé,
Viens me voir achever comme j'ai commencé.

SCÈNE IV

CHIMÈNE, ELVIRE.

CHIMÈNE.

Elvire, que je souffre, et que je suis à plaindre !
Je ne sais qu'espérer, et je vois tout à craindre ;
Aucun vœu ne m'échappe où j'ose consentir :
Je ne souhaite rien sans un prompt repentir.
A deux rivaux pour moi je fais prendre les armes :
Le plus heureux succès me coûtera des larmes ;
Et quoi qu'en ma faveur en ordonne le sort,
Mon père est sans vengeance ou mon amant est mort.

ELVIRE.

D'un et d'autre côté je vous vois soulagée :
Ou vous avez Rodrigue, ou vous êtes vengée ;
Et quoi que le destin puisse ordonner de vous,
Il soutient votre gloire, et vous donne un époux.

CHIMÈNE.

Quoi ! l'objet de ma haine ou de tant de colère !
L'assassin de Rodrigue, ou celui de mon père !
De tous les deux côtés on me donne un mari
Encor tout teint du sang que j'ai le plus chéri ;
De tous les deux côtés mon âme se rebelle :
Je crains plus que la mort la fin de ma querelle.
Allez, vengeance, amour, qui troublez mes esprits,

Vous n'avez point pour moi de douceurs à ce prix ;
Et toi, puissant moteur du destin qui m'outrage,
Termine ce combat sans aucun avantage,
Sans faire aucun des deux ni vaincu ni vainqueur.

ELVIRE.

Ce seroit vous traiter avec trop de rigueur.
Ce combat pour votre âme est un nouveau supplice,
S'il vous laisse obligée à demander justice,
A témoigner toujours ce haut ressentiment,
Et poursuivre toujours la mort de votre amant.
Madame, il vaut bien mieux que sa rare vaillance,
Lui couronnant le front, vous impose silence ;
Que la loi du combat étouffe vos soupirs,
Et que le Roi vous force à suivre vos désirs.

CHIMÈNE.

Quand il sera vainqueur, crois-tu que je me rende?
Mon devoir est trop fort, et ma perte trop grande ;
Et ce n'est pas assez, pour leur faire la loi,
Que celle du combat et le vouloir du Roi.
Il peut vaincre don Sanche avec fort peu de peine,
Mais non pas avec lui la gloire de Chimène :
Et quoi qu'à sa victoire un monarque ait promis,
Mon honneur lui fera mille autres ennemis.

ELVIRE.

Gardez, pour vous punir de cet orgueil étrange,
Que le ciel à la fin ne souffre qu'on vous venge.
Quoi ! vous voulez encor refuser le bonheur
De pouvoir maintenant vous taire avec honneur !
Que prétend ce devoir, et qu'est-ce qu'il espère ?
La mort de votre amant vous rendra-t-elle un père ?
Est-ce trop peu pour vous que d'un coup de malheur?
Faut-il perte sur perte, et douleur sur douleur?
Allez, dans le caprice où votre humeur s'obstine,
Vous ne méritez pas l'amant qu'on vous destine :
Et nous verrons du ciel l'équitable courroux
Vous laisser par sa mort don Sanche pour époux.

CHIMÈNE.

Elvire, c'est assez des peines que j'endure,
Ne les redouble point de ce funeste augure.
Je veux, si je le puis, les éviter tous deux ;
Sinon, en ce combat Rodrigue a tous mes vœux :
Non qu'une folle ardeur de son côté me penche ;
Mais s'il était vaincu, je serois à don Sanche :
Cette appréhension fait naître mon souhait.
Que vois-je, malheureuse ? Elvire, c'en est fait.

SCÈNE V

DON SANCHE, CHIMÈNE, ELVIRE.

DON SANCHE.

Obligé d'apporter à vos pieds cette épée...
CHIMÈNE.
Quoi ? du sang de Rodrigue encor toute trempée ?
Perfide, oses-tu bien te montrer à mes yeux,
Après m'avoir ôté ce que j'aimois le mieux ?
Éclate, mon amour, tu n'as plus rien à craindre :
Mon père est satisfait, cesse de te contraindre.
Un même coup a mis ma gloire en sûreté,
Mon âme au désespoir, ma flamme en liberté.
DON SANCHE.
D'un esprit plus rassis...
CHIMÈNE.
Tu me parles encore,
Exécrable assassin d'un héros que j'adore ?
Va, tu l'as pris en traître ; un guerrier si vaillant
N'eût jamais succombé sous un tel assaillant.
N'espère rien de moi, tu ne m'as point servie :
En croyant me venger, tu m'as ôté la vie.
DON SANCHE.
Étrange impression, qui loin de m'écouter...

CHIMÈNE.

Veux-tu que de sa mort je t'écoute vanter,
Que j'entende à loisir avec quelle insolence
Tu peindras son malheur, mon crime et ta vaillance?

SCÈNE VI

DON FERNAND, DON ALONSE, DON DIÈGUE, DON ARIAS,
DON SANCHE, CHIMÈNE, ELVIRE.

CHIMÈNE.

Sire, il n'est plus besoin de vous dissimuler
Ce que tous mes efforts ne vous ont pu celer.
J'aimois, vous l'avez su ; mais pour venger mon père,
J'ai bien voulu proscrire une tête si chère :
Votre Majesté, Sire, elle-même a pu voir
Comme j'ai fait céder mon amour au devoir.
Enfin Rodrigue est mort, et sa mort m'a changée
D'implacable ennemie en amante affligée.
J'ai dû cette vengeance à qui m'a mise au jour,
Et je dois maintenant ces pleurs à mon amour.
Don Sanche m'a perdue en prenant ma défense,
Et du bras qui me perd je suis la récompense !
   Sire, si la pitié peut émouvoir un roi,
De grâce, révoquez une si dure loi ;
Pour prix d'une victoire où je perds ce que j'aime,
Je lui laisse mon bien ; qu'il me laisse à moi-même ;
Qu'en un cloître sacré je pleure incessamment,
Jusqu'au dernier soupir, mon père et mon amant.

DON DIÈGUE.

Enfin elle aime, Sire, et ne croit plus un crime
D'avouer par sa bouche un amour légitime.

DON FERNAND.

Chimène, sors d'erreur, ton amant n'est pas mort,
Et don Sanche vaincu t'a fait un faux rapport,

LA TRAGÉDIE AU DIX-SEPTIÈME SIÈCLE
(D'après un tableau de Watteau, communiqué par M. G. Larroumet.)

DON SANCHE.

Sire, un peu trop d'ardeur malgré moi l'a déçue :
Je venois du combat lui raconter l'issue.
Ce généreux guerrier, dont son cœur est charmé :
« Ne crains rien, m'a-t-il dit, quand il m'a désarmé ;
Je laisserois plutôt la victoire incertaine,
Que de répandre un sang hasardé pour Chimène ;
Mais puisque mon devoir m'appelle auprès du Roi,
Va de notre combat l'entretenir pour moi,
De la part du vainqueur lui porter ton épée. »
Sire, j'y suis venu : cet objet l'a trompée ;
Elle m'a cru vainqueur, me voyant de retour,
Et soudain sa colère a trahi son amour
Avec tant de transport et tant d'impatience,
Que je n'ai pu gagner un moment d'audience.
Pour moi, bien que vaincu, je me répute heureux ;
Et malgré l'intérêt de mon cœur amoureux,
Perdant infiniment, j'aime encor ma défaite,
Qui fait le beau succès d'une amour si parfaite.

DON FERNAND.

Ma fille, il ne faut point rougir d'un si beau feu,
Ni chercher le moyen d'en faire un désaveu,
Une louable honte en vain t'en sollicite :
Ta gloire est dégagée, et ton devoir est quitte ;
Ton père est satisfait, et c'étoit le venger
Que mettre tant de fois ton Rodrigue en danger.
Tu vois comme le ciel autrement en dispose.
Ayant tant fait pour lui, fais pour toi quelque chose,
Et ne soit point rebelle à mon commandement,
Qui te donne un époux aimé si chèrement.

SCÈNE. VII

DON FERNAND, DON DIÈGUE, DON ARIAS, DON RODRIGUE, DON ALONSE, DON SANCHE, L'INFANTE, CHIMÈNE, LÉONOR, ELVIRE.

L'INFANTE.

Sèche tes pleurs, Chimène, et reçois sans tristesse
Ce généreux vainqueur des mains de ta princesse.

DON RODRIGUE.

Ne vous offensez point, Sire, si devant vous
Un respect amoureux me jette à ses genoux.
 Je ne viens point ici demander ma conquête :
Je viens tout de nouveau vous apporter ma tête,
Madame ; mon amour n'emploiera point pour moi
Ni la loi du combat, ni le vouloir du Roi.
Si tout ce qui s'est fait est trop peu pour un père,
Dites par quels moyens il vous faut satisfaire.
Faut-il combattre encor mille et mille rivaux,
Aux deux bouts de la terre étendre mes travaux,
Forcer moi seul un camp, mettre en fuite une armée,
Des héros fabuleux passer la renommée ?
Si mon crime par là se peut enfin laver,
J'ose tout entreprendre, et puis tout achever ;
Mais si ce fier honneur, toujours inexorable,
Ne se peut apaiser sans la mort du coupable,
N'armez plus contre moi le pouvoir des humains :
Ma tête est à vos pieds, vengez-vous par vos mains ;
Vos mains seules ont droit de vaincre un invincible ;
Prenez une vengeance à tout autre impossible.
Mais du moins que ma mort suffise à me punir :
Ne me bannissez point de votre souvenir ;
Et puisque mon trépas conserve votre gloire,
Pour vous en revancher conservez ma mémoire,

Et dites quelquefois, en déplorant mon sort:
« S'il ne m'avoit aimée, il ne seroit pas mort. »

CHIMÈNE.

Relève-toi, Rodrigue. Il faut l'avouer, Sire,
Je vous en ai trop dit pour m'en pouvoir dédire.
Rodrigue a des vertus que je ne puis haïr;
Et quand un roi commande, on lui doit obéir,
Mais à quoi que déjà vous m'ayez condamnée,
Pourrez-vous à vos yeux souffrir cet hyménée?
Et quand de mon devoir vous voulez cet effort,
Toute votre justice en est-elle d'accord?
Si Rodrigue à l'État devient si nécessaire,
De ce qu'il fait pour vous dois-je être le salaire,
Et me livrer moi-même au reproche éternel
D'avoir trempé mes mains dans le sang paternel?

DON FERNAND.

Le temps assez souvent a rendu légitime
Ce qui sembloit d'abord ne se pouvoir sans crime :
Rodrigue t'a gagnée et tu dois être à lui.
Mais quoique sa valeur t'ait conquise aujourd'hui,
Il faudroit que je fusse ennemi de ta gloire,
Pour lui donner sitôt le prix de sa victoire.
Cet hymen différé ne rompt point une loi
Qui sans marquer de temps, lui destine ta foi.
Prends un an, si tu veux, pour essuyer tes larmes.
    Rodrigue, cependant il faut prendre les armes.
Après avoir vaincu les Mores sur nos bords,
Renversé leurs desseins, repoussé leurs efforts
Va jusqu'en leur pays leur reporter la guerre,
Commander mon armée, et ravager leur terre :
A ce nom seul de Cid ils trembleront d'effroi;
Ils t'ont nommé seigneur, et te voudront pour roi.
Mais parmi tes hauts faits sois-lui toujours fidèle :
Reviens-en, s'il se peut, encor plus digne d'elle;
Et par tes grands exploits fais-toi si bien priser,
Qu'il lui soit glorieux alors de t'épouser.

DON RODRIGUE.

Pour posséder Chimène, et pour votre service,
Que peut-on m'ordonner que mon bras n'accomplisse?
Quoi qu'absent de ses yeux il me faille endurer,
Sire, ce m'est trop d'heur de pouvoir espérer.

DON FERNAND.

Espère en ton courage, espère en ma promesse;
Et possédant déjà le cœur de ta maîtresse,
Pour vaincre un point d'honneur qui combat contre toi,
Laisse faire le temps, ta vaillance et ton roi.

FIN DU CINQUIÈME ET DERNIER ACTE.

HORACE,

TRAGEDIE.

A PARIS,
Chez AVGVSTIN COVRBE', Libraire & Imprimeur
de Monsieur frere du Roy, dans la petite Salle
du Palais, à la Palme.

M. DC. XXXXI.
AVEC PRIVILEGE DV ROY.

PERSONNAGES*	ACTEURS 1640	ACTEURS 1886
TULLE, roi de Rome....................		M. Martel.
LE VIEIL HORACE, chevalier romain........		M. Maubant.
HORACE, son fils.......................		M. Mounet-Sully.
CURIACE, gentilhomme d'Albe, amant de Camille...........................		M. Laroche.
VALÈRE, chevalier romain, amoureux de Camille................................		{ M. Silvain. { M. Dupont-Vernon.
SABINE, femme d'Horace et sœur de Curiace.		Mlle Lerou.
CAMILLE, amante de Curiace et sœur d'Horace.		Mlle Dudlay.
JULIE, dame romaine, confidente de Sabine et de Camille........................		M. Martin.
FLAVIAN, soldat de l'armée d'Albe.........		M. Villain.
PROCULE, soldat de l'armée de Rome.......		M. Hamel.

La scène est à Rome, dans une salle de la maison d'Horace.

* On ne connaît aucun nom des créateurs.

HISTOIRE D'*HORACE* AU THÉATRE

(1640-1886)

C'est peu de temps après le succès du *Cid* que Corneille conçut le projet d'*Horace*. On lit dans la *Lettre du désintéressé au sieur Mairet*, écrite en juillet 1637, sous l'inspiration du poète : « Ses heures sont trop précieuses au public, puisqu'il les emploie si dignement, pour souhaiter de lui qu'il les perde à vous répondre... Vous dissiperiez un nuage qui se forme en Normandie et qui vous menace d'une furieuse tempête pour cet hiver. » Malgré cette promesse, *Horace* ne parut qu'au commencement de 1640. La querelle du *Cid* avait pourtant cessé, sinon faute de combattants, du moins sur l'ordre de Richelieu, dans les premiers jours d'octobre 1637. Corneille n'était donc plus absorbé par le soin de répondre aux attaques de ses ennemis. La véritable raison de ce silence qui a duré deux années, Chapelain la donnait déjà dans une lettre à Balzac, le 15 janvier 1639 : « Il est rebuté du métier, écrivait-il; sa veine est tarie. » En effet, Corneille ne parlait que des règles du théâtre et des arguments qu'il aurait pu faire valoir en sa faveur devant ses juges, s'il eût osé se défendre plus librement; il ne jurait plus que par Aristote. Scudéry et l'Académie avaient réussi à le jeter dans un profond découragement. Il finit heureusement par sortir de cette crise : il donna au théâtre son second chef-d'œuvre, qu'il dédia au cardinal de Richelieu, et qui réduisit les envieux au silence, puisque la tragédie d'*Horace* était au moins aussi régulière que la *Sophonisbe* de Mairet.

De toutes les accusations que le *Cid* avait provoquées, c'était celle de plagiat qui avait été le plus sensible à Corneille. Il semble que le poète ait voulu confondre ses détracteurs. *Horace* est, en effet, la première de ses tragédies où, tout en suivant l'histoire, mais en imitant avec la plus grande liberté, l'auteur tire le plus de son propre fonds.

Le sujet d'*Horace* avait déjà été traité avant Corneille. Mais il est certain que le poète, ou bien ignorait les pièces de ses devanciers ou ne leur a rien emprunté. On ne les aurait même jamais exhumées de l'oubli, si ce chef-d'œuvre de notre théâtre n'avait un instant appelé sur elles l'attention des curieux. Trois tragédies ont précédé celle de Corneille. La première en Italie, l'*Orazia* de l'Arétin (1546), la seconde en France, *Horace trigemine*, de Pierre Laudun d'Aigaliers (1596), la troisième en Espagne, *el Honrado hermano*, de Lope de Véga (dans le dix-huitième volume de son théâtre, publié en 1622). Pas même cette dernière, que Corneille, sinon disciple, du moins amateur de Lope de Véga, connaissait sans doute, n'a pu lui servir.

Son modèle fut Tite-Live, et il ne s'en cacha point ; car, en tête des éditions de 1648-1656, il publia les extraits du premier livre de l'*Histoire romaine*, seule source où il ait puisé. Comme on va le voir, il prenait à l'historien latin une situation fort simple, uniforme, et qui ne paraissait guère se prêter aux développements d'une tragédie ; mais son génie sut la rendre très dramatique.

Résumons le récit de Tite-Live. Les Romains et les Albains se font depuis longtemps la guerre ; ils combattent pour la suprématie. C'est presque une lutte fratricide, car le sang troyen coule dans les veines des deux peuples. Le chef des Albains, Métius Suffétius, et celui de Rome, Tullus Hostilius, s'entendent pour arrêter ces combats meurtriers qui affaiblissent leurs armées sans terminer la querelle. On choisira trois combattants dans le camp albain, trois aussi dans celui des Romains. Les six champions, sous les yeux de tous leurs concitoyens, en viendront aux prises, et c'est le dernier survivant qui donnera l'empire à sa patrie. Le sort désigne chez les Albains trois frères nés le même jour, les Curiaces, et, chez les Romains, les trois Horaces, nés eux aussi le même jour. Or, ces jeunes gens sont unis entre eux par l'amitié ; l'un des Curiaces même est le fiancé de Camille, sœur des Horaces.

Le signal donné, ils s'abordent, et, au premier choc, les trois

Curiaces sont blessés; deux Horaces tombent expirants. Il semble que les Albains l'emportent. Le seul Horace use alors d'un stratagème : il feint de fuir devant ses trois adversaires; ceux-ci le poursuivent, et, comme leurs blessures n'ont pas la même gravité, c'est le plus valide qui prend l'avance; au moment où il ne le sent pas loin de lui, Horace se retourne.

Trop faible contre les trois réunis, il est trop fort pour un seul et tue sans peine le premier. Le second se hâte de courir au secours de son frère; mais il arrive épuisé, et a le même sort. Horace abat enfin le troisième : c'est à peine si ce malheureux a la force de tenir ses armes. Les Albains quittent le champ de bataille désespérés et sujets de leurs voisins; les Romains accompagnent Horace en triomphe.

Camille, à la vue du manteau de son fiancé, que le héros porte sur ses épaules avec les autres dépouilles des Curiaces, éclate en sanglots. Horace furieux tire son épée et en perce la jeune fille, qui ose pleurer un ennemi de Rome. Ce crime excite l'indignation du sénat et du peuple; le coupable est mené devant le tribunal du roi. Le vieil Horace, le père, qui est privé en un jour de deux fils et d'une fille, défend avec tant d'éloquence le seul enfant qui lui reste devant le peuple réuni, que ce juge suprême à Rome pardonne au meurtrier, le condamnant simplement à passer, la tête voilée, sous un soliveau, espèce de joug, placé en travers de la route. C'est le seul châtiment imposé à Horace. Le soliveau, entretenu aux frais de l'État, subsista longtemps, et perpétua le souvenir du fratricide : on l'appela le *Soliveau de la sœur*.

Telle était la donnée fournie par le récit de Tite Live : un combat singulier suivi d'un assassinat commis par un barbare soldat dans l'ivresse du triomphe et de l'orgueil. Corneille sut en varier avec un art infini la situation uniforme.

Sabine, femme d'Horace, se plaint à Julie, sa confidente, de la cruelle condition où les dieux l'ont placée. Albaine de naissance, Romaine par le mariage, elle se voit contrainte de ne faire de vœux ni pour Albe ni pour Rome, qui sont aux prises, puisque sa préférence pour l'une ou l'autre de ces villes serait un sacrilège. Combien le sort de Camille lui paraît moins rude ! Camille a ses frères dans l'armée romaine et n'a qu'un amant dans le camp ennemi. Fiancée à l'Albain Curiace, elle est courtisée par un chevalier romain du nom de Valère. Or, Camille accueille ce rival avec bienveillance : comme elle n'a point vu Curiace depuis deux ans, Sabine craint que Valère n'ait pris la place de l'absent dans son cœur.

Mais cette accusation est toute gratuite. Camille, en l'absence de Sabine, explique à Julie pourquoi la veille elle a en effet entretenu Valère en lui montrant un visage riant. C'est qu'elle venait de recevoir de la bouche sacrée du prêtre d'Apollon l'assurance que la guerre allait cesser entre Albe et Rome, et que, le lendemain, elle serait unie pour toujours à son cher Curiace. Elle était si heureuse, que, même en parlant à Valère, qui se trouva par hasard sur son passage, elle ne put dissimuler sa joie. Elle ne voyait que Curiace, elle ne pensait qu'à lui! Mais hélas! un songe affreux, où elle a été effrayée par mille images sanglantes, lui a rendu toutes ses terreurs passées.

Curiace apparaît : il vient, profitant d'une trêve, annoncer à sa maîtresse la fin de leurs tourments. Les deux chefs ennemis, voulant terminer la querelle sans verser tant de sang, ont décidé que dans chaque camp trois soldats seraient choisis qui combattraient pour tous. Camille reçoit avec joie cette nouvelle : elle veut oublier le songe et ne se souvenir que de l'oracle favorable. Le premier acte se termine : l'espérance renaît dans les deux familles alliées que séparait seule la nécessité de la guerre.

Dès le commencement du second acte, la situation a changé. On sait que les trois élus, à Rome, sont les Horaces : on ignore encore quel est le choix des Albains. Curiace félicite son beau-frère de l'honneur qui vient de lui échoir; il plaint Albe qui ne saurait opposer aux Horaces trois adversaires dignes d'eux. Il se plaint lui-même d'être obligé ou de souhaiter le triomphe de sa patrie au prix d'une vie si chère ou de voir son pays asservi.

Mais Flavian, un soldat albain, vient informer Curiace qu'il a été désigné avec ses deux frères pour combattre contre les trois Horaces. Après le départ de l'envoyé, Curiace ne peut plus contenir sa fureur contre le sort cruel qui l'accable. Est-il honneur plus cruel, plus horrible que celui qui est fait aux Horaces et aux Curiaces? Tandis qu'Horace, d'un cœur farouche, en ennemi, comme s'il était déjà dans l'arène, jouit de la gloire qui lui est offerte, et refoule au fond du cœur tous les sentiments de tendresse, Curiace, aussi résolu, aussi fier qu'Horace de la confiance que sa patrie a mise en lui, mais plus humain, laisse couler un moment ses larmes, et ne croit point manquer à la patrie parce qu'il rend ce qu'il doit à la famille.

Camille et Sabine s'efforcent de retenir Curiace et Horace : ces héros ne faiblissent point. Le vieil Horace leur promet d'empêcher que les femmes ne viennent les troubler au milieu du combat.

Les deux armées, à la vue de ces six jeunes gens unis par l'amitié et une étroite parenté, n'ont point voulu que s'engageât cette lutte impie. Mais les Horaces et les Curiaces ont refusé cette pitié qui les déshonorait. Le roi Tullius a proposé alors qu'on consultât de nouveau les dieux; son avis a été écouté. Tels sont les détails que vient apporter Julie à Sabine et à Camille emprisonnées dans la maison du vieil Horace. Julie retourne se mêler à la foule, pour savoir quelles résolutions définitives ont été prises.

Le vieil Horace annonce bientôt à sa bru et à sa fille que, sur l'ordre des dieux, leurs frères sont aux mains. Il les console l'une et l'autre comme il sait consoler, comprend leur douleur, et les exhorte à montrer des sentiments dignes de Romaines. Enfin la scène capitale commence : Julie est accourue affolée : elle a, dit-elle, assisté au combat. Les trois Curiaces sont blessés ; deux Romains sont tombés : le troisième, le mari de Sabine, a fui ! Quelle honte pour le vieil Horace ! Comme sa colère est terrible ! Il couvrira de fleurs la tombe des héros ; mais le lâche ne périra que de sa main : il en fait le serment solennel.

A l'acte suivant, il est heureusement détrompé. Valère vient, au nom du roi, féliciter le vieil Horace d'avoir produit un fils qui donne l'empire à Rome. Il raconte les péripéties de la bataille. Julie n'avait pas attendu la fin. Horace s'est vaillamment comporté ; sa fuite n'était qu'une ruse. Dans le récit de Valère, Corneille ne s'éloigne point du texte de Tite Live : il le traduit avec vigueur et le développe avec une vraisemblance toute historique. Autant le poète avait su donner à la colère du vieux Romain des accents magnifiques, autant il prête à sa joie et à son orgueil un langage fier et superbe.

Le vieil Horace ordonne à Camille d'essuyer ses pleurs : sa tristesse est impie au milieu de l'allégresse de la patrie. Il quitte sa fille en l'engageant à recevoir le vainqueur avec moins de faiblesse : il ne fait qu'aigrir son ressentiment. La malheureuse, restée seule, et ne songeant qu'à son amour perdu, s'excite à la vengeance ; et quand Horace paraît, ce n'est d'abord que par des regrets, par des larmes, puis par des imprécations terribles qu'elle répond à son chant de victoire. Horace, poussé à bout, et croyant l'immoler à la patrie quand il la sacrifie à son orgueil, poursuit sa sœur et la tue.

Le cinquième acte est tout entier rempli par les plaidoyers devant le roi de Valère en faveur de Camille qu'il aimait, d'Horace qui ne veut défendre que son honneur, du vieil Horace qui demande éloquemment qu'on ne lui enlève pas, après ce qu'il vient de faire pour la patrie, le seul enfant qui lui reste. Tullius absout Horace.

> Ta vertu,

lui dit-il,

> met ta gloire au-dessus de ton crime.

Sauf le roi Tullus Hostilius, qui agit et parle dans la tragédie comme dans Tite Live ; sauf Horace jeune, que Corneille a transporté tout d'une pièce de l'histoire dans son œuvre, et qui est bien le Romain des premiers temps de la République, véritable ancêtre de Caton, insensible, impitoyable, quand l'intérêt de la patrie exige le sacrifice des affections les plus chères, le poète a montré pour l'invention des autres caractères une habileté merveilleuse.

On ne connaît pas de figure plus sympathique que celle de Curiace, à la fois si généreux et si tendre, qui ne résiste pas à son devoir, mais qui a d'autant plus de mérite à le remplir sans faiblesse qu'il en connaît la cruauté et la nécessité. Curiace nous touche et nous émeut plus qu'Horace ; nous l'admirons davantage. C'est en aveugle que le premier court au péril et à la gloire ; il n'est pas arrêté par les obstacles, il ne les voit point et ne les sent même pas. Curiace les connaît, les aime, et cependant les franchit.

Le poète, en donnant au vieil Horace un peu de sensibilité, un cœur qui s'attendrit, a rapproché un peu de nos mœurs ce père moins barbare que son fils : l'expérience de l'âge a adouci ses mœurs, sans les amollir. Il y a chez le vieil Horace un mélange de tendresse et d'héroïsme qui nous ravit et nous transporte.

En imaginant Sabine, Corneille a complètement transformé la donnée de l'historien latin. Le sujet lui est devenu propre. A ne lire que le récit de Tite Live, on ressent une vive sympathie pour ces six jeunes gens que l'amitié attache étroitement les uns aux autres et qui sont contraints d'en venir aux mains, pour la gloire de leur patrie, dans une lutte où il leur est impossible de s'épargner, où il faut vaincre ou mourir. Mais comme l'intérêt est plus poignant dans la tragédie de

Corneille! Non-seulement l'un des Curiaces est le fiancé de Camille, sœur des Horaces, mais Sabine, sœur des Curiaces, est la femme de l'un des Horaces. Le lien qui les unit est sacré.

Julie est sans doute une confidente. Mais combien elle est utile à l'action! Elle ne sert pas seulement d'intermédiaire entre l'acteur principal qui est en scène et le public, comme c'est d'ordinaire dans Corneille le rôle des confidents; elle joue un rôle très actif. C'est elle qui fait au vieil Horace ce faux rapport et donne à la colère de ce père déshonoré l'occasion d'éclater en vers héroïques. De plus, le caractère de la femme est heureusement observé dans le personnage de Julie. Toute de premier mouvement, curieuse, empressée, impatiente, elle quitte le lieu du combat sans en attendre la fin : elle a besoin de raconter ce qu'elle a vu.

Les règles trop étroites de la tragédie classique interdisaient au poète de placer son cinquième acte en plein forum, au milieu du peuple assemblé avec son tribunal, ses duumvirs, ses licteurs. Corneille crée pour remplacer cette foule, qui eût été partagée entre la reconnaissance due au vainqueur et son amour pour la justice, le personnage de Valère. Mais il fallait intéresser ce dernier à l'action générale; le poète fait de ce chevalier un autre don Sanche : il aimait Camille, il se croit autorisé à réclamer vengeance contre son meurtrier. Au nom du peuple aussi, effrayé de l'orgueil d'Horace et toujours ombrageux avec ceux qui croient tout permis à leur caprice quand ils viennent de rendre au pays un service signalé, Valère poursuit autant le citoyen qui s'élève au-dessus des autres que l'assassin d'une sœur.

Avec quel art aussi Corneille a su ménager l'intérêt! Pendant tout le premier acte, les deux armées sont aux prises; le danger est pour tous. Les Curiaces et les Horaces peuvent, dans une certaine mesure, éviter de se prendre mutuellement pour adversaires; leur pieuse manœuvre, s'ils la tentent, ne sera point remarquée. A la fin de ce premier acte, la situation semble se détendre. Ni les Horaces ni les Curiaces ne peuvent supposer qu'ils seront désignés pour le poste d'honneur : il y dans les deux camps tant de braves soldats! Le second acte s'ouvre : les Horaces sont choisis. Bientôt après, on sait que les Albains ont nommé les Curiaces pour soutenir leur cause. Le combat n'a pas lieu tout de suite : le poète imagine d'abord la pitié des deux armées, puis le recours aux dieux, enfin la réponse suprême des oracles. Il faut encore faire attendre le dénouement. Julie, ayant vu fuir Horace et le croyant défait, annonce trop vite la fin du combat. Enfin Valère vient le raconter, depuis le premier coup porté jusqu'à l'immolation à la patrie romaine des trois Curiaces : Horace n'a fui, dit-il, que pour séparer ses adversaires et les égorger plus facilement les uns après les autres.

Bien que la tragédie d'*Horace* n'ait point soulevé, comme le *Cid*, les jalousies des poètes contemporains, elle a eu cependant à essuyer certaines critiques. L'abbé d'Aubignac, bel esprit ami de Chapelain et de Boisrobert, a, dans sa *Pratique du Théâtre françois*, reproché à Corneille d'avoir fait tuer Camille par la main même d'Horace. Il eût voulu que « cette fille désespérée, voyant son frère l'épée à la main, se fût précipitée dessus : ainsi elle fût morte de la main d'Horace, et lui eût été digne de compassion comme un malheureux innocent ; l'histoire et le théâtre auraient été d'accord ». Il faut avouer que cette critique est singulière. L'accident s'étant passé sous les yeux de Procule, ce soldat qui accompagne Horace vainqueur pour l'aider à porter ses trophées, il n'y avait plus de raison pour que, devant le roi, Valère accusât Horace. Procule, témoin sincère, eût déposé en faveur de ce dernier. La mort de Camille n'était alors qu'un suicide ou, tout au plus, un homicide par imprudence. L'abbé d'Aubignac blâme aussi la conduite de Valère ; il eût préféré que Valère étranglât Horace plutôt que de se faire son accusateur public. C'était tout simplement prêter à deux Romains des idées modernes, c'était violer la vérité historique, et Corneille n'eut point de peine à réfuter dans son *Examen* cette critique ridicule. « Si Valère ne prend pas le procédé de France, il faut considérer qu'il est Romain, et dans Rome, où il n'aurait pu entreprendre un duel contre un autre Romain sans faire un crime d'État, et que j'en aurais fait un de théâtre, si j'avais habillé un Romain à la française. »

On a cependant adressé à la tragédie d'*Horace* quelques critiques qui sont justes, et que nous allons résumer.

Sabine et Camille parlent trop le langage subtil et raffiné des femmes françaises du dix-septième siècle.

Sabine, si touchante au premier acte, offre moins d'intérêt aux suivants. Dès le second, elle propose à son mari de la tuer pour que son frère la venge, afin qu'ils aient au moins l'un et l'autre une raison de se haïr. Cette proposition est déjà bien risquée. Mais elle devient insupportable, si elle est faite une seconde fois, comme cela a lieu à la fin du quatrième acte, après le meurtre de Camille : Sabine poursuit son mari ; elle veut qu'il la tue, car elle aussi regrette et pleure Curiace. Elle insulte, supplie, mais en vain. Comment enfin qualifier cette proposition exprimée encore une troisième fois au cinquième acte? Sabine supplie le roi de l'envoyer à la mort au lieu de son mari pour venger les mânes de Camille.

On a reconnu que le poète avait observé scrupuleusement l'unité de lieu, mais violé la plus nécessaire, l'unité d'action. Il semble en effet que chaque acte appartienne à l'un des principaux personnages qui se disputent l'intérêt. Sabine attire toute l'attention au premier acte ; c'est Curiace qui émeut le plus au second. La colère magnifique du vieil Horace remplit tout le troisième. Camille est l'héroïne du quatrième. Enfin l'on est préoccupé, au cinquième, du sort qui sera réservé à Horace. Sans aller si loin peut-être, on est forcé de reconnaître que l'action est terminée après le récit de Valère qui a rétabli la vérité des faits et détrompé le vieil Horace. Le sentiment dominant, l'amour de la patrie, est satisfait. Tout ce qui suit est une nouvelle action qui commence.

Quoi qu'il en soit de la valeur de ces critiques diverses, la tragédie d'*Horace* est la plus belle leçon de patriotisme qui ait jamais été donnée. Elle a eu de tout temps un succès très vif, parce qu'elle excite dans les cœurs les sentiments les plus généreux.

Ce fut sans doute au commencement de mars 1640 qu'eut lieu la première représentation d'*Horace*. Chapelain, dans une lettre qu'il écrit à Balzac le 9 mars 1640, en parle comme d'un fait tout récent. Malheureusement il ne nomme aucun des acteurs qui ont créé les rôles ; il ne dit pas non plus sur quel théâtre cette tragédie fut jouée tout d'abord. Il est toutefois permis de croire qu'*Horace* fut donné à l'hôtel de Bourgogne. Depuis la retraite de son directeur Mondory, frappé d'apoplexie pendant une représentation de la *Marianne* de Tristan, l'hôtel du Marais voyait diminuer de jour en jour sa réputation et sa fortune : ses meilleurs comédiens passaient à l'hôtel de Bourgogne. Il est vraisemblable que Corneille fut transfuge, lui aussi.

Ce qui est certain, c'est que ce chef-d'œuvre fut repris à l'hôtel de Bourgogne. L'abbé d'Aubignac, dont nous avons déjà parlé, cite, dans le rôle d'Horace, Floridor et Beauchateau qui appartenaient à l'hôtel de Bourgogne. Or d'Aubignac a composé sa *Pratique du théâtre* vers 1657. Nous avons déjà eu l'occasion de parler de Beauchateau à propos de l'interprétation du *Cid*. Cet acteur n'était que la doublure de Floridor. Floridor (Josias de Soulas, écuyer, sieur de Prinefosse), comédien de grand talent, en même temps fort honnête homme, entra dans la troupe du Marais en 1640 : il y resta trois ans. En 1643, il passa à l'hôtel de Bourgogne pour prendre la succession de Bellerose, le premier en date de nos grands acteurs tragiques [1]; il s'y montra tout à fait à la hauteur de sa tâche. D'une figure imposante, d'une taille haute, d'un extérieur distingué, il exerçait sur le public un grand empire. Il est vrai qu'il remplissait les premiers rôles avec une dignité sans effort. Il était fort aimé à la cour et goûté de tous les honnêtes gens. Molière qui, dans son *Impromptu de Versailles*, censure vivement les plus célèbres comédiens de l'hôtel de Bourgogne, s'abstient de toute critique contre Floridor. Au contraire, il se moque de Mlle Beauchateau qui jouait Camille sans vérité, sans passion, et conservait un visage riant dans les plus grandes afflictions.

Baron, qui remplaça à l'hôtel de Bourgogne Floridor, et fut un Horace excellent, eut pour successeur dans ce rôle Pierre Trochon, sieur de Beaubourg. Celui-ci, d'abord maltraité par le public qui le trouvait fort médiocre en comparaison de son devancier, finit, faute de rivaux acceptables, par accoutumer à son jeu si différent de celui de Baron. Au lieu du débit noble, des gestes simples, de l'intelligence supérieure de son aîné, Beaubourg avait une déclamation ampoulée, des gestes forcés et une intelligence médiocre [2]. Il le prouva bien dans ce même rôle d'Horace. On se rappelle que Camille, après la fameuse scène des imprécations, s'enfuit dans la coulisse à la vue de l'épée nue de son frère. Mlle Duclos, qui représentait la jeune Romaine, s'embarrassa dans la queue traînante de sa robe et tomba en scène. Que fit Beaubourg ? Au lieu de rester dans le naturel de la situation et de tuer, même dans sa chute, cette sœur qui pleure l'ennemi de la patrie, il ôta galamment son chapeau, présenta la main à l'actrice pour la relever, l'accompagna dans la coulisse, et là, remettant son chapeau, tira son épée et parut la tuer avec brutalité [3].

1. Nous reparlerons de Bellerose dans notre histoire du *Menteur* au théâtre.
2. Dans la reproduction du tableau de Watteau que nous donnons en tête de cette livraison, l'acteur qui est représenté est Beaubourg. On ne sait de quel rôle il porte le costume. Le peintre a figuré la tragédie en général, non une tragédie en particulier. On ignore le nom de l'actrice qui est à ses côtés. La seule image qui nous reste de Beaubourg est précisément celle que Watteau a donnée dans cette espèce d'allégorie.
3. *Observations sur la tragédie ancienne et moderne*, par l'abbé Nadal, œuvres mêlées, 1738. t. II, p. 163 et 164.

M¹¹ᵉ Duclos dut trouver fort civil le procédé de son camarade, car elle contribua beaucoup, autant que Beaubourg, à dénaturer la diction simple et le jeu naturel que Baron avait habitué le public de son temps à entendre et à suivre avec intérêt [1].

On cite encore, avant d'arriver à Rachel, dans le rôle de Camille, M¹¹ᵉ Clairon, qui débuta en 1743, et tint avec éclat pendant vingt-deux ans de suite le premier emploi partagé avec M¹¹ᵉ Dumesnil. M¹¹ᵉ Clairon devait plus au travail; M¹¹ᵉ Dumesnil à la nature. M¹¹ᵉ Clairon a laissé des mémoires qui sont intéressants surtout par les réflexions judicieuses qu'elle y fait sur l'art dramatique [2].

Dans le vieil Horace se sont surtout distingués Brizard (1721-1791) et Beauvallet (1801-1873). Brizard, digne successeur de Sarrazin (mort en 1762), dans l'emploi des rois de tragédie et des pères nobles de la haute comédie, avait tout à fait le physique qui convenait à ces personnages: une figure où, dit Le Mazurier, « la dignité d'un roi et la tendresse d'un père se peignaient avec la même facilité. » Son débit et son maintien étaient nobles ; son jeu plein de franchise, son attention en scène, toujours soutenue ; sa conscience jusque dans les plus petits détails du métier faisaient de lui un comédien irréprochable. Aussi le public avait-il pour Brizard une estime toute particulière. On raconte que le soir où il se retira du théâtre, il voulut jouer ses deux meilleurs rôles : Henri IV dans la *Partie de Chasse* de Collé et le vieil Horace. « La salle fut remplie dès quatre heures. Brizard se surpassa lui-même dans le rôle du vieil Horace : touché des applaudissements qu'il recevait, il ne put sans un extrême attendrissement que le public partageait prononcer ce vers qui convenait si bien à la circonstance :

Moi-même, en cet adieu, j'ai les larmes aux yeux [3].

---

1. M¹¹ᵉ Duclos, née en 1670, d'abord doublure de la Champmeslé dans les grands rôles tragiques, puis en possession de cet emploi sans partage, avait dans son jeu beaucoup de pathétique, mais elle manquait de naturel, forçait souvent sa voix qui était naturellement pleine de douceur, roulait ses yeux d'une manière outrée, et chantait le vers au lieu de le dire simplement, en conservant le rythme. Elle se distingua dans les rôles de Josabeth (*Athalie*) et surtout dans Ariane et Inès. Adrienne Lecouvreur, dès 1722, disputa la première place à M¹¹ᵉ Duclos : les succès de la jeune tragédienne excitèrent sa jalousie. Au lieu de se retirer, comme l'âge le lui conseillait, elle eut le tort de rester au théâtre et de compromettre une réputation méritée par des défaillances inévitables pendant les dernières années de sa carrière dramatique. Elle mourut en 1748.
2. Nous reviendrons plus tard sur ces deux tragédiennes.
3. Le Mazurier, *Galerie historique des acteurs du théâtre français*.

Il semble qu'il y ait eu une sorte d'affinité de goûts entre Brizard et Beauvallet. Tous les deux se sentirent d'abord attirés vers la peinture et entrèrent, le premier, dans l'atelier de Carle Vanloo, le second, dans celui de Paul Delaroche. Ajoutez qu'ils étaient de la même province : Brizard naquit à Orléans, Beauvallet à Pithiviers. Au théâtre toutefois, leur vocation ne fut point absolument la même. Tandis que Brizard était du premier coup désigné pour les pères nobles et débutait dans cet emploi, Beauvallet, avant d'être averti par l'âge, avait commencé par montrer les plus belles qualités de diction, de verve et de chaleur dans les grands premiers rôles tragiques. On n'avait guère à lui reprocher qu'une voix trop sonore dont il ne savait ou ne pouvait modérer les éclats.

Rachel fut une admirable Camille. Sauf dans la scène d'amour au second acte, où elle manquait peut-être de tendresse, dans le reste du rôle, elle était au-dessus de tout éloge. Elle disait avec un goût exquis le monologue du quatrième acte, ce morceau si tourmenté et si subtil. Elle était au-dessus de toute comparaison dans les imprécations célèbres. Quelle gradation habile et calculée elle savait garder dans l'expression de sa haine ! Les deux premiers vers qui d'ordinaire sont lancés d'une voix furieuse, Rachel les laissait tomber, pour ainsi dire ; on sentait que la colère ne faisait encore que gronder comme l'orage qui menace. Puis, sa voix grandissant à mesure que sa douleur ne pouvait plus être contenue, elle éclatait et jetait, au milieu de ses larmes, le blasphème au front de la patrie.

L'interprétation actuelle à la Comédie-Française est remarquable dans son ensemble. Le rôle d'Horace n'est point le meilleur de M. Mounet-Sully : il y apporte cependant quelques-unes des qualités merveilleuses auxquelles nous avons déjà rendu hommage.

Le beau rôle de Curiace n'a jamais été bien tenu : les annales théâtrales ne citent point d'acteur qui s'y soit montré supérieur. Et cependant quel personnage sympathique ! Combien un jeune tragédien intelligent et de bon air pourrait y déployer de mélancolie et de tendresse !

J'en dirai autant du rôle de Sabine, qui est si touchante au premier acte. On cite, sous le premier Empire, Mlle Georges parmi les interprètes de ce rôle qui a toujours été regardé comme très ingrat ; il serait plus juste de dire qu'il est fort difficile à jouer de nos jours,

Mlle Lerou, à l'une des dernières reprises, nous a montré une Sabine fort intéressante, presque pathétique.

M. Maubant (le vieil Horace), dont nous avons donné le portrait dans don Diègue, a une belle prestance, une voix puissante, une colère magnifique; mais, il ne sait point s'attendrir; il garde trop la raideur et l'insensibilité romaines [1].

Mlle Dudlay est mieux à sa place dans Camille que dans Chimène : elle trouve naturellement dans ce rôle l'occasion de déployer la force et l'énergie qui sont le fond de son talent.

Il faut citer enfin, dans le petit rôle de Valère, un tragédien déjà très estimé et fort intelligent, M. Silvain, qui dit fort bien le récit du combat et surtout le plaidoyer difficile du cinquième acte.

---

1. M. Maubant (Fleury-Polydore) est né à Chantilly-Condé, le 23 août 1821. Il était apprenti horloger à Paris quand l'idée lui vint d'embrasser la carrière du théâtre. Il assistait souvent aux représentations que Rachel, encore inconnue, donnait à la salle Molière. Il finit par s'y faire recevoir comme auteur. Puis il entra au Conservatoire, d'où, après trois années d'études sérieuses, il sortit avec un second prix de tragédie. Il débuta à la Comédie-Française le 25 août 1842, dans Achille, d'*Iphigénie en Aulide*. Il quitta ce théâtre pour l'Odéon (septembre 1842 — juin 1843), où lui étaient faites des offres plus avantageuses, puis revint sur notre première scène en octobre 1843. Comme Brizard, bien qu'il n'eût que 22 ans, il était désigné pour y tenir l'emploi des pères nobles. Il fut élu sociétaire le 1er janvier 1852. M. Maubant est un tragédien très consciencieux : il a pour lui un physique imposant, une taille pleine de noblesse, une voix chaude et bien timbrée qui lui permettent d'interpréter dignement les pères de la tragédie et les raisonneurs de la Comédie. Les rôles où il se fait le plus applaudir sont : don Diègue, où il triomphe ; Lusignan, de *Zaïre*, Géronte, du *Menteur*, Burrhus et Joad. Nous nous sommes borné aux rôles du répertoire classique. M. Maubant, encore sur la brèche, et toujours vaillant, est Professeur de déclamation au Conservatoire. Il peut y intéresser ses élèves par nombre de souvenirs du jeu de Rachel, à côté de qui il a joué.

HORACE
TRAGÉDIE

ACTE I

SCÈNE PREMIÈRE

SABINE, JULIE.

SABINE.

Approuvez ma foiblesse, et souffrez ma douleur;
Elle n'est que trop juste en un si grand malheur:
Si près de voir sur soi fondre de tels orages,
L'ébranlement sied bien aux plus fermes courages;
Et l'esprit le plus mâle et le moins abattu
Ne sauroit sans désordre exercer sa vertu,
Quoique le mien s'étonne à ces rudes alarmes,
Le trouble de mon cœur ne peut rien sur mes larmes,
Et parmi les soupirs qu'il pousse vers les cieux,
Ma constance du moins règne encor sur mes yeux:
Quand on arrête là les déplaisirs d'une âme,
Si l'on fait moins qu'un homme, on fait plus qu'une femme.
Commander à ses pleurs en cette extrémité,
C'est montrer, pour le sexe, assez de fermeté.

JULIE.

C'en est peut-être assez pour une âme commune,
Qui du moindre péril se fait une infortune;
Mais de cette foiblesse un grand cœur est honteux;
Il ose espérer tout dans un succès douteux.
Les deux camps sont rangés au pied de nos murailles:
Mais Rome ignore encor comme on perd des batailles.
Loin de trembler pour elle, il lui faut applaudir:
Puisqu'elle va combattre, elle va s'agrandir.

Bannissez, bannissez une frayeur si vaine,
Et concevez des vœux dignes d'une Romaine.

SABINE.

Je suis Romaine, hélas! puisqu'Horace est Romain ;
J'en ai reçu le titre en recevant sa main ;
Mais ce nœud me tiendroit en esclave enchaînée,
S'il m'empêchoit de voir en quels lieux je suis née.
Albe, où j'ai commencé de respirer le jour,
Albe, mon cher pays, et mon premier amour ;
Lorsqu'entre nous et toi je vois la guerre ouverte,
Je crains notre victoire autant que notre perte.
  Rome, si tu te plains que c'est là te trahir,
Fais-toi des ennemis que je puisse haïr.
Quand je vois de tes murs leur armée et la nôtre,
Mes trois frères dans l'une, et mon mari dans l'autre,
Puis-je former des vœux, et sans impiété
Importuner le ciel pour ta félicité?
Je sais que ton État, encore en sa naissance,
Ne sauroit, sans la guerre, affermir sa puissance ;
Je sais qu'il doit s'accroître, et que tes grands destins
Ne le borneront pas chez les peuples latins ;
Que les Dieux t'ont promis l'empire de la terre,
Et que tu n'en peux voir l'effet que par la guerre :
Bien loin de m'opposer à cette noble ardeur
Qui suit l'arrêt des Dieux et court à ta grandeur,
Je voudrois déjà voir tes troupes couronnées,
D'un pas victorieux franchir les Pyrénées.
Va jusqu'en l'Orient pousser tes bataillons ;
Va sur les bords du Rhin planter tes pavillons ;
Fais trembler sous tes pas les colonnes d'Hercule ;
Mais respecte une ville à qui tu dois Romule.
Ingrate, souviens-toi que du sang de ses rois
Tu tiens ton nom, tes murs, et tes premières lois.
Albe est ton origine : arrête, et considère
Que tu portes le fer dans le sein de ta mère.
Tourne ailleurs les efforts de tes bras triomphants ;

(1723-1803.)

Communiqué par la *Bibliothèque Nationale*.

Sa joie éclatera dans l'heur de ses enfants;
Et se laissant ravir à l'amour maternelle,
Ses vœux seront pour toi, si tu n'es plus contre elle.

JULIE.

Ce discours me surprend, vu que depuis le temps
Qu'on a contre son peuple armé nos combattants,
Je vous ai vu pour elle autant d'indifférence
Que si d'un sang romain vous aviez pris naissance.
J'admirois la vertu qui réduisoit en vous
Vos plus chers intérêts à ceux de votre époux;
Et je vous consolois au milieu de vos plaintes,
Comme si notre Rome eût fait toutes vos craintes.

SABINE.

Tant qu'on ne s'est choqué qu'en de légers combats,
Trop foibles pour jeter un des partis à bas,
Tant qu'un espoir de paix a pu flatter ma peine,
Oui, j'ai fait vanité d'être toute Romaine.
Si j'ai vu Rome heureuse avec quelque regret,
Soudain j'ai condamné ce mouvement secret;
Et si j'ai ressenti, dans ses destins contraires,
Quelque maligne joie en faveur de mes frères,
Soudain, pour l'étouffer rappelant ma raison,
J'ai pleuré quand la gloire entroit dans leur maison.
Mais aujourd'hui qu'il faut que l'une ou l'autre tombe,
Qu'Albe devienne esclave, ou que Rome succombe,
Et qu'après la bataille il ne demeure plus
Ni d'obstacle aux vainqueurs, ni d'espoir aux vaincus,
J'aurois pour mon pays une cruelle haine,
Si je pouvois encore être toute Romaine,
Et si je demandois votre triomphe aux Dieux,
Au prix de tant de sang qui m'est si précieux.
Je m'attache un peu moins aux intérêts d'un homme :
Je ne suis point pour Albe, et ne suis plus pour Rome;
Je crains pour l'une et l'autre en ce dernier effort,
Et serai du parti qu'affligera le sort.
Égale à tous les deux jusques à la victoire,

Je prendrai part aux maux sans en prendre à la gloire ;
Et je garde, au milieu de tant d'âpres rigueurs,
Mes larmes aux vaincus, et ma haine aux vainqueurs.

JULIE.

Qu'on voit naître souvent de pareilles traverses,
En des esprits divers, des passions diverses !
Et qu'à nos yeux Camille agit bien autrement !
Son frère est votre époux, le vôtre est son amant ;
Mais elle voit d'un œil bien différent du vôtre
Son sang dans une armée, et son amour dans l'autre.
Lorsque vous conserviez un esprit tout romain,
Le sien irrésolu, le sien tout incertain,
De la moindre mêlée appréhendoit l'orage,
De tous les deux partis détestoit l'avantage,
Au malheur des vaincus donnoit toujours ses pleurs,
Et nourrissoit ainsi d'éternelles douleurs.
Mais hier, quand elle sut qu'on avoit pris journée,
Et qu'enfin la bataille alloit être donnée,
Une soudaine joie éclatant sur son front...

SABINE.

Ah ! que je crains, Julie, un changement si prompt !
Hier dans sa belle humeur elle entretint Valère ;
Pour ce rival, sans doute, elle quitte mon frère ;
Son esprit, ébranlé par les objets présents,
Ne trouve point d'absent aimable après deux ans.
Mais excusez l'ardeur d'une amour fraternelle ;
Le soin que j'ai de lui me fait craindre tout d'elle ;
Je forme des soupçons d'un trop léger sujet :
Près d'un jour si funeste on change peu d'objet ;
Les âmes rarement sont de nouveau blessées,
Et dans un si grand trouble on a d'autres pensées ;
Mais on n'a pas aussi de si doux entretiens,
Ni de contentements qui soient pareils aux siens.

JULIE.

Les causes, comme à vous, m'en semblent fort obscures ;
Je ne me satisfais d'aucunes conjectures.

C'est assez de constance en un si grand danger
Que de le voir, l'attendre, et ne point s'affliger ;
Mais certes, c'en est trop d'aller jusqu'à la joie.

SABINE.

Voyez qu'un bon génie à propos nous l'envoie,
Essayez sur ce point à la faire parler ;
Elle vous aime assez pour ne vous rien celer,
Je vous laisse. Ma sœur, entretenez Julie :
J'ai honte de montrer tant de mélancolie,
Et mon cœur, accablé de mille déplaisirs,
Cherche la solitude à cacher ses soupirs.

SCÈNE II

CAMILLE, JULIE.

CAMILLE.

Qu'elle a tort de vouloir que je vous entretienne !
Croit-elle ma douleur moins vive que la sienne,
Et que plus insensible à de si grands malheurs,
A mes tristes discours je mêle moins de pleurs ?
De pareilles frayeurs mon âme est alarmée ;
Comme elle, je perdrai dans l'une et l'autre armée :
Je verrai mon amant, mon plus unique bien,
Mourir pour son pays, ou détruire le mien,
Et cet objet d'amour devenir, pour ma peine,
Digne de mes soupirs, ou digne de ma haine.
Hélas !

JULIE.

Elle est pourtant plus à plaindre que vous :
On peut changer d'amant, mais non changer d'époux.
Oubliez Curiace, et recevez Valère,
Vous ne tremblerez plus pour le parti contraire ;
Vous serez toute nôtre, et votre esprit remis
N'aura plus rien à perdre au camp des ennemis.

CAMILLE.
Donnez-moi des conseils qui soient plus légitimes,
Et plaignez mes malheurs sans m'ordonner des crimes.
Quoiqu'à peine à mes maux je puisse résister,
J'aime mieux les souffrir que de les mériter.
JULIE.
Quoi! vous appelez crime un change raisonnable?
CAMILLE.
Quoi! le manque de foi vous semble pardonnable?
JULIE.
Envers un ennemi qui peut nous obliger?
CAMILLE.
D'un serment solennel qui peut nous dégager?
JULIE.
Vous déguisez en vain une chose trop claire :
Je vous vis encore hier entretenir Valère ;
Et l'accueil gracieux qu'il recevoit de vous
Lui permet de nourrir un espoir assez doux.
CAMILLE.
Si je l'entretins hier et lui fis bon visage,
N'en imaginez rien qu'à son désavantage :
De mon contentement un autre étoit l'objet.
Mais pour sortir d'erreur sachez-en le sujet ;
Je garde à Curiace une amitié trop pure
Pour souffrir plus longtemps qu'on m'estime parjure.
 Il vous souvient qu'à peine on voyoit de sa sœur
Par un heureux hymen mon frère possesseur,
Quand, pour comble de joie, il obtint de mon père
Que de ses chastes feux je serois le salaire.
Ce jour nous fut propice et funeste à la fois :
Unissant nos maisons, il désunit nos rois ;
Un même instant conclut notre hymen et la guerre,
Fit naître notre espoir et le jeta par terre,
Nous ôta tout, sitôt qu'il nous eut tout promis,
Et nous faisant amants, il nous fit ennemis.
Combien nos déplaisirs parurent lors extrêmes!

Combien contre le ciel il vomit de blasphèmes !
Et combien de ruisseaux coulèrent de mes yeux !
Je ne vous le dis point, vous vîtes nos adieux ;
Vous avez vu depuis les troubles de mon âme ;
Vous savez pour la paix quels vœux a faits ma flamme,
Et quels pleurs j'ai versés à chaque événement,
Tantôt pour mon pays, tantôt pour mon amant.
Enfin mon désespoir, parmi ces longs obstacles,
M'a fait avoir recours à la voix des oracles.
Écoutez si celui qui me fut hier rendu
Eut droit de rassurer mon esprit éperdu.
Ce Grec si renommé, qui depuis tant d'années
Au pied de l'Aventin prédit nos destinées,
Lui qu'Apollon jamais n'a fait parler à faux,
Me promit par ces vers la fin de mes travaux :

« Albe et Rome demain prendront une autre face ;
Tes vœux sont exaucés, elles auront la paix,
Et tu seras unie avec ton Curiace,
Sans qu'aucun mauvais sort t'en sépare jamais. »

Je pris sur cet oracle une entière assurance,
Et comme le succès passoit mon espérance,
J'abandonnai mon âme à des ravissements
Qui passoient les transports des plus heureux amants.
Jugez de leur excès ; je rencontrai Valère,
Et contre sa coutume, il ne put me déplaire.
Il me parla d'amour sans me donner d'ennui :
Je ne m'aperçus pas que je parlois à lui ;
Je ne lui pus montrer de mépris ni de glace :
Tout ce que je voyois me sembloit Curiace ;
Tout ce qu'on me disoit me parloit de ses feux ;
Tout ce que je disois l'assuroit de mes vœux.
Le combat général aujourd'hui se hasarde ;
J'en sus hier la nouvelle, et je n'y pris pas garde :
Mon esprit rejetoit ces funestes objets,
Charmé des doux pensers d'hymen et de la paix.
La nuit a dissipé des erreurs si charmantes :

Mille songes affreux, mille images sanglantes
Ou plutôt mille amas de carnage et d'horreur,
M'ont arraché ma joie et rendu ma terreur.
J'ai vu du sang, des morts, et n'ai rien vu de suite ;
Un spectre en paroissant prenoit soudain la fuite ;
Ils s'effaçoient l'un l'autre, et chaque illusion
Redoubloit mon effroi par sa confusion.

JULIE.

C'est en contraire sens qu'un songe s'interprète.

CAMILLE.

Je le dois croire ainsi, puisque je le souhaite ;
Mais je me trouve enfin, malgré tous mes souhaits,
Au jour d'une bataille, et non pas d'une paix.

JULIE.

Par là finit la guerre, et la paix lui succède.

CAMILLE.

Dure à jamais le mal, s'il y faut ce remède !
Soit que Rome y succombe ou qu'Albe ait le dessous,
Cher amant, n'attends plus d'être un jour mon époux ;
Jamais, jamais ce nom ne sera pour un homme
Qui soit ou le vainqueur, ou l'esclave de Rome.
  Mais quel objet nouveau se présente en ces lieux ?
Est-ce toi, Curiace ? en croirai-je mes yeux ?

SCÈNE III

CURIACE, CAMILLE, JULIE.

CURIACE.

N'en doutez point, Camille, et revoyez un homme,
Qui n'est ni le vainqueur ni l'esclave de Rome ;
Cessez d'appréhender de voir rougir mes mains
Du poids honteux des fers ou du sang des Romains.
J'ai cru que vous aimiez assez Rome et la gloire
Pour mépriser ma chaîne et haïr ma victoire ;

Et comme également en cette extrémité
Je craignois la victoire et la captivité...

CAMILLE.

Curiace, il suffit, je devine le reste :
Tu fuis une bataille à tes vœux si funeste,
Et ton cœur, tout à moi, pour ne me perdre pas,
Dérobe à ton pays le secours de ton bras.
Qu'un autre considère ici ta renommée,
Et te blâme, s'il veut, de m'avoir trop aimée ;
Ce n'est point à Camille à t'en mésestimer :
Plus ton amour paroît, plus elle doit t'aimer ;
Et si tu dois beaucoup aux lieux qui t'on vu naître,
Plus tu quittes pour moi, plus tu le fais paroitre.
Mais as-tu vu mon père, et peut-il endurer
Qu'ainsi dans sa maison tu t'oses retirer ?
Ne préfère-t-il point l'Etat à sa famille ?
Ne regarde-t-il point Rome plus que sa fille ?
Enfin notre bonheur est-il bien affermi ?
T'a-t-il vu comme gendre, ou bien comme ennemi ?

CURIACE.

Il m'a vu comme gendre, avec une tendresse
Qui témoignoit assez une entière allégresse ;
Mais il ne m'a point vu, par une trahison,
Indigne de l'honneur d'entrer dans sa maison.
Je n'abandonne point l'intérêt de ma ville,
J'aime encor mon honneur en adorant Camille.
Tant qu'a duré la guerre, on m'a vu constamment
Aussi bon citoyen que véritable amant.
D'Albe avec mon amour j'accordois la querelle :
Je soupirois pour vous en combattant pour elle ;
Et s'il falloit encor que l'on en vînt aux coups,
Je combattrois pour elle en soupirant pour vous.
Oui, malgré les désirs de mon âme charmée,
Si la guerre duroit, je serois dans l'armée :
C'est la paix qui chez vous me donne un libre accès,
La paix à qui nos feux doivent ce beau succès.

CAMILLE.

La paix ! Et le moyen de croire un tel miracle ?

JULIE.

Camille, pour le moins croyez-en votre oracle,
Et sachons pleinement par quels heureux effets
L'heure d'une bataille a produit cette paix.

CURIACE.

L'auroit-on jamais cru ? Déjà les deux armées,
D'une égale chaleur au combat animées,
Se menaçoient des yeux, et marchant fièrement,
N'attendoient, pour donner, que le commandement,
Quand notre dictateur devant les rangs s'avance.
Demande à votre prince un moment de silence,
Et l'ayant obtenu : « Que faisons-nous, Romains,
Dit-il, et quel démon nous fait venir aux mains ?
Souffrons que la raison éclaire enfin nos âmes :
Nous sommes vos voisins, nos filles sont vos femmes,
Et l'hymen nous a joints par tant et tant de nœuds,
Qu'il est peu de nos fils qui ne soient vos neveux.
Nous ne sommes qu'un sang et qu'un peuple en deux villes :
Pourquoi nous déchirer par des guerres civiles,
Où la mort des vaincus affoiblit les vainqueurs,
Et le plus beau triomphe est arrosé de pleurs ?
Nos ennemis communs attendent avec joie
Qu'un des partis défait leur donne l'autre en proie,
Lassé, demi-rompu, vainqueur, mais, pour tout fruit,
Dénué d'un secours par lui-même détruit.
Ils ont assez longtemps joui de nos divorces,
Contre eux dorénavant joignons toutes nos forces,
Et noyons dans l'oubli ces petits différends
Qui de si bons guerriers font de mauvais parents.
Que si l'ambition de commander aux autres
Fait marcher aujourd'hui vos troupes et les nôtres,
Pourvu qu'à moins de sang nous voulions l'apaiser,
Elle nous unira, loin de nous diviser.
Nommons des combattants pour la cause commune :

Que chaque peuple aux siens attache sa fortune ;
Et suivant ce que d'eux ordonnera le sort,
Que le foible parti prenne loi du plus fort,
Mais sans indignité pour des guerriers si braves,
Qu'ils deviennent sujets sans devenir esclaves,
Sans honte, sans tribut, et sans autre rigueur
Que de suivre en tous lieux les drapeaux du vainqueur.
Ainsi nos deux États ne feront qu'un empire. »
Il semble qu'à ces mots notre discorde expire :
Chacun, jetant les yeux dans un rang ennemi,
Reconnoît un beau-frère, un cousin, un ami ;
Ils s'étonnent comment leurs mains, de sang avides,
Voloient, sans y penser, à tant de parricides,
Et font paroître un front couvert tout à la fois
D'horreur pour la bataille, et d'ardeur pour ce choix.
Enfin l'offre s'accepte, et la paix désirée
Sous ces conditions est aussitôt jurée :
Trois combattront pour tous ; mais, pour les mieux choisir,
Nos chefs ont voulu prendre un peu plus de loisir :
Le vôtre est au sénat, le nôtre dans sa tente.

CAMILLE.

O Dieux, que ce discours rend mon âme contente !

CURIACE.

Dans deux heures au plus, par un commun accord,
Le sort de nos guerriers réglera notre sort.
Cependant tout est libre, attendant qu'on les nomme :
Rome est dans notre camp, et notre camp dans Rome ;
D'un et d'autre côté l'accès étant permis,
Chacun va renouer avec ses vieux amis.
Pour moi, ma passion m'a fait suivre vos frères ;
Et mes désirs ont eu des succès si prospères,
Que l'auteur de vos jours m'a promis à demain
Le bonheur sans pareil de vous donner la main.
Vous ne deviendrez pas rebelle à sa puissance ?

CAMILLE.

Le devoir d'une fille est en l'obéissance.

CURIACE.

Venez donc recevoir ce doux commandement,
Qui doit mettre le comble à mon contentement.

CAMILLE.

Je vais suivre vos pas, mais pour revoir mes frères,
Et savoir d'eux encor la fin de nos misères.

JULIE.

Allez, et cependant au pied de nos autels
J'irai rendre pour vous grâces aux immortels.

FIN DU PREMIER ACTE.

ACTE II

SCÈNE PREMIÈRE

HORACE, CURIACE.

CURIACE.

Ainsi Rome n'a point séparé son estime ;
Elle eût cru faire ailleurs un choix illégitime :
Cette superbe ville en vos frères et vous
Trouve les trois guerriers qu'elle préfère à tous;
Et son illustre ardeur d'oser plus que les autres,
D'une seule maison brave toutes les nôtres :
Nous croirons, à la voir toute entière en vos mains,
Que hors les fils d'Horace il n'est point de Romains.
Ce choix pouvoit combler trois familles de gloire,
Consacrer hautement leurs noms à la mémoire :
Oui, l'honneur que reçoit la vôtre par ce choix,
En pouvoit à bon titre immortaliser trois;
Et puisque c'est chez vous que mon heur et ma flamme
M'ont fait placer ma sœur et choisir une femme,
Ce que je vais vous être et ce que je vous suis
Me font y prendre part autant que je le puis;
Mais un autre intérêt tient ma joie en contrainte,
Et parmi ses douceurs mêle beaucoup de crainte :
La guerre en tel éclat a mis votre valeur,
Que je tremble pour Albe et prévois son malheur :
Puisque vous combattez, sa perte est assurée;
En vous faisant nommer, le destin l'a jurée.
Je vois trop dans ce choix ses funestes projets,
Et me compte déjà pour un de vos sujets.

HORACE.

Loin de trembler pour Albe, il vous faut plaindre Rome,
Voyant ceux qu'elle oublie, et les trois qu'elle nomme.
C'est un aveuglement pour elle bien fatal,
D'avoir tant à choisir, et de choisir si mal.
Mille de ses enfants beaucoup plus dignes d'elle
Pouvoient bien mieux que nous soutenir sa querelle ;
Mais, quoique ce combat me promette un cercueil,
La gloire de ce choix m'enfle d'un juste orgueil ;
Mon esprit en conçoit une mâle assurance :
J'ose espérer beaucoup de mon peu de vaillance ;
Et du sort envieux quels que soient les projets,
Je ne me compte point pour un de vos sujets.
Rome a trop cru de moi ; mais mon âme ravie
Remplira son attente, ou quittera la vie.
Qui veut mourir ou vaincre est vaincu rarement :
Ce noble désespoir périt malaisément.
Rome, quoi qu'il en soit, ne sera point sujette,
Que mes derniers soupirs n'assurent ma défaite.

CURIACE.

Hélas ! c'est bien ici que je dois être plaint.
Ce que veut mon pays, mon amitié le craint.
Dures extrémités, de voir Albe asservie,
Ou sa victoire au prix d'une si chère vie,
Et que l'unique bien où tendent ses désirs
S'achète seulement par vos derniers soupirs !
Quels vœux puis-je former, et quel bonheur attendre ?
De tous les deux côtés j'ai des pleurs à répandre ;
De tous les deux côtés mes désirs sont trahis.

HORACE.

Quoi ! vous me pleureriez mourant pour mon pays !
Pour un cœur généreux ce trépas à des charmes ;
La gloire qui le suit ne souffre point de larmes,
Et je le recevrais en bénissant mon sort,
Si Rome et tout l'État perdoient moins en ma mort,

CURIACE.

A vos amis pourtant permettez de le craindre ;

Dans un si beau trépas ils sont les seuls à plaindre :
La gloire en est pour vous, et la perte pour eux ;
Il vous fait immortel, et les rend malheureux :
On perd tout quand on perd un ami si fidèle.
Mais Flavian m'apporte ici quelque nouvelle.

SCÈNE II

HORACE, CURIACE, FLAVIAN.

CURIACE.

Albe de trois guerriers a-t-elle fait le choix ?

FLAVIAN.

Je viens pour vous l'apprendre.

CURIACE.

Eh bien, qui sont les trois ?

FLAVIAN.

Vos deux frères et vous.

CURIACE.

Qui ?

FLAVIAN.

Vous et vos deux frères.
Mais pourquoi ce front triste et ces regards sévères ?
Ce choix vous déplaît-il ?

CURIACE.

Non, mais il me surprend :
Je m'estimois trop peu pour un honneur si grand.

FLAVIAN.

Dirai-je au dictateur, dont l'ordre ici m'envoie,
Que vous le recevez avec si peu de joie ?
Ce morne et froid accueil me surprend à mon tour.

CURIACE.

Dis-lui que l'amitié, l'alliance et l'amour
Ne pourront empêcher que les trois Curiaces
Ne servent leur pays contre les trois Horaces.

FLAVIAN.

Contre eux! Ah! c'est beaucoup me dire en peu de mots.
CURIACE.
Porte-lui ma réponse, et nous laisse en repos.

SCÈNE III

HORACE, CURIACE.

CURIACE.
Que désormais le ciel, les enfers et la terre
Unissent leurs fureurs à nous faire la guerre;
Que les hommes, les Dieux, les démons et le sort
Préparent contre nous un général effort!
Je mets à faire pis, en l'état où nous sommes,
Le sort, et les démons, et les Dieux, et les hommes,
Ce qu'ils ont de cruel, et d'horrible et d'affreux,
L'est bien moins que l'honneur qu'on nous fait à tous deux.
HORACE.
Le sort qui de l'honneur nous ouvre la barrière
Offre à notre constance une illustre matière;
Il épuise sa force à former un malheur
Pour mieux se mesurer avec notre valeur;
Et comme il voit en nous des âmes peu communes,
Hors de l'ordre commun il nous fait des fortunes.
  Combattre un ennemi pour le salut de tous,
Et contre un inconnu s'exposer seul aux coups,
D'une simple vertu c'est l'effet ordinaire :
Mille déjà l'ont fait, mille pourroient le faire;
Mourir pour le pays est un si digne sort,
Qu'on brigueroit en foule une si belle mort;
Mais vouloir au public immoler ce qu'on aime,
S'attacher au combat contre un autre soi-même,
Attaquer un parti qui prend pour défenseur
Le frère d'une femme et l'amant d'une sœur,

Et rompant tous ces nœuds, s'armer pour la patrie
Contre un sang qu'on voudrait racheter de sa vie,
Une telle vertu n'appartenoit qu'à nous ;
L'éclat de son grand nom lui fait peu de jaloux,
Et peu d'hommes au cœur l'ont assez imprimée
Pour oser aspirer à tant de renommée.

CURIACE.

Il est vrai que nos noms ne sauroient plus périr.
L'occasion est belle, il nous la faut chérir.
Nous serons les miroirs d'une vertu bien rare ;
Mais votre fermeté tient un peu du barbare :
Peu, même des grands cœurs, tireroient vanité
D'aller par ce chemin à l'immortalité.
A quelque prix qu'on mette une telle fumée,
L'obscurité vaut mieux que tant de renommée.
 Pour moi, je l'ose dire, et vous l'avez pu voir,
Je n'ai point consulté pour suivre mon devoir ;
Notre longue amitié, l'amour, ni l'alliance,
N'ont pu mettre un moment mon esprit en balance ;
Et puisque par ce choix Albe montre en effet
Qu'elle m'estime autant que Rome vous a fait,
Je crois faire pour elle autant que vous pour Rome ;
J'ai le cœur aussi bon, mais enfin je suis homme :
Je vois que votre honneur demande tout mon sang,
Que tout le mien consiste à vous percer le flanc,
Près d'épouser la sœur, qu'il faut tuer le frère,
Et que pour mon pays j'ai le sort si contraire.
Encor qu'à mon devoir je coure sans terreur,
Mon cœur s'en effarouche, et j'en frémis d'horreur ;
J'ai pitié de moi-même et jette un œil d'envie
Sur ceux dont notre guerre a consumé la vie,
Sans souhait toutefois de pouvoir reculer.
Ce triste et fier honneur m'émeut sans m'ébranler :
J'aime ce qu'il me donne, et je plains ce qu'il m'ôte ;
Et si Rome demande une vertu plus haute,
Je rends grâces aux Dieux de n'être pas Romain,

Pour conserver encor quelque chose d'humain.
HORACE.
Si vous n'êtes Romain, soyez digne de l'être ;
Et si vous m'égalez, faites-le mieux paroître.
   La solide vertu dont je fais vanité
N'admet point de foiblesse avec sa fermeté ;
Et c'est mal de l'honneur entrer dans la carrière
Que dès le premier pas regarder en arrière.
Notre malheur est grand ; il est au plus haut point ;
Je l'envisage entier, mais je n'en frémis point :
Contre qui que ce soit que mon pays m'emploie,
J'accepte aveuglément cette gloire avec joie ;
Celle de recevoir de tels commandements
Doit étouffer en nous tous autres sentiments.
Qui, près de le servir, considère autre chose,
A faire ce qu'il doit lâchement se dispose ;
Ce droit saint et sacré rompt tout autre lien.
Rome a choisi mon bras, je n'examine rien :
Avec une allégresse aussi pleine et sincère
Que j'épousai la sœur, je combattrai le frère ;
Et, pour trancher enfin ces discours superflus,
Albe vous a nommé, je ne vous connois plus.
CURIACE.
Je vous connois encore, et c'est ce qui me tue.
Mais cette âpre vertu ne m'étoit pas connue ;
Comme notre malheur, elle est au plus haut point :
Souffrez que je l'admire et ne l'imite point.
HORACE.
Non, non, n'embrassez pas de vertu par contrainte ;
Et, puisque vous trouvez plus de charme à la plainte,
En toute liberté goûtez un bien si doux ;
Voici venir ma sœur pour se plaindre avec vous.
Je vais revoir la vôtre, et résoudre son âme
A se bien souvenir qu'elle est toujours ma femme,
A vous aimer encor, si je meurs par vos mains,
Et prendre en son malheur des sentiments romains.

SCÈNE IV

HORACE, CURIACE, CAMILLE.

HORACE.

Avez-vous su l'état qu'on fait de Curiace,
Ma sœur?

CAMILLE.

Hélas! mon sort a bien changé de face.

HORACE.

Armez-vous de constance, et montrez-vous ma sœur;
Et si par mon trépas il retourne vainqueur,
Ne le recevez point en meurtrier d'un frère,
Mais en homme d'honneur qui fait ce qu'il doit faire,
Qui sert bien son pays, et sait montrer à tous,
Par sa haute vertu, qu'il est digne de vous.
Comme si je vivois, achevez l'hyménée;
Mais si ce fer aussi tranche sa destinée,
Faites à ma victoire un pareil traitement :
Ne me reprochez point la mort de votre amant.
Vos larmes vont couler, et votre cœur se presse.
Consumez avec lui toute cette foiblesse,
Querellez ciel et terre, et maudissez le sort;
Mais après le combat ne pensez plus au mort.

(A Curiace.)

Je ne vous laisserai qu'un moment avec elle,
Puis nous irons ensemble où l'honneur nous appelle.

SCÈNE V

CURIACE, CAMILLE.

CAMILLE.

Iras-tu, Curiace, et ce funeste honneur
Te plaît-il aux dépens de tout notre bonheur?

CURIACE.

Hélas! je vois trop bien qu'il faut, quoi que je fasse,
Mourir, ou de douleur, ou de la main d'Horace.
Je vais comme au supplice à cet illustre emploi,
Je maudis mille fois l'état qu'on fait de moi,
Je hais cette valeur qui fait qu'Albe m'estime ;
Ma flamme au désespoir passe jusques au crime,
Elle se prend au ciel, et l'ose quereller;
Je vous plains, je me plains; mais il y faut aller;

CAMILLE.

Non ; je te connois mieux, tu veux que je te prie
Et qu'ainsi mon pouvoir t'excuse à ta patrie.
Tu n'es que trop fameux par tes autres exploits :
Albe a reçu par eux tout ce que tu lui dois.
Autre n'a mieux que toi soutenu cette guerre ;
Autre de plus de morts n'a couvert notre terre :
Ton nom ne peut plus croître, il ne lui manque rien ;
Souffre qu'un autre ici puisse ennoblir le sien.

CURIACE.

Que je souffre à mes yeux qu'on ceigne une autre tête
Des lauriers immortels que la gloire m'apprête,
Ou que tout mon pays reproche à ma vertu
Qu'il auroit triomphé si j'avois combattu,
Et que sous mon amour ma valeur endormie
Couronne tant d'exploits d'une telle infamie !
Non, Albe, après l'honneur que j'ai reçu de toi,
Tu ne succomberas ni vaincras que par moi;
Tu m'as commis ton sort, je t'en rendrai bon compte,
Et vivrai sans reproche, ou périrai sans honte.

CAMILLE.

Quoi! tu ne veux pas voir qu'ainsi tu me trahis !

CURIACE.

Avant que d'être à vous, je suis à mon pays.

CAMILLE.

Mais te priver pour lui toi-même d'un beau-frère,
Ta sœur de son mari !

CURIACE.
Telle est notre misère :
Le choix d'Albe et de Rome ôte toute douceur
Aux noms jadis si doux de beau-frère et de sœur.
CAMILLE.
Tu pourras donc, cruel, me présenter sa tête,
Et demander ma main pour prix de ta conquête !
CURIACE.
Il faut n'y plus penser : en l'état où je suis,
Vous aimer sans espoir, c'est tout ce que je puis.
Vous en pleurez, Camille?
CAMILLE.
Il faut bien que je pleure :
Mon insensible amant ordonne que je meure ;
Et quand l'hymen pour nous allume son flambeau,
Il l'éteint de sa main pour m'ouvrir le tombeau.
Ce cœur impitoyable à ma perte s'obstine,
Et dit qu'il m'aime encore alors qu'il m'assassine.
CURIACE.
Que les pleurs d'une amante ont de puissants discours,
Et qu'un bel œil est fort avec un tel secours !
Que mon cœur s'attendrit à cette triste vue !
Ma constance contre elle à regret s'évertue.
N'attaquez plus ma gloire avec tant de douleurs,
Et laissez-moi sauver ma vertu de vos pleurs ;
Je sens qu'elle chancelle, et défend mal la place :
Plus je suis votre amant, moins je suis Curiace.
Foible d'avoir déjà combattu l'amitié,
Vaincroit-elle à la fois l'amour et la pitié?
Allez, ne m'aimez plus, ne versez plus de larmes,
Ou j'oppose l'offense à de si fortes armes;
Je me défendrai mieux contre votre courroux,
Et pour le mériter, je n'ai plus d'yeux pour vous :
Vengez-vous d'un ingrat, punissez un volage.
Vous ne vous montrez point sensible à cet outrage !
Je n'ai plus d'yeux pour vous, vous en avez pour moi!

En faut-il plus encor? je renonce à ma foi.
Rigoureuse vertu dont je suis la victime,
Ne peux-tu résister sans le secours d'un crime?

CAMILLE.

Ne fais point d'autre crime, et j'atteste les Dieux
Qu'au lieu de t'en haïr, je t'en aimerai mieux;
Oui, je te chérirai, tout ingrat et perfide,
Et cesse d'aspirer au nom de fratricide.
Pourquoi suis-je Romaine, ou que n'es-tu Romain?
Je te préparerois des lauriers de ma main;
Je t'encouragerois, au lieu de te distraire;
Et je te traiterois comme j'ai fait mon frère.
Hélas! j'étois aveugle en mes vœux aujourd'hui;
J'en ai fait contre toi quand j'en ai fait pour lui.
Il revient : quel malheur, si l'amour de sa femme
Ne peut non plus sur lui que le mien sur ton âme!

SCÈNE VI

HORACE, CURIACE, SABINE, CAMILLE.

CURIACE.

Dieux! Sabine le suit. Pour ébranler mon cœur,
Est-ce peu de Camille? y joignez-vous ma sœur?
Et laissant à ses pleurs vaincre ce grand courage,
L'amenez-vous ici chercher même avantage?

SABINE.

Non, non, mon frère, non; je ne viens en ce lieu
Que pour vous embrasser et pour vous dire adieu.
Votre sang est trop bon, n'en craignez rien de lâche,
Rien dont la fermeté de ces grands cœurs se fâche!
Si ce malheur illustre ébranloit l'un de vous,
Je le désavouerois pour frère ou pour époux.
Pourrois-je toutefois vous faire une prière
Digne d'un tel époux et digne d'un tel frère?

Je veux d'un coup si noble ôter l'impiété,
A l'honneur qui l'attend rendre sa pureté,
La mettre en son éclat sans mélange de crimes;
Enfin je vous veux faire ennemis légitimes.
 Du saint nœud qui vous joint je suis le seul lien?
Quand je ne serai plus, vous ne serez plus rien.
Brisez votre alliance, et rompez-en la chaîne;
Et puisque votre honneur veut des effets de haine,
Achetez par ma mort le droit de vous haïr:
Albe le veut, et Rome; il faut leur obéir.
Qu'un de vous deux me tue, et que l'autre me venge:
Alors votre combat n'aura plus rien d'étrange;
Et du moins l'un des deux sera juste agresseur,
Ou pour venger sa femme, ou pour venger sa sœur.
Mais quoi? vous souilleriez une gloire si belle,
Si vous vous animiez par quelque autre querelle:
Le zèle du pays vous défend de tels soins,
Vous feriez peu pour lui si vous vous étiez moins:
Il lui faut, et sans haine, immoler un beau-frère.
Ne différez donc plus ce que vous devez faire:
Commencez par sa sœur à répandre son sang,
Commencez par sa femme à lui percer le flanc,
Commencez par Sabine à faire de vos vies
Un digne sacrifice à vos chères patries:
Vous êtes ennemis en ce combat fameux,
Vous d'Albe, vous de Rome, et moi de toutes deux.
Quoi? me réservez-vous à voir une victoire
Où pour haut appareil d'une pompeuse gloire,
Je verrai les lauriers d'un frère ou d'un mari
Fumer encor d'un sang que j'aurai tant chéri?
Pourrai-je entre vous deux régler alors mon âme,
Satisfaire aux devoirs et de sœur et de femme,
Embrasser le vainqueur en pleurant le vaincu?
Non, non, avant ce coup Sabine aura vécu:
Ma mort le préviendra, de qui que je l'obtienne;
Le refus de vos mains y condamne la mienne.

Sus donc, qui vous retient? Allez, cœurs inhumains,
J'aurai trop de moyens pour y forcer vos mains.
Vous ne les aurez point au combat occupées,
Que ce corps au milieu n'arrête vos épées;
Et malgré vos refus, il faudra que leurs coups
Se fassent jour ici pour aller jusqu'à vous.
               HORACE.
O ma femme!
               CURIACE.
        O ma sœur!
               CAMILLE.
            Courage! ils s'amollissent.
               SABINE.
Vous poussez des soupirs; vos visages pâlissent!
Quelle peur vous saisit? Sont-ce là les grands cœurs,
Ces héros qu'Albe et Rome ont pris pour défenseurs?
               HORACE.
Que t'ai-je fait, Sabine, et quelle est mon offense
Qui t'oblige à chercher une telle vengeance?
Que t'a fait mon honneur, et par quel droit viens-tu
Avec toute ta force attaquer ma vertu?
Du moins contente-toi de l'avoir étonnée,
Et me laisse achever cette grande journée.
Tu me viens de réduire en un étrange point;
Aime assez ton mari pour n'en triompher point.
Va-t'en, et ne rends plus la victoire douteuse;
La dispute déjà m'en est assez honteuse :
Souffre qu'avec honneur je termine mes jours.
               SABINE.
Va, cesse de me craindre : on vient à ton secours.

SCÈNE VII

LE VIEIL HORACE, HORACE, CURIACE, SABINE, CAMILLE.

LE VIEIL HORACE.

Qu'est ceci, mes enfants? écoutez-vous vos flammes,
Et perdez-vous encor le temps avec des femmes?

BRIZARD
(1721-1791.)

Prêts à verser du sang, regardez-vous des pleurs?
Fuyez, et laissez-les déplorer leurs malheurs.
Leurs plaintes ont pour vous trop d'art et de tendresse.
Elles vous feroient part enfin de leur foiblesse,
Et ce n'est qu'en fuyant qu'on pare de tels coups.

SABINE.

N'appréhendez rien d'eux, ils sont dignes de vous,
Malgré tous nos efforts, vous en devez attendre
Ce que vous souhaitez et d'un fils et d'un gendre;
Et si notre foiblesse ébranloit leur honneur,
Nous vous laissons ici pour leur rendre du cœur.
    Allons, ma sœur, allons, ne perdons plus de larmes :
Contre tant de vertus ce sont de foibles armes.
Ce n'est qu'au désespoir qu'il nous faut recourir.
Tigres, allez combattre, et nous, allons mourir.

SCÈNE VIII

LE VIEIL HORACE, HORACE, CURIACE.

HORACE.

Mon père, retenez des femmes qui s'emportent,
Et de grâce empêchez surtout qu'elles ne sortent.
Leur amour importun viendroit avec éclat
Par des cris et des pleurs troubler notre combat;
Et ce qu'elles nous sont feroit qu'avec justice
On nous imputeroit ce mauvais artifice.
L'honneur d'un si beau choix seroit trop acheté,
Si l'on nous soupçonnoit de quelque lâcheté.

LE VIEIL HORACE.

J'en aurai soin. Allez, vos frères vous attendent;
Ne pensez qu'aux devoirs que vos pays demandent.

CURIACE.

Quel adieu vous dirai-je? et par quels compliments....

LE VIEIL HORACE.

Ah! n'attendrissez point ici mes sentiments;
Pour vous encourager ma voix manque de termes;
Mon cœur ne forme point de pensers assez fermes;
Moi-même en cet adieu j'ai les larmes aux yeux.
Faites votre devoir et laissez faire aux Dieux.

FIN DU SECOND ACTE

ACTE III

SCÈNE PREMIÈRE

SABINE.

Prenons parti, mon âme, en de telles disgrâces :
Soyons femme d'Horace, où sœur des Curiaces ;
Cessons de partager nos inutiles soins ;
Souhaitons quelque chose, et craignons un peu moins.
Mais, las! quel parti prendre en un sort si contraire ?
Quel ennemi choisir, d'un époux ou d'un frère ?
La nature où l'amour parle pour chacun d'eux,
Et la loi du devoir m'attache à tous les deux.
Sur leurs hauts sentiments réglons plutôt les nôtres ;
Soyons femme de l'un ensemble et sœur des autres ;
Regardons leur honneur comme un souverain bien ;
Imitons leur constance, et ne craignons plus rien.
La mort qui les menace est une mort si belle,
Qu'il en faut sans frayeur attendre la nouvelle.
N'appelons point alors les destins inhumains ;
Songeons pour quelle cause et non par quelles mains ;
Revoyons les vainqueurs, sans penser qu'à la gloire
Que toute leur maison reçoit de leur victoire ;
Et sans considérer aux dépens de quel sang
Leur vertu les élève en cet illustre rang,
Faisons nos intérêts de ceux de leur famille :
En l'une je suis femme, en l'autre, je suis fille,
Et tiens à toutes deux par de si forts liens,
Qu'on ne peut triompher que par les bras des miens.
Fortune, quelques maux que ta rigueur m'envoie,

J'ai trouvé les moyens d'en tirer de la joie,
Et puis voir aujourd'hui le combat sans terreur,
Les morts sans désespoir, les vainqueurs sans horreur.
 Flatteuse illusion, erreur douce et grossière,
Vain effort de mon âme, impuissante lumière,
De qui le faux brillant prend droit de m'éblouir,
Que tu sais peu durer, et tôt t'évanouir!
Pareille à ces éclairs qui dans le fort des ombres
Poussent un jour qui fuit et rend les nuits plus sombres,
Tu n'as frappé mes yeux d'un moment de clarté
Que pour les abîmer dans plus d'obscurité.
Tu charmois trop ma peine, et le ciel, qui s'en fâche,
Me vend déjà bien cher ce moment de relâche.
Je sens mon triste cœur percé de tous les coups
Qui m'ôtent maintenant un frère ou mon époux.
Quand je songe à leur mort, quoi que je me propose,
Je songe par quels bras, et non pour quelle cause,
Et ne vois les vainqueurs en leur illustre rang
Que pour considérer aux dépens de quel sang.
La maison des vaincus touche seule mon âme :
En l'une je suis fille, en l'autre je suis femme,
Et tiens à toutes deux par de si forts liens,
Qu'on ne peut triompher que par la mort des miens.
C'est là donc cette paix que j'ai tant souhaitée!
Trop favorables Dieux, vous m'avez écoutée!
Quels foudres lancez-vous quand vous vous irritez,
Si même vos faveurs ont tant de cruautés?
Et de quelle façon punissez-vous l'offense,
Si vous traitez ainsi les vœux de l'innocence?

SCÈNE II

SABINE, JULIE.

SABINE.

En est-ce fait, Julie, et que m'apportez-vous?
Est-ce la mort d'un frère, ou celle d'un époux?

Le funeste succès de leurs armes impies
De tous les combattants a-t-il fait des hosties,
Et m'enviant l'horreur que j'aurois des vainqueurs,
Pour tous tant qu'ils étoient demande-t-il mes pleurs?

JULIE.

Quoi? ce qui s'est passé, vous l'ignorez encore?

SABINE.

Vous faut-il étonner de ce que je l'ignore,
Et ne savez-vous point que de cette maison
Pour Camille et pour moi l'on fait une prison?
Julie, on nous renferme, on a peur de nos larmes;
Sans cela nous serions au milieu de leurs armes,
Et par les désespoirs d'une chaste amitié,
Nous aurions des deux camps tiré quelque pitié.

JULIE.

Il n'étoit pas besoin d'un si tendre spectacle :
Leur vue à leur combat apporte assez d'obstacle.
   Sitôt qu'ils ont paru prêts à se mesurer,
On a dans les deux camps entendu murmurer :
A voir de tels amis, des personnes si proches,
Venir pour leur patrie aux mortelles approches,
L'un s'émeut de pitié, l'autre est saisi d'horreur,
L'autre d'un si grand zèle admire la fureur;
Tel porte jusqu'aux cieux leur vertu sans égale,
Et tel l'ose nommer sacrilège et brutale.
Ces divers sentiments n'ont pourtant qu'une voix;
Tous accusent leurs chefs, tous détestent leur choix;
Et ne pouvant souffrir un combat si barbare,
On s'écrie, on s'avance, enfin on les sépare.

SABINE.

Que je vous dois d'encens grands Dieux, qui m'exaucez!

JULIE.

Vous n'êtes pas, Sabine, encore où vous pensez :
Vous pouvez espérer, vous avez moins à craindre;
Mais il vous reste encore assez de quoi vous plaindre.
   En vain d'un sort si triste on les veut garantir;

Ces cruels généreux n'y peuvent consentir : •
La gloire de ce choix leur est si précieuse,
Et charme tellement leur âme ambitieuse,
Qu'alors qu'on les déplore ils s'estiment heureux,
Et prennent pour affront la pitié qu'on a d'eux.
Le trouble des deux camps souille leur renommée ;
Ils combattront plutôt et l'une et l'autre armée,
Et mourront par les mains qui leur font d'autres lois,
Que pas un d'eux renonce aux honneurs d'un tel choix.

SABINE.

Quoi? dans leur dureté ces cœurs d'acier s'obstinent !

JULIE.

Oui, mais d'autre côté les deux camps se mutinent,
Et leurs cris, des deux parts poussés en même temps,
Demandent la bataille, ou d'autres combattants.
La présence des chefs à peine est respectée,
Leur pouvoir est douteux, leur voix mal écoutée ;
Le Roi même s'étonne ; et pour dernier effort :
« Puisque chacun, dit-il, s'échauffe en ce discord,
Consultons des grands Dieux la majesté sacrée,
Et voyons si ce change à leurs bontés agrée.
Quel impie osera se prendre à leur vouloir,
Lorsqu'en un sacrifice ils nous l'auront fait voir? »
Il se tait, et ces mots semblent être des charmes ;
Même aux six combattants ils arrachent les armes ;
Et ce désir d'honneur qui leur ferme les yeux,
Tout aveugle qu'il est, respecte encor les Dieux.
Leur plus bouillante ardeur cède à l'avis de Tulle ;
Et soit par déférence, ou par un prompt scrupule,
Dans l'une et l'autre armée on s'en fait une loi,
Comme si toutes deux le connaissoient pour roi.
Le reste s'apprendra par la mort des victimes.

SABINE.

Les Dieux n'avoueront point un combat plein de crimes ;
J'en espère beaucoup, puisqu'il est différé,
Et je commence à voir ce que j'ai désiré.

SCÈNE III

SABINE, CAMILLE, JULIE.

SABINE.
Ma sœur, que je vous die une bonne nouvelle.
CAMILLE.
Je pense la savoir, s'il faut la nommer telle.
On l'a dite à mon père, et j'étois avec lui ;
Mais je n'en conçois rien qui flatte mon ennui.
Ce délai de nos maux rendra leurs coups plus rudes ;
Ce n'est qu'un plus long terme à nos inquiétudes ;
Et tout l'allégement qu'il en faut espérer,
C'est de pleurer plus tard ceux qu'il faudra pleurer.
SABINE.
Les Dieux n'ont pas en vain inspiré ce tumulte.
CAMILLE.
Disons plutôt, ma sœur, qu'en vain on les consulte.
Ces mêmes Dieux à Tulle ont inspiré ce choix,
Et la voix du public n'est pas toujours leur voix ;
Ils descendent bien moins dans de si bas étages
Que dans l'âme des rois, leurs vivantes images,
De qui l'indépendante et sainte autorité
Est un rayon secret de leur divinité.
JULIE.
C'est vouloir sans raison vous former des obstacles
Que de chercher leur voix ailleurs qu'en leurs oracles ;
Et vous ne vous pouvez figurer tout perdu,
Sans démentir celui qui vous fut hier rendu.
CAMILLE.
Un oracle jamais ne se laisse comprendre :
On l'entend d'autant moins que plus on croit l'entendre ;
Et loin de s'assurer sur un pareil arrêt,
Qui n'y voit rien d'obscur doit croire que tout l'est.

SABINE.
Sur ce qui fait pour nous prenons plus d'assurance,
Et souffrons les douceurs d'une juste espérance.
Quand la faveur du ciel ouvre à demi ses bras,
Qui ne s'en promet rien ne la mérite pas ;
Il empêche souvent qu'elle ne se déploie,
Et lorsqu'elle descend, son refus la renvoie.

CAMILLE.
Le ciel agit sans nous en ces événements,
Et ne les règle point dessus nos sentiments.

JULIE.
Il ne vous a fait peur que pour vous faire grâce.
Adieu : je vais savoir comme enfin tout se passe.
Modérez vos frayeurs ; j'espère à mon retour
Ne vous entretenir que de propos d'amour,
Et que nous n'emploierons la fin de la journée
Qu'aux doux préparatifs d'un heureux hyménée.

SABINE.
J'ose encor l'espérer.

CAMILLE.
Moi, je n'espère rien.

JULIE.
L'effet vous fera voir que nous en jugeons bien.

SCÈNE IV

SABINE, CAMILLE.

SABINE.
Parmi nos déplaisirs souffrez que je vous blâme :
Je ne puis approuver tant de trouble en votre âme ;
Que feriez-vous, ma sœur, au point où je me vois,
Si vous aviez à craindre autant que je le dois,
Et si vous attendiez de leurs armes fatales
Des maux pareils aux miens, et des pertes égales ?

CAMILLE.

Parlez plus sainement de vos maux et des miens :
Chacun voit ceux d'autrui d'un autre œil que les siens ;
Mais à bien regarder ceux où le ciel me plonge,
Les vôtres auprès d'eux vous sembleront un songe.
 La seule mort d'Horace est à craindre pour vous.
Des frères ne sont rien à l'égal d'un époux ;
L'hymen qui nous attache en une autre famille
Nous détache de celle où l'on a vécu fille ;
On voit d'un œil divers des nœuds si différents,
Et pour suivre un mari l'on quitte ses parents ;
Mais si près d'un hymen, l'amant que donne un père
Nous est moins qu'un époux, et non pas moins qu'un frère ;
Nos sentiments entre eux demeurent suspendus,
Notre choix impossible, et nos vœux confondus.
Ainsi, ma sœur, du moins vous avez dans vos plaintes
Où porter vos souhaits et terminer vos craintes ;
Mais si le ciel s'obstine à nous persécuter,
Pour moi, j'ai tout à craindre, et rien à souhaiter.

SABINE.

Quand il faut que l'un meure et par les mains de l'autre,
C'est un raisonnement bien mauvais que le vôtre.
 Quoique ce soient, ma sœur, des nœuds bien différents,
C'est sans les oublier qu'on quitte ses parents :
L'hymen n'efface point ces profonds caractères ;
Pour aimer un mari, l'on ne hait pas ses frères :
La nature en tout temps garde ses premiers droits ;
Aux dépens de leur vie on ne fait point de choix :
Aussi bien qu'un époux ils sont d'autres nous-mêmes ;
Et tous maux sont pareils alors qu'ils sont extrêmes.
Mais l'amant qui vous charme et pour qui vous brûlez
Ne vous est, après tout, que ce que vous voulez ;
Une mauvaise humeur, un peu de jalousie,
En fait assez souvent passer la fantaisie ;
Ce que peut le caprice, osez-le par raison,
Et laissez votre sang hors de comparaison :

C'est crime qu'opposer des liens volontaires
A ceux que la naissance a rendus nécessaires.
Si donc le ciel s'obstine à nous persécuter,
Seule j'ai tout à craindre, et rien à souhaiter ;
Mais pour vous, le devoir vous donne, dans vos plaintes,
Où porter vos souhaits et terminer vos craintes.

CAMILLE.

Je le vois bien, ma sœur, vous n'aimâtes jamais ;
Vous ne connoissez point ni l'amour ni ses traits :
On peut lui résister quand il commence à naître,
Mais non pas le bannir quand il s'est rendu maître,
Et que l'aveu d'un père, engageant notre foi,
A fait de ce tyran un légitime roi :
Il entre avec douceur, mais il règne par force ;
Et quand l'âme une fois a goûté son amorce,
Vouloir ne plus aimer, c'est ce qu'elle ne peut,
Puisqu'elle ne peut plus vouloir que ce qu'il veut :
Ses chaînes sont pour nous aussi fortes que belles.

SCÈNE V

LE VIEIL HORACE, SABINE, CAMILLE.

LE VIEIL HORACE.

Je viens vous apporter de fâcheuses nouvelles,
Mes filles ; mais en vain je voudrois vous celer
Ce qu'on ne vous sauroit longtemps dissimuler :
Vos frères sont aux mains, les Dieux ainsi l'ordonnent.

SABINE.

Je veux bien l'avouer, ces nouvelles m'étonnent ;
Et je m'imaginois dans la divinité
Beaucoup moins d'injustice, et bien plus de bonté.
Ne nous consolez point : contre tant d'infortune
La pitié parle en vain, la raison importune.
Nous avons en nos mains la fin de nos douleurs,

Et qui veut bien mourir peut braver les malheurs.
Nous pourrions aisément faire en votre présence
De notre désespoir une fausse constance ;
Mais quand on peut sans honte être sans fermeté,
L'affecter au dehors, c'est une lâcheté ;
L'usage d'un tel art, nous le laissons aux hommes,
Et ne voulons passer que pour ce que nous sommes.
 Nous ne demandons point qu'un courage si fort
S'abaisse à notre exemple à se plaindre du sort.
Recevez sans frémir ces mortelles alarmes ;
Voyez couler nos pleurs sans y mêler vos larmes ;
Enfin, pour toute grâce, en de tels déplaisirs,
Gardez votre constance, et souffrez nos soupirs.

LE VIEIL HORACE.

Loin de blâmer les pleurs que je vous vois répandre,
Je crois faire beaucoup de m'en pouvoir défendre,
Et céderois peut-être à de si rudes coups,
Si je prenois ici même intérêt que vous :
Non qu'Albe par son choix m'ait fait haïr vos frères,
Tous trois me sont encor des personnes bien chères ;
Mais enfin l'amitié n'est pas du même rang,
Et n'a point les effets de l'amour ni du sang ;
Je ne sens point pour eux la douleur qui tourmente
Sabine comme sœur, Camille comme amante :
Je puis les regarder comme nos ennemis,
Et donne sans regret nos souhaits à mes fils.
Ils sont, grâce aux Dieux, dignes de leur patrie ;
Aucun étonnement n'a leur gloire flétrie ;
Et j'ai vu leur honneur croître de la moitié,
Quand ils ont des deux camps refusé la pitié.
Si par quelque foiblesse ils l'avoient mendiée,
Si leur haute vertu ne l'eût répudiée,
Ma main bientôt sur eux m'eût vengé hautement
De l'affront que m'eût fait ce mol consentement.
Mais lorsqu'en dépit d'eux on en a voulu d'autres,
Je ne le cèle point, j'ai joint mes vœux aux vôtres.

Si le ciel pitoyable eût écouté ma voix,
Albe seroit réduite à faire un autre choix ;
Nous pourrions voir tantôt triompher les Horaces
Sans voir leurs bras souillés du sang des Curiaces,
Et de l'événement d'un combat plus humain
Dependroit maintenant l'honneur du nom romain.
La prudence des Dieux autrement en dispose ;
Sur leur ordre éternel mon esprit se repose :
Il s'arme en ce besoin de générosité,
Et du bonheur public fait sa félicité.
Tâchez d'en faire autant pour soulager vos peines,
Et songez toutes deux que vous êtes Romaines :
Vous l'êtes devenue, et vous l'êtes encor ;
Un si glorieux titre est un digne trésor.
Un jour, un jour viendra que par toute la terre
Rome se fera craindre à l'égal du tonnerre,
Et que tout l'univers tremblant dessous ses lois,
Ce grand nom deviendra l'ambition des rois :
Les Dieux à notre Énée ont promis cette gloire.

SCÈNE VI

LE VIEIL HORACE, SABINE, CAMILLE, JULIE.

LE VIEIL HORACE.

Nous venez-vous, Julie, apprendre la victoire ?

JULIE.

Mais plutôt du combat les funestes effets :
Rome est sujette d'Albe, et vos fils sont défaits ;
Des trois les deux sont morts, son époux seul vous reste.

LE VIEIL HORACE.

O d'un triste combat effet vraiment funeste !
Rome est sujette d'Albe, et pour l'en garantir
Il n'a pas employé jusqu'au dernier soupir !

Non, non, cela n'est point, on vous trompe, Julie;
Rome n'est point sujette, ou mon fils est sans vie :
Je connois mieux mon sang, il sait mieux son devoir.

JULIE.

Mille, de nos remparts, comme moi l'ont pu voir.
Il s'est fait admirer tant qu'ont duré ses frères ;
Mais comme il s'est vu seul contre trois adversaires,
Près d'être enfermé d'eux, sa fuite l'a sauvé.

LE VIEIL HORACE.

Et nos soldats trahis ne l'ont point achevé?
Dans leurs rangs à ce lâche ils ont donné retraite?

JULIE.

Je n'ai rien voulu voir après cette défaite.

CAMILLE.

O mes frères!

LE VIEIL HORACE.

Tout beau, ne les pleurez pas tous;
Deux jouissent d'un sort dont leur père est jaloux.
Que des plus nobles fleurs leur tombe soit couverte ;
La gloire de leur mort m'a payé de leur perte :
Ce bonheur a suivi leur courage invaincu,
Qu'ils ont vu Rome libre autant qu'ils ont vécu,
Et ne l'auront point vue obéir qu'à son prince,
Ni d'un État voisin devenir la province.
Pleurez l'autre, pleurez l'irréparable affront
Que sa fuite honteuse imprime à notre front;
Pleurez le déshonneur de toute notre race,
Et l'opprobre éternel qu'il laisse au nom d'Horace.

JULIE.

Que vouliez-vous qu'il fît contre trois?

LE VIEIL HORACE.

Qu'il mourût,
Ou qu'un beau désespoir alors le secourût.
N'eût-il que d'un moment reculé sa défaite,
Rome eût été du moins un peu plus tard sujette;
Il eût avec honneur laissé mes cheveux gris,

Et c'étoit de sa vie un assez digne prix.
  Il est de tout son sang comptable à sa patrie ;
Chaque goutte épargnée a sa gloire flétrie ;
Chaque instant de sa vie, après ce lâche tour,
Met d'autant plus ma honte avec la sienne au jour.
J'en romprai bien le cours, et ma juste colère,
Contre un indigne fils usant des droits d'un père,
Saura bien faire voir dans sa punition
L'éclatant désaveu d'une telle action.

SABINE.

Écoutez un peu moins ces ardeurs généreuses,
Et ne nous rendez point tout à fait malheureuses.

LE VIEIL HORACE.

Sabine, votre cœur se console aisément ;
Nos malheurs jusqu'ici vous touchent foiblement.
Vous n'avez point encor de part à nos misères :
Le ciel vous a sauvé votre époux et vos frères ;
Si nous sommes sujets, c'est de votre pays ;
Vos frères sont vainqueurs quand nous sommes trahis ;
Et voyant le haut point où leur gloire se monte,
Vous regardez fort peu ce qui nous vient de honte.
Mais votre trop d'amour pour cet infâme époux
Vous donnera bientôt à plaindre comme à nous.
Vos pleurs en sa faveur sont de foibles défenses :
J'atteste des grands Dieux les suprêmes puissances
Qu'avant ce jour fini, ces mains, ces propres mains
Laveront dans son sang la honte des Romains.

SABINE.

Suivons-le promptement, la colère l'emporte.
Dieux ! verrons-nous toujours des malheurs de la sorte ?
Nous faudra-t-il toujours en craindre de plus grands,
Et toujours redouter la main de nos parents ?

FIN DU TROISIÈME ACTE

ACTE IV

SCÈNE PREMIÈRE

LE VIEIL HORACE, CAMILLE.

LE VIEIL HORACE.

Ne me parlez jamais en faveur d'un infâme ;
Qu'il me fuie à l'égal des frères de sa femme :
Pour conserver un sang qu'il tient si précieux,
Il n'a rien fait encor s'il n'évite mes yeux.
Sabine y peut mettre ordre, ou derechef j'atteste
Le souverain pouvoir de la troupe céleste.....

CAMILLE.

Ah ! mon père, prenez un plus doux sentiment ;
Vous verrez Rome même en user autrement ;
Et de quelque malheur que le ciel l'ait comblée,
Excuser la vertu sous le nombre accablée.

LE VIEIL HORACE.

Le jugement de Rome est peu pour mon regard,
Camille ; je suis père, et j'ai mes droits à part.
Je sais trop comme agit la vertu véritable :
C'est sans en triompher que le nombre l'accable ;
Et sa mâle vigueur, toujours en même point,
Succombe sous la force, et ne lui cède point.
Taisez-vous, et sachons ce que nous veut Valère.

SCÈNE II

LE VIEIL HORACE, VALÈRE, CAMILLE.

VALÈRE.

Envoyé par le Roi pour consoler un père,
Et pour lui témoigner.....

LE VIEIL HORACE.
                N'en prenez aucun soin :
C'est un soulagement dont je n'ai pas besoin ;
Et j'aime mieux voir morts que couverts d'infamie
Ceux que vient de m'ôter une main ennemie.
Tous deux pour leur pays sont morts en gens d'honneur ;
Il me suffit.
                VALÈRE.
            Mais l'autre est un rare bonheur ;
De tous les trois chez vous il doit tenir la place.
                LE VIEIL HORACE.
Que n'a-t-on vu périr en lui le nom d'Horace !
                VALÈRE.
Seul vous le maltraitez après ce qu'il a fait.
                LE VIEIL HORACE.
C'est à moi seul aussi de punir son forfait.
                VALÈRE.
Quel forfait trouvez-vous en sa bonne conduite ?
                LE VIEIL HORACE.
Quel éclat de vertu trouvez-vous en sa fuite ?
                VALÈRE.
La fuite est glorieuse en cette occasion.
                LE VIEIL HORACE.
Vous redoublez ma honte et ma confusion.
Certes, l'exemple est rare et digne de mémoire,
De trouver dans la fuite un chemin à la gloire.
                VALÈRE.
Quelle confusion, et quelle honte à vous
D'avoir produit un fils qui nous conserve tous,
Qui fait triompher Rome, et lui gagne un empire ?
A quels plus grands honneurs faut-il qu'un père aspire ?
                LE VIEIL HORACE.
Quels honneurs, quel triomphe, et quel empire enfin,
Lorsqu'Albe sous ses lois range notre destin ?

VALÈRE.
Que parlez-vous ici d'Albe et de sa victoire?
Ignorez-vous encor la moitié de l'histoire?
LE VIEIL HORACE.
Je sais que par sa fuite il a trahi l'État.
VALÈRE.
Oui, s'il eût en fuyant terminé le combat;
Mais on a bientôt vu qu'il ne fuyoit qu'en homme.
Qui savoit ménager l'avantage de Rome.
LE VIEIL HORACE.
Quoi, Rome donc triomphe!
VALÈRE.
Apprenez, apprenez
La valeur de ce fils qu'à tort vous condamnez.
  Resté seul contre trois, mais en cette aventure
Tous trois étant blessés, et lui seul sans blessure,
Trop foible pour eux tous, trop fort pour chacun d'eux,
Il sait bien se tirer d'un pas si dangereux;
Il fuit pour mieux combattre, et cette prompte ruse
Divise adroitement trois frères qu'elle abuse.
Chacun le suit d'un pas ou plus ou moins pressé,
Selon qu'il se rencontre ou plus ou moins blessé;
Leur ardeur est égale à poursuivre sa fuite;
Mais leurs coups inégaux séparent leur poursuite.
  Horace, les voyant l'un de l'autre écartés,
Se retourne, et déjà les croit demi-domptés :
Il attend le premier, et c'étoit votre gendre.
L'autre, tout indigné qu'il ait osé l'attendre,
En vain en l'attaquant fait paroître un grand cœur;
Le sang qu'il a perdu ralentit sa vigueur.
Albe à son tour commence à craindre un sort contraire;
Elle crie au second qu'il secoure son frère :
Il se hâte et s'épuise en efforts superflus;
Il trouve en les joignant que son frère n'est plus.
CAMILLE.
Hélas!

VALÈRE.

Tout hors d'haleine il prend pourtant sa place,
Et redouble bientôt la victoire d'Horace :
Son courage sans force est un débile appui;
Voulant venger son frère, il tombe auprès de lui.
L'air résonne des cris qu'au ciel chacun envoie;
Albe en jette d'angoisse, et les Romains de joie.
Comme notre héros se voit près d'achever,
C'est peu pour lui de vaincre, il veut encore braver :
« J'en viens d'immoler deux aux mânes de mes frères;
Rome aura le dernier de mes trois adversaires,
C'est à ses intérêts que je vais l'immoler, »
Dit-il; et tout d'un temps on le voit y voler.
La victoire entre eux deux n'étoit pas incertaine;
L'Albain percé de coups ne se traînoit qu'à peine,
Et comme une victime aux marches de l'autel,
Il sembloit présenter sa gorge au coup mortel :
Aussi le reçoit-il, peu s'en faut, sans défense,
Et son trépas de Rome établit la puissance.

LE VIEIL HORACE.

O mon fils! ô ma joie! ô l'honneur de nos jours!
O d'un État penchant l'inespéré secours!
Vertu digne de Rome, et sang digne d'Horace!
Appui de ton pays, et gloire de ta race!
Quand pourrai-je étouffer dans tes embrassements
L'erreur dont j'ai formé de si faux sentiments?
Quand pourra mon amour baigner avec tendresse
Ton front victorieux de larmes d'allégresse?

VALÈRE.

Vos caresses bientôt pourront se déployer :
Le Roi dans un moment vous le va renvoyer,
Et remet à demain la pompe qu'il prépare
D'un sacrifice aux Dieux pour un bonheur si rare;
Aujourd'hui seulement on s'acquitte vers eux
Par des chants de victoire et par de simples vœux.
C'est où le Roi le mène, et tandis il m'envoie

Faire office vers vous de douleur et de joie ;
Mais cet office encor n'est pas assez pour lui ;
Il y viendra lui-même, et peut-être aujourd'hui :
Il croit mal reconnoître une vertu si pure,
Si de sa propre bouche il ne vous en assure,
S'il ne vous dit chez vous combien vous doit l'État.

LE VIEIL HORACE.

De tels remercîments ont pour moi trop d'éclat,
Et je me tiens déjà trop payé par les vôtres
Du service d'un fils, et du sang des deux autres.

VALÈRE.

Il ne sait ce que c'est d'honorer à demi ;
Et son sceptre arraché des mains de l'ennemi
Fait qu'il tient cet honneur qu'il lui plaît de vous faire
Au-dessous du mérite et du fils et du père.
Je vais lui témoigner quels nobles sentiments
La vertu vous inspire en tous vos mouvements,
Et combien vous montrez d'ardeur pour son service.

LE VIEIL HORACE.

Je vous devrai beaucoup pour un si bon office.

SCÈNE III

LE VIEIL HORACE, CAMILLE.

LE VIEIL HORACE.

Ma fille, il n'est plus temps de répandre des pleurs ;
Il sied mal d'en verser où l'on voit tant d'honneurs ;
On pleure injustement des pertes domestiques,
Quand on en voit sortir des victoires publiques.
Rome triomphe d'Albe, et c'est assez pour nous ;
Tous nos maux à ce prix doivent nous être doux.
En la mort d'un amant vous ne perdez qu'un homme

Dont la perte est aisée à réparer dans Rome;
Après cette victoire, il n'est point de Romain
Qui ne soit glorieux de vous donner la main.
Il me faut à Sabine en porter la nouvelle;
Ce coup sera sans doute assez rude pour elle,
Et ses trois frères morts par la main d'un époux
Lui donneront des pleurs bien plus justes qu'à vous;
Mais j'espère aisément en dissiper l'orage,
Et qu'un peu de prudence aidant son grand courage
Fera bientôt régner sur un si noble cœur
Le généreux amour qu'elle doit au vainqueur.
Cependant étouffez cette lâche tristesse;
Recevez-le, s'il vient, avec moins de foiblesse;
Faites-vous voir sa sœur, et qu'en un même flanc
Le ciel vous a tous deux formés d'un même sang.

SCÈNE IV

CAMILLE.

Oui, je lui ferai voir, par d'infaillibles marques,
Qu'un véritable amour brave la main des Parques,
Et ne prend point de lois de ces cruels tyrans
Qu'un astre injurieux nous donne pour parents.
Tu blâmes ma douleur, tu l'oses nommer lâche;
Je l'aime d'autant plus que plus elle te fâche,
Impitoyable père, et par un juste effort
Je la veux rendre égale aux rigueurs de mon sort.
 En vit-on jamais un dont les rudes traverses
Prissent en moins de rien tant de faces diverses,
Qui fût doux tant de fois, et tant de fois cruel,
Et portât tant de coups avant le coup mortel?
Vit-on jamais une âme en un jour plus atteinte
De joie et de douleur, d'espérance et de crainte,
Asservie en esclave à plus d'événements,

Et le piteux jouet de plus de changements?
Un oracle m'assure, un songe me travaille;
La paix calme l'effroi que me fait la bataille;
Mon hymen se prépare, et presque en un moment
Pour combattre mon frère on choisit mon amant;
Ce choix me désespère, et tous le désavouent;
La partie est rompue, et les Dieux la renouent;
Rome semble vaincue, et seul des trois Albains,
Curiace en mon sang n'a point trempé ses mains.
O Dieux! sentois-je alors des douleurs trop légères
Pour le malheur de Rome et la mort de deux frères,
Et me flattois-je trop quand je croyois pouvoir
L'aimer encor sans crime et nourrir quelque espoir?
Sa mort m'en punit bien, et la façon cruelle
Dont mon âme éperdue en reçoit la nouvelle :
Son rival me l'apprend, et faisant à mes yeux
D'un si triste succès le récit odieux,
Il porte sur le front une allégresse ouverte,
Que le bonheur public fait bien moins que ma perte;
Et bâtissant en l'air sur le malheur d'autrui,
Aussi bien que mon frère il triomphe de lui.
Mais ce n'est rien encor au prix de ce qui reste :
On demande ma joie en un jour si funeste;
Il me faut applaudir aux exploits du vainqueur,
Et baiser une main qui me perce le cœur.
En un sujet de pleurs si grand, si légitime,
Se plaindre est une honte, et soupirer un crime;
Leur brutale vertu veut qu'on s'estime heureux,
Et si l'on n'est barbare, on n'est point généreux.
   Dégénérons, mon cœur, d'un si vertueux père;
Soyons indigne sœur d'un si généreux frère :
C'est gloire de passer pour un cœur abattu,
Quand la brutalité fait la haute vertu.
Éclatez, mes douleurs : à quoi bon vous contraindre?
Quand on a tout perdu, que sauroit-on plus craindre?
Pour ce cruel vainqueur n'ayez point de respect;

Loin d'éviter ses yeux, croissez à son aspect ;
Offensez sa victoire, irritez sa colère,
Et prenez, s'il se peut, plaisir à lui déplaire.
Il vient : préparons-nous à montrer constamment
Ce que doit une amante à la mort d'un amant.

SCÈNE V

HORACE, CAMILLE, PROCULE.
(Procule porte en sa main les trois épées des Curiaces.)

HORACE.

Ma sœur, voici le bras qui venge nos deux frères,
Le bras qui rompt le cours de nos destins contraires,
Qui nous rend maîtres d'Albe ; enfin voici le bras
Qui seul fait aujourd'hui le sort de deux États ;
Vois ces marques d'honneur, ces témoins de ma gloire,
Et rends ce que tu dois à l'heur de ma victoire.

CAMILLE.

Recevez donc mes pleurs, c'est ce que je lui dois.

HORACE.

Rome n'en veut point voir après de tels exploits,
Et nos deux frères morts dans le malheur des armes
Sont trop payés de sang pour exiger des larmes :
Quand la perte est vengée, on n'a plus rien perdu.

CAMILLE.

Puisqu'ils sont satisfaits par le sang épandu,
Je cesserai pour eux de paroître affligée,
Et j'oublierai leur mort que vous avez vengée ;
Mais qui me vengera de celle d'un amant,
Pour me faire oublier sa perte en un moment ?

HORACE.

Que dis-tu, malheureuse ?

CAMILLE.

O mon cher Curiace !

RACHEL

RÔLE DE CAMILLE (ACTE IV, SCÈNE II).
(D'après une photographie de l'époque).

HORACE.

O d'une indigne sœur insupportable audace!
D'un ennemi public dont je reviens vainqueur
Le nom est dans ta bouche et l'amour dans ton cœur !
Ton ardeur criminelle à la vengeance aspire!
Ta bouche la demande, et ton cœur la respire!
Suis moins ta passion, règle mieux tes désirs,
Ne me fais plus rougir d'entendre tes soupirs;
Tes flammes désormais doivent être étouffées;
Bannis-les de ton âme, et songe à mes trophées :
Qu'ils soient dorénavant ton unique entretien.

CAMILLE.

Donne-moi donc, barbare, un cœur comme le tien;
Et si tu veux enfin que je t'ouvre mon âme,
Rends-moi mon Curiace, ou laisse agir ma flamme :
Ma joie et mes douleurs dépendoient de son sort;
Je l'adorois vivant, et je le pleure mort.
  Ne cherche plus ta sœur où tu l'avois laissée;
Tu ne revois en moi qu'une amante offensée,
Qui, comme une furie attachée à tes pas,
Te veut incessamment reprocher son trépas.
Tigre altéré de sang, qui me défends les larmes,
Qui veux que dans sa mort je trouve encor des charmes,
Et que jusques au ciel élevant tes exploits,
Moi-même je le tue une seconde fois!
Puissent tant de malheurs accompagner ta vie,
Que tu tombes au point de me porter envie;
Et toi, bientôt souiller par quelque lâcheté
Cette gloire si chère à ta brutalité!

HORACE.

O ciel! qui vit jamais une pareille rage!
Crois-tu donc que je sois insensible à l'outrage,
Que je souffre en mon sang ce mortel déshonneur?
Aime, aime cette mort qui fait notre bonheur,
Et préfère du moins au souvenir d'un homme
Ce que doit ta naissance aux intérêts de Rome.

CAMILLE.

Rome, l'unique objet de mon ressentiment !
Rome, à qui vient ton bras d'immoler mon amant !
Rome qui t'a vu naître, et que ton cœur adore !
Rome enfin que je hais parce qu'elle t'honore !
Puissent tous ses voisins ensemble conjurés
Saper ses fondements encor mal assurés !
Et, si ce n'est assez de toute l'Italie,
Que l'Orient contre elle à l'Occident s'allie ;
Que cent peuples unis des bouts de l'univers
Passent pour la détruire et les monts et les mers !
Qu'elle-même sur soi renverse ses murailles,
Et de ses propres mains déchire ses entrailles !
Que le courroux du ciel allumé par mes vœux
Fasse pleuvoir sur elle un déluge de feux !
Puissé-je de mes yeux y voir tomber ce foudre,
Voir ses maisons en cendre, et tes lauriers en poudre,
Voir le dernier Romain à son dernier soupir,
Moi seule en être cause, et mourir de plaisir !

HORACE, mettant la main à l'épée, et poursuivant sa sœur qui s'enfuit.

C'est trop, ma patience à la raison fait place ;
Va dedans les enfers plaindre ton Curiace.

CAMILLE, blessée derrière le théâtre.

Ah ! traître !

HORACE, revenant sur le théâtre.

Ainsi reçoive un châtiment soudain
Quiconque ose pleurer un ennemi romain !

SCÈNE VI

HORACE, PROCULE.

PROCULE.

Que venez-vous de faire ?

HORACE.

Un acte de justice :

Un semblable forfait veut un pareil supplice.
PROCULE.
Vous deviez la traiter avec moins de rigueur.
HORACE.
Ne me dis point qu'elle est et mon sang et ma sœur.
Mon père ne peut plus l'avouer pour sa fille :
Qui maudit son pays renonce à sa famille ;
Des noms si pleins d'amour ne lui sont plus permis ;
De ses plus chers parents il fait ses ennemis :
Le sang même les arme en haine de son crime.
La plus prompte vengeance en est plus légitime ;
Et ce souhait impie, encore qu'impuissant,
Est un monstre qu'il faut étouffer en naissant.

SCENE VII

HORACE, SABINE, PROCULE.

SABINE.
A quoi s'arrête ici ton illustre colère ?
Viens voir mourir ta sœur dans les bras de ton père ;
Viens repaître tes yeux d'un spectacle si doux :
Ou, si tu n'es point las de ces généreux coups,
Immole au cher pays des vertueux Horaces
Ce reste malheureux du sang des Curiaces.
Si prodigue du tien, n'épargne pas le leur ;
Joins Sabine à Camille, et ta femme à ta sœur ;
Nos crimes sont pareils, ainsi que nos misères ;
Je soupire comme elle, et déplore mes frères :
Plus coupable en ce point contre tes dures lois,
Qu'elle n'en pleuroit qu'un, et que j'en pleure trois,
Qu'après son châtiment ma faute continue.
HORACE.
Sèche tes pleurs, Sabine, ou les cache à ma vue :
Rends-toi digne du nom de ma chaste moitié,

Et ne m'accable point d'une indigne pitié.
Si l'absolu pouvoir d'une pudique flamme
Ne nous laisse à tous deux qu'un penser et qu'une âme,
C'est à toi d'élever tes sentiments aux miens,
Non à moi de descendre à la honte des tiens.
Je t'aime, et je connois la douleur qui te presse ;
Embrasse ma vertu pour vaincre ta faiblesse,
Participe à ma gloire au lieu de la souiller.
Tâche à t'en revêtir, non à m'en dépouiller.
Es-tu de mon honneur si mortelle ennemie,
Que je te plaise mieux couvert d'une infamie ?
Sois plus femme que sœur, et te réglant sur moi,
Fais-toi de mon exemple une immuable loi.

SABINE.

Cherche pour t'imiter des âmes plus parfaites.
Je ne t'impute point les pertes que j'ai faites,
J'en ai les sentiments que je dois en avoir,
Et je m'en prends au sort plutôt qu'à ton devoir ;
Mais enfin je renonce à la vertu romaine,
Si pour la posséder je dois être inhumaine ;
Et ne puis voir en moi la femme du vainqueur
Sans y voir des vaincus la déplorable sœur.
Prenons part en public aux victoires publiques ;
Pleurons dans la maison nos malheurs domestiques,
Et ne regardons point des biens communs à tous,
Quand nous voyons des maux qui ne sont que pour nous.
Pourquoi veux-tu, cruel, agir d'une autre sorte ?
Laisse en entrant ici tes lauriers à la porte ;
Mêle tes pleurs aux miens. Quoi ? ces lâches discours
N'arment point ta vertu contre mes tristes jours ?
Mon crime redoublé n'émeut point ta colère ?
Que Camille est heureuse ! elle a pu te déplaire ;
Elle a reçu de toi ce qu'elle a prétendu,
Et recouvre là-bas tout ce qu'elle a perdu.
Cher époux, cher auteur du tourment qui me presse,
Ecoute la pitié, si ta colère cesse ;

Exerce l'une ou l'autre, après de tels malheurs,
A punir ma faiblesse, ou finir mes douleurs :
Je demande la mort pour grâce, ou pour supplice ;
Qu'elle soit un effet d'amour ou de justice,
N'importe : tous ses traits n'auront rien que de doux,
Si je les vois partir de la main d'un époux.

HORACE.

Quelle injustice aux Dieux d'abandonner aux femmes
Un empire si grand sur les plus belles âmes,
Et de se plaire à voir de si faibles vainqueurs
Régner si puissamment sur les plus nobles cœurs !
A quel point ma vertu devient-elle réduite !
Rien ne la sauroit plus garantir que la fuite.
Adieu : ne me suis point, ou retiens tes soupirs.

SABINE, seule.

O colère, ô pitié, sourdes à mes désirs,
Vous négligez mon crime, et ma douleur vous lasse,
Et je n'obtiens de vous ni supplice ni grâce !
Allons-y par nos pleurs faire encore un effort,
Et n'employons après que nous à notre mort.

FIN DU QUATRIÈME ACTE

ACTE V

SCÈNE PREMIÈRE

LE VIEIL HORACE, HORACE.

LE VIEIL HORACE.
Retirons nos regards de cet objet funeste,
Pour admirer ici le jugement céleste :
Quand la gloire nous enfle, il sait bien comme il faut
Confondre notre orgueil qui s'élève trop haut.
Nos plaisirs les plus doux ne vont point sans tristesse ;
Il mêle à nos vertus des marques de faiblesse,
Et rarement accorde à notre ambition
L'entier et pur honneur d'une bonne action.
Je ne plains point Camille : elle étoit criminelle ;
Je me tiens plus à plaindre, et je te plains plus qu'elle :
Moi, d'avoir mis au jour un cœur si peu romain,
Toi, d'avoir par sa mort déshonoré ta main.
Je ne la trouve point injuste ni trop prompte ;
Mais tu pouvois, mon fils, t'en épargner la honte :
Son crime, quoique énorme et digne du trépas,
Étoit mieux impuni que puni par ton bras.

HORACE.
Disposez de mon sang, les lois vous en font maître ;
J'ai cru devoir le sien aux lieux qui m'ont vu naître.
Si dans vos sentiments mon zèle est criminel,
S'il m'en faut recevoir un reproche éternel,
Si ma main en devient honteuse et profanée,
Vous pouvez d'un seul mot trancher ma destinée :
Reprenez tout ce sang de qui ma lâcheté
A si brutalement souillé la pureté.
Ma main n'a pu souffrir de crime en votre race ;

Ne souffrez point de tache en la maison d'Horace.
C'est en ces actions dont l'honneur est blessé
Qu'un père tel que vous se montre intéressé :
Son amour doit se taire où toute excuse est nulle ;
Lui-même il y prend part lorsqu'il les dissimule ;
Et de sa propre gloire il fait trop peu de cas,
Quand il ne punit point ce qu'il n'approuve pas.
LE VIEIL HORACE.
Il n'use pas toujours d'une rigueur extrême ;
Il épargne ses fils bien souvent pour soi-même ;
Sa vieillesse sur eux aime à se soutenir,
Et ne les punit point, de peur de se punir.
Je te vois d'un autre œil que tu ne te regardes ;
Je sais... Mais le Roi vient, je vois entrer ses gardes.

SCÈNE II

TULLE, VALÈRE, LE VIEIL HORACE,

HORACE, TROUPE DE GARDES.

LE VIEIL HORACE.
Ah ! Sire, un tel honneur a trop d'excès pour moi ;
Ce n'est point en ce lieu que je dois voir mon roi :
Permettez qu'à genoux...
TULLE.
Non, levez-vous, mon père :
Je fais ce qu'en ma place un bon prince doit faire.
Un si rare service et si fort important
Veut l'honneur le plus rare et le plus éclatant.
Vous en aviez déjà sa parole pour gage ;
Je ne l'ai pas voulu différer davantage.
J'ai su par son rapport, et je n'en doutois pas,
Comme de vos deux fils vous portez le trépas,
Et que déjà votre âme étant trop résolue,
Ma consolation vous seroit superflue ;

Mais je viens de savoir quel étrange malheur
D'un fils victorieux a suivi la valeur,
Et que son trop d'amour pour la cause publique
Par ses mains à son père ôte une fille unique.
Ce coup est un peu rude à l'esprit le plus fort;
Et je doute comment vous portez cette mort.

LE VIEIL HORACE.

Sire, avec déplaisir, mais avec patience.

TULLE.

C'est l'effet vertueux de votre expérience.
Beaucoup par un long âge ont appris comme vous
Que le malheur succède au bonheur le plus doux :
Peu savent comme vous s'appliquer ce remède,
Et dans leur intérêt toute leur vertu cède.
Si vous pouvez trouver dans ma compassion
Quelque soulagement pour votre affliction,
Ainsi que votre mal sachez qu'elle est extrême,
Et que je vous en plains autant que je vous aime.

VALÈRE.

Sire, puisque le ciel entre les mains des rois
Dépose sa justice et la force des lois,
Et que l'État demande aux princes légitimes
Des prix pour les vertus, des peines pour les crimes,
Souffrez qu'un bon sujet vous fasse souvenir
Que vous plaignez beaucoup ce qu'il vous faut punir;
Souffrez....

LE VIEIL HORACE.

Quoi? qu'on envoie un vainqueur au supplice?

TULLE.

Permettez qu'il achève, et je ferai justice :
J'aime à la rendre à tous, à toute heure, en tout lieu.
C'est par elle qu'un roi se fait un demi-dieu;
Et c'est dont je vous plains, qu'après un tel service
On puisse contre lui me demander justice.

VALÈRE.

Souffrez donc, ô grand Roi, le plus juste des rois,

Que tous les gens de bien vous parlent par ma voix.
Non que nos cœurs jaloux de ses honneurs s'irritent ;
S'il en reçoit beaucoup, ses hauts faits le méritent ;
Ajoutez-y plutôt que d'en diminuer :
Nous sommes tous encor prêts d'y contribuer ;
Mais, puisque d'un tel crime il s'est montré capable,
Qu'il triomphe en vainqueur, et périsse en coupable.
Arrêtez sa fureur, et sauvez de ses mains,
Si vous voulez régner, le reste des Romains :
Il y va de la perte ou du salut du reste.
　La guerre avoit un cours si sanglant, si funeste,
Et les nœuds de l'hymen, durant nos bons destins,
Ont tant de fois uni des peuples si voisins,
Qu'il est peu de Romains que le parti contraire
N'intéresse en la mort d'un gendre ou d'un beau-frère,
Et qui ne soient forcés de donner quelques pleurs,
Dans le bonheur public, à leurs propres malheurs.
Si c'est offenser Rome, et que l'heur de ses armes
L'autorise à punir ce crime de nos larmes,
Quel sang épargnera ce barbare vainqueur,
Qui ne pardonne pas à celui de sa sœur,
Et ne peut excuser cette douleur pressante
Que la mort d'un amant jette au cœur d'une amante,
Quand près d'être éclairés du nuptial flambeau,
Elle voit avec lui son espoir au tombeau ?
Faisant triompher Rome, il se l'est asservie ;
Il a sur nous un droit et de mort et de vie ;
Et nos jours criminels ne pourront plus durer
Qu'autant qu'à sa clémence il plaira l'endurer.
　Je pourrois ajouter aux intérêts de Rome
Combien un pareil coup est indigne d'un homme ;
Je pourrois demander qu'on mît devant vos yeux
Ce grand et rare exploit d'un bras victorieux :
Vous verriez un beau sang, pour accuser sa rage,
D'un frère si cruel rejaillir au visage :
Vous verriez des horreurs qu'on ne peut concevoir ;

Son âge et sa beauté vous pourroient émouvoir;
Mais je hais ces moyens qui sentent l'artifice.
Vous avez à demain remis le sacrifice :
Pensez-vous que les Dieux, vengeurs des innocents,
D'une main parricide acceptent de l'encens?
Sur vous ce sacrilège attireroit sa peine;
Ne le considérez qu'en objet de leur haine,
Et croyez avec nous qu'en tous ses trois combats
Le bon destin de Rome a plus fait que son bras,
Puisque ces mêmes Dieux, auteurs de sa victoire,
Ont permis qu'aussitôt il en souillât la gloire,
Et qu'un si grand courage, après ce noble effort,
Fût digne en même jour de triomphe et de mort.
Sire, c'est ce qu'il faut que votre arrêt décide.
En ce lieu Rome a vu le premier parricide;
La suite en est à craindre, et la haine des cieux :
Sauvez-nous de sa main, et redoutez les Dieux.

TULLE.

Défendez-vous, Horace.

HORACE.

À quoi bon me défendre?
Vous savez l'action, vous la venez d'entendre;
Ce que vous en croyez me doit être une loi.
Sire, on se défend mal contre l'avis d'un roi,
Et le plus innocent devient soudain coupable,
Quand aux yeux de son prince il paroît condamnable.
C'est crime qu'envers lui se vouloir excuser :
Notre sang est son bien, il en peut disposer;
Et c'est à nous de croire, alors qu'il en dispose,
Qu'il ne s'en prive point sans une juste cause.
Sire, prononcez donc, je suis prêt d'obéir;
D'autres aiment la vie, et je la dois haïr.
Je ne reproche point à l'ardeur de Valère
Qu'en amant de la sœur, il accuse le frère :
Mes vœux avec les siens conspirent aujourd'hui;
Il demande ma mort, je la veux comme lui.

Un seul point entre nous met cette différence,
Que mon honneur par là cherche son assurance,
Et qu'à ce même but nous voulons arriver,
Lui pour flétrir ma gloire, et moi pour la sauver.
  Sire, c'est rarement qu'il s'offre une matière
A montrer d'un grand cœur la vertu tout entière.
Suivant l'occasion elle agit plus ou moins,
Et paroît forte ou foible aux yeux de ses témoins.
Le peuple, qui voit tout seulement par l'écorce,
S'attache à son effet pour juger de sa force ;
Il veut que ses dehors gardent un même cours,
Qu'ayant fait un miracle, elle en fasse toujours :
Après une action pleine, haute, éclatante,
Tout ce qui brille moins remplit mal son attente ;
Il veut qu'on soit égal en tout temps, en tous lieux ;
Il n'examine point si lors on pouvoit mieux,
Ni que, s'il ne voit pas sans cesse une merveille,
L'occasion est moindre, et la vertu pareille :
Son injustice accable et détruit les grands noms ;
L'honneur des premiers faits se perd par les seconds ;
Et quand la renommée a passé l'ordinaire,
Si l'on ne veut déchoir, il faut ne plus rien faire.
  Je ne vanterai point les exploits de mon bras ;
Votre Majesté, Sire, a vu mes trois combats :
Il est bien malaisé qu'un pareil les seconde,
Qu'une autre occasion à celle-ci réponde,
Et que tout mon courage, après de si grands coups,
Parvienne à des succès qui n'aillent au-dessous ;
Si bien que pour laisser une illustre mémoire,
La mort seule aujourd'hui peut conserver ma gloire ;
Encor la falloit-il sitôt que j'eus vaincu,
Puisque pour mon honneur j'ai déjà trop vécu.
Un homme tel que moi voit sa gloire ternie,
Quand il tombe en péril de quelque ignominie :
Et ma main auroit su déjà m'en garantir ;
Mais sans votre congé mon sang n'ose sortir :

Comme il vous appartient, votre aveu doit se prendre :
C'est vous le dérober qu'autrement le répandre.
Rome ne manque point de généreux guerriers ;
Assez d'autres sans moi soutiendront vos lauriers ;
Que votre Majesté désormais m'en dispense ;
Et si ce que j'ai fait vaut quelque récompense,
Permettez, ô grand Roi, que de ce bras vainqueur
Je m'immole à ma gloire et non pas à ma sœur.

SCÈNE III

TULLE, VALÈRE, LE VIEIL HORACE, HORACE, SABINE.

SABINE.

Sire, écoutez Sabine, et voyez dans son âme
Les douleurs d'une sœur, et celles d'une femme,
Qui toute désolée, à vos sacrés genoux,
Pleure pour sa famille, et craint pour son époux.
Ce n'est pas que je veuille avec cet artifice
Dérober un coupable au bras de la justice :
Quoi qu'il ait fait pour vous, traitez-le comme tel,
Et punissez en moi ce noble criminel ;
De mon sang malheureux expiez tout son crime ;
Vous ne changerez point pour cela de victime :
Ce n'en sera point prendre une injuste pitié,
Mais en sacrifier la plus chère moitié.
Les nœuds de l'hyménée et son amour extrême
Font qu'il vit plus en moi qu'il ne vit en lui-même ;
Et si vous m'accordez de mourir aujourd'hui,
Il mourra plus en moi qu'il ne mourroit en lui ;
La mort que je demande, et qu'il faut que j'obtienne,
Augmentera sa peine, et finira la mienne.
Sire, voyez l'excès de mes tristes ennuis,
Et l'effroyable état où mes jours sont réduits.
Quelle horreur d'embrasser un homme dont l'épée

De toute ma famille a la trame coupée !
Et quelle impiété de haïr un époux
Pour avoir bien servi les siens, l'État et vous !
Aimer un bras souillé du sang de tous mes frères !
N'aimer pas un mari qui finit nos misères !
Sire, délivrez-moi par un heureux trépas
Des crimes de l'aimer et de ne l'aimer pas ;
J'en nommerai l'arrêt une faveur bien grande.
Ma main peut me donner ce que je vous demande ;
Mais ce trépas enfin me sera bien plus doux,
Si je puis de sa honte affranchir mon époux ;
Si je puis par mon sang apaiser la colère
Des Dieux qu'a pu fâcher sa vertu trop sévère,
Satisfaire en mourant aux mânes de sa sœur
Et conserver à Rome un si bon défenseur.

LE VIEIL HORACE, au Roi.

Sire, c'est donc à moi de répondre à Valère.
Mes enfants avec lui conspirent contre un père :
Tous trois veulent me perdre, et s'arment sans raison
Contre si peu de sang qui reste en ma maison.

(A Sabine.)

Toi qui par des douleurs à ton devoir contraires,
Veux quitter un mari pour rejoindre tes frères,
Va plutôt consulter leurs mânes généreux ;
Ils sont morts, mais pour Albe et s'en tiennent heureux.
Puisque le ciel vouloit qu'elle fût asservie,
Si quelque sentiment demeure après la vie,
Ce mal leur semble moindre, et moins rudes ses coups,
Voyant que tout l'honneur en retombe sur nous ;
Tous trois désavoueront la douleur qui te touche,
Les larmes de tes yeux, les soupirs de ta bouche,
L'horreur que tu fais voir d'un mari vertueux.
Sabine, sois leur sœur, suis ton devoir comme eux.

(Au Roi.)

Contre ce cher époux Valère en vain s'anime :
Un premier mouvement ne fut jamais un crime ;

Et la louange est due, au lieu du châtiment,
Quand la vertu produit ce premier mouvement.
Aimer nos ennemis avec idolâtrie,
De rage en leur trépas maudire la patrie,
Souhaiter à l'État un malheur infini,
C'est ce qu'on nomme crime, et ce qu'il a puni.
Le seul amour de Rome a sa main animée :
Il seroit innocent s'il l'avoit moins aimée.
Qu'ai-je dit, Sire ? il l'est, et ce bras paternel
L'auroit déjà puni s'il étoit criminel :
J'aurois su mieux user de l'entière puissance
Que me donnent sur lui les droits de la naissance;
J'aime trop l'honneur, Sire, et ne suis point de rang
A souffrir ni d'affront ni de crime en mon sang.
C'est dont je ne veux point de témoin que Valère :
Il a vu quel accueil lui gardoit ma colère,
Lorsqu'ignorant encor la moitié du combat,
Je croyois que sa fuite avoit trahi l'État.
Qui le fait se charger des soins de ma famille?
Qui le fait, malgré moi, vouloir venger ma fille?
Et par quelles raisons dans son juste trépas,
Prend-il un intérêt qu'un père ne prend pas?
On craint qu'après sa sœur il n'en maltraite d'autres !
Sire, nous n'avons part qu'à la honte des nôtres,
Et de quelque façon qu'un autre puisse agir,
Qui ne nous touche point ne nous fait point rougir.

(A Valère.)

Tu peux pleurer Valère, et même aux yeux d'Horace;
Il ne prend intérêt qu'aux crimes de sa race :
Qui n'est point de son sang ne peut faire d'affront
Aux lauriers immortels qui lui ceignent le front.
Lauriers, sacrés rameaux qu'on veut réduire en poudre,
Vous qui mettez sa tête à couvert de la foudre,
L'abandonnerez-vous à l'infâme couteau
Qui fait choir les méchants sous la main d'un bourreau?
Romains, souffrirez-vous qu'on vous immole un homme

Sans qui Rome aujourd'hui cesseroit d'être Rome,
Et qu'un Romain s'efforce à tacher le renom
D'un guerrier à qui tous doivent un si beau nom?
Dis, Valère, dis-nous, si tu veux qu'il périsse,
Où tu penses choisir un lieu pour son supplice?
Sera-ce entre ces murs que mille et mille voix
Font résonner encor du bruit de ses exploits?
Sera-ce hors des murs, au milieu de ces places
Qu'on voit fumer encor du sang des Curiaces,
Entre leurs trois tombeaux, et dans ce champ d'honneur
Témoin de sa vaillance et de notre bonheur?
Tu ne saurois cacher sa peine à sa victoire;
Dans les murs, hors des murs, tout parle de sa gloire,
Tout s'oppose à l'effort de ton injuste amour,
Qui veut d'un si bon sang souiller un si beau jour.
Albe ne pourra pas souffrir un tel spectacle,
Et Rome par ses pleurs y mettra trop d'obstacle.

(Au Roi.)

Vous les préviendrez, Sire; et par un juste arrêt
Vous saurez embrasser bien mieux son intérêt.
Ce qu'il a fait pour elle, il peut encor le faire :
Il peut la garantir encor d'un sort contraire.
Sire, ne donnez rien à mes débiles ans :
Rome aujourd'hui m'a vu père de quatre enfants ;
Trois en ce même jour sont morts pour sa querelle ;
Il m'en reste encore un, conservez-le pour elle :
N'ôtez pas à ses murs un si puissant appui ;
Et souffrez, pour finir, que je m'adresse à lui.

(A Horace.)

Horace, ne crois pas que le peuple stupide
Soit le maître absolu d'un renom bien solide :
Sa voix tumultueuse assez souvent fait bruit;
Mais un moment l'élève, un moment le détruit;
Et ce qu'il contribue à notre renommée
Toujours en moins de rien se dissipe en fumée.
C'est aux rois, c'est aux grands, c'est aux esprits bien faits,

A voir la vertu pleine en ses moindres effets ;
C'est d'eux seuls qu'on reçoit la véritable gloire ;
Eux seuls des vrais héros assurent la mémoire.
Vis toujours en Horace, et toujours auprès d'eux
Ton nom demeurera grand, illustre, fameux,
Bien que l'occasion, moins haute et moins brillante,
D'un vulgaire ignorant trompe l'injuste attente.
Ne hais donc plus la vie, et du moins vis pour moi,
Et pour servir encor ton pays et ton roi.
    Sire, j'en ai trop dit ; mais l'affaire vous touche ;
Et Rome tout entière a parlé par ma bouche.

VALÈRE.

Sire, permettez-moi...

TULLE.

        Valère, c'est assez :
Vos discours par les leurs ne sont pas effacés ;
J'en garde en mon esprit les forces plus pressantes,
Et toutes vos raisons me sont encor présentes.
    Cette énorme action faite presque à nos yeux
Outrage la nature, et blesse jusqu'aux Dieux.
Un premier mouvement qui produit un tel crime
Ne sauroit lui servir d'excuse légitime :
Les moins sévères lois en ce point sont d'accord ;
Et si nous les suivons, il est digne de mort.
Si d'ailleurs nous voulons regarder le coupable,
Ce crime, quoique grand, énorme, inexcusable,
Vient de la même épée et part du même bras
Qui me fait aujourd'hui maître de deux États.
Deux sceptres en ma main, Albe à Rome asservie,
Parlent bien hautement en faveur de sa vie :
Sans lui j'obéirois où je donne la loi,
Et je serois sujet où je suis deux fois roi.
Assez de bons sujets dans toutes les provinces
Par des vœux impuissants s'acquittent vers leurs princes ;
Tous les peuvent aimer, mais tous ne peuvent pas
Par d'illustres effets assurer leurs États ;

Et l'art et le pouvoir d'affermir des couronnes
Sont des dons que le ciel fait à peu de personnes.
De pareils serviteurs sont les forces des rois,
Et de pareils aussi sont au-dessus des lois.
Qu'elles se taisent donc ; que Rome dissimule
Ce que dès sa naissance elle vit en Romule ;
Elle peut bien souffrir en son libérateur
Ce qu'elle a bien souffert en son premier auteur.

  Vis donc, Horace, vis, guerrier trop magnanime :
Ta vertu met ta gloire au-dessus de ton crime ;
Sa chaleur généreuse a produit ton forfait ;
D'une cause si belle il faut souffrir l'effet.
Vis pour servir l'État ; vis, mais aime Valère :
Qu'il ne reste entre vous ni haine ni colère ;
Et, soit qu'il ait suivi l'amour ou le devoir,
Sans aucun sentiment résous-toi de le voir.

  Sabine, écoutez moins la douleur qui vous presse,
Chassez de ce grand cœur ces marques de faiblesse :
C'est en séchant vos pleurs que vous vous montrerez
La véritable sœur de ceux que vous pleurez.

  Mais nous devons aux Dieux demain un sacrifice ;
Et nous aurions le ciel à nos vœux mal propice,
Si nos prêtres, avant que de sacrifier,
Ne trouvoient les moyens de le purifier :
Son père en prendra soin ; il lui sera facile
D'apaiser tout d'un temps les mânes de Camille.
Je la plains ; et, pour rendre à son sort rigoureux
Ce que peut souhaiter son esprit amoureux,
Puisqu'en un même jour l'ardeur d'un même zèle
Achève le destin de son amant et d'elle,
Je veux qu'un même jour, témoin de leurs deux morts,
En un même tombeau voie enfermer leurs corps.

FIN DU CINQUIÈME ET DERNIER ACTE.

CINNA
OV
LA CLEMENCE
D'AVGVSTE
TRAGEDIE.

Horat. ———— *cui lecta potenter erit res*
Nec facundia deseret hunc, nec lucidus ordo.

Imprimé à Roüen aux despens de l'Autheur, & se vendent.
A PARIS,
Chez TOVSSAINCT QVINET, au Palais, soubs
la montée de la Cour des Aydes.

M. DC. XLIII.
AVEC PRIVILEGE DV ROY.

PERSONNAGES	ACTEURS 1640	ACTEURS 1886
OCTAVE-CÉSAR AUGUSTE, empereur de Rome..................................		M. Maubant.*
LIVIE, impératrice.........................		
CINNA, fils d'une fille de Pompée, chef de la conjuration contre Auguste...............	Bellerose.	M. Laroche.
MAXIME, autre chef de la conjuration.......		M. Dupont-Vernon.
ÉMILIE, fille de C. Toranius, tuteur d'Auguste, et proscrit par lui durant le triumvirat....		Mlle Dudlay.
FULVIE, confidente d'Émilie................		
POLYCLÈTE, affranchi d'Auguste...........		
ÉVANDRE, affranchi de Cinna..............		
EUPHROBE, affranchi de Maxime..........		

La scène est à Rome.

---

* *La Comédie Française* n'a point donné *Cinna* depuis longtemps ; nous indiquons seulement les interprètes que nous nous rappelons avoir entendus.

HISTOIRE DE *CINNA* AU THÉATRE

(1640-1886)

Corneille avait déjà répondu victorieusement à ses détracteurs par la tragédie d'*Horace* (1640). La même année, son génie, excité par les envieux, montait au comble de l'art : il produisait *Cinna*[1]. C'était encore l'histoire romaine qui inspirait le poète : après nous avoir montré la Rome des rois avec ses vertus héroïques, il nous faisait assister, sous la Rome impériale, au combat généreux qui se livra dans l'âme du premier de ses princes, Auguste, entre le désir de la vengeance et le sentiment de la pitié. Cette fois, il empruntait le sujet de sa nouvelle tragédie à un philosophe latin, à Sénèque.

Est-ce à la méditation seule, à la lecture de Sénèque, qu'il doit d'avoir conçu le projet de *Cinna* ? Les événements contemporains n'ont-ils pas eu quelque influence sur le choix de ce sujet ? Il est bien difficile à un poète, quelque absorbé qu'il soit par son art, de se désintéresser absolument de ce qui se passe autour de lui et de rester sourd aux bruits du dehors. Il semble qu'il y ait dans *Cinna* comme un reflet des événements qui ont agité la Normandie tout entière et Rouen particulièrement pendant l'année 1639.

1. Boileau dit dans son épître à Racine (vers 49-52).

......« Par les envieux un génie excité
« Au comble de son art est mille fois monté;
« Plus on veut l'affoiblir, plus il croit et s'élance :
« Au *Cid* persécuté *Cinna* doit sa naissance.»

Les habitants des campagnes refusèrent de payer les impôts onéreux dont on ne cessait de les accabler : une véritable révolte éclata. Plusieurs furent arrêtés ; mais le parlement de Normandie fit relâcher les prisonniers qui en avaient appelé à son tribunal. Les mutins, se croyant appuyés moralement dans leurs revendications par leurs magistrats eux-mêmes, n'en furent que plus furieux : ils démolirent les maisons des commis et en pendirent quelques-uns. Richelieu voulut frapper un grand coup : sa colère se tourna d'abord contre le parlement, dont l'acte de faiblesse avait en quelque sorte autorisé la continuation de l'émeute : le parlement fut interdit. Puis le Ministre imposa à Rouen une taxe d'un million quatre-vingt-cinq mille livres, déclara dissous le conseil municipal de la ville et fit passer en justice un grand nombre de rebelles : vingt-deux furent condamnés au bannissement perpétuel, vingt au gibet, quatre furent rompus vifs.*

Corneille, qui vivait retiré à Rouen depuis le congé qu'il avait obtenu de Richelieu lorsqu'il faisait partie de la Société des *cinq auteurs*, avait assisté à ces scènes de désordre et aux cruelles représailles. Il paraît vraisemblable qu'en traitant le sujet de la *Clémence d'Auguste*, sans se constituer ouvertement le défenseur des Rouennais et sans faire un appel direct à la pitié de Richelieu, le poète ait pensé à la sédition qui venait d'être si durement châtiée et ait essayé de provoquer le pardon en faveur des malheureux proscrits.

Si Corneille eut réellement cette idée généreuse, il dut être bien déçu, car Richelieu resta inflexible. Quant à la nouvelle tragédie, elle remporta un grand succès. En cinq ans, elle eut six éditions et obtint à la fois les applaudissements de la foule et les « suffrages illustres ». Corneille lui-même, selon Fontenelle, hésitait entre *Rodogune* et *Cinna* : il ne savait à laquelle de ces deux tragédies donner la préférence sur toutes les autres. Après le *Cid*, en effet, c'est *Cinna* qui apporta au poète le plus de célébrité pendant sa vie. On avait dit : « Cela est beau comme le *Cid*, » et ce jugement flatteur était passé en proverbe. L'admiration pour *Cinna* fut presque aussi universelle. Quiconque ne connaissait point cette tragédie était vite jugé : c'était un ignorant. Ainsi en 1661, dans la *Comédie de la Comédie*, de Dorimon, un fat faisait rire le parterre en soutenant que la prose de *Cinna* était excellente.

(*) Voy. à ce sujet *Notes sur la vie de Corneille*, en tête de *Corneille à la butte Saint-Roch*, par Édouard Fournier.

QUINAULT-DUFRESNE
(1693-1767.)
D'après une gravure communiquée par la *Bibliothèque Nationale*.

Le succès de *Cinna* se justifiait par la beauté même du sujet. C'était une tragédie bien conçue et bien développée : « rien n'y contredisoit l'histoire, bien que beaucoup de choses y fussent ajoutées ; le sujet n'étoit ni trop chargé d'incidents ni trop embarrassé des récits de ce qui s'étoit passé avant le commencement de la pièce ; le raisonnement y étoit plein de force ; enfin les vers avoient quelque chose de plus achevé que ceux d'*Horace*, qui eux-mêmes avoient quelque chose de plus net et de moins guindé pour les pensées que ceux du *Cid*. » Ce jugement impartial de Corneille sur son œuvre fut celui des contemporains. Deux autres raisons, tirées de circonstances extérieures, expliquaient encore le plaisir du public de 1640 à l'œuvre nouvelle : l'intérêt qu'inspirait un noble plaidoyer en faveur de la clémence à une époque où les rigueurs du pouvoir étaient excessives, et le goût des Parisiens, au lendemain de la Fronde, pour les discussions politiques qui étaient agitées dans la tragédie.

« Il y a d'ailleurs dans cette pièce, dit Voltaire, un vrai continuel, un développement de la constitution de l'empire romain qui plaît extrêmement aux hommes d'État, et alors chacun voulait l'être. » On pourrait encore ajouter que Rome était aussi, à cette époque, fort prisée au théâtre et à l'hôtel de Rambouillet. Les poètes tragiques contemporains avaient traité des sujets essentiellement romains ; Mairet avait donné après Garnier un *Marc Antoine* (1630) ; du Ryer, une *Lucrèce* (1637) ; Desmarets, un *Scipion* (1639), et Scudéry, trois ans avant *Cinna*, *la Mort de César*. Dans cette dernière tragédie, Brutus s'adressant aux conjurés, César parlant à ses conseillers annonçaient déjà, dans une certaine mesure, *Cinna et Auguste*. A l'hôtel de Rambouillet, la traduction de l'histoire romaine de Coeffeteau était fort en honneur ; on y lisait aussi avec admiration le fameux jugement de Balzac sur le caractère des anciens Romains, trop pompeux sans doute et d'une enflure qu'on prenait alors pour de l'éloquence, mais qui ne manquait ni de force ni de pénétration.

Comme il l'avait fait pour *Horace*, Corneille plaça en tête de l'édition originale (1643), le passage de Sénèque qui lui avait inspiré l'idée de sa tragédie : ce passage est tiré du chapitre IX du premier livre du traité *de Clementia*. Le poète, on le voit, ne craint point d'indiquer les origines historiques de son œuvre nouvelle, car il crée plus qu'il n'imite. Personne ne peut l'accuser de prendre son bien chez autrui. Ce qu'il emprunte lui devient personnel. *Cinna* et *Horace* ne doivent leurs beautés supérieures qu'à son génie.

C'était sous le principat d'Auguste. L'ancien Octave avait complètement disparu : le prince était plein de bonté et de douceur. Cependant on ne cessait de conspirer contre lui. On lui apprend un jour qu'un L. Cinna, homme de médiocre intelligence, est à la tête d'une nouvelle conjuration. C'est un des complices de Cinna qui dénonce le péril à l'Empereur. Auguste est cruellement surpris : Cinna lui doit tout; après l'avoir recueilli tout enfant dans le camp des Pompéiens, il n'a cessé de le combler de ses faveurs. Et c'est lui qui veut attenter à sa vie! Il se vengera; il punira le traître. Il convoque son conseil privé pour le lendemain. La nuit qui précède, il la passe dans l'insomnie : il a le temps, pendant les heures silencieuses qui se suivent, de faire un retour sur le passé. Il se souvient de toutes les proscriptions qu'il a ordonnées, et prévoit avec horreur tous les châtiments qu'il lui faudra encore infliger! N'a-t-il donc point versé assez de sang? Et cependant doit-il laisser impuni ce dernier crime commis par le pire des ingrats? Le matin arrive, et le malheureux prince est toujours partagé entre le désir de la vengeance et le sentiment de la pitié qui peu à peu s'empare de son âme. Sa femme Livie vient alors l'exhorter à user de douceur envers ces récents conjurés, puisque jusqu'à présent, les sévérités et les rigueurs n'ont fait qu'irriter les courages et exciter sans cesse de nouvelles révoltes. Auguste remercie avec joie Livie de plaider la cause de la clémence qui du reste est gagnée d'avance dans son cœur. Il fait dire aux conseillers qu'il avait mandés de ne point venir au palais. Mais il appelle Cinna, éloigne tous les autres courtisans, et, resté seul avec lui, il rappelle tout ce qu'il a fait en sa faveur, n'a point de peine à lui montrer le peu qu'il serait dans l'empire si son prince ne le conduisait par la main à tous les honneurs, et dit enfin de quel prix il veut payer tant de bontés! Cinna se récrie; mais Auguste sait tout; il donne les détails les plus exacts, les plus précis. L'ingrat est confondu. C'est le moment que choisit l'Empereur pour lui tendre la main, lui redemander le premier son amitié, et lui offrir de nouveau le consulat. Cinna, subjugué par tant de grandeur d'âme, ajoute Sénèque, fut dès lors attaché à Auguste pour le reste de sa vie : les conspirateurs furent à jamais désarmés.

Tel est, en substance, le passage du *Traité de la Clémence* où le génie de Corneille a su trouver le sujet d'une tragédie pleine d'intérêt politique, de vie et de passion.

Émilie est la fille de C. Toranius, de celui qui avait été le tuteur d'Octave, et qu'Octave proscrivit pendant le triumvirat. L'Empereur a recueilli l'orpheline : il l'a traitée comme sa fille ; elle exerce dans le palais un pouvoir absolu. Cependant, malgré tant de bienfaits, Émilie n'a dans le cœur que des idées de vengeance. Elle suivra l'exemple d'ingratitude donné par Octave. Elle se rappellera que ce tuteur jadis ne respecta pas le sien : elle vengera son père.

Son amant, Cinna, petit-fils de Pompée par sa mère, poussé par sa maîtresse, a résolu de tuer l'Empereur et de rendre à Rome sa liberté perdue. C'est ainsi qu'il gagnera le cœur d'Émilie : elle ne se donne à lui qu'à ce prix.

Il a bientôt trouvé des complices : tous les jeunes gens qui regrettaient la république sont entrés dans la conspiration. Il les a réunis autour de lui et les a soulevés contre le tyran. Tous ont juré la perte de l'Empereur. C'est le lendemain que le châtiment sera infligé. Cinna s'est réservé de frapper Auguste : il l'a promis à Émilie : il tiendra parole. Les autres ne connaissent point cette charmante intrigue : c'est un secret entre elle et lui. Tandis que Maxime, son ami, s'assurera avec quelques-uns de la porte du temple où le prince offrira un sacrifice aux dieux, Cinna, entouré des autres conjurés, immolera le traître à la patrie et à Émilie. Auguste saura en mourant que c'est Émilie qui se venge par le bras de Cinna.

Émilie est satisfaite : Auguste périra de la main de celui qu'elle aime, et son père sera vengé. Quel obstacle pourrait maintenant s'opposer à son bonheur? Évandre, l'affranchi de Cinna, accourt : « César, dit-il, mande Cinna et Maxime. » Cinna et Maxime en même temps! Le complot serait-il découvert? Cinna étonné, mais non ébranlé, cherche à calmer les inquiétudes d'Émilie. Il ne faut point s'alarmer : le prince appelle souvent Maxime et lui, pour les consulter sur les affaires de l'État. Quoi qu'il doive arriver, Cinna ira chez l'Empereur, et, si l'Empereur l'ordonne, il mourra courageusement, en citoyen romain.

Auguste ne sait encore rien de la conspiration. Il a fait venir auprès de lui Cinna et Maxime, qui remplacent dans la tragédie Agrippa et Mécène de l'histoire ; il a pleine confiance en eux ; il veut leur communiquer son projet de rétablir la république. Cinna, interrogé le premier, supplie Auguste de garder l'empire, défend la la monarchie avec la plus grande habileté, et présente toutes les raisons qui peuvent plaider en faveur de cette forme de gouvernement, surtout à une époque troublée comme était celle où Auguste pacifiait le monde et l'Italie. Maxime, au contraire, saisit avec une joie patriotique l'occasion, que le prince offre de lui-même, de restituer à Rome la liberté qui lui a été ravie : il fait avec une véritable éloquence l'éloge de la république et en démontre la nécessité pour les Romains, qui en ont joui pendant tant de siècles, et qui ne peuvent s'en déshabituer, comme le prouvent assez les complots dirigés contre l'Empereur. Auguste reste indécis : ses deux conseillers ont été également pressants et éloquents. Il faut que Cinna se jette à ses pieds et le conjure de conserver à Rome un maître si doux,

Sous qui son vrai bonheur commence de renaître,

et même de désigner son successeur qui après lui continuera le bienfait d'une monarchie réparatrice : touché de cette prière instante, l'Empereur se laisse convaincre : il ne déposera point le fardeau de l'empire, quelque lourd qu'il soit. Mais, voulant reconnaître le dévouement de ses deux amis, il promet à Cinna la main d'Émilie, et nomme Maxime gouverneur de Sicile. Dès que le prince est sorti, Maxime demande à Cinna pourquoi il a parlé ainsi contre ses sentiments et a laissé échapper une occasion si favorable de rendre à Rome la république sans les périls d'une conjuration. Cinna répond qu'Auguste ainsi aurait évité le châtiment qu'il mérite et qu'un bon mouvement aurait effacé tous ses crimes passés.

Maxime ignorait l'amour de Cinna pour Émilie. Il croyait n'avoir point de rival, car il aimait lui-même en secret la fille de Toranius, et était sur le point de le lui avouer, quand il a appris de la bouche même de Cinna qu'Émilie s'était fiancée à lui, à la condition qu'il immolât Auguste aux mânes de son père. Euphorbe, affranchi de Maxime, qui reçoit cette confidence, lui conseille de perdre Cinna : il l'engage à dénoncer à César la conspiration. Maxime repousse d'abord bien loin l'idée d'une pareille trahison ; mais Euphorbe a jeté cette idée dans l'esprit de son maître ; elle germera.

Cinna, qui a fait un retour sur le passé depuis la noble marque de confiance que lui a témoignée Auguste, à la veille même du jour où il allait l'assassiner, est moins déterminé : ses hésitations ne peuvent échapper à Émilie qui renouvelle son serment : elle n'appartiendra qu'à celui qui l'aura vengée ! Cinna ne faiblira point. Il immolera l'Empereur, puisqu'elle l'exige ; mais il se tuera ensuite : il aura rendu ainsi ce qu'il devait à sa maîtresse et à son bienfaiteur.

Maxime a trahi. Il a laissé son affranchi Euphorbe dénoncer le complot. Auguste sait tout : ce sont ses amis, ceux-là mêmes qu'il vient, il y a quelques instants à peine, de désigner pour les plus hauts emplois, dans les mains desquels il avait remis l'empire, qui s'acharnent contre lui et ont juré sa perte ! Euphorbe apprend perfidement à l'Empereur que Cinna s'obstine dans sa fureur et cherche à raffermir les âmes ébranlées des autres conjurés. Quant à Maxime, il s'est fait justice, ajoute le délateur : il s'est jeté dans le Rhône. Resté seul, Auguste délibère : tout son passé lui revient à l'esprit ; la pitié lutte dans son cœur contre le désir de la vengeance. Le poète ici a traduit et développé la belle page qu'on lit dans Sénèque et qui a été résumée plus haut. Livie vient à passer ; il lui révèle la conjuration qui est sur le point d'éclater. Elle lui conseille d'user de clémence. Mais Auguste reçoit fort mal cet avis : il n'y voit que l'amour des grandeurs et la crainte de perdre un trône. Il la quitte brutalement : Livie le suit pour continuer non à l'importuner, comme il le dit, mais à l'éclairer, s'il est possible, sur ses véritables intérêts.

La scène, laissée vide un instant, est bientôt occupée par Émilie, accompagnée de sa confidente Fulvie. Jamais Émilie n'a goûté autant de repos d'esprit qu'au moment même où son amant court les plus grands dangers. Fulvie ne partage point cette sécurité : on lui a appris qu'Évandre était arrêté, qu'Euphorbe l'était aussi, que Maxime s'était noyé de désespoir dans le Tibre. Ce sont là des rumeurs qui l'inquiètent. Émilie répond que ces rumeurs ne sont point fondées : elle espère plus qu'elle ne craint.

Mais voici Maxime, Maxime qu'on croyait mort ! Le temps presse, la conjuration est découverte ; Cinna, Euphorbe, Évandre sont en prison. Euphorbe a fait courir le bruit de la mort de Maxime pour le sauver ; Évandre aussi, pour excuser son maître, a trahi le secret d'Émilie et de Cinna ; on va venir l'arrêter elle-même. Il n'y a pas un instant à perdre : qu'Émilie consente à le suivre ; un vaisseau est tout prêt ; ils iront chercher des vengeurs à Cinna. Si Cinna périt, ne trouvera-t-elle pas en lui un second Cinna ? Émilie a compris la trahison de Maxime dès la première proposition qu'il a osé lui faire : son courage grandit dans l'épreuve. Elle mourra avec Cinna qui a tout tenté pour elle. Elle va trouver Octave, et part laissant Maxime confus et désespéré.

Le cinquième acte nous montre Auguste accablé coup sur coup par les plus cruelles trahisons, et pardonnant enfin à tous dans un élan de générosité magnanime. Nous le voyons d'abord avec Cinna : il lui rappelle tout ce qu'il a fait pour lui, lui révèle les moindres particularités du complot dont il est le chef, le somme enfin de choisir son supplice : son cœur va céder au mouvement de la pitié quand Livie lui amène Émilie : elle aussi faisait partie de la conjuration ; c'est même elle qui l'a inspirée ; Auguste lui reproche son ingratitude : il l'aimait comme sa fille ; Émilie répond avec une logique implacable que Toranius aussi aimait Octave comme un fils, et que cependant le pupille a proscrit sans pitié le tuteur ; Émilie et Cinna se disputent l'honneur de mourir l'un pour l'autre. Ils demandent enfin d'être unis dans la mort comme ils voulaient l'être dans la vie. Pas un mot de repentir ne tombe de leurs lèvres : Auguste, poussé à bout, indigné, promet qu'il les unira, puisqu'ils le veulent, et que le supplice étonnera l'univers autant que le crime monstrueux qu'ils viennent de commettre. Enfin Maxime paraît. Au moins il lui reste un ami ! Les dieux n'ont point voulu que Maxime périt dans les flots. Auguste renaît, il respire : hélas ! l'illusion est de courte durée. Maxime est le plus criminel des trois : Il l'avoue et le prouve. C'en est trop. Auguste est atterré. Mais il relève bientôt la tête. Le plus grand courage et le plus rare, c'est de se vaincre soi-même. Il triomphera du juste courroux qui remplit son cœur. Il dira à Cinna : Soyons amis ; il le nommera consul ; il punira Émilie en lui donnant Cinna pour époux ; il rendra à Maxime la place de confiance et d'honneur qu'il avait auprès de lui ; il demandera lui-même la grâce d'Euphorbe dont les lâches conseils ont perdu Maxime. Auguste, oubliant tout, sera maître de lui comme il est maître de l'univers.

Cette analyse de la tragédie de *Cinna* prouve assez la grandeur du sujet choisi par Corneille : il a continué de suivre la voie qu'il s'était tracée. Dans le *Cid*, il nous intéressait à une lutte poignante où le devoir filial l'emportait enfin sur l'amour ; dans *Horace*, nous assistions au sacrifice fait à la patrie des affections les plus chères ; dans *Cinna* ou plutôt la *Clémence d'Auguste*, nous admirons une autre sorte d'héroïsme non moins grand, non moins rare : le poète nous montre la pitié et la clémence triomphant du désir de la vengeance. Dans ces trois tragédies, la passion est vaincue : Rodrigue et Chimène, Horace et Curiace, Auguste obéissent au devoir.

Comme pour *Horace*, l'imagination de Corneille dans *Cinna* s'est donné libre carrière. Les personnages, que lui fournissait Sénèque, se sont modifiés en passant du livre latin sur la scène. Ainsi, pour commencer par celui dont le nom sert de titre à l'œuvre, Cinna n'est plus un conspirateur sans mérite qui est choisi comme chef par les conjurés, seulement parce qu'il descend de Pompée et que cette filiation ne laisse point de jeter quelque éclat sur l'entreprise ; Cinna n'est plus une sorte de petit-maître romain, élégant et noble, mais sans portée dans l'esprit : c'est un homme distingué, ardent, éloquent, digne de commander à de jeunes républicains qui veulent renverser l'empire.

De plus, Cinna est un homme « ondoyant et divers », selon le mot de Montaigne ; son inconstance le rapproche de nous. Corneille n'a peut-être pas dans tout son théâtre de caractère qui soit plus humain. Cinna n'appartient pas à la famille des autres héros du poète qui s'élèvent au-dessus de notre nature : on le croirait issu du génie de Racine. Il a toutes nos faiblesses. Il est tout feu, tout passion. C'est avec la plus grande mobilité d'esprit qu'il passe d'un sentiment au sentiment contraire. La mort d'Auguste lui paraît d'abord une action héroïque : il est prêt à tout braver pour arriver à cette fin généreuse. Il se grise de ses propres paroles ; il se grise surtout de son amour pour Émilie. Bientôt cette même action, il la regarde comme un forfait, et il hésite à frapper son bienfaiteur. La réflexion a éteint son ardeur. Il faut que sa maîtresse l'excite et le menace de le haïr pour qu'il persiste dans la parole donnée. Il est aussi emporté dans son repentir qu'il l'était dans son ingratitude, puisqu'il déclare qu'après avoir immolé Auguste, il se tuera lui-même, ne voulant point survivre à son parricide. Au premier abord, on pourrait prendre pour de la lâcheté ce revirement qui est si conforme à la faiblesse humaine. Mais Cinna n'est point lâche : il se percera, dit-il, du même poignard dont il aura frappé Auguste ; il eût tenu sa promesse, car il est bien déterminé quand il voit Émilie la dernière fois avant d'agir. Il ne manque ni de fermeté, ni de noblesse, dans la fameuse scène où son ingratitude est écrasée par les reproches sanglants du prince : il attend sans crainte le dernier supplice.

Auguste est, dans la tragédie de Corneille, un Auguste idéal. L'histoire n'a rien fourni au portrait que le poète en trace. Sans doute, Sénèque, lui aussi, en racontant cet épisode, a ennobli le caractère de l'Empereur, car Auguste était, dit M. Duruy, « cruel de sang-froid, clément par calcul, hypocrite de vertu avec des vices. » Le philosophe lui a prêté une grandeur d'âme qu'il eût été incapable de comprendre même chez un autre. Mais le moraliste latin n'avait qu'un but : montrer combien la clémence est une vertu enviable pour les princes : il a été absolu, comme tous ceux qui enseignent le bien ; il n'a vu dans son récit qu'une grande et noble leçon à donner. Qu'importait le nom de l'homme qui provoquait chez lui ses réflexions philosophiques? Corneille a suivi de très près, pour la peinture de son Auguste, le modèle qu'il avait sous les yeux. Il a idéalisé l'Auguste de la légende impériale; il en a fait un monarque chrétien, plein de majesté, au milieu de sa gloire, entouré de toute la pompe impériale. Il a développé ce que Sénèque n'avait fait qu'indiquer : il a analysé avec une rare puissance de pénétration les tourments d'une âme agitée ; il nous a rendus spectateurs étonnés de la lutte qui se livre dans cette âme entre le sentiment nouveau et inconnu encore de la clémence et cet égoïsme du prince qui n'avait jamais épargné jusqu'à ce jour les ennemis de son repos : il a gradué l'intérêt des péripéties successives de ce combat moral jusqu'au moment où Auguste s'est enfin vaincu lui-même. Corneille veut qu'Auguste ne doive qu'à lui-même son triomphe. Aussi, pour le personnage de Livie, il altère absolument la donnée de Sénèque : il nous montre l'impératrice congédiée brutalement par Auguste, quand elle vient lui apporter de sages conseils.

Trois caractères sont de l'invention de Corneille : Maxime, ami de Cinna et amoureux d'Émilie, mais jouant dans la tragédie un rôle beaucoup plus important que don Sanche et Valère qui ont comme lui des rivaux plus heureux ; Émilie, la fille de Toranius ; Euphorbe, l'affranchi de Maxime. Maxime n'était qu'annoncé par Sénèque. L'auteur latin avait écrit simplement que l'un des conjurés avait dénoncé la conspiration à l'Empereur. Le poète s'est saisi de cette indication, et il a imaginé le personnage de Maxime, qui se fait, par jalousie, délateur du complot dans lequel Cinna est entré par amour. Jusqu'au moment où Cinna déclare sans arrière-pensée à Maxime qu'il poursuit Auguste pour plaire à Émilie, Maxime était sympathique : il conspirait par haine de la tyrannie. Mais la jalousie l'égare, il écoute et suit les conseils de son affranchi Euphorbe qui n'a rien perdu, en gagnant la liberté, de la bassesse de son ancienne condition. Cette création d'Euphorbe a peut-être autant servi à Racine que la lecture de Tacite pour la conception de son Narcisse, cet autre affranchi qui trompe Britannicus et qui a perdu Néron.

Émilie plaisait beaucoup à Balzac. Voici ce qu'il écrivait dans une lettre adressée à Corneille le 17 janvier 1643 : « Elle inspire toute la conjuration, et donne chaleur au parti par le feu qu'elle jette dans l'âme du chef. Elle entreprend, en se vengeant, de venger toute la terre ; elle veut sacrifier à son père une victime qui seroit trop grande pour Jupiter même. » Saint-Evremond, dans une *Lettre à la duchesse de Mazarin*, Hortense de Mancini, disait de son côté : « Le désir de la vengeance fut la première passion d'Émilie ; le dessein de rétablir la république se joignit au désir de la vengeance ; l'amour fut un effet de la conspiration. » Émilie est en effet la rivale de Caton et de Brutus dans la passion de la liberté. C'est une femme « à la façon de Corneille » ; c'est, en exceptant Chimène et Pauline, le type de la femme selon la conception du poète. Elle est au-dessus des hommes qui l'entourent, et il n'y a qu'Auguste dont la grandeur, au dénouement, la maîtrise. Elle revoit, même dans le palais de l'Empereur où elle commande, les beaux temps de Rome et de la liberté. Elle aime Cinna, elle veut venger son père; elle veut qu'on publie par toute l'Italie que

> La liberté de Rome est l'œuvre d'Émilie.

Cette œuvre magnanime couvrira de gloire ceux qui l'auront accompli ou seulement tentée : aussi s'étonne-t-elle que Cinna, à la fin du troisième acte, puisse douter de l'honneur qui lui est réservé. Comme Brutus, elle a ce fanatisme politique qui va jusqu'au crime. Émilie est une Romaine, une de ces stoïciennes dont l'histoire offre quelques exemples, mais dont les écrits de Sénèque surtout proposent à l'admiration de nombreux modèles. Elle ne laissait point de plaire, au lendemain de la Fronde, où tant d'héroïnes, romanesques, il est vrai, avaient attiré leurs amants dans le parti qu'elles défendaient.

La tragédie de *Cinna* fut à peine critiquée[1]. Corneille était arrivé, on peut le dire, en même temps, au comble de la réputation et du génie. Il régnait sans rival au théâtre : ses ennemis mêmes ne lui contestaient plus le premier rang. Seul l'abbé d'Aubignac, dont nous avons déjà parlé dans notre *Histoire d'Horace*, protesta timidement : il ne trouvait qu'à reprendre, dans la nouvelle tragédie, l'absence de cette unité de lieu si nécessaire, selon lui, à l'intérêt d'une pièce de théâtre. Corneille prit la peine de s'excuser, dans son *Discours des trois Unités*, et il reconnut que cette « simplicité de lieu » qui lui était reprochée manquait en effet dans son œuvre. Est-ce que le public fait attention à l'unité de lieu ? Ne comprend-il pas d'instinct que toute l'action se déroule dans un milieu idéal, et lui vient-il à l'esprit un seul moment qu'Auguste peut entendre les cris de haine de Cinna ou d'Émilie ? C'est là une de ces conventions théâtrales qui sont acceptées sans réflexion, comme celle des *à-parte* de la comédie, comme tant d'autres qui choqueraient la raison, si l'on n'y prenait garde.

Cinna fut très goûté au xviie siècle et traversa tout le dix-huitième, pourtant si irrespectueux envers les gloires établies, sans rien

---

1. Corneille dédia sa tragédie de *Cinna* au financier M. de Montoron qui lui donna en échange deux cents pistoles. M. de Montoron était receveur général de Guyenne. On a regretté avec raison que le besoin d'argent ait obligé Corneille, dont la souplesse d'esprit n'était pas toujours à la hauteur du caractère, d'écrire cette dédicace où l'on est si loin du langage digne et fier qu'il prête à ses héros.

perdre de sa renommée. Voltaire mit *Cinna* au-dessus de tous les autres ouvrages de Corneille.

Comme le *Cid*, *Cinna* fut mutilé par des mains maladroites. Ainsi tout le rôle de Livie fut retranché, et l'on coupa le monologue d'Émilie qui ouvre la pièce. Nous avons plus haut essayé de montrer que le personnage de Livie n'est point inutile à l'action générale de la pièce : Auguste reçoit mal les conseils de sa femme ; mais il était bon que ces conseils fussent donnés, bien que l'Empereur ne doive qu'à lui la victoire qu'il remporte sur son propre cœur. Quant au monologue d'Émilie, il est la véritable exposition de la tragédie : dès la première scène, Émilie déjà se fait connaître tout entière.

Voici cependant quelques reproches assez justes que l'on a adressés à la tragédie de *Cinna*. Quelques raisons qu'on puisse trouver pour excuser le langage de Cinna au second acte quand il supplie l'Empereur de garder le pouvoir, afin qu'il n'échappe point à ses coups, aucune considération morale ni dramatique ne saurait justifier cette odieuse hypocrisie. On est d'accord aussi pour blâmer le manque de transition dans le passage d'un sentiment au sentiment contraire, de la haine et du serment juré de tuer le « tigre altéré de sang » aux remords, au repentir et à « l'adoration » même. Cinna va jusqu'à dire, au moment où il hésite à frapper son bienfaiteur :

Vous me faites haïr ce que mon cœur *adore*.

On a regretté qu'Émilie, cette républicaine farouche, ait attendu si longtemps pour venger son père et qu'elle soit demeurée dans le palais d'Auguste, recevant ses bienfaits, et lui montrant tous les jours un visage où elle devait certainement déguiser les sentiments de haine qui remplissaient son cœur. Cette dissimulation a paru incompatible avec le caractère emporté et fier que Corneille a donné à Émilie. On a bien objecté à cette critique qu'Émilie ne pouvait se venger elle-même, qu'il lui fallait un bras, et que Cinna, qu'elle aime parce qu'il hait le tyran, est précisément le vengeur qu'elle attend. Mais est-ce que l'histoire ne nous montre point des femmes romaines qui se sont frappées elles-mêmes ou qui ont tué leurs ennemis? Émilie, telle qu'elle est dépeinte par Corneille, n'eût pas été plus odieuse en immolant Auguste de ses propres mains. Mais il fallait une intrigue amoureuse : une tragédie n'eût pu se passer d'amour.

Maxime, dont le nom seulement avait été prononcé au premier acte, et qui, au second, plaide avec tant de désintéressement et de chaleur la cause de la république, devient odieux tout à coup au troisième. Nous apprenons brusquement qu'il aime Émilie, et nous l'apprenons au milieu du drame. Nous le voyons prêter volontiers l'oreille aux conseils perfides d'Euphorbe, aussi vil et plus coupable même que cet affranchi. Il est ridicule quand, sa ruse découverte, à la fin du quatrième acte, méprisé par Émilie, pour se venger, il jure de faire périr Euphorbe qui l'a perdu.

Cinna fut représenté pour la première fois à l'hôtel de Bourgogne, dont Bellerose, en 1640, était le principal acteur. On lit dans l'*Histoire du théâtre françois* de Chapuzeau : « Comme les talents sont divers, l'un n'est propre que pour le sérieux, l'autre que pour le comique ; et Jodelet auroit aussi mal réussi dans le rôle de Cinna que Bellerose dans celui de don Japhet d'Arménie. » Après Bellerose, on vit dans *Cinna*, en 1657, son successeur direct Floridor, puis Beauchâteau, chargé des seconds rôles, mais qui parfois, en l'absence ou avec l'agrément du titulaire de l'emploi, pouvait jouer les premiers. C'est du moins ce que nous apprend dans sa *Pratique du théâtre* l'abbé d'Aubignac.

Auguste a eu pour principaux interprètes : Baron qui fit en 1720 au théâtre une rentrée triomphale, sous les traits du prince magnanime ; Sarrazin (1689-1762), qui n'avait ni assez de force ni assez d'énergie, mais dont nous rappelons le nom parce qu'il a tenu avec mérite l'emploi des pères de la tragédie et que les critiques du temps, Grimm entre autres, le trouvaient excellent dans les situations pathétiques ; Molé (1734-1802) qui parut dans ce rôle longtemps après avoir renoncé à la tragédie, un an avant sa mort, et qui se montra, au cinquième acte, acteur consommé ; Vanhove (1739-1803) qui débuta en 1777 dans Auguste et le joua pendant toute la durée de sa carrière, avec sensibilité et chaleur, mais sans la distinction et la noblesse qui convenaient à un tel personnage ; Monvel (1745-1812) qui y était simple et naturel ; Talma, qui y atteignait le comble de l'art ; Joanny (1775-1849), un des maîtres de Rachel, un de ceux qui ont représenté avec le plus de hauteur les vieillards de Corneille ; Ligier (1797-1872) ; Guyon (1809-1850), que la mauvaise école du mélodrame avait un peu gâté pour les personnages de la sévère tragédie.

Cinna, outre Bellerose, Floridor, Beauchâteau, fut représenté par Beaubourg, Quinault-Dufresne (1693-1767), Grandval (1710-1784), l'illustre Lekain, et, dans notre siècle, par Lafon (1775-1846), Talma (1763-1826) et Beauvallet (1801-1873).

Quinault-Dufresne joua le rôle de Cinna avec un casque à la main. On rapporte qu'en prononçant le récit du premier acte il tenait sa main derrière le dos, et qu'arrivé à ce vers

Et sa tête à la main demandant son salaire,

il montrait et agitait le casque couvert de plumes rouges : c'était infaillible : il produisait toujours à ce moment un effet de terreur.

Lafon, qui était plutôt fait pour jouer Racine, et qui, comme interprète de Corneille, ne réussit complètement que dans *Polyeucte*, montrait dans *Cinna* de la grâce, de la noblesse et de l'élan. Bien qu'il n'eût guère les qualités qui convinssent à un conspirateur, il était cependant tout à fait remarquable dans un passage du rôle, au moment où Cinna supplie Auguste de retenir l'empire. L'acteur comprenait bien la situation ; Cinna ne veut point perdre sa proie ; c'est quand il est le plus animé à la vengeance que son ennemi le désarmerait par le noble projet qu'il a conçu et dont la réalisation va le couvrir de gloire ! Il ne faut point qu'Auguste échappe ; il ne faut pas qu'il ait impunément proscrit jadis tant de citoyens romains. Lafon rendait avec une vive intelligence ces sentiments complexes.

Talma avait, dans le rôle de Cinna, imité le jeu de Quinault-Dufresne. Après ces mots « et sa tête à la main, etc... », il tendait la main, entraîné par le mouvement du récit. Le critique Geoffroy, du *Journal de l'Empire*, qui fut toujours d'une sévérité excessive et souvent d'une injustice intolérable envers le grand tragédien, critiqua vivement ce geste : « Il a voulu, disait-il en parlant de Talma, peindre les mots au lieu de s'attacher à bien exprimer le sens. Rien n'est plus facile que d'élever une main en l'air comme pour montrer quelque chose et de tendre l'autre comme pour demander l'aumône : cette pantomime est triviale ; c'est l'horreur de l'action qu'il faut peindre avec un *accent* énergique. » Peut-être pourrait-on objecter à ce reproche de Geoffroy que l'imitation de gestes et cette pantomime expressive sont naturelles dans un récit où tous les faits que l'on rappelle se reproduisent par l'imagination, sous les yeux aussi bien de celui qui parle que de celui qui écoute ?

Les actrices qui se sont distinguées dans le rôle d'Émilie, avant Rachel, sont Mlles Desmares (1682-1753), qui succéda à la célèbre Champmeslé; Adrienne Lecouvreur (1692-1730); Clairon de Saint-Val, l'aînée (1743-1830); Mme Paradol, la mère de l'illustre critique Prévost-Paradol, mort prématurément en 1870.

Mlle de Saint-Val avait imaginé un jeu de scène célèbre dans les annales du théâtre. A la scène du premier acte, lorsque Évandre vient annoncer à Cinna que Maxime et Cinna sont mandés auprès de César, « elle écoutait, le bras gauche appuyé sur son coude, dans l'attitude de la réflexion, et répondait lentement sans regarder Cinna et Évandre, comme se parlant à elle-même :

.... Mandés, les chefs de l'entreprise....
Tous deux en même temps....

et tournant tout à coup la tête du côté de Cinna, elle lui disait vivement :

Vous êtes découverts!

Cette gradation produisait un effet prodigieux[1]. »

Rachel était fière et superbe dans Émilie : elle y apportait un jeu noble, une déclaration mesurée, une ironie pénétrante, une chaleur vraie et pathétique de gestes et d'accent.

Il faut enfin citer, dans le rôle de Livie, Mesdames Raucourt (1753-1815), et Guyon, la femme de l'acteur Guyon, dont nous avons parlé plus d'une fois déjà, et qui est morte il y a quelques années seulement.

De nos jours, la tragédie de *Cinna* est trop rarement jouée à la Comédie-Française. Voici quels étaient les interprètes principaux à la dernière reprise : MM. Maubant (Auguste); Laroche (Cinna); Dupont-Vernon qui s'est fait remarquer dans le rôle de Maxime ; Mlle Dudlay (Émilie)[2].

---

[1] *Galerie historique des comédiens français de la troupe de Voltaire*, par E. D^{is} DE MANNE.
[2] Nous donnons le portrait de Mlle Dudlay dans *Émilie*. Mlle Dudley est actuellement notre meilleure tragédienne. Elle a la taille, la beauté des princesses tragiques, jalouses et passionnées. Elle s'est distinguée surtout dans *Camille*, *Émilie*, de Corneille; dans *Hermione* (Andromaque), *Ériphyle* (Iphigénie), de Racine.

CINNA
TRAGÉDIE

ACTE I

SCÈNE PREMIÈRE

ÉMILIE.

Impatients désirs d'une illustre vengeance
Dont la mort de mon père a formé la naissance,
Enfants impétueux de mon ressentiment,
Que ma douleur séduite embrasse aveuglément,
Vous prenez sur mon âme un trop puissant empire :
Durant quelques moments souffrez que je respire,
Et que je considère, en l'état où je suis,
Et ce que je hasarde, et ce que je poursuis.
Quand je regarde Auguste au milieu de sa gloire,
Et que vous reprochez à ma triste mémoire
Que par sa propre main mon père massacré
Du trône où je le vois fait le premier degré;
Quand vous me présentez cette sanglante image,
La cause de ma haine, et l'effet de sa rage,
Je m'abandonne toute à vos ardents transports,
Et crois, pour une mort, lui devoir mille morts.
Au milieu toutefois d'une fureur si juste,
J'aime encor plus Cinna que je ne hais Auguste,
Et je sens refroidir ce bouillant mouvement
Quand il faut, pour le suivre, exposer mon amant.
Oui, Cinna, contre moi moi-même je m'irrite
Quand je songe aux dangers où je te précipite.
Quoique pour me servir tu n'appréhendes rien,

Te demander du sang, c'est exposer le tien :
D'une si haute place on n'abat point de têtes
Sans attirer sur soi mille et mille tempêtes ;
L'issue en est douteuse, et le péril certain :
Un ami déloyal peut trahir ton dessein ;
L'ordre mal concerté, l'occasion mal prise,
Peuvent sur son auteur renverser l'entreprise,
Tourner sur toi les coups dont tu le veux frapper ;
Dans sa ruine même il peut t'envelopper ;
Et quoi qu'en ma faveur ton amour exécute,
Il te peut, en tombant, écraser sous sa chute.
Ah ! cesse de courir à ce mortel danger :
Te perdre en me vengeant, ce n'est pas me venger.
Un cœur est trop cruel quand il trouve des charmes
Aux douceurs que corrompt l'amertume des larmes ;
Et l'on doit mettre au rang des plus cuisants malheurs
La mort d'un ennemi qui coûte tant de pleurs.
     Mais peut-on en verser alors qu'on venge un père ?
Est-il perte à ce prix qui ne semble légère ?
Et quand son assassin tombe sous notre effort,
Doit-on considérer ce que coûte sa mort ?
Cessez, vaines frayeurs, cessez, lâches tendresses,
De jeter dans mon cœur vos indignes foiblesses ;
Et toi qui les produis par tes soins superflus,
Amour, sers mon devoir, et ne le combats plus :
Lui céder, c'est ta gloire, et le vaincre, ta honte :
Montre-toi généreux, souffrant qu'il te surmonte ;
Plus tu lui donneras, plus il te va donner,
Et ne triomphera que pour te couronner.

SCÈNE II

ÉMILIE, FULVIE.

ÉMILIE.

Je l'ai juré, Fulvie, et je le jure encore,
Quoique j'aime Cinna, quoique mon cœur l'adore,

S'il me veut posséder, Auguste doit périr :
Sa tête est le seul prix dont il peut m'acquérir.
Je lui prescris la loi que mon devoir m'impose.

FULVIE.

Elle a pour la blâmer une trop juste cause :
Par un si grand dessein vous vous faites juger
Digne sang de celui que vous voulez venger ;
Mais encore une fois souffrez que je vous die
Qu'une si juste ardeur devroit être attiédie.
Auguste chaque jour, à force de bienfaits,
Semble assez réparer les maux qu'il vous a faits ;
Sa faveur envers vous paroît si déclarée,
Que vous êtes chez lui la plus considérée ;
Et de ses courtisans souvent les plus heureux
Vous pressent à genoux de lui parler pour eux.

ÉMILIE.

Toute cette faveur ne me rend pas mon père ;
Et, de quelque façon que l'on me considère,
Abondante en richesse, ou puissante en crédit,
Je demeure toujours la fille d'un proscrit.
Les bienfaits ne font pas toujours ce que tu penses ;
D'une main odieuse ils tiennent lieu d'offenses :
Plus nous en prodiguons à qui nous peut haïr,
Plus d'armes nous donnons à qui nous veut trahir.
Il m'en fait chaque jour sans changer mon courage ;
Je suis ce que j'étois, et je puis davantage,
Et des mêmes présents qu'il verse dans mes mains
J'achète contre lui les esprits des Romains ;
Je recevrois de lui la place de Livie
Comme un moyen plus sûr d'attenter à sa vie.
Pour qui venge son père il n'est point de forfaits,
Et c'est vendre son sang que se rendre aux bienfaits.

FULVIE.

Quel besoin toutefois de passer pour ingrate?
Ne pouvez-vous haïr sans que la haine éclate?

Assez d'autres sans vous n'ont pas mis en oubli
Par quelles cruautés son trône est établi :
Tant de braves Romains, tant d'illustres victimes
Qu'à son ambition ont immolé ses crimes,
Laissent à leurs enfants d'assez vives douleurs
Pour venger votre perte en vengeant leurs malheurs.
Beaucoup l'ont entrepris, mille autres vont les suivre :
Qui vit haï de tous ne sauroit longtemps vivre.
Remettez à leurs bras les communs intérêts,
Et n'aidez leurs desseins que par des vœux secrets.

ÉMILIE.

Quoi? je le haïrai sans tâcher de lui nuire?
J'attendrai du hasard qu'il ose le détruire?
Et je satisferai des devoirs si pressants
Par une haine obscure et des vœux impuissants?
Sa perte, que je veux, me deviendroit amère,
Si quelqu'un l'immoloit à d'autres qu'à mon père ;
Et tu verrois mes pleurs couler pour son trépas,
Qui le faisant périr, ne me vengeroit pas.
C'est une lâcheté que de remettre à d'autres
Les intérêts publics qui s'attachent aux nôtres.
Joignons à la douceur de venger nos parents,
La gloire qu'on remporte à punir les tyrans,
Et faisons publier par toute l'Italie :
« La liberté de Rome est l'œuvre d'Émilie ;
On a touché son âme, et son cœur s'est épris ;
Mais elle n'a donné son amour qu'à ce prix. »

FULVIE.

Votre amour à ce prix n'est qu'un présent funeste
Qui porte à votre amant sa perte manifeste.
Pensez mieux, Émilie, à quoi vous l'exposez,
Combien à cet écueil se sont déjà brisés ;
Ne vous aveuglez point quand sa mort est visible.

ÉMILIE.

Ah! tu sais me frapper par où je suis sensible.
Quand je songe aux dangers que je lui fais courir,

La crainte de sa mort me fait déjà mourir;
Mon esprit en désordre à soi-même s'oppose :
Je veux et ne veux pas, je m'emporte et je n'ose;
Et mon devoir confus, languissant, étonné,
Cède aux rébellions de mon cœur mutiné.
　　Tout beau, ma passion, deviens un peu moins forte;
Tu vois bien des hasards, ils sont grands, mais n'importe !
Cinna n'est pas perdu pour être hasardé.
De quelques légions qu'Auguste soit gardé,
Quelque soin qu'il se donne et quelque ordre qu'il tienne,
Qui méprise sa vie est maître de la sienne.
Plus le péril est grand, plus doux en est le fruit;
La vertu nous y jette, et la gloire le suit.
Quoi qu'il en soit, qu'Auguste ou que Cinna périsse,
Aux mânes paternels je dois ce sacrifice;
Cinna me l'a promis en recevant ma foi,
Et ce coup seul aussi le rend digne de moi.
Il est tard, après tout, de m'en vouloir dédire.
Aujourd'hui l'on s'assemble, aujourd'hui l'on conspire;
L'heure, le lieu, le bras se choisit aujourd'hui;
Et c'est à faire enfin à mourir après lui.

SCÈNE III

CINNA, ÉMILIE, FULVIE.

ÉMILIE.

Mais le voici qui vient. Cinna, votre assemblée
Par l'effroi du péril n'est-elle point troublée?
Et reconnoissez-vous au front de vos amis
Qu'ils soient prêts à tenir ce qu'ils vous ont promis?

CINNA.

Jamais contre un tyran entreprise conçue
Ne permit d'espérer une si belle issue;
Jamais de telle ardeur on n'en jura la mort,

Et jamais conjurés ne furent mieux d'accord ;
Tous s'y montrent portés avec tant d'allégresse,
Qu'ils semblent, comme moi, servir une maîtresse ;
Et tous font éclater un si puissant courroux,
Qu'ils semblent tous venger un père, comme vous.

ÉMILIE.

Je l'avois bien prévu, que pour un tel ouvrage
Cinna sauroit choisir des hommes de courage,
Et ne remettroit pas en de mauvaises mains
L'intérêt d'Émilie et celui des Romains.

CINNA.

Plût aux Dieux que vous-même eussiez vu de quel zèle
Cette troupe entreprend une action si belle !
Au seul nom de César, d'Auguste, et d'empereur,
Vous eussiez vu leurs yeux s'enflammer de fureur,
Et dans un même instant, par un effet contraire,
Leur front pâlir d'horreur et rougir de colère.
« Amis, leur ai-je dit, voici le jour heureux
Qui doit conclure enfin nos desseins généreux :
Le ciel entre nos moins a mis le sort de Rome,
Et son salut dépend de la perte d'un homme,
Si l'on doit le nom d'homme à qui n'a rien d'humain,
A ce tigre altéré de tout le sang romain.
Combien pour le répandre a-t-il formé de brigues !
Combien de fois changé de partis et de ligues !
Tantôt ami d'Antoine, et tantôt ennemi,
Et jamais insolent ni cruel à demi ! »
Là, par un long récit de toutes les misères
Que durant notre enfance ont enduré nos pères,
Renouvelant leur haine avec leur souvenir,
Je redouble en leurs cœurs l'ardeur de le punir.
Je leur fais des travaux de ces tristes batailles
Où Rome par ses mains déchiroit ses entrailles,
Où l'aigle abattoit l'aigle, et de chaque côté
Nos légions s'armoient contre leur liberté ;
Où les meilleurs soldats et les chefs les plus braves

Mettoient toute leur gloire à devenir esclaves;
Où, pour mieux assurer la honte de leurs fers,
Tous vouloient à leur chaîne attacher l'univers;
Et l'exécrable honneur de lui donner un maître
Faisant aimer à tous l'infâme nom de traître,
Romains contre Romains, parents contre parents,
Combattoient seulement pour le choix des tyrans.
　J'ajoute à ces tableaux la peinture effroyable
De leur concorde impie, affreuse, inexorable;
Funeste aux gens de bien, aux riches, au sénat,
Et pour tout dire enfin, de leur triumvirat;
Mais je ne trouve point de couleurs assez noires
Pour en représenter les tragiques histoires.
Je les peins dans le meurtre à l'envi triomphants,
Rome entière noyée au sang de ses enfants :
Les uns assassinés dans les places publiques,
Les autres dans le sein de leurs dieux domestiques;
Le méchant par le prix au crime encouragé;
Le mari par sa femme en son lit égorgé;
Le fils tout dégouttant du meurtre de son père,
Et sa tête à la main demandant son salaire,
Sans pouvoir exprimer par tant d'horribles traits
Qu'un crayon imparfait de leur sanglante paix.
　Vous dirai-je les noms de ces grands personnages
Dont j'ai dépeint les morts pour aigrir les courages,
De ces fameux proscrits, ces demi-dieux mortels,
Qu'on a sacrifiés jusque sur les autels?
Mais pourrois-je vous dire à quelle impatience,
A quels frémissements, à quelle violence,
Ces indignes trépas, quoique mal figurés,
Ont porté les esprits de tous nos conjurés?
Je n'ai point perdu temps, et voyant leur colère
Au point de ne rien craindre, en état de tout faire,
J'ajoute en peu de mots : « Toutes ces cruautés,
La perte de nos biens et de nos libertés,
Le ravage des champs, le pillage des villes,

Et les proscriptions, et les guerres civiles,
Sont les degrés sanglants dont Auguste a fait choix
Pour monter dans le trône et nous donner des lois.
Mais nous pouvons changer un destin si funeste,
Puisque de trois tyrans c'est le seul qui nous reste,
Et que juste une fois, il s'est privé d'appui,
Perdant, pour régner seul, deux méchants comme lui.
Lui mort, nous n'avons point de vengeur ni de maître ;
Avec la liberté Rome s'en va renaître ;
Et nous mériterons le nom de vrais Romains,
Si le joug qui l'accable est brisé par nos mains.
Prenons l'occasion tandis qu'elle est propice :
Demain au Capitole il fait un sacrifice ;
Qu'il en soit la victime, et faisons en ces lieux
Justice à tout le monde, à la face des Dieux :
Là presque pour sa suite il n'a que notre troupe ;
C'est de ma main qu'il prend et l'encens et la coupe ;
Et je veux pour signal que cette même main
Lui donne, au lieu d'encens, d'un poignard dans le sein.
Ainsi d'un coup mortel la victime frappée
Fera voir si je suis du sang du grand Pompée ;
Faites voir après moi si vous vous souvenez
Des illustres aïeux de qui vous êtes nés. »
A peine ai-je achevé, que chacun renouvelle,
Par un noble serment, le vœu d'être fidèle :
L'occasion leur plaît ; mais chacun veut pour soi
L'honneur du premier coup, que j'ai choisi pour moi.
La raison règle enfin l'ardeur qui les emporte :
Maxime et la moitié s'assurent de la porte ;
L'autre moitié me suit, et doit l'environner,
Prête au moindre signal que je voudrai donner.
 Voilà, belle Émilie, à quel point nous en sommes.
Demain j'attends la haine ou la faveur des hommes,
Le nom de parricide ou de libérateur,
César celui du prince ou d'un usurpateur.
Du succès qu'on obtient contre la tyrannie

MONVEL

(1745-1812)

(D'après une gravure communiquée par la *Bibliothèque nationale*.)

Dépend ou notre gloire ou notre ignominie ;
Et le peuple, inégal à l'endroit des tyrans,
S'il les déteste morts, les adore vivants.
Pour moi, soit que le ciel me soit dur ou propice,
Qu'il m'élève à la gloire ou me livre au supplice,
Que Rome se déclare ou pour ou contre nous,
Mourant pour vous servir, tout me semblera doux.

ÉMILIE.

Ne crains point de succès qui souille ta mémoire :
Le bon et le mauvais sont égaux pour ta gloire ;
Et dans un tel dessein, le manque de bonheur
Met en péril ta vie, et non pas ton honneur.
Regarde le malheur de Brute et de Cassie :
La splendeur de leurs noms en est-elle obscurcie?
Sont-ils morts tous entiers avec leurs grands desseins?
Ne les compte-t-on plus pour les derniers Romains?
Leur mémoire dans Rome est encor précieuse,
Autant que de César la vie est odieuse ;
Si leur vainqueur y règne, ils y sont regrettés,
Et par les vœux de tous leurs pareils souhaités.
    Va marcher sur leurs pas où l'honneur te convie :
Mais ne perds pas le soin de conserver ta vie ;
Souviens-toi du beau feu dont nous sommes épris,
Qu'aussi bien que la gloire Émilie est ton prix,
Que tu me dois ton cœur, que mes faveurs t'attendent,
Que tes jours me sont chers, que les miens en dépendent.
Mais quelle occasion mène Évandre vers nous?

SCÈNE IV

CINNA, ÉMILIE, ÉVANDRE, FULVIE.

ÉVANDRE.

Seigneur, César vous mande, et Maxime avec vous.

CINNA.

Et Maxime avec moi? Le sais-tu bien, Évandre?

ÉVANDRE.

Polyclète est encor chez vous à vous attendre,
Et fût venu lui-même avec moi vous chercher,
Si ma dextérité n'eût su l'en empêcher;
Je vous en donne avis, de peur d'une surprise.
Il presse fort.

ÉMILIE.

Mander les chefs de l'entreprise!
Tous deux! en même temps! Vous êtes découverts.

CINNA.

Espérons mieux, de grâce.

ÉMILIE.

Ah! Cinna, je te perds!
Et les Dieux, obstinés à nous donner un maître,
Parmi tes vrais amis ont mêlé quelque traître.
Il n'en faut point douter, Auguste a tout appris.
Quoi? tous deux! et sitôt que le conseil est pris!

CINNA.

Je ne vous puis celer que son ordre m'étonne;
Mais souvent il m'appelle auprès de sa personne;
Maxime est comme moi de ses plus confidents,
Et nous nous alarmons peut-être en imprudents.

ÉMILIE.

Sois moins ingénieux à te tromper toi-même,
Cinna; ne porte point mes maux jusqu'à l'extrême;
Et puisque désormais tu ne peux me venger,
Dérobe au moins ta tête à ce mortel danger;
Fuis d'Auguste irrité l'implacable colère.
Je verse assez de pleurs pour la mort de mon père;
N'aigris point ma douleur par un nouveau tourment,
Et ne me réduis point à pleurer mon amant.

CINNA.

Quoi? sur l'illusion d'une terreur panique,
Trahir vos intérêts et la cause publique!
Par cette lâcheté moi-même m'accuser,

Et tout abandonner quand il faut tout oser !
Que feront nos amis si vous êtes déçue ?
ÉMILIE.
Mais que deviendras-tu si l'entreprise est sue ?
CINNA.
S'il est pour me trahir des esprits assez bas,
Ma vertu pour le moins ne me trahira pas :
Vous la verrez, brillante au bord des précipices,
Se couronner de gloire en bravant les supplices,
Rendre Auguste jaloux du sang qu'il répandra,
Et le faire trembler alors qu'il me perdra.
   Je deviendrois suspect à tarder davantage.
Adieu, raffermissez ce généreux courage.
S'il faut subir le coup d'un destin rigoureux,
Je mourrai tout ensemble heureux et malheureux :
Heureux pour vous servir de perdre ainsi la vie,
Malheureux de mourir sans vous avoir servie.
ÉMILIE.
Oui, va, n'écoute plus ma voix qui te retient :
Mon trouble se dissipe, et ma raison revient.
Pardonne à mon amour cette indigne foiblesse.
Tu voudrois fuir : en vain, Cinna, je le confesse,
Si tout est découvert, Auguste a su pourvoir.
A ne te laisser pas ta fuite en ton pouvoir.
Porte, porte chez lui cette mâle assurance,
Digne de notre amour, digne de ta naissance ;
Meurs, s'il y faut mourir, en citoyen romain,
Et par un beau trépas couronne un beau dessein.
Ne crains pas qu'après toi rien ici me retienne :
Ta mort emportera mon âme vers la tienne ;
Et mon cœur aussitôt percé des mêmes coups....
CINNA.
Ah ! souffrez que tout mort je vive encore en vous ;
Et du moins en mourant permettez que j'espère
Que vous saurez venger l'amant avec le père.
Rien n'est pour vous à craindre : aucun de nos amis

Ne sait ni vos desseins, ni ce qui m'est promis;
Et leur parlant tantôt des misères romaines,
Je leur ai tu la mort qui fait naître nos haines
De peur que mon ardeur touchant vos intérêts
D'un si parfait amour ne trahît les secrets :
Il n'est su que d'Évandre et de votre Fulvie.

ÉMILIE.

Avec moins de frayeur je vais donc chez Livie,
Puisque dans ton péril il me reste un moyen
De faire agir pour toi son crédit et le mien ;
Mais si mon amitié par là ne te délivre,
N'espère pas qu'enfin je veuille te survivre.
Je fais de ton destin des règles à mon sort,
Et j'obtiendrai ta vie, ou je suivrai ta mort.

CINNA.

Soyez en ma faveur moins cruelle à vous-même.

ÉMILIE.

Va-t'en, et souviens-toi seulement que je t'aime.

FIN DU PREMIER ACTE.

ACTE II

SCÈNE PREMIÈRE

AUGUSTE, CINNA, MAXIME, TROUPE DE COURTISANS.

AUGUSTE.

Que chacun se retire, et qu'aucun n'entre ici.
Vous, Cinna, demeurez, et vous, Maxime, aussi.
(Tous se retirent, à la réserve de Cinna et de Maxime.)
Cet empire absolu sur la terre et sur l'onde,
Ce pouvoir souverain que j'ai sur tout le monde,
Cette grandeur sans borne et cet illustre rang,
Qui m'a jadis coûté tant de peine et de sang,
Enfin tout ce qu'adore en ma haute fortune
D'un courtisan flatteur la présence importune,
N'est que de ces beautés dont l'éclat éblouit,
Et qu'on cesse d'aimer sitôt qu'on en jouit.
L'ambition déplaît quand elle est assouvie,
D'une contraire ardeur son ardeur est suivie;
Et comme notre esprit, jusqu'au dernier soupir,
Toujours vers quelque objet pousse quelque desir,
Il se ramène en soi, n'ayant plus où se prendre,
Et monté sur le faîte, il aspire à descendre.
J'ai souhaité l'empire; et j'y suis parvenu;
Mais en le souhaitant, je ne l'ai pas connu:
Dans sa possession j'ai trouvé pour tous charmes
D'effroyables soucis, d'éternelles alarmes,
Mille ennemis secrets, la mort à tous propos,
Point de plaisir sans trouble, et jamais de repos.
Sylla m'a précédé dans ce pouvoir suprême;
Le grand César mon père en a joui de même:
D'un œil si différent tous deux l'ont regardé,

Que l'un s'en est démis, et l'autre l'a gardé ;
Mais l'un, cruel, barbare, est mort aimé, tranquille,
Comme un bon citoyen dans le sein de sa ville ;
L'autre, tout débonnaire, au milieu du sénat
A vu trancher ses jours par un assassinat.
  Ces exemples récents suffiroient pour m'instruire,
Si par l'exemple seul on se devoit conduire :
L'un m'invite à le suivre, et l'autre me fait peur ;
Mais l'exemple souvent n'est qu'un miroir trompeur,
Et l'ordre du destin qui gêne nos pensées
N'est pas toujours écrit dans les choses passées :
Quelquefois l'un se brise où l'autre s'est sauvé,
Et par où l'un périt un autre est conservé.
  Voilà, mes chers amis, ce qui me met en peine.
Vous, qui me tenez lieu d'Agrippe et de Mécène,
Pour résoudre ce point avec eux débattu,
Prenez sur mon esprit le pouvoir qu'ils ont eu.
Ne considérez point cette grandeur suprême,
Odieuse aux Romains, et pesante à moi-même ;
Traitez-moi comme ami, non comme souverain ;
Rome, Auguste, l'État, tout est en votre main :
Vous mettrez et l'Europe, et l'Asie, et l'Afrique,
Sous les lois d'un monarque, ou d'une république ;
Votre avis est ma règle, et par ce seul moyen
Je veux être empereur, ou simple citoyen.

CINNA.

Malgré notre surprise, et mon insuffisance,
Je vous obéirai, Seigneur, sans complaisance,
Et mets bas le respect qui pourroit m'empêcher
De combattre un avis où vous semblez pencher,
Souffrez-le d'un esprit jaloux de votre gloire,
Que vous allez souiller d'une tache trop noire,
Si vous ouvrez votre âme à ces impressions
Jusques à condamner toutes vos actions.
  On ne renonce point aux grandeurs légitimes ;
On garde sans remords ce qu'on acquiert sans crimes ;

Et plus le bien qu'on quitte est noble, grand, exquis,
Plus qui l'ose quitter le juge mal acquis.
N'imprimez pas, Seigneur, cette honteuse marque
A ces rares vertus qui vous ont fait monarque ;
Vous l'êtes justement, et c'est sans attentat
Que vous avez changé la forme de l'État.
Rome est dessous vos lois par le droit de la guerre,
Qui sous les lois de Rome a mis toute la terre ;
Vos armes l'ont conquise, et tous les conquérants
Pour être usurpateurs ne sont pas des tyrans ;
Quand ils ont sous leurs lois asservi des provinces,
Gouvernant justement, ils s'en font justes princes :
C'est ce que fit César ; il vous faut aujourd'hui
Condamner sa mémoire, ou faire comme lui.
Si le pouvoir suprême est blâmé par Auguste,
César fut un tyran, et son trépas fut juste,
Et vous devez aux Dieux compte de tout le sang
Dont vous l'avez vengé pour monter à son rang.
N'en craignez point, Seigneur, les tristes destinées ;
Un plus puissant démon veille sur vos années :
On a dix fois sur vous attenté sans effet,
Et qui l'a voulu perdre au même instant l'a fait.
On entreprend assez, mais aucun n'exécute ;
Il est des assassins, mais il n'est plus de Brute :
Enfin, s'il faut attendre un semblable revers,
Il est beau de mourir maître de l'univers.
C'est ce qu'en peut de mots j'ose dire, et j'estime
Que ce peu que j'ai dit est l'avis de Maxime.

MAXIME.

Oui, j'accorde qu'Auguste a droit de conserver
L'empire où sa vertu l'a fait seule arriver,
Et qu'au prix de son sang, au péril de sa tête,
Il a fait de l'État une juste conquête ;
Mais que sans se noircir, il ne puisse quitter
Le fardeau que sa main est lasse de porter,
Qu'il accuse par là César de tyrannie,

Qu'il approuve sa mort, c'est ce que je dénie.
  Rome est à vous, Seigneur, l'empire est votre bien;
Chacun en liberté peut disposer du sien :
Il le peut à son choix garder, ou s'en défaire;
Vous seul ne pourriez pas ce que peut le vulgaire,
Et seriez devenu, pour avoir tout dompté,
Esclave des grandeurs où vous êtes monté !
Possédez-les, Seigneur, sans qu'elles vous possèdent.
Loin de vous captiver, souffrez qu'elles vous cèdent;
Et faites hautement connoître enfin à tous
Que tout ce qu'elles ont est au-dessous de vous.
Votre Rome autrefois vous donna la naissance;
Vous lui voulez donner votre toute-puissance;
Et Cinna vous impute à crime capital
La libéralité vers le pays natal !
Il appelle remords l'amour de la patrie !
Par la haute vertu la gloire est donc flétrie,
Et ce n'est qu'un objet digne de nos mépris,
Si de ses pleins effets l'infamie est le prix !
Je veux bien avouer qu'une action si belle
Donne à Rome bien plus que vous ne tenez d'elle;
Mais commet-on un crime indigne de pardon,
Quand la reconnoissance est au-dessus du don ?
Suivez, suivez, Seigneur, le ciel qui vous inspire :
Votre gloire redouble à mépriser l'empire;
Et vous serez fameux chez la postérité,
Moins pour l'avoir conquis que pour l'avoir quitté.
Le bonheur peut conduire à la grandeur suprême;
Mais pour y renoncer il faut la vertu même;
Et peu de généreux vont jusqu'à dédaigner,
Après un sceptre acquis, la douceur de régner.
  Considérez d'ailleurs que vous régnez dans Rome,
Où, de quelque façon que votre cour vous nomme,
On hait la monarchie; et le nom d'empereur,
Cachant celui de roi, ne fait pas moins d'horreur.
Il passe pour tyran quiconque s'y fait maître;

Qui le sert, pour esclave, et qui l'aime, pour traître ;
Qui le souffre a le cœur lâche, mol, abattu,
Et pour s'en affranchir tout s'appelle vertu.
Vous en avez, Seigneur, des preuves trop certaines :
On a fait contre vous dix entreprises vaines ;
Peut-être que l'onzième est prête d'éclater,
Et que ce mouvement qui vous vient agiter
N'est qu'un avis secret que le ciel vous envoie,
Qui pour vous conserver n'a plus que cette voie.
Ne vous exposez plus à ces fameux revers.
Il est beau de mourir maître de l'univers ;
Mais la plus belle mort souille notre mémoire,
Quand nous avons pu vivre et croître notre gloire.

CINNA.

Si l'amour du pays doit ici prévaloir,
C'est son bien seulement que vous devez vouloir ;
Et cette liberté qui lui semble si chère,
N'est pour Rome, Seigneur, qu'un bien imaginaire,
Plus nuisible qu'utile, et qui n'approche pas
De celui qu'un bon prince apporte à ses États.
 Avec ordre et raison les honneurs il dispense,
Avec discernement punit et récompense,
Et dispose de tout en juste, en possesseur,
Sans rien précipiter de peur d'un successeur.
Mais quand le peuple est maître, on n'agit qu'en tumulte :
La voix de la raison jamais ne se consulte ;
Les honneurs sont vendus aux plus ambitieux,
L'autorité livrée aux plus séditieux.
Ces petits souverains qu'il fait pour une année,
Voyant d'un temps si court leur puissance bornée,
Des plus heureux desseins font avorter le fruit,
De peur de les laisser à celui qui les suit.
Comme ils ont peu de part au bien dont ils ordonnent,
Dans le champ du public largement ils moissonnent,
Assurés que chacun leur pardonne aisément,
Espérant à son tour un pareil traitement :

Le pire des États, c'est l'État populaire.
AUGUSTE.
Et toutefois le seul qui dans Rome peut plaire.
Cette haine des rois, que depuis cinq cents ans
Avec le premier lait sucent tous ses enfants,
Pour l'arracher des cœurs, est trop enracinée.
MAXIME.
Oui, Seigneur, dans son mal Rome est trop obstinée;
Son peuple, qui s'y plaît, en fuit la guérison :
Sa coutume l'emporte, et non pas la raison;
Et cette vieille erreur, que Cinna veut abattre,
Est une heureuse erreur dont il est idolâtre,
Par qui le monde entier, asservi sous ses lois,
L'a vu cent fois marcher sur la tête des rois,
Son épargne s'enfler du sac de leurs provinces.
Que lui pouvoient de plus donner les meilleurs princes?
J'ose dire, Seigneur, que par tous les climats
Ne sont pas bien reçus toutes sortes d'États;
Chaque peuple a le sien conforme à sa nature,
Qu'on ne sauroit changer sans lui faire une injure :
Telle est la loi du ciel, dont la sage équité
Sème dans l'univers cette diversité.
Les Macédoniens aiment le monarchique,
Et le reste des Grecs la liberté publique;
Les Parthes, les Persans veulent des souverains,
Et le seul consulat est bon pour les Romains.
CINNA.
Il est vrai que du ciel la prudence infinie
Départ à chaque peuple un différent génie;
Mais il n'est pas moins vrai que cet ordre des cieux
Change selon les temps comme selon les lieux.
Rome a reçu des rois ses murs et sa naissance;
Elle tient des consuls sa gloire et sa puissance,
Et reçoit maintenant de vos rares bontés
Le comble souverain de ses prospérités.
Sous vous, l'État n'est plus en pillage aux armées;

Les portes de Janus par vos mains sont fermées,
Ce que sous ses consuls on n'a vu qu'une fois,
Et qu'a fait voir comme eux le second de ses rois.

MAXIME.

Les changements d'État que fait l'ordre céleste
Ne coûtent point de sang, n'ont rien qui soit funeste.

CINNA.

C'est un ordre des Dieux qui jamais ne se rompt,
De nous vendre un peu cher les grands biens qu'ils nous font.
L'exil des Tarquins même ensanglanta nos terres,
Et nos premiers consuls nous ont coûté des guerres.

MAXIME.

Donc votre aïeul Pompée au ciel a résisté
Quand il a combattu pour notre liberté?

CINNA.

Si le ciel n'eût voulu que Rome l'eût perdue,
Par les mains de Pompée il l'auroit défendue :
Il a choisi sa mort pour servir dignement
D'une marque éternelle à ce grand changement,
Et devoit cette gloire aux mânes d'un tel homme,
D'emporter avec eux la liberté de Rome.
Ce nom depuis longtemps ne sert qu'à l'éblouir,
Et sa propre grandeur l'empêche d'en jouir.
Depuis qu'elle se voit la maîtresse du monde,
Depuis que la richesse entre ses murs abonde,
Et que son sein, fécond en glorieux exploits,
Produit des citoyens plus puissants que des rois,
Les grands, pour s'affermir achetant les suffrages,
Tiennent pompeusement leurs maîtres à leurs gages,
Qui, par des fers dorés se laissant enchaîner,
Reçoivent d'eux les lois qu'ils pensent leur donner.
Envieux l'un de l'autre, ils mènent tout par brigues
Que leur ambition tourne en sanglantes ligues.
Ainsi de Marius Sylla devint jaloux;
César, de mon aïeul; Marc-Antoine, de vous;

Ainsi la liberté ne peut plus être utile
Qu'à former les fureurs d'une guerre civile,
Lorsque par un désordre à l'univers fatal,
L'un ne veut point de maître, et l'autre point d'égal.
   Seigneur, pour sauver Rome, il faut qu'elle s'unisse
En la main d'un bon chef à qui tout obéisse.
Si vous aimez encore à la favoriser,
Otez-lui les moyens de se plus diviser.
Sylla, quittant la place enfin bien usurpée,
N'a fait qu'ouvrir le champ à César et Pompée,
Que le malheur des temps ne nous eût pas fait voir,
S'il eût dans sa famille assuré son pouvoir.
Qu'a fait du grand César le cruel parricide,
Qu'élever contre vous Antoine avec Lépide,
Qui n'eussent pas réduit Rome par les Romains,
Si César eût laissé l'empire entre vos mains?
Vous la replongerez, en quittant cet empire,
Dans les maux dont à peine encore elle respire,
Et de ce peu, Seigneur, qui lui reste de sang
Une guerre nouvelle épuisera son flanc.
   Que l'amour du pays, que la pitié vous touche;
Votre Rome à genoux vous parle par ma bouche.
Considérez le prix que vous avez coûté :
Non pas qu'elle vous croie avoir trop acheté ;
Des maux qu'elle a soufferts elle est trop bien payée ;
Mais une juste peur tient son âme effrayée :
Si jaloux de son heur, et las de commander,
Vous lui rendez un bien qu'elle ne peut garder,
S'il lui faut à ce prix en acheter un autre,
Si vous ne préférez son intérêt au vôtre,
Si ce funeste don la met au désespoir,
Je n'ose dire ici ce que j'ose prévoir.
Conservez-vous, Seigneur, en lui laissant un maître
Sous qui son vrai bonheur commence de renaître;
Et pour mieux assurer le bien commun de tous,
Donnez un successeur qui soit digne de vous.

AUGUSTE.
N'en délibérons plus, cette pitié l'emporte.
Mon repos m'est bien cher, mais Rome est la plus forte ;
Et quelque grand malheur qui m'en puisse arriver,
Je consens à me perdre afin de la sauver.
Pour ma tranquillité mon cœur en vain soupire :
Cinna, par vos conseils je retiendrai l'empire ;
Mais je le retiendrai pour vous en faire part.
Je vois trop que vos cœurs n'ont point pour moi de fard,
Et que chacun de vous, dans l'avis qu'il me donne,
Regarde seulement l'État et ma personne.
Votre amour en tous deux fait ce combat d'esprits,
Et vous allez tous deux en recevoir le prix.
Maxime, je vous fais gouverneur de Sicile :
Allez donner mes lois à ce terroir fertile :
Songez que c'est pour moi que vous gouvernerez,
Et que je répondrai de ce que vous ferez.
Pour épouse, Cinna, je vous donne Émilie :
Vous savez qu'elle tient la place de Julie,
Et que si nos malheurs et la nécessité
M'ont fait traiter son père avec sévérité,
Mon épargne depuis en sa faveur ouverte
Doit avoir adouci l'aigreur de cette perte.
Voyez-la de ma part, tâchez de la gagner :
Vous n'êtes point pour elle un homme à dédaigner ;
De l'offre de vos vœux elle sera ravie.
Adieu : j'en veux porter la nouvelle à Livie.

SCÈNE II

CINNA, MAXIME.

MAXIME.
Quel est votre dessein après ces beaux discours ?
CINNA.
Le même que j'avois, et que j'aurai toujours.

MAXIME.
Un chef de conjurés flatte la tyrannie!
CINNA.
Un chef de conjurés la veut voir impunie!
MAXIME.
Je veux voir Rome libre.
CINNA.
Et vous pouvez juger
Que je veux l'affranchir ensemble et la venger.
Octave aura donc vu ses fureurs assouvies,
Pillé jusqu'aux autels, sacrifié nos vies,
Rempli les champs d'horreur, comblé Rome de morts,
Et sera quitte après pour l'effet d'un remords!
Quand le ciel par nos mains à le punir s'apprête,
Un lâche repentir garantira sa tête!
C'est trop semer d'appas, et c'est trop inviter
Par son impunité quelque autre à l'imiter.
Vengeons nos citoyens, et que sa peine étonne
Quiconque après sa mort aspire à la couronne.
Que le peuple aux tyrans ne soit plus exposé :
S'il eût puni Sylla, César eût moins osé.

MAXIME.
Mais la mort de César, que vous trouvez si juste,
A servi de prétexte aux cruautés d'Auguste.
Voulant nous affranchir, Brute s'est abusé :
S'il n'eût puni César, Auguste eût moins osé.

CINNA.
La faute de Cassie, et ses terreurs paniques,
Ont fait rentrer l'État sous des lois tyranniques;
Mais nous ne verrons point de pareils accidents,
Lorsque Rome suivra des chefs moins imprudents.

MAXIME.
Nous sommes encor loin de mettre en évidence,
Si nous nous conduirons avec plus de prudence;
Cependant c'en est peu que de n'accepter pas
Le bonheur qu'on recherche au péril du trépas.

CINNA.
C'en est encor bien moins, alors qu'on s'imagine
Guérir un mal si grand sans couper la racine ;
Employer la douceur à cette guérison,
C'est, en fermant la plaie, y verser du poison.

MAXIME.
Vous la voulez sanglante, et la rendez douteuse.

CINNA.
Vous la voulez sans peine, et la rendez honteuse.

MAXIME.
Pour sortir de ses fers jamais on ne rougit.

CINNA.
On en sort lâchement, si la vertu n'agit.

MAXIME.
Jamais la liberté ne cesse d'être aimable ;
Et c'est toujours pour Rome un bien inestimable.

CINNA.
Ce ne peut être un bien qu'elle daigne estimer,
Quand il vient d'une main lasse de l'opprimer :
Elle a le cœur trop bon pour se voir avec joie
Le rebut du tyran dont elle fut la proie ;
Et tout ce que la gloire a de vrais partisans
Le hait trop puissamment pour aimer ses présents.

MAXIME.
Donc pour vous Émilie est un objet de haine ?

CINNA.
La recevoir de lui me seroit une gêne.
Mais quand j'aurai vengé Rome des maux soufferts,
Je saurai le braver jusque dans les enfers.
Oui, quand par son trépas je l'aurai méritée,
Je veux joindre à sa main ma main ensanglantée,
L'épouser sur sa cendre, et qu'après notre effort
Les présents du tyran soient le prix de sa mort.

MAXIME.
Mais l'apparence, ami, que vous puissiez lui plaire,
Teint du sang de celui qu'elle aime comme un père ?
Car vous n'êtes pas homme à la violenter.

CINNA.
Ami, dans ce palais on peut nous écouter,
Et nous parlons peut-être avec trop d'imprudence
Dans un lieu si mal propre à notre confidence :
Sortons; qu'en sûreté j'examine avec vous,
Pour en venir à bout, les moyens les plus doux.

FIN DU SECOND ACTE

ACTE III

SCÈNE PREMIÈRE

MAXIME, EUPHORBE.

MAXIME.

Lui-même il m'a tout dit : leur flamme est mutuelle ;
Il adore Émilie, il est adoré d'elle ;
Mais sans venger son père il n'y peut aspirer ;
Et c'est pour l'acquérir qu'il nous fait conspirer.

EUPHORBE.

Je ne m'étonne plus de cette violence
Dont il contraint Auguste à garder sa puissance :
La ligue se romproit s'il s'en étoit démis,
Et tous vos conjurés deviendroient ses amis.

MAXIME.

Ils servent à l'envi la passion d'un homme
Qui n'agit que pour soi, feignant d'agir pour Rome ;
Et moi, par un malheur qui n'eut jamais d'égal,
Je pense servir Rome, et je sers mon rival.

EUPHORBE.

Vous êtes son rival ?

MAXIME.

Oui, j'aime sa maîtresse,
Et l'ai caché toujours avec assez d'adresse ;
Mon ardeur inconnue, avant que d'éclater,
Par quelque grand exploit la vouloit mériter :
Cependant par mes mains je vois qu'il me l'enlève ;
Son dessein fait ma perte, et c'est moi qui l'achève ;
J'avance des succès dont j'attends le trépas,

Et pour m'assassiner je lui prête mon bras.
Que l'amitié me plonge en un malheur extrême !
EUPHORBE.
L'issue en est aisée : agissez pour vous-même ;
D'un dessein qui vous perd rompez le coup fatal ;
Gagnez une maîtresse, accusant un rival.
Auguste, à qui par là vous sauverez la vie,
Ne vous pourra jamais refuser Émilie.
MAXIME.
Quoi ? trahir mon ami !
EUPHORBE.
L'amour rend tout permis ;
Un véritable amant ne connoît point d'amis,
Et même avec justice on peut trahir un traître
Qui pour une maîtresse ose trahir son maître :
Oubliez l'amitié, comme lui les bienfaits.
MAXIME.
C'est un exemple à fuir que celui des forfaits.
EUPHORBE.
Contre un si noir dessein tout devient légitime :
On n'est point criminel quand on punit un crime.
MAXIME.
Un crime par qui Rome obtient sa liberté !
EUPHORBE.
Craignez tout d'un esprit si plein de lâcheté.
L'intérêt du pays n'est point ce qui l'engage ;
Le sien, et non la gloire, anime son courage.
Il aimeroit César, s'il n'étoit amoureux,
Et n'est enfin qu'ingrat, et non pas généreux.
 Pensez-vous avoir lu jusqu'au fond de son âme ?
Sous la cause publique il vous cachoit sa flamme,
Et peut cacher encor sous cette passion
Les détestables feux de son ambition.
Peut-être qu'il prétend, après la mort d'Octave,
Au lieu d'affranchir Rome, en faire son esclave,
Qu'il vous compte déjà pour un de ses sujets,
Ou que sur votre perte il fonde ses projets.

MAXIME.
Mais comment l'accuser sans nommer tout le reste?
A tous nos conjurés l'avis seroit funeste,
Et par là nous verrions indignement trahis
Ceux qu'engage avec nous le seul bien du pays.
D'un si lâche dessein mon âme est incapable :
Il perd trop d'innocents pour punir un coupable.
J'ose tout contre lui, mais je crains tout pour eux.
EUPHORBE.
Auguste s'est lassé d'être si rigoureux ;
En ces occasions, ennuyé de supplices,
Ayant puni les chefs, il pardonne aux complices.
Si toutefois pour eux vous craignez son courroux,
Quand vous lui parlerez, parlez au nom de tous.
MAXIME.
Nous disputons en vain, et ce n'est que folie
De vouloir par sa perte acquérir Émilie :
Ce n'est pas le moyen de plaire à ses beaux yeux
Que de priver du jour ce qu'elle aime le mieux.
Pour moi j'estime peu qu'Auguste me la donne :
Je veux gagner son cœur plutôt que sa personne,
Et ne fais point d'état de sa possession,
Si je n'ai point de part à son affection.
Puis-je la mériter par une triple offense ?
Je trahis son amant, je détruis sa vengeance,
Je conserve le sang qu'elle veut voir périr ;
Et j'aurois quelque espoir qu'elle me pût chérir ?
EUPHORBE.
C'est ce qu'à dire vrai je vois fort difficile.
L'artifice pourtant vous y peut être utile ;
Il en faut trouver un qui la puisse abuser,
Et du reste le temps en pourra disposer.
MAXIME.
Mais si pour s'excuser il nomme sa complice,
S'il arrive qu'Auguste avec lui la punisse,
Puis-je lui demander, pour prix de mon rapport,
Celle qui nous oblige à conspirer sa mort?

EUPHORBE.

Vous pourriez m'opposer tant et de tels obstacles
Que pour les surmonter il faudroit des miracles ;
J'espère, toutefois, qu'à force d'y rêver....

MAXIME.

Éloigne-toi ; dans peu j'irai te retrouver :
Cinna vient, et je veux en tirer quelque chose,
Pour mieux résoudre après ce que je me propose.

SCÈNE II

CINNA, MAXIME.

MAXIME.

Vous me semblez pensif.

CINNA.

Ce n'est pas sans sujet.

MAXIME.

Puis-je d'un tel chagrin savoir quel est l'objet ?

CINNA.

Émilie et César, l'un et l'autre me gêne :
L'un me semble trop bon, l'autre trop inhumaine.
Plût aux Dieux que César employât mieux ses soins,
Et s'en fît plus aimer, ou m'aimât un peu moins ;
Que sa bonté touchât la beauté qui me charme,
Et la pût adoucir comme elle me désarme !
Je sens au fond du cœur mille remords cuisants,
Qui rendent à mes yeux tous ses bienfaits présents ;
Cette faveur si pleine, et si mal reconnue,
Par un mortel reproche à tous moments me tue.
Il me semble surtout incessamment le voir
Déposer en nos mains son absolu pouvoir,
Écouter nos avis, m'applaudir, et me dire :
« Cinna, par vos conseils je retiendrai l'empire ;
Mais je le retiendrai pour vous en faire part ; »
Et je puis dans son sein enfoncer un poignard !

Ah! plutôt.... Mais hélas! j'idolâtre Émilie;
Un serment exécrable à sa haine me lie;
L'horreur qu'elle a de lui me le rend odieux :
Des deux côtés j'offense et ma gloire et les Dieux;
Je deviens sacrilége, ou je suis parricide,
Et vers l'un ou vers l'autre il faut être perfide.

MAXIME.

Vous n'aviez point tantôt ces agitations;
Vous paroissiez plus ferme en vos intentions;
Vous ne sentiez au cœur ni remords ni reproche.

CINNA.

On ne les sent aussi que quand le coup approche,
Et l'on ne reconnoît de semblables forfaits
Que quand la main s'apprête à venir aux effets.
L'âme, de son dessein jusque-là possédée,
S'attache aveuglément à sa première idée;
Mais alors quel esprit n'en devient point troublé?
Ou plutôt quel esprit n'en est point accablé?
Je crois que Brute même, à tel point qu'on le prise,
Voulut plus d'une fois rompre son entreprise,
Qu'avant que de frapper elle lui fit sentir
Plus d'un remords en l'âme, et plus d'un repentir.

MAXIME.

Il eut trop de vertu pour tant d'inquiétude;
Il ne soupçonna point sa main d'ingratitude,
Et fut contre un tyran d'autant plus animé
Qu'il en reçut de biens et qu'il s'en vit aimé.
Comme vous l'imitez, faites la même chose,
Et formez vos remords d'une plus juste cause,
De vos lâches conseils, qui seuls ont arrêté
Le bonheur renaissant de notre liberté.
C'est vous seul aujourd'hui qui nous l'avez ôtée;
De la main de César Brute l'eût acceptée,
Et n'eût jamais souffert qu'un intérêt léger
De vengeance ou d'amour l'eût remise en danger.
N'écoutez plus la voix d'un tyran qui vous aime,

Et vous veut faire part de son pouvoir suprême ;
Mais entendez crier Rome à votre côté :
« Rends-moi, rends-moi, Cinna, ce que tu m'as ôté ;
Et si tu m'as tantôt préféré ta maîtresse,
Ne me préfère pas le tyran qui m'oppresse. »

CINNA.

Ami, n'accable plus un esprit malheureux
Qui ne forme qu'en lâche un dessein généreux.
Envers nos citoyens je sais quelle est ma faute,
Et leur rendrai bientôt tout ce que je leur ôte ;
Mais pardonne aux abois d'une vieille amitié,
Qui ne peut expirer sans me faire pitié,
Et laisse-moi, de grâce, attendant Émilie,
Donner un libre cours à ma mélancolie.
Mon chagrin t'importune, et le trouble où je suis
Veut de la solitude à calmer tant d'ennuis.

MAXIME.

Vous voulez rendre compte à l'objet qui vous blesse
De la bonté d'Octave et de votre foiblesse ;
L'entretien des amants veut un entier secret.
Adieu : je me retire en confident discret.

SCÈNE III

CINNA.

Donne un plus digne nom au glorieux empire
Du noble sentiment que la vertu m'inspire,
Et que l'honneur oppose au coup précipité
De mon ingratitude et de ma lâcheté ;
Mais plutôt continue à le nommer foiblesse,
Puisqu'il devient si foible auprès d'une maîtresse,
Qu'il respecte un amour qu'il devroit étouffer,

TALMA

(D'après une gravure communiquée par la *Bibliothèque nationale*.

Ou que s'il le combat, il n'ose en triompher.
En ces extrémités quel conseil dois-je prendre ?
De quel côté pencher ? à quel parti me rendre ?
    Qu'une âme généreuse a de peine à faillir !
Quelque fruit que par là j'espère de cueillir,
Les douceurs de l'amour, celles de la vengeance,
La gloire d'affranchir le lieu de ma naissance,
N'ont point assez d'appas pour flatter ma raison,
S'il les faut acquérir par une trahison,
S'il faut percer le flanc d'un prince magnanime
Qui du peu que je suis fait une telle estime,
Qui me comble d'honneurs, qui m'accable de biens,
Qui ne prend pour régner de conseils que les miens.
O coup ! ô trahison trop indigne d'un homme !
Dure, dure à jamais l'esclavage de Rome !
Périsse mon amour, périsse mon espoir,
Plutôt que de ma main parte un crime si noir !
Quoi ? ne m'offre-t-il pas tout ce que je souhaite,
Et qu'au prix de son sang ma passion achète ?
Pour jouir de ses dons faut-il l'assassiner ?
Et faut-il lui ravir ce qu'il me veut donner ?
    Mais je dépends de vous, ô serment téméraire,
O haine d'Émilie, ô souvenir d'un père !
Ma foi, mon cœur, mon bras, tout vous est engagé,
Et je ne puis plus rien que par votre congé :
C'est à vous à régler ce qu'il faut que je fasse ;
C'est à vous, Émilie, à lui donner sa grâce ;
Vos seules volontés président à son sort,
Et tiennent en mes mains et sa vie et sa mort.
O Dieux, qui comme vous la rendez adorable,
Rendez-la, comme vous, à mes vœux exorable ;
Et, puisque de ses lois je ne puis m'affranchir,
Faites qu'à mes désirs je la puisse fléchir.
Mais voici de retour cette aimable inhumaine.

SCÈNE IV

ÉMILIE, CINNA, FULVIE.

ÉMILIE.

Grâces aux Dieux, Cinna, ma frayeur étoit vaine :
Aucun de tes amis ne t'a manqué de foi,
Et je n'ai point eu lieu de m'employer pour toi.
Octave en ma présence a tout dit à Livie,
Et par cette nouvelle il m'a rendu la vie.

CINNA.

Le désavouerez-vous, et du don qu'il me fait
Voudrez-vous retarder le bienheureux effet?

ÉMILIE.

L'effet est en ta main.

CINNA.

Mais plutôt en la vôtre.

ÉMILIE.

Je suis toujours moi-même, et mon cœur n'est point autre :
Me donner à Cinna, c'est ne lui donner rien,
C'est seulement lui faire un présent de son bien.

CINNA.

Vous pouvez toutefois... ô ciel! l'osé-je dire?

ÉMILIE.

Que puis-je? et que crains-tu?

CINNA.

Je tremble, je soupire,
Et vois que si nos cœurs avoient mêmes désirs,
Je n'aurois pas besoin d'expliquer mes soupirs.
Ainsi je suis trop sûr que je vais vous déplaire;
Mais je n'ose plus parler, et je ne puis me taire.

ÉMILIE.

C'est trop me gêner, parle.

CINNA.

Il faut vous obéir:

Je vais donc vous déplaire, et vous m'allez haïr.
   Je vous aime, Emilie, et le ciel me foudroie
Si cette passion ne fait toute ma joie,
Et si je ne vous aime avec toute l'ardeur
Que peut un digne objet attendre d'un grand cœur !
Mais voyez à quel prix vous me donnez votre âme,
En me rendant heureux vous me rendez infâme ;
Cette bonté d'Auguste....

ÉMILIE.

   Il suffit, je t'entends ;
Je vois ton repentir et tes vœux inconstants :
Les faveurs du tyran emportent tes promesses ;
Tes feux et tes serments cèdent à ses caresses ;
Et ton esprit crédule ose s'imaginer
Qu'Auguste, pouvant tout, peut aussi me donner.
Tu me veux de sa main plutôt que de la mienne ;
Mais ne crois pas qu'ainsi jamais je t'appartienne :
Il peut faire trembler la terre sous ses pas,
Mettre un roi hors du trône, et donner ses États,
De ses proscriptions rougir la terre et l'onde,
Et changer à son gré l'ordre de tout le monde ;
Mais le cœur d'Émilie est hors de son pouvoir.

CINNA.

Aussi n'est-ce qu'à vous que je veux le devoir.
Je suis toujours moi-même, et ma foi toujours pure :
La pitié que je sens ne me rend point parjure ;
J'obéis sans réserve à tous vos sentiments,
Et prends vos intérêts par delà mes serments.
   J'ai pu, vous le savez, sans parjure et sans crime,
Vous laisser échapper cette illustre victime.
César se dépouillant du pouvoir souverain
Nous ôtoit tout prétexte à lui percer le sein ;
La conjuration s'en alloit dissipée,
Vos desseins avortés, votre haine trompée :
Moi seul j'ai raffermi son esprit étonné,
Et pour vous l'immoler ma main l'a couronné.

ÉMILIE.

Pour me l'immoler, traître ! et tu veux que moi-même
Je retienne ta main ! qu'il vive, et que je l'aime !
Que je sois le butin de qui l'ose épargner,
Et le prix du conseil qui le force à régner !

CINNA.

Ne me condamnez point quand je vous ai servie :
Sans moi, vous n'auriez plus de pouvoir sur sa vie ;
Et, malgré ses bienfaits, je rends tout à l'amour,
Quand je veux qu'il périsse, ou vous doive le jour.
Avec les premiers vœux de mon obéissance
Souffrez ce foible effort de ma reconnoissance,
Que je tâche de vaincre un indigne courroux,
Et vous donner pour lui l'amour qu'il a pour vous.
Une âme généreuse, et que la vertu guide,
Fuit la honte des noms d'ingrate et de perfide ;
Elle en hait l'infamie attachée au bonheur,
Et n'accepte aucun bien aux dépens de l'honneur.

ÉMILIE.

Je fais gloire, pour moi, de cette ignominie :
La perfidie est noble envers la tyrannie ;
Et quand on rompt le cours d'un sort si malheureux,
Les cœurs les plus ingrats sont les plus généreux.

CINNA.

Vous faites des vertus au gré de votre haine.

ÉMILIE.

Je me fais des vertus dignes d'une Romaine.

CINNA.

Un cœur vraiment romain...

ÉMILIE.

Ose tout pour ravir
Une odieuse vie à qui le fait servir :
Il fuit plus que la mort la honte d'être esclave.

CINNA.

C'est l'être avec honneur que de l'être d'Octave ;
Et nous voyons souvent des rois à nos genoux

Demander pour appui tels esclaves que nous.
Il abaisse à nos pieds l'orgueil des diadèmes,
Il nous fait souverains sur leurs grandeurs suprêmes ;
Il prend d'eux les tributs dont il nous enrichit,
Et leur impose un joug dont il nous affranchit.

ÉMILIE.

L'indigne ambition que ton cœur se propose !
Pour être plus qu'un roi, tu te crois quelque chose !
Aux deux bouts de la terre en est-il un si vain
Qu'il prétende égaler un citoyen romain ?
Antoine sur sa tête attira notre haine
En se déshonorant par l'amour d'une reine ;
Attale, ce grand roi, dans la pourpre blanchi,
Qui du peuple romain se nommoit l'affranchi,
Quand de toute l'Asie il se fût vu l'arbitre,
Eût encor moins prisé son trône que ce titre.
Souviens-toi de ton nom, soutiens sa dignité ;
Et prenant d'un Romain la générosité,
Sache qu'il n'en est point que le ciel n'ait fait naître
Pour commander aux rois, et pour vivre sans maître.

CINNA.

Le ciel a trop fait voir en de tels attentats
Qu'il hait les assassins et punit les ingrats ;
Et, quoi qu'on entreprenne, et quoi qu'on exécute,
Quand il élève un trône, il en venge la chute ;
Il se met du parti de ceux qu'il fait régner ;
Le coup dont on les tue est longtemps à saigner ;
Et quand à les punir il a pu se résoudre,
De pareils châtiments n'appartiennent qu'au foudre.

ÉMILIE.

Dis que de leur parti toi-même tu te rends,
De te remettre au foudre à punir les tyrans,
　Je ne t'en parle plus, va, sers la tyrannie ;
Abandonne ton âme à son lâche génie ;
Et, pour rendre le calme à ton esprit flottant,
Oublie et ta naissance et le prix qui t'attend.

Sans emprunter ta main pour servir ma colère,
Je saurai bien venger mon pays et mon père.
J'aurois déjà l'honneur d'un si fameux trépas,
Si l'amour jusqu'ici n'eût arrêté mon bras :
C'est lui qui, sous tes lois me tenant asservie,
M'a fait en ta faveur prendre soin de ma vie.
Seule contre un tyran, en le faisant périr,
Par les mains de sa garde il me falloit mourir :
Je t'eusse par ma mort dérobé ta captive ;
Et, comme pour toi seul l'amour veut que je vive,
J'ai voulu, mais en vain, me conserver pour toi,
Et te donner moyen d'être digne de moi.
Pardonnez-moi, grands Dieux, si je me suis trompée
Quand j'ai pensé chérir un neveu de Pompée,
Et si d'un faux-semblant mon esprit abusé
A fait choix d'un esclave en son lieu supposé.
Je t'aime toutefois, quel que tu puisses être ;
Et, si pour me gagner il faut trahir ton maître,
Mille autres à l'envi recevroient cette loi,
S'ils pouvoient m'acquérir à même prix que toi.
Mais n'appréhende pas qu'un autre ainsi m'obtienne.
Vis pour ton cher tyran, tandis que je meurs tienne :
Mes jours avec les siens se vont précipiter,
Puisque ta lâcheté n'ose me mériter.
Viens me voir, dans son sang et dans le mien baignée,
De ma seule vertu mourir accompagnée,
Et te dire en mourant d'un esprit satisfait :
« N'accuse point mon sort, c'est toi seul qui l'as fait ;
Je descends dans la tombe où tu m'as condamnée,
Où la gloire me suit qui t'étoit destinée :
Je meurs en détruisant un pouvoir absolu ;
Mais je vivrois à toi, si tu l'avois voulu. »

CINNA.

Eh bien ! vous le voulez, il faut vous satisfaire,
Il faut affranchir Rome, il faut venger un père,
Il faut sur un tyran porter de justes coups ;

Mais apprenez qu'Auguste est moins tyran que vous :
S'il nous ôte à son gré nos biens, nos jours, nos femmes,
Il n'a point jusqu'ici tyrannisé nos âmes;
Mais l'empire inhumain qu'exercent vos beautés
Force jusqu'aux esprits et jusqu'aux volontés.
Vous me faites priser ce qui me déshonore;
Vous me faites haïr ce que mon âme adore;
Vous me faites répandre un sang pour qui je dois
Exposer tout le mien et mille et mille fois :
Vous le voulez, j'y cours, ma parole est donnée;
Mais ma main, aussitôt contre mon sein tournée,
Aux mânes d'un tel prince immolant votre amant,
A mon crime forcé joindra mon châtiment,
Et par cette action dans l'autre confondue
Recouvrera ma gloire aussitôt que perdue.
Adieu.

SCÈNE V

ÉMILIE, FULVIE.

FULVIE.
Vous avez mis son âme au désespoir.

ÉMILIE.
Qu'il cesse de m'aimer, ou suive son devoir.

FULVIE.
Il va vous obéir aux dépens de sa vie :
Vous en pleurez !

ÉMILIE.
Hélas! cours après lui, Fulvie,
Et, si ton amitié daigne me secourir,
Arrache-lui du cœur ce dessein de mourir :
Dis-lui...

FULVIE.
Qu'en sa faveur vous laissez vivre Auguste?

ÉMILIE.
Ah! c'est faire à ma haine un loi trop injuste.
FULVIE.
Et quoi donc?
ÉMILIE.
Qu'il achève, et dégage sa foi,
Et qu'il choisisse après de la mort, ou de moi.

FIN DU TROISIÈME ACTE.

ACTE IV

SCÈNE PREMIÈRE

AUGUSTE, EUPHORBE, POLYCLÈTE, Gardes.

AUGUSTE.
Tout ce que tu me dis, Euphorbe, est incroyable.
EUPHORBE.
Seigneur, le récit même en paroit effroyable :
On ne conçoit qu'à peine une telle fureur,
Et la seule pensée en fait frémir d'horreur.
AUGUSTE.
Quoi? mes plus chers amis! quoi? Cinna! quoi? Maxime!
Les deux que j'honorois d'une si haute estime,
A qui j'ouvrois mon cœur, et dont j'avois fait choix
Pour les plus importants et plus nobles emplois!
Après qu'entre leurs mains j'ai remis mon empire,
Pour m'arracher le jour l'un et l'autre conspire!
Maxime a vu sa faute, il m'en fait avertir,
Et montre un cœur touché d'un juste repentir;
Mais Cinna!
EUPHORBE.
Cinna seul dans sa rage s'obstine,
Et contre vos bontés d'autant plus se mutine ;
Lui seul combat encor les vertueux efforts
Que sur les conjurés fait ce juste remords,
Et malgré les frayeurs à leurs regrets mêlées,
Il tâche à raffermir leurs âmes ébranlées.
AUGUSTE.
Lui seul les encourage, et lui seul les séduit!
O le plus déloyal que la terre ait produit!

O trahison conçue au sein d'une furie !
O trop sensible coup d'une main si chérie !
Cinna, tu me trahis ! Polyclète, écoutez.
(Il lui parle à l'oreille.)
POLYCLÈTE.
Tous vos ordres, Seigneur, seront exécutés.
AUGUSTE.
Qu'Éraste en même temps aille dire à Maxime
Qu'il vienne recevoir le pardon de son crime.
(Polyclète sort.)
EUPHORBE.
Il l'a trop jugé grand pour ne pas s'en punir :
A peine du palais il a pu revenir,
Que les yeux égarés et le regard farouche,
Le cœur gros de soupirs, les sanglots à la bouche,
Il déteste sa vie et ce complot maudit,
M'en apprend l'ordre entier tel que je vous l'ai dit,
Et m'ayant commandé que je vous avertisse,
Il ajoute : « Dis-lui que je me fais justice,
Que je n'ignore point ce que j'ai mérité. »
Puis soudain dans le Tibre il s'est précipité ;
Et l'eau grosse et rapide, et la nuit assez noire,
M'ont dérobé la fin de sa tragique histoire.
AUGUSTE.
Sous ce pressant remords il a trop succombé,
Et s'est à mes bontés lui-même dérobé ;
Il n'est crime envers moi qu'un repentir n'efface.
Mais, puisqu'il a voulu renoncer à ma grâce,
Allez pourvoir au reste, et faites qu'on ait soin
De tenir en lieu sûr ce fidèle témoin.

SCÈNE II

AUGUSTE.

Ciel, à qui voulez-vous désormais que je fie
Les secrets de mon âme et le soin de ma vie ?

Reprenez le pouvoir que vous m'avez commis,
Si donnant des sujets il ôte les amis,
Si tel est le destin des grandeurs souveraines
Que leurs plus grands bienfaits n'attirent que des haines,
Et si votre rigueur les condamne à chérir
Ceux que vous animez à les faire périr.
Pour elles rien n'est sûr ; qui peut tout doit tout craindre.
Rentre en toi-même, Octave, et cesse de te plaindre.
Quoi ! tu veux qu'on t'épargne, et n'as rien épargné !
Songe aux fleuves de sang où ton bras s'est baigné,
De combien ont rougi les champs de Macédoine,
Combien en a versé la défaite d'Antoine,
Combien celle de Sexte, et revois tout d'un temps
Pérouse au sien noyée, et tous ses habitants ;
Remets dans ton esprit, après tant de carnages,
De tes proscriptions les sanglantes images,
Où toi-même, des tiens devenu le bourreau,
Au sein de son tuteur enfonças le couteau :
Et puis ose accuser le destin d'injustice,
Quand tu vois que les tiens s'arment pour ton supplice,
Et que par ton exemple à ta perte guidés,
Ils violent des droits que tu n'as pas gardés !
Leur trahison est juste, et le ciel l'autorise :
Quitte ta dignité comme tu l'as acquise ;
Rends un sang infidèle à l'infidélité,
Et souffre des ingrats après l'avoir été.

   Mais que mon jugement au besoin m'abandonne !
Quelle fureur, Cinna, m'accuse et te pardonne ?
Toi, dont la trahison me force à retenir
Ce pouvoir souverain dont tu me veux punir,
Me traite en criminel, et fait seule mon crime,
Relève pour l'abattre un trône illégitime,
Et d'un zèle effronté couvrant son attentat,
S'oppose, pour me perdre, au bonheur de l'État !
Donc jusqu'à l'oublier je pourrois me contraindre !
Tu vivrois en repos après m'avoir fait craindre !

Non, non, je me trahis moi-même d'y penser :
Qui pardonne aisément invite à l'offenser ;
Punissons l'assassin, proscrivons les complices.
  Mais quoi ? toujours du sang, et toujours des supplices !
Ma cruauté se lasse, et ne peut s'arrêter ;
Je veux me faire craindre, et ne fais qu'irriter.
Rome a pour ma ruine une hydre trop fertile :
Une tête coupée en fait renaître mille,
Et le sang répandu de mille conjurés
Rend mes jours plus maudits, et non plus assurés.
Octave, n'attend plus le coup d'un nouveau Brute ;
Meurs, et dérobe-lui la gloire de ta chute ;
Meurs : tu ferois pour vivre un lâche et vain effort,
Si tant de gens de cœur font des vœux pour ta mort,
Et si tout ce que Rome a d'illustre jeunesse
Pour te faire périr tour à tour s'intéresse ;
Meurs, puisque c'est un mal que tu ne peux guérir :
Meurs enfin, puisqu'il faut ou tout perdre, ou mourir.
La vie est peu de chose, et le peu qui t'en reste
Ne vaut pas l'acheter par un prix si funeste.
Meurs ; mais quitte du moins la vie avec éclat ;
Eteins-en le flambeau dans le sang de l'ingrat ;
A toi-même en mourant immole ce perfide ;
Contentant ses désirs, punis son parricide ;
Fais un tourment pour lui de ton propre trépas,
En faisant qu'il le voie et n'en jouisse pas.
Mais jouissons plutôt nous-même de sa peine,
Et si Rome nous hait, triomphons de sa haine.
  O Romains, ô vengeance, ô pouvoir absolu,
O rigoureux combats d'un cœur irrésolu
Qui fuit en même temps tout ce qu'il se propose !
D'un prince malheureux ordonnez quelque chose.
Qui des deux dois-je suivre, et duquel m'éloigner ?
Ou laissez-moi périr, ou laissez-moi régner.

SCÈNE III

AUGUSTE, LIVIE.

AUGUSTE.

Madame, on me trahit, et la main qui me tue
Rends sous mes déplaisirs ma constance abattue.
Cinna, Cinna, le traître...
     LIVIE.
        Euphorbe m'a tout dit,
Seigneur, et j'ai pâli cent fois à ce récit.
Mais écouteriez-vous les conseils d'une femme ?
     AUGUSTE.
Hélas! de quel conseil est capable mon âme ?
     LIVIE.
Votre sévérité, sans produire aucun fruit,
Seigneur, jusqu'à présent a fait beaucoup de bruit.
Par les peines d'un autre aucun ne s'intimide :
Salvidien à bas a soulevé Lépide ;
Murène a succédé, Cépion l'a suivi ;
Le jour à tous les deux dans les tourments ravi
N'a point mêlé de crainte à la fureur d'Égnace,
Dont Cinna maintenant ose prendre la place ;
Et dans les plus bas rangs les noms les plus abjets
Ont voulu s'ennoblir par de si hauts projets.
Après avoir en vain puni leur insolence,
Essayez sur Cinna ce que peut la clémence ;
Faites son châtiment de sa confusion ;
Cherchez le plus utile en cette occasion :
Sa peine peut aigrir une ville animée,
Son pardon peut servir à votre renommée ;
Et ceux que vos rigueurs ne font qu'effaroucher
Peut-être à vos bontés se laisseront toucher.

AUGUSTE.

Gagnons-les tout à fait en quittant cet empire
Qui nous rend odieux, contre qui l'on conspire.
J'ai trop par vos avis consulté là-dessus ;
Ne m'en parlez jamais, je ne consulte plus.
 Cesse de soupirer, Rome, pour ta franchise :
Si je t'ai mise aux fers, moi-même je les brise,
Et te rends ton État, après l'avoir conquis,
Plus paisible et plus grand que je ne te l'ai pris ;
Si tu me veux haïr, hais-moi sans plus rien feindre :
Si tu me veux aimer, aime-moi sans me craindre :
De tout ce qu'eut Sylla de puissance et d'honneur,
Lassé comme il en fut, j'aspire à son bonheur.

LIVIE.

Assez et trop longtemps son exemple vous flatte ;
Mais gardez que sur vous le contraire n'éclate :
Ce bonheur sans pareil qui conserva ses jours
Ne seroit pas bonheur, s'il arrivoit toujours.

AUGUSTE.

Eh bien ! s'il est trop grand, si j'ai tort d'y prétendre,
J'abandonne mon sang à qui voudra l'épandre.
Après un long orage il faut trouver un port ;
Et je n'en vois que deux, le repos, ou la mort.

LIVIE.

Quoi ? vous voulez quitter le fruit de tant de peines ?

AUGUSTE.

Quoi ? vous voulez garder l'objet de tant de haines ?

LIVIE.

Seigneur vous emporter à cette extrémité,
C'est plutôt désespoir que générosité.

AUGUSTE.

Régner et caresser une main si traîtresse,
Au lieu de sa vertu, c'est montrer sa foiblesse.

LIVIE.

C'est régner sur vous-même, et par un noble choix,
Pratiquer la vertu la plus digne des rois.

AUGUSTE.

Vous m'aviez bien promis des conseils d'une femme :
Vous me tenez parole, et c'en sont là, Madame.
Après tant d'ennemis à mes pieds abattus,
Depuis vingt ans je règne, et j'en sais les vertus ;
Je sais leur divers ordre, et de quelle nature
Sont les devoirs d'un prince en cette conjoncture.
Tout son peuple est blessé par un tel attentat,
Et la seule pensée est un crime d'État,
Une offense qu'on fait à toute sa province,
Dont il faut qu'il la venge, où cesse d'être prince.

LIVIE.

Donnez moins de croyance à votre passion.

AUGUSTE.

Ayez moins de foiblesse, ou moins d'ambition.

LIVIE.

Ne traitez plus si mal un conseil salutaire.

AUGUSTE.

Le ciel m'inspirera ce qu'ici je dois faire.
Adieu : nous perdons temps.

LIVIE.

            Je ne vous quitte point,
Seigneur, que mon amour n'ait obtenu ce point.

AUGUSTE.

C'est l'amour des grandeurs qui vous rend importune.

LIVIE.

J'aime votre personne, et non votre fortune.

(Elle est seule.)

Il m'échappe : suivons, et forçons-le de voir
Qu'il peut, en faisant grâce, affermir son pouvoir,
Et qu'enfin la clémence est la plus belle marque
Qui fasse à l'univers connoître un vrai monarque.

SCÈNE IV

ÉMILIE, FULVIE.

ÉMILIE.

D'où me vient cette joie ? et que mal à propos
Mon esprit malgré moi goûte un entier repos !
César mande Cinna sans me donner d'alarmes !
Mon cœur est sans soupirs, mes yeux n'ont point de larmes,
Comme si j'apprenois d'un secret mouvement
Que tout doit succéder à mon contentement !
Ai-je bien entendu ? me l'as-tu dit, Fulvie ?

FULVIE.

J'avois gagné sur lui qu'il aimeroit la vie,
Et je vous l'amenois, plus traitable et plus doux,
Faire un second effort contre votre courroux ;
Je m'en applaudissois, quand soudain Polyclète,
Des volontés d'Auguste ordinaire interprète,
Est venu l'aborder, et sans suite et sans bruit,
Et de sa part sur l'heure au palais l'a conduit.
Auguste est fort troublé, l'on ignore la cause ;
Chacun diversement soupçonne quelque chose :
Tous présument qu'il ait un grand sujet d'ennui,
Et qu'il mande Cinna pour prendre avis de lui.
Mais ce qui m'embarrasse, et que je viens d'apprendre,
C'est que deux inconnus se sont saisis d'Évandre,
Qu'Euphorbe est arrêté sans qu'on sache pourquoi.
Que même de son maître on dit je ne sais quoi :
On lui veut imputer un désespoir funeste ;
On parle d'eaux, de Tibre, et l'on se tait du reste.

ÉMILIE.

Que de sujets de craindre et de désespérer,
Sans que mon triste cœur en daigne murmurer !
A chaque occasion le ciel y fait descendre
Un sentiment contraire à celui qu'il doit prendre :

Une vaine frayeur tantôt m'a pu troubler,
Et je suis insensible alors qu'il faut trembler.
  Je vous entends, grands Dieux! vos bontés que j'adore
Ne peuvent consentir que je me déshonore;
Et ne me permettant soupirs, sanglots, ni pleurs,
Soutiennent ma vertu contre de tels malheurs.
Vous voulez que je meure avec ce grand courage
Qui m'a fait entreprendre un si fameux ouvrage;
Et je veux bien périr comme vous l'ordonnez,
Et dans la même assiette où vous me retenez.
  O liberté de Rome! ô mânes de mon père!
J'ai fait de mon côté tout ce que j'ai pu faire :
Contre votre tyran j'ai ligué ses amis,
Et plus osé pour vous qu'il ne m'étoit permis.
Si l'effet a manqué, ma gloire n'est pas moindre;
N'ayant pu vous venger, je vous irai rejoindre,
Mais si fumante encor d'un généreux courroux,
Par un trépas si noble et si digne de vous,
Qu'il vous fera sur l'heure aisément reconnoître
Le sang des grands héros dont vous m'avez fait naître.

SCÈNE V

MAXIME, ÉMILIE, FULVIE.

ÉMILIE.

Mais je vous vois, Maxime, et l'on vous faisoit mort!

MAXIME.

Euphorbe trompe Auguste avec ce faux rapport :
Se voyant arrêté, la trame découverte,
Il a feint ce trépas pour empêcher ma perte.

ÉMILIE.

Que dit-on de Cinna?

MAXIME.

Que son plus grand regret
C'est de voir que César sait tout votre secret;

En vain il le dénie et le veut méconnoître,
Évandre a tout conté pour excuser son maître,
Et par l'ordre d'Auguste on vient vous arrêter.

ÉMILIE.

Celui qui l'a reçu tarde à l'exécuter :
Je suis prête à le suivre et lasse de l'attendre.

MAXIME.

Il vous attend chez moi.

ÉMILIE.

Chez vous!

MAXIME.

C'est vous surprendre;
Mais apprenez le soin que le ciel a de vous :
C'est un des conjurés qui va fuir avec nous.
Prenons notre avantage avant qu'on nous poursuive;
Nous avons pour partir un vaisseau sur la rive.

ÉMILIE.

Me connois-tu, Maxime, et sais-tu qui je suis?

MAXIME.

En faveur de Cinna je fais ce que je puis,
Et tâche à garantir de ce malheur extrême
La plus belle moitié qui reste de lui-même.
Sauvons-nous, Émilie, et conservons le jour,
Afin de le venger par un heureux retour.

ÉMILIE.

Cinna dans son malheur est de ceux qu'il faut suivre,
Qu'il ne faut pas venger, de peur de lui survivre :
Quiconque après sa perte aspire à se sauver
Est indigne du jour qu'il tâche à conserver.

MAXIME.

Quel désespoir aveugle à ces fureurs vous porte?
O Dieux! que de foiblesse en une âme si forte!
Ce cœur si généreux rend si peu de combat,
Et du premier revers la fortune l'abat!
Rappelez, rappelez cette vertu sublime;
Ouvrez enfin les yeux, et connoissez Maxime :

C'est un autre Cinna qu'en lui vous regardez ;
Le ciel vous rend en lui l'amant que vous perdez ;
Et, puisque l'amitié n'en faisoit plus qu'une âme,
Aimez en cet ami l'objet de votre flamme ;
Avec la même ardeur il saura vous chérir,
Que....

ÉMILIE.

Tu m'oses aimer, et tu n'oses mourir !
Tu prétends un peu trop ; mais, quoi que tu prétendes,
Rends-toi digne du moins de ce que tu demandes :
Cesse de fuir en lâche un glorieux trépas,
Ou de m'offrir un cœur que tu fais voir si bas ;
Fais que je porte envie à ta vertu parfaite ;
Ne te pouvant aimer, fais que je te regrette ;
Montre d'un vrai Romain la dernière vigueur,
Et mérite mes pleurs au défaut de mon cœur.
Quoi ! si ton amitié pour Cinna s'intéresse,
Crois-tu qu'elle consiste à flatter sa maîtresse ?
Apprends, apprends de moi quel en est le devoir,
Et donne-m'en l'exemple, ou viens le recevoir.

MAXIME.

Votre juste douleur est trop impétueuse.

ÉMILIE.

La tienne en ta faveur est trop ingénieuse.
Tu me parles déjà d'un bienheureux retour,
Et dans tes déplaisirs tu conçois de l'amour !

MAXIME.

Cet amour en naissant est toutefois extrême :
C'est votre amant en vous, c'est mon ami que j'aime,
Et des mêmes ardeurs dont il fut embrasé....

ÉMILIE.

Maxime, en voilà trop pour un homme avisé.
Ma perte m'a surprise, et ne m'a point troublée ;
Mon noble désespoir ne m'a point aveuglée.
Ma vertu toute entière agit sans s'émouvoir,
Et je vois malgré moi plus que je ne veux voir.

MAXIME.
Quoi? vous suis-je suspect de quelque perfidie?
ÉMILIE.
Oui, tu l'es, puisqu'enfin tu veux que je le die;
L'ordre de notre fuite est trop bien concerté
Pour ne te soupçonner d'aucune lâcheté :
Les Dieux seroient pour nous prodigues en miracles,
S'ils en avoient sans toi levé tous les obstacles.
Fuis sans moi, tes amours sont ici superflus.
MAXIME.
Ah! vous m'en dites trop.
ÉMILIE.
J'en présume encor plus.
Ne crains pas toutefois que j'éclate en injures;
Mais n'espère non plus m'éblouir de parjures.
Si c'est te faire tort que de m'en défier,
Viens mourir avec moi pour te justifier.
MAXIME.
Vivez, belle Émilie, et souffrez qu'un esclave...
ÉMILIE.
Je ne t'écoute plus qu'en présence d'Octave.
Allons, Fulvie, allons.

SCÈNE VI

MAXIME.

Désespéré, confus,
Et digne, s'il se peut, d'un plus cruel refus,
Que résous-tu, Maxime? et quel est le supplice
Que ta vertu prépare à ton vain artifice?
Aucune illusion ne te doit plus flatter :
Émilie en mourant va tout faire éclater;
Sur un même échafaud la perte de sa vie
Etalera sa gloire et ton ignominie,

Et sa mort va laisser à la postérité
L'infâme souvenir de ta déloyauté.
Un même jour t'a vu, par une fausse adresse,
Trahir ton souverain, ton ami, ta maîtresse,
Sans que de tant de droits en un jour violés,
Sans que de deux amants au tyran immolés,
Il te reste aucun fruit que la honte et la rage
Qu'un remords inutile allume en ton courage.
 Euphorbe, c'est l'effet de tes lâches conseils;
Mais que peut-on attendre enfin de tes pareils?
Jamais un affranchi n'est qu'un esclave infâme;
Bien qu'il change d'état, il ne change point d'âme;
La tienne, encor servile, avec la liberté
N'a pu prendre un rayon de générosité :
Tu m'as fait relever une injuste puissance;
Tu m'as fait démentir l'honneur de ma naissance;
Mon cœur te résistoit, et tu l'as combattu
Jusqu'à ce que ta fourbe ait souillé sa vertu.
Il m'en coûte la vie, il m'en coûte la gloire,
Et j'ai tout mérité pour t'avoir voulu croire;
Mais les Dieux permettront à mes ressentiments
De te sacrifier aux yeux des deux amants,
Et j'ose m'assurer qu'en dépit de mon crime
Mon sang leur servira d'assez pure victime,
Si dans le tien mon bras, justement irrité,
Peut laver le forfait de t'avoir écouté.

FIN DU QUATRIÈME ACTE.

ACTE V

SCÈNE PREMIÈRE

AUGUSTE, CINNA.

AUGUSTE.

Prends un siège, Cinna, prends, et sur toute chose
Observe exactement la loi que je t'impose :
Prête, sans me troubler, l'oreille à mes discours ;
D'aucun mot, d'aucun cri, n'en interromps le cours ;
Tiens ta langue captive ; et, si ce grand silence
A ton émotion fait quelque violence,
Tu pourras me répondre après tout à loisir :
Sur ce point seulement contente mon désir.

CINNA.

Je vous obéirai, Seigneur.

AUGUSTE.

Qu'il te souvienne
De garder ta parole, et je tiendrai la mienne.
Tu vois le jour, Cinna ; mais ceux dont tu le tiens
Furent les ennemis de mon père, et les miens :
Au milieu de leur camp tu reçus la naissance ;
Et, lorsqu'après leur mort tu vins en ma puissance,
Leur haine enracinée au milieu de ton sein
T'avoit mis contre moi les armes à la main ;
Tu fus mon ennemi, même avant que de naître,
Et tu le fus encor, quand tu me pus connoître,
Et l'inclination jamais n'a démenti
Ce sang qui t'avoit fait du contraire parti :
Autant que tu l'as pu, les effets l'ont suivie.
Je ne m'en suis vengé qu'en te donnant la vie ;

Mademoiselle DUDLAY
Rôle d'Émilie.
D'après une photographie de Chalot.

Je te fis prisonnier pour te combler de biens;
Ma cour fut ta prison, mes faveurs tes liens;
Je te restituai d'abord ton patrimoine;
Je t'enrichis après des dépouilles d'Antoine,
Et tu sais que depuis, à chaque occasion,
Je suis tombé pour toi dans la profusion.
Toutes les dignités que tu m'as demandées,
Je te les ai sur l'heure et sans peine accordées;
Je t'ai préféré même à ceux dont les parents
Ont jadis dans mon camp tenu les premiers rangs,
A ceux qui de leur sang m'ont acheté l'empire,
Et qui m'ont conservé le jour que je respire.
De la façon enfin qu'avec toi j'ai vécu,
Les vainqueurs sont jaloux du bonheur du vaincu.
Quand le ciel me voulut, en rappelant Mécène,
Après tant de faveur montrer un peu de haine,
Je te donnai sa place en ce triste accident,
Et te fis, après lui, mon plus cher confident.
Aujourd'hui même encor, mon âme irrésolue
Me pressant de quitter ma puissance absolue,
De Maxime et de toi j'ai pris les seuls avis,
Et ce sont, malgré lui, les tiens que j'ai suivis.
Bien plus, ce même jour je te donne Émilie,
Le digne objet des vœux de toute l'Italie,
Et qu'ont mise si haut mon amour et mes soins,
Qu'en te couronnant roi je t'aurois donné moins.
Tu t'en souviens, Cinna : tant d'heur et tant de gloire
Ne peuvent pas sitôt sortir de ta mémoire;
Mais ce qu'on ne pourroit jamais s'imaginer,
Cinna, tu t'en souviens, et veux m'assassiner.

CINNA.

Moi, Seigneur! moi, que j'eusse une âme si traîtresse;
Qu'un si lâche dessein....

AUGUSTE.

              Tu tiens mal ta promesse :
Sieds-toi, je n'ai pas dit encor ce que je veux;

Tu te justifieras après, si tu le peux.
Écoute cependant, et tiens mieux ta parole.
 Tu veux m'assassiner demain, au Capitole,
Pendant le sacrifice, et ta main pour signal
Me doit, au lieu d'encens, donner le coup fatal ;
La moitié de tes gens doit occuper la porte,
L'autre moitié te suivre et te prêter main-forte.
Ai-je de bons avis, ou de mauvais soupçons ?
De tous ces meurtriers te dirai-je les noms ?
Procule, Glabrion, Virginian, Rutile,
Marcel, Plaute, Lénas, Pompone, Albin, Icile,
Maxime, qu'après toi j'avois le plus aimé ;
Le reste ne vaut pas l'honneur d'être nommé :
Un tas d'hommes perdus de dettes et de crimes,
Que pressent de mes lois les ordres légitimes,
Et qui désespérant de les plus éviter,
Si tout n'est renversé, ne sauroient subsister.
 Tu te tais maintenant, et gardes le silence,
Plus par confusion que par obéissance.
Quel étoit ton dessein, et que prétendois-tu
Après m'avoir au temple à tes pieds abattu ?
Affranchir ton pays d'un pouvoir monarchique !
Si j'ai bien entendu tantôt ta politique,
Son salut désormais dépend d'un souverain
Qui pour tout conserver tienne tout en sa main ;
Et si sa liberté te faisoit entreprendre,
Tu ne m'eusses jamais empêché de la rendre ;
Tu l'aurois acceptée au nom de tout l'État,
Sans vouloir l'acquérir par un assassinat.
Quel étoit donc ton but ? D'y régner en ma place ?
D'un étrange malheur son destin le menace,
Si pour monter au trône et lui donner la loi
Tu ne trouves dans Rome autre obstacle que moi,
Si jusques à ce point son sort est déplorable,
Que tu sois après moi le plus considérable,
Et que ce grand fardeau de l'empire romain

Ne puisse après ma mort tomber mieux qu'en ta main.
 Apprends à te connoître, et descends en toi-même :
On t'honore dans Rome, on te courtise, on t'aime,
Chacun tremble sous toi, chacun t'offre des vœux ;
Ta fortune est bien haut, tu peux ce que tu veux ;
Mais tu ferois pitié même à ceux qu'elle irrite,
Si je t'abandonnois à ton peu de mérite.
Ose me démentir, dis-moi ce que tu vaux,
Conte-moi tes vertus, tes glorieux travaux,
Les rares qualités par où tu m'as dû plaire,
Et tout ce qui t'élève au-dessus du vulgaire.
Ma faveur fait ta gloire, et ton pouvoir en vient :
Elle seule t'élève, et seule te soutient ;
C'est elle qu'on adore, et non pas ta personne :
Tu n'as crédit ni rang qu'autant qu'elle t'en donne,
Et pour te faire choir je n'aurois aujourd'hui
Qu'à retirer la main qui seule est ton appui.
J'aime mieux toutefois céder à ton envie :
Règne, si tu le peux, aux dépens de ma vie ;
Mais oses-tu penser que les Serviliens,
Les Cosses, les Métels, les Pauls, les Fabiens,
Et tant d'autres enfin de qui les grands courages
Des héros de leur sang sont les vives images,
Quittent le noble orgueil d'un sang si généreux
Jusqu'à pouvoir souffrir que tu règnes sur eux ?
Parle, parle, il est temps.

CINNA.

 Je demeure stupide ;
Non que votre colère ou la mort m'intimide :
Je vois qu'on m'a trahi, vous m'y voyez rêver,
Et j'en cherche l'auteur sans le pouvoir trouver.
 Mais c'est trop y tenir toute l'âme occupée :
Seigneur, je suis Romain, et du sang de Pompée ;
Le père et les deux fils, lâchement égorgés,
Par la mort de César étoient trop peu vengés.
C'est là d'un beau dessein l'illustre et seule cause ;

Et puisqu'à vos rigueurs la trahison m'expose,
N'attendez point de moi d'infâmes repentirs,
D'inutiles regrets, ni de honteux soupirs.
Le sort vous est propice autant qu'il m'est contraire;
Je sais ce que j'ai fait, et ce qu'il vous faut faire :
Vous devez un exemple à la postérité,
Et mon trépas importe à votre sûreté.

AUGUSTE.

Tu me braves, Cinna, tu fais le magnanime,
Et loin de t'excuser, tu couronnes ton crime.
Voyons si ta constance ira jusques au bout.
Tu sais ce qui t'est dû, tu vois que je sais tout :
Fais ton arrêt toi-même, et choisis tes supplices.

SCÈNE II

AUGUSTE, LIVIE, CINNA, ÉMILIE, FULVIE.

LIVIE.

Vous ne connoissez pas encor tous les complices :
Votre Émilie en est, Seigneur, et la voici.

CINNA.

C'est elle-même, ô Dieux!

AUGUSTE.

Et toi, ma fille, aussi!

ÉMILIE.

Oui, tout ce qu'il a fait, il l'a fait pour me plaire,
Et j'en étois, Seigneur, la cause et le salaire.

AUGUSTE.

Quoi? l'amour qu'en ton cœur j'ai fait naître aujourd'hui
T'emporte-t-il déjà jusqu'à mourir pour lui?
Ton âme à ces transports un peu trop s'abandonne,
Et c'est trop tôt aimer l'amant que je te donne.

ÉMILIE.

Cet amour qui m'expose à vos ressentiments
N'est point le prompt effet de vos commandements ;
Ces flammes dans nos cœurs sans votre ordre étoient nées,
Et ce sont des secrets de plus de quatre années ;
Mais quoique je l'aimasse et qu'il brûlât pour moi,
Une haine plus forte à tous deux fit la loi ;
Je ne voulus jamais lui donner d'espérance,
Qu'il ne m'eût de mon père assuré la vengeance ;
Je la lui fit jurer ; il chercha des amis :
Le ciel rompt le succès que je m'étois promis,
Et je vous viens, Seigneur, offrir une victime,
Non pour sauver sa vie en me chargeant du crime :
Son trépas est trop juste après son attentat,
Et toute excuse est vaine en un crime d'État :
Mourir en sa présence, et rejoindre mon père,
C'est tout ce qui m'amène, et tout ce que j'espère.

AUGUSTE.

Jusques à quand, ô ciel, et par quelle raison
Prendrez-vous contre moi des traits dans ma maison ?
Pour ses débordements j'en ai chassé Julie ;
Mon amour en sa place a fait choix d'Émilie,
Et je la vois comme elle indigne de ce rang.
L'une m'ôtoit l'honneur, l'autre a soif de mon sang ;
Et prenant toutes deux leur passion pour guide,
L'une fut impudique, et l'autre est parricide.
O ma fille ! est-ce là le prix de mes bienfaits ?

ÉMILIE.

Ceux de mon père en vous firent mêmes effets.

AUGUSTE.

Songe avec quel amour j'élevai ta jeunesse.

ÉMILIE.

Il éleva la vôtre avec même tendresse ;
Il fut votre tuteur, et vous son assassin ;
Et vous m'avez au crime enseigné le chemin :
Le mien d'avec le vôtre en ce point seul diffère,

Que votre ambition s'est immolé mon père,
Et qu'un juste courroux, dont je me sens brûler,
A son sang innocent vouloit vous immoler.

LIVIE.

C'en est trop, Émilie : arrête, et considère
Qu'il t'a trop bien payé les bienfaits de ton père :
Sa mort, dont la mémoire allume ta fureur,
Fut un crime d'Octave, et non de l'Empereur.
Tous ces crimes d'État qu'on fait pour la couronne,
Le ciel nous en absout alors qu'il nous la donne,
Et dans le sacré rang où sa faveur l'a mis,
Le passé devient juste et l'avenir permis.
Qui peut y parvenir ne peut être coupable ;
Quoi qu'il ait fait ou fasse, il est inviolable :
Nous lui devons nos biens, nos jours sont en sa main,
Et jamais on n'a droit sur ceux du souverain.

ÉMILIE.

Aussi dans le discours que vous venez d'entendre,
Je parlois pour l'aigrir, et non pour me défendre.
Punissez donc, Seigneur, ces criminels appas
Qui de vos favoris font d'illustres ingrats ;
Tranchez mes tristes jours pour assurer les vôtres
Si j'ai séduit Cinna, j'en séduirai bien d'autres ;
Et je suis plus à craindre, et vous plus en danger,
Si j'ai l'amour ensemble et le sang à venger.

CINNA.

Que vous m'ayez séduit, et que je souffre encore
D'être déshonoré par celle que j'adore !
Seigneur, la vérité doit ici s'exprimer :
J'avois fait ce dessein avant que de l'aimer.
A mes plus saints désirs la trouvant inflexible,
Je crus qu'à d'autres soins elle seroit sensible :
Je parlai de son père et de votre rigueur,
Et l'offre de mon bras suivit celle du cœur.
Que la vengeance est douce à l'esprit d'une femme !
Je l'attaquai par là, par là je pris son âme ;

Dans mon peu de mérite elle me négligeoit,
Et ne put négliger le bras qui la vengeoit :
Elle n'a conspiré que par mon artifice;
J'en suis le seul auteur, elle n'est que complice.

ÉMILIE.

Cinna, qu'oses-tu dire? est-ce là me chérir,
Que de m'ôter l'honneur quand il me faut mourir?

CINNA.

Mourez, mais en mourant ne souillez point ma gloire.

ÉMILIE.

La mienne se flétrit, si César te veut croire.

CINNA.

Et la mienne se perd, si vous tirez à vous
Toute celle qui suit de si généreux coups.

ÉMILIE.

Eh bien! prends-en ta part, et me laisse la mienne;
Ce seroit l'affoiblir que d'affoiblir la tienne :
La gloire et le plaisir, la honte et les tourments,
Tout doit être commun entre de vrais amants.
Nos deux âmes, Seigneur, sont deux âmes romaines;
Unissant nos désirs, nous unîmes nos haines;
De nos parents perdus le vif ressentiment
Nous apprit nos devoirs en un même moment ;
En ce noble dessein nos cœurs se rencontrèrent;
Nos esprits généreux ensemble le formèrent;
Ensemble nous cherchons l'honneur d'un beau trépas ;
Vous vouliez nous unir, ne nous séparez pas.

AUGUSTE.

Oui, je vous unirai, couple ingrat et perfide,
Et plus mon ennemi qu'Antoine ni Lépide;
Oui, je vous unirai, puisque vous le voulez :
Il faut bien satisfaire aux feux dont vous brûlez,
Et que tout l'univers, sachant ce qui m'anime,
S'étonne du supplice aussi bien que du crime.

SCÈNE III

AUGUSTE, LIVIE, CINNA, MAXIME, ÉMILIE, FULVIE.

AUGUSTE.

Mais enfin le ciel m'aime, et ses bienfaits nouveaux
Ont enlevé Maxime à la fureur des eaux.
Approche, seul ami que j'éprouve fidèle.

MAXIME.

Honorez moins, Seigneur, une âme criminelle.

AUGUSTE.

Ne parlons plus de crime après ton repentir,
Après que du péril tu m'as su garantir :
C'est à toi que je dois et le jour et l'empire.

MAXIME.

De tous vos ennemis connoissez mieux le pire :
Si vous régnez encor, Seigneur, si vous vivez,
C'est ma jalouse rage à qui vous le devez.
Un vertueux remords n'a point touché mon âme ;
Pour perdre mon rival j'ai découvert sa trame.
Euphorbe vous a feint que je m'étois noyé,
De crainte qu'après moi vous n'eussiez envoyé ;
Je voulois avoir lieu d'abuser Émilie,
Effrayer son esprit, la tirer d'Italie,
Et pensois la résoudre à cet enlèvement
Sous l'espoir du retour pour venger son amant ;
Mais au lieu de goûter ces grossières amorces,
Sa vertu combattue a redoublé ses forces.
Elle a lu dans mon cœur ; vous savez le surplus,
Et je vous en ferois des récits superflus.
Vous voyez le succès de mon lâche artifice.
Si pourtant quelque grâce est due à mon indice,
Faites périr Euphorbe au milieu des tourments,

Et souffrez que je meure aux yeux de ces amants.
J'ai trahi mon ami, ma maîtresse, mon maître,
Ma gloire, mon pays, par l'avis de ce traître,
Et croirai toutefois mon bonheur infini,
Si je puis m'en punir après l'avoir puni.

AUGUSTE.

En est-ce assez, ô ciel! et le sort, pour me nuire,
A-t-il quelqu'un des miens qu'il veuille encor séduire?
Qu'il joigne à ses efforts le secours des enfers:
Je suis maître de moi comme de l'univers;
Je le suis, je veux l'être. O siècles, ô mémoire,
Conservez à jamais ma dernière victoire!
Je triomphe aujourd'hui du plus juste courroux
De qui le souvenir puisse aller jusqu'à vous.
    Soyons amis, Cinna, c'est moi qui t'en convie:
Comme à mon ennemi je t'ai donné la vie,
Et malgré la fureur de ton lâche dessein,
Je te la donne encor comme à mon assassin.
Commençons un combat qui montre par l'issue
Qui l'aura mieux de nous ou donnée ou reçue.
Tu trahis mes bienfaits, je les veux redoubler;
Je t'en avois comblé, je t'en veux accabler :
Avec cette beauté que je t'avois donnée,
Reçois le consulat pour la prochaine année.
    Aime Cinna, ma fille, en cet illustre rang,
Préfères-en la pourpre à celle de mon sang;
Apprends sur mon exemple à vaincre ta colère :
Te rendant un époux, je te rends plus qu'un père.

ÉMILIE.

Et je me rends, Seigneur, à ces hautes bontés;
Je recouvre la vue auprès de leurs clartés:
Je connois mon forfait, qui me sembloit justice;
Et, ce que n'avoit pu la terreur du supplice,
Je sens naître en mon âme un repentir puissant,
Et mon cœur en secret me dit qu'il y consent.
    Le ciel a résolu votre grandeur suprême;

Et pour preuve, Seigneur, je n'en veux que moi-même :
J'ose avec vanité me donner cet éclat,
Puisqu'il change mon cœur, qu'il veut changer l'État.
Ma haine va mourir, que j'ai crue immortelle ;
Elle est morte, et ce cœur devient sujet fidèle ;
Et prenant désormais cette haine en horreur,
L'ardeur de vous servir succède à sa fureur.

CINNA.

Seigneur, que vous dirai-je après que nos offenses
Au lieu de châtiments trouvent des récompenses ?
O vertu sans exemple ! ô clémence qui rend
Votre pouvoir plus juste, et mon crime plus grand !

AUGUSTE.

Cesse d'en retarder un oubli magnanime ;
Et tous deux avec moi faites grâce à Maxime :
Il nous a trahis tous ; mais ce qu'il a commis
Vous conserve innocents, et me rend mes amis.

(A Maxime.)

Reprends auprès de moi ta place accoutumée ;
Rentre dans ton crédit et dans ta renommée ;
Qu'Euphorbe de tous trois ait sa grâce à son tour ;
Et que demain l'hymen couronne leur amour.
Si tu l'aimes encor, ce sera ton supplice.

MAXIME.

Je n'en murmure point, il a trop de justice ;
Et je suis plus confus, Seigneur, de vos bontés
Que je ne suis jaloux du bien que vous m'ôtez.

CINNA.

Souffrez que ma vertu dans mon cœur rappelée
Vous consacre une foi lâchement violée,
Mais si ferme à présent, si loin de chanceler,
Que la chute du ciel ne pourroit l'ébranler.
Puisse le grand moteur des belles destinées,
Pour prolonger vos jours, retrancher nos années ;
Et moi, par un bonheur dont chacun soit jaloux,
Perdre pour vous cent fois ce que je tiens de vous !

LIVIE.

Ce n'est pas tout, Seigneur : une céleste flamme
D'un rayon prophétique illumine mon âme.
Oyez ce que les Dieux vous font savoir par moi ;
De votre heureux destin c'est l'immuable loi.
    Après cette action vous n'avez rien à craindre :
On portera le joug désormais sans se plaindre ;
Et les plus indomptés, renversant leurs projets,
Mettront toute leur gloire à mourir vos sujets ;
Aucun lâche dessein, aucune ingrate envie
N'attaquera le cours d'une si belle vie,
Jamais plus d'assassins ni de conspirateurs :
Vous avez trouvé l'art d'être maître des cœurs.
Rome, avec une joie et sensible et profonde,
Se démet en vos mains de l'empire du monde,
Vos royales vertus lui vont trop enseigner
Que son bonheur consiste à vous faire régner :
D'une si longue erreur pleinement affranchie,
Elle n'a plus de vœux que pour la monarchie,
Vous prépare déjà des temples, des autels,
Et le ciel une place entre les immortels ;
Et la postérité, dans toutes les provinces,
Donnera votre exemple aux plus généreux princes.

AUGUSTE.

J'en accepte l'augure, et j'ose l'espérer :
Ainsi toujours les Dieux vous daignent inspirer !
    Qu'on redouble demain les heureux sacrifices
Que nous leur offrirons sous de meilleurs auspices,
Et que vos conjurés entendent publier
Qu'Auguste a tout appris, et veut tout oublier.

FIN DU CINQUIÈME ET DERNIER ACTE

POLYEVCTE
MARTYR.
TRAGEDIE.

A PARIS,

Chez { ANTOINE DE SOMMAVILLE, en la Gallerie des Merciers, à l'Escu de France.
&
AVGVSTIN COVRBE', en la mesme Gallerie, à la Palme. } Au Palais.

M. DC. XLIII.
AVEC PRIVILEGE DV ROY.

PERSONNAGES	ACTEURS 1643	ACTEURS 1886
FÉLIX, sénateur romain, gouverneur d'Arménie..................................		M. Silvain.
POLYEUCTE, seigneur arménien, gendre de Félix................................		{ M. Mounet-Sully. { M. Dupont-Vernon.
SÉVÈRE, chevalier romain, favori de l'empereur Décie..........................		M. Laroche.
NÉARQUE, seigneur arménien, ami de Polyeucte............................		M Martel.
PAULINE, fille de Félix et femme de Polyeucte.		Mlle Dudlay.
STRATONICE, confidente de Pauline.......		Mlle Fayolle.
ALBIN, confident de Félix................		M. Villain.
FABIAN, domestique de Sévère...........		M. Hamel.
CLÉON, domestique de Félix.............		
Trois gardes.		

La scène est à Mélitène, capitale d'Arménie, dans le palais de Félix.

HISTOIRE DE *POLYEUCTE* AU THÉATRE

(1643-1886)

« Corneille était dans la force de l'âge et dans la première maturité du génie, de trente-trois à trente-quatre ans, lorsqu'il aborda ce grand et singulier sujet : *Polyeucte*[1]. Depuis longtemps on ne faisait plus en France de *Mystères*[2]. Ce genre, qui avait tant charmé et orné le moyen âge, surtout le moyen âge déclinant, avait été repoussé comme barbare et grossier lors de la renaissance des lettres. L'héritage des *Mystères* et des *Martyres* était à peu près oublié et perdu en France, quand Corneille, soit qu'il en ait repris l'idée dans la lecture des Espagnols et de ce qu'ils appelaient *Comédies sacrées*, soit qu'il ait été mis sur la voie par ces tristes pièces, le *Saül* de du Ryer ou le *Saint-Eustache* de Barreau, qui sont toutes deux de 1639, soit plutôt qu'il n'ait puisé le motif qu'en lui-même, en son génie naïvement religieux et dans ces vagues rumeurs des questions de la grâce qui grondaient alentour, rouvrit soudainement le genre sacré par *Polyeucte* et, chez nous, le fonda le premier dans l'art[3]. »

---

1. Comme nous le prouvons plus loin, *Polyeucte* est de 1643. C'est donc de trente-six à trente-sept ans qu'il faut dire.

2. « Sous le nom de *Mystères* on représentait généralement, à partir du quinzième siècle, les récits de l'Ancien et du Nouveau Testament, les vies des prophètes et des apôtres, celles des saints. Dieu, les Anges, la Vierge, le Christ, le Diable en étaient les personnages principaux. Le théâtre était divisé en trois compartiments : au-dessus était le paradis, au-dessous l'enfer, le monde au milieu ; l'événement se passait dans le compartiment du milieu, le dénouement s'accomplissait dans celui d'en haut ou dans celui d'en bas. Quant au dialogue, c'est le plus souvent une sorte de texte sacré, qui n'a de poétique que la rime. Tels ont été les humbles commencements de la tragédie. *Les confrères de la Passion* avaient seuls le pouvoir de jouer les *Mystères*. » D. Nisard, *Hist. de la Litt. franç.* t. II, p. 89.

3. Sainte-Beuve, *Port Royal*, t. I, p. 124.

C'est au début de l'année 1643 que parut *Polyeucte*. Une lettre, écrite en latin par un conseiller au Parlement, Claude Sarrau, à Corneille, et datée du 12 décembre 1642, ne laisse aucun doute à cet égard. Voici la traduction du passage qui nous intéresse : « Je désire surtout apprendre que votre muse et vous, vous vous portez bien, et aussi si vous songez à ajouter un quatrième chef-d'œuvre aux trois que vous avez déjà donnés au théâtre (le *Cid*, *Horace*, *Cinna*). J'ai ouï dire que vous vous occupiez d'un drame religieux. Dans votre réponse, mandez-moi, je vous prie, si votre travail touche à sa fin ou s'il est terminé. »

Polyeucte fut joué pour la première fois à l'Hôtel de Bourgogne. Dans sa *Pratique du théâtre françois*[1], d'Aubignac nous apprend que depuis peu d'années Barreau avait mis « sur le théâtre de l'Hôtel de Bourgogne le martyre de *saint Eustache*, et Corneille ceux de *Polyeucte* et de *Théodore* ». Un autre contemporain, l'abbé de Villiers, dans son *Entretien sur les tragédies de ce temps*, publié en 1670, nous fournit un témoignage tout aussi formel. Il fait parler ainsi un des personnages de son dialogue : « J'ai ouï dire que les comédiens de l'Hôtel de Bourgogne ne s'étoient pas plus mal trouvés des sujets saints et qu'ils avoient gagné plus d'argent au *Polyeucte* qu'à quelque autre tragédie qu'ils ayent représentée depuis[2]. »

On ne sait quels ont été les créateurs des rôles. Toutes les distributions qui ont été indiquées sont de pure fantaisie. Ce qui est certain, c'est l'éclatant succès que remporta ce nouveau chef-d'œuvre. « Quoique *Cinna*, disent les frères Parfaict[3], eût porté la tragédie à son plus haut point, on peut dire cependant que *Polyeucte* a eu plus de réussite et a produit un plus grand effet au théâtre. » L'enthousiasme, en effet, fut très vif chez tous ceux qui aimaient les émotions neuves et pathétiques. La reine Anne d'Autriche accepta la dédicace de la nouvelle tragédie. *Polyeucte* ne pouvait que plaire à sa vive piété. Cependant, si Corneille n'avait

---

1. « Livre IV, nouveau chapitre vi, manuscrit intitulé : *Des Discours de Piété*, dirigé principalement contre *Polyeucte et Théodore*. » Note de l'édition Marty-Laveaux.

2. Ce livre de l'abbé de Villiers est assez intéressant au point de vue de l'histoire de l'art dramatique ; l'auteur y traite de la tragédie religieuse et nous présente deux personnages : Timante, qui approuve les sujets saints au théâtre ; Cléarque qui, comme les habitués de l'Hôtel de Rambouillet, les condamne et les repousse.

3. *Histoire du Théâtre Français*.

pas eu foi en son œuvre, ce n'est pas la froideur à peine déguisée de l'Hôtel de Bourgogne qui l'eût encouragé à affronter le jugement du public.

Mais, avant de discuter les critiques qui furent adressées au poète par l'Hôtel de Rambouillet et acceptées par le plus grand nombre des célèbres contemporains de Corneille, tandis que le public charmé applaudissait sans réserve, il convient d'analyser ce drame religieux, de rappeler le récit qui l'a inspiré, d'établir la part de l'invention et celle de l'imitation, et de montrer enfin, par l'étude des caractères, quelles étaient la nouveauté et la grandeur du sujet.

Sévère, chevalier romain dont le nom était encore inconnu, aimait Pauline, fille du sénateur Félix. Rome n'avait jamais vu plus honnête homme.

Mais que sert le mérite où manque la fortune[1]?

Il fallait à Félix un gendre qui pût lui être utile. Quant à Pauline, bien que Sévère possédât son cœur, elle attendait un époux de la main d'un père : elle ne donnait à son amant aucune espérance; elle se contentait de pleurer avec lui.

Félix fut nommé gouverneur d'Arménie. Pauline le suivit, et Sévère désespéré

. . . . . S'en alla dans l'armée
Chercher d'un beau trépas l'illustre renommée[2].

Polyeucte, seigneur arménien, vit Pauline; elle lui plut, il demanda sa main. Comme il sortait du sang des rois et qu'il était le chef de la noblesse, Félix, assuré par cette alliance

D'être plus redoutable et plus considéré[3],

s'empressa de conclure le mariage. Pauline, victime des commandements de son père, donna « par devoir à l'affection » d'un mari

Tout ce que l'autre avoit par inclination[4].

1. *Pol.* I, 3.
2. *Pol.* I, 3.
3. *Pol.* I, 3.
4. *Pol.* I, 3.

Cependant Sévère s'était couvert de gloire dans un combat contre les Perses; il avait sauvé la vie à l'empereur Décie et était tombé sur le champ de bataille. Son corps n'avait pu être retrouvé. Le prince, voulant honorer sa mémoire, avait ordonné dans tout l'empire des services funèbres.

Le chrétien Néarque pressait son ami Polyeucte de recevoir le baptême. Celui-ci, uni à Pauline depuis quinze jours seulement, hésitait encore, non que son âme conservât des doutes, — ses yeux étaient dessillés, — mais parce que sa femme, effrayée d'un songe, le suppliait de ne point quitter le palais. Elle avait vu en rêve Sévère qu'elle croyait mort, l'œil ardent de colère, et lui reprochant sa trahison; Polyeucte, entouré d'une troupe de chrétiens qui le jetaient aux pieds de son rival; Félix même, un poignard à la main et prêt à frapper son gendre.

Polyeucte est sorti avec Néarque. Félix accourt tout troublé : Sévère n'est point mort! Il a été miraculeusement sauvé, et, proclamé le second de l'empire, il vient célébrer en Arménie un sacrifice en l'honneur de sa dernière victoire remportée sur les Perses ou plutôt, — car ce n'est là qu'un prétexte, — il vient pour épouser Pauline. Félix conjure sa fille de détourner le coup qui le menace. Sévère pourra-t-il oublier jamais que Polyeucte lui ait été préféré? Il faut que Pauline voie Sévère et lui parle. Le sacrifice est grand : Pauline, domptant ses sentiments, obéira une seconde fois.

Pauline aborde Sévère : elle lui dit simplement qu'elle aime Polyeucte. Elle avoue que, si elle n'eût point dépendu d'un père, nul autre que Sévère n'eût été son époux; mais son devoir était inexorable. Sévère se plaint et ne l'accuse pas. Il ira de nouveau chercher la mort dans les combats. « Puisse le ciel, ajoute-t-il dans un beau mouvement de générosité,

Combler d'heur et de jours Polyeucte et Pauline [1]!

Polyeucte est rentré sain et sauf : les craintes de Pauline étaient vaines. Il se rendra au temple où Félix l'appelle, non pour se mêler

1. *Pol.* II, 2.

à la foule superstitieuse, mais pour renverser les idoles et faire connaître à tous qu'il est chrétien. La confidente Stratonice vient raconter à sa maîtresse, restée seule au palais pendant le sacrifice, le *crime* que son époux a osé commettre. Félix fait périr sous les yeux de Polyeucte, Néarque son complice. Mais ce supplice, loin de l'ébranler, irrite son ardeur. A partir de ce moment, Polyeucte n'appartient plus à la terre : il désire le martyre. Félix oubliera que le sacrilège est l'époux de sa fille, s'il ne renonce point à son impiété. Il ordonne qu'on le mette en prison.

Les menaces avaient été impuissantes ; les larmes, et surtout les larmes d'une femme aimée, auront sans doute plus de force sur ce cœur obstiné. Pauline vient lui demander de se rétracter. Elle prie, pleure, insulte ; le héros résiste à tant d'assauts répétés. La mort pour son Dieu est le seul bien auquel il aspire. Si Pauline l'aime et veut le suivre, qu'elle se fasse chrétienne ! Sévère, mandé secrètement par Polyeucte, arrive à cette heure solennelle : Pauline s'étonne de sa présence en un pareil lieu et dans un tel moment. « C'est sur ma prière qu'il est venu, dit Polyeucte, qui défend la générosité de Sévère suspecté : vivant, je séparais deux amants ; ma mort va vous réunir. »

Sévère admire une telle grandeur d'âme : il accepte avec confusion le bonheur qui lui est rendu. Mais Pauline n'encourage pas ses espérances. Si *son* Polyeucte meurt, elle restera fidèle à une mémoire si chère.

Cependant Félix, se méprenant sur les véritables sentiments de Sévère qui veut sauver Polyeucte, et refusant de croire à la sincérité d'une telle démarche, n'hésitera point à perdre son gendre, s'il le faut, puisqu'il est chrétien, afin de conserver la faveur de l'Empereur Décie. Il demande une dernière fois au prisonnier d'abjurer sa nouvelle foi. Polyeucte, qui avait un moment faibli devant Pauline, méprise cette nouvelle attaque d'un beau-père qu'il plaint et auquel il pardonne : il est envoyé à la mort, c'est-à-dire à la gloire ! Sa prière la plus fervente est exaucée : Pauline, touchée tout à coup de la grâce en le voyant périr, devient chrétienne. Félix lui-même, que Sévère accable d'outrages pour un crime si horrible, oppose à ces cruels reproches une résignation toute chrétienne : la grâce est entrée aussi dans son cœur. Il ne redoute aucun tourment, il se sent fort avec l'appui de

Polyeucte et de Néarque. Sévère n'embrasse point la religion nouvelle : mais on comprend à ses paroles qu'il favorisera désormais les chrétiens et qu'un jour, qui n'est peut-être pas éloigné, « il les connaîtra mieux. »

  Corneille, nous l'avons vu dans l'histoire d'*Horace* au théâtre, ne craignait rien tant que le reproche de plagiat. Il ne voulait pas non plus qu'on pût l'accuser d'avoir composé « une aventure de roman ». Le héros de sa nouvelle tragédie n'était guère connu. Qui avait en effet entendu parler de *saint Polyeucte*, martyr? On rencontre souvent des esprits difficiles qui attribuent uniquement à l'effort de l'imagination du poète « toute histoire écartée dont ils ne trouvent rien dans leur souvenir ». C'est pour cette partie chagrine du public que Corneille se défendit du reproche immérité d'avoir introduit le roman dans le genre sévère de la tragédie, et de la tragédie sacrée. Il s'empressa d'indiquer la source où il avait puisé : c'est l'*Abrégé du martyre de saint Polyeucte* écrit par Siméon Métaphraste [1], rapporté par Surius [2] et augmenté dans les dernières éditions par Mosander [3]. Cet abrégé est en tête de sa tragédie de *Polyeucte*.

  Corneille lui-même résume ainsi le récit de Mosander : « Polyeucte et Néarque étoient deux cavaliers étroitement liés ensemble d'amitié ; ils vivoient en l'an 250, sous l'empire de Décius ; leur demeure étoit dans Mélitène, capitale d'Arménie ; leur religion étoit différente, Néarque étant chrétien et Polyeucte suivant encore la secte des gentils, mais ayant toutes les qualités dignes d'un chrétien et une grande inclination à le devenir. L'Empereur ayant fait publier un édit très rigoureux contre les chrétiens, cette publication donna un grand trouble à Néarque, non pour la crainte des supplices dont il étoit menacé, mais pour l'appréhension qu'il eut que leur amitié ne souffrît quelque séparation ou refroidissement de

---

 1 « Siméon Métaphraste, ainsi nommé parce qu'il a paraphrasé les vies des saints, est né dans le xe siècle, à Constantinople. Ce fut, dit-on, Constantin Porphyrogénète qui l'engagea à rassembler les vies des saints. » (Note de l'édition Marty-Laveaux.)

 2. Laurent Surius était un chartreux allemand, né à Lubeck en 1522. Il a tout à la fois abrégé et complété Siméon Métaphraste, en retranchant nombre de pages inutiles et en comblant au contraire plusieurs lacunes. Surius est mort en 1578.

 3. Mosander, écrivain allemand du xvie siècle, a ajouté au livre de Surius un supplément où Corneille a puisé le sujet de sa tragédie.

cet édit, vu les peines qui y étoient proposées à ceux de sa religion et les honneurs promis à ceux du parti contraire ; il en conçut un si profond déplaisir que son ami s'en aperçut ; et l'ayant obligé de lui en dire la cause, il prit de là occasion de lui ouvrir son cœur : « Ne craignez point, lui dit-il, que l'édit de l'Empereur nous désunisse ; j'ai vu cette nuit le Christ que vous adorez ; il m'a dépouillé d'une robe sale pour me revêtir d'une autre toute lumineuse, et m'a fait monter sur un cheval ailé pour le suivre : cette vision m'a résolu à faire ce qu'il y a longtemps que je médite ; le seul nom de chrétien me manque, et vous-même, toutes les fois que vous m'avez parlé de votre grand Messie, vous avez pu remarquer que je vous ai toujours écouté avec respect ; et quand vous m'avez lu sa vie et ses enseignements, j'ai toujours admiré la sainteté de ses actions et de ses discours. O Néarque ! si je ne me croyais pas indigne d'aller à lui sans être initié de ses mystères et avoir reçu la grâce de ses sacrements, que vous verriez éclater l'ardeur que j'ai de mourir pour sa gloire et le soutien de ses éternelles vérités ! » Néarque l'ayant éclairci du scrupule où il étoit, par l'exemple du bon larron, qui, en un moment, mérita le ciel, bien qu'il n'eût pas reçu le baptême, aussitôt, notre martyr, plein d'une sainte ferveur, prend l'édit de l'Empereur, crache dessus et le déchire en morceaux qu'il jette au vent ; et, voyant les idoles que le peuple portoit sur les autels pour les adorer, il les arrache à ceux qui les portoient, les brise contre terre et les foule aux pieds, étonnant tout le monde et son ami même par la chaleur de ce zèle qu'il n'avoit pas espéré.

« Son beau-père, Félix, qui avoit la commission de l'Empereur pour persécuter les chrétiens, ayant vu lui-même ce qu'avoit fait son gendre, saisi de douleur de voir l'espoir et l'appui de sa famille perdus, tâche d'ébranler sa constance, premièrement par de belles paroles, ensuite par des menaces, enfin par des coups qu'il lui fait donner par ses bourreaux sur tout le visage ; mais n'en ayant pu venir à bout, pour dernier effort, il lui envoie sa fille Pauline, afin de voir si ses larmes n'auroient point plus de pouvoir sur l'esprit d'un mari que n'avoient eu ses artifices et ses rigueurs. Il n'avance rien davantage par là ; au contraire, voyant que sa fermeté convertissoit beaucoup de païens, il le condamne à perdre la tête. Cet arrêt fut exécuté sur l'heure ; et le saint martyr, sans autre baptême que de son sang, s'en alla prendre possession de la gloire que Dieu a promise à ceux qui renonceroient à eux-mêmes pour l'amour de lui. »

A ce récit, Corneille a ajouté « le songe de Pauline, l'amour de Sévère, le baptême effectif de Polyeucte, le sacrifice pour la victoire de l'Empereur, la dignité de Félix, gouverneur d'Arménie, la mort de Néarque, la conversion de Pauline et de Félix. » Telle est la part de l'invention. Pour le reste, il est fidèle à la donnée historique. Quel critique assez sévère pourrait l'accuser d'avoir écrit une « aventure de roman » et d'avoir profané la sainteté de son sujet ?

Il faut admirer ici, comme le remarque judicieusement M. Félix Hémon dans son *Introduction* de Polyeucte « avec quelle modestie négligente ce mot significatif — *l'amour de Sévère* — est jeté là, comme en passant, et semble perdu à dessein dans l'énumération des menus incidents qui sont de la façon de Corneille. Serait-on si discret aujourd'hui, et s'appliquerait-on avec tant de conscience à dissimuler son mérite original ?[1] ». *L'amour de Sévère*! Mais c'est précisément tout ce qui fait la nouveauté du sujet. On n'avait pas encore mis aux prises sur la scène la foi religieuse et l'amour profane. Les drames sacrés qui avaient paru avant *Polyeucte*, et qui d'ailleurs n'étaient point faits pour l'Hôtel de Bourgogne, étaient exclusivement consacrés à l'honneur du christianisme. Et, si nous passons aux particularités que le poète a ajoutées pour son propre compte, nous voyons que là où il n'y avait qu'un fait divers de la longue et monotone histoire des martyrs, le poète sait créer une situation des plus dramatiques. A côté des personnages du récit de Mosander, d'autres, qui étaient à peine indiqués ou qui n'existaient point chez l'hagiographe, agissent et se meuvent dans une action rapide et touchante. Néarque était au premier plan dans *l'Abrégé du martyre de saint Polyeucte* ; le poète le relègue au second. Corneille connaît tous les secrets de son art. Ce n'est point ce chrétien qui doit attirer l'attention ; il faut que l'intérêt se concentre sur le personnage principal, qui est Polyeucte. De plus, l'auteur ne fait pas une pièce essentiellement religieuse ; bien qu'au dénouement, Pauline et Félix soit touchés de la grâce divine et que l'exemple des belles morts de Néarque et de Polyeucte amène cette

---

1. LE THÉATRE DE CORNEILLE, par Félix Hémon. *Introduction à la tragédie de Polyeucte*, chez Delagrave.

SAUVÉ DIT DE LA NOUE
(1701-1761)

CORNEILLE, XXVII

double conversion, dans toute la suite du drame, nous sommes émus par des passions purement terrestres, et, jusqu'au cinquième acte, Pauline reste païenne ; elle combat contre les résolutions chrétiennes de Polyeucte avec les seules armes du devoir humain et de l'amour conjugal. Le *Polyeucte* du biographe chrétien est complètement transformé dans la tragédie ; ce n'est plus un disciple du vieux Néarque qui attend que Dieu lui envoie un songe pour agir ; c'est un homme réfléchi, résolu, dont les yeux se dessillent lentement : mais quand il voit la vérité face à face, aucun obstacle ne saurait le retenir ; il brise tous les liens, même les plus chers ; c'est lui qui entraîne Néarque ; il ne pense plus qu'à son Dieu : il veut mourir pour lui. Quant à Pauline, il l'aime toujours, mais il est surtout attaché à l'âme de Pauline, dont il demande à Dieu le salut avec une ardente ferveur. Félix n'était qu'un simple mandataire des ordres de l'Empereur Décie contre les chrétiens ; Corneille en fait le gouverneur de la province d'Arménie. Dans ce poste élevé, Félix est contraint d'appliquer rigoureusement la loi, même contre son gendre qui l'a enfreinte. C'est là un sacrifice ; et, si ce sacrifice ne donne pas toute l'impression que Corneille espérait, c'est que le poète n'a pas su, il faut bien le reconnaître, prêter à cette figure de préfet romain une dignité et une noblesse qui pussent la relever à nos yeux. Quoi qu'il en soit, Félix, avant de condamner Polyeucte, use de tous les moyens qui sont en son pouvoir pour fléchir l'obstination d'un malheureux qu'il aime et dont il ne comprend pas encore l'esprit d'abnégation absolue et le détachement des intérêts du monde. Il le prie, le supplie, le menace, fait périr Néarque en sa présence, envoie Pauline dans la prison tenter un suprême effort, et ne se résout qu'à la dernière extrémité. En imaginant le baptême effectif de Polyeucte, Corneille, du moins pour le public de son temps, rend moins brutale l'action de renverser les idoles qui est excusée par l'ardeur du néophyte. C'est dans le temple même, à la face de Sévère, le lieutenant de l'Empereur, que Néarque et Polyeucte jettent à terre les statues des dieux. Félix, qui est témoin de cette impiété, ne peut se soustraire à l'obligation de punir les coupables, le crime ayant été commis sous les yeux du peuple assemblé et devant la majesté impériale représentée officiellement par Sévère. Pauline n'était que nommée dans le récit de Mosander ; le génie de Corneille fait de l'épouse de Polyeucte le plus beau type de femme de son théâtre. « Pauline représente l'honneur conjugal ; elle en a l'élévation, la pureté, la sévérité. Pauline n'aimait point son mari quand elle l'a épousé ; cependant le devoir, comme cela arrive dans les âmes honnêtes, a créé l'affection, et Pauline maintenant aime Polyeucte. Cette affection, née du devoir, pourra lutter contre l'inclination qu'elle a eue pour Sévère. Pauline n'est pas une femme insensible, et ce n'est pas sa froideur qui fait sa vertu. Elle croit à l'infirmité de la nature humaine, et elle s'en défie. Le secret de sa force est là : un péril bien connu est à demi surmonté. Outre l'idée qu'elle a de la faiblesse humaine, elle a une haute idée de l'honneur, et c'est ce qui la soutient et la fortifie [1]. » Quant au personnage de Sévère, entièrement imaginé par le poète, c'est une de ses plus belles créations. Il a orné ce héros de toutes les vertus humaines : il en a fait l'honnête homme, comme on disait de son temps ; le galant homme accompli, comme on dit aujourd'hui. Fidèle au système dramatique, qui lui a inspiré ses quatre premiers chefs-d'œuvre, véritable école de grandeur, le poète a créé Sévère plus grand que nature, et lui a prêté une générosité idéale qui excite notre admiration. On comprend que Sévère mérite tous les regrets de Pauline, surtout quand, sachant que Pauline est mariée à un autre, il fait des vœux pour le bonheur de sa maîtresse perdue et d'un rival heureux. Il n'est pas jusqu'au songe de Pauline qui ne soit une invention heureuse. Au premier abord, on pourrait croire que Corneille se conforme à la tradition classique : il était de règle qu'il y eût dans toute tragédie un songe qui fût, autant que possible, un des principaux ressorts de l'action. Nous en avons vu un dans *Horace*. Celui de Pauline, dans *Polyeucte*, tient à l'action : Pauline l'a eu la nuit même qui a précédé l'arrivée de Sévère à Mélitène. C'est un avertissement céleste qui tient en éveil et inquiète l'amour conjugal de Pauline. On le voit, la part de l'invention est belle, dans la tragédie de *Polyeucte*, aussi grande que dans *Cinna*, plus grande que dans *Horace* et dans le *Cid*.

Quant à l'unité d'action, la seule qu'il convienne d'exiger dans une pièce de théâtre, elle est scrupuleusement observée. *Polyeucte* est peut-être de toutes les tragédies du poète celle qui est le mieux composée. L'intérêt y est très clair et, ménagé avec art, grandit d'acte en acte, jusqu'au dénouement qui est très habilement amené. C'est

---

[1]. Saint-Marc-Girardin, *Cours de littérature dramatique*, t. IV, ch. LXVI.

aussi sa pièce la mieux écrite : il semble que le style s'élève avec les pensées. Dans aucune autre pièce de Corneille, le devoir ne triomphe avec plus de pureté.

L'hôtel de Rambouillet, cependant, ce tribunal littéraire auquel tous les poètes, même les plus illustres, se croyaient obligés de soumettre leurs œuvres nouvelles, ne goûta guère *Polyeucte*. « La pièce, dit Fontenelle, y fut applaudie autant que le demandoient la bienséance et la grande réputation que l'auteur avoit déjà; mais, quelques jours après, M. de Voiture vint trouver M. Corneille, et prit des tours fort délicats pour lui dire que *Polyeucte* n'avoit pas réussi comme il pensoit, que surtout le christianisme avoit extrêmement déplu. » L'évêque de Vence, Godeau, condamnait la témérité de Polyeucte, trouvait son zèle imprudent et coupable, car plusieurs synodes avaient expressément défendu ces sortes d'attentats commis par des chrétiens maladroits contre l'ordre et contre les lois. On était choqué d'entendre la confidente de Pauline, Stratonice, vomir tant d'injures contre les chrétiens. « Les idées du christianisme semblaient ne pouvoir se présenter décemment sur un théâtre dont le paganisme était tellement en possession qu'on n'osait y prononcer le mot de Dieu qu'au pluriel [1]. » On reprochait enfin à Corneille d'avoir choisi un sujet qui, par sa nature, était plutôt fait pour les collèges de l'Université que pour l'hôtel de Bourgogne. Tous les critiques du temps partagèrent l'opinion de l'hôtel de Rambouillet ; tous paraissent avoir condamné l'introduction du christianisme au théâtre. Ils pensaient que c'était profaner la religion et les grandes vertus qu'elle inspire que de les présenter sur une scène où régnaient seuls l'amour profane et la passion humaine. Ainsi Fénelon, dans son *Projet de tragédie* (*Lettre à l'Académie françoise*), ne dit pas un mot de *Polyeucte*. « Il me semble, écrit-il, qu'on pourroit donner aux tragédies une merveilleuse force, suivant les idées très philosophiques de l'antiquité, sans y mêler cet amour volage et déréglé qui fait tant de ravages. » N'y-a-t-il pas dans *Polyeucte* cette merveilleuse force que souhaite Fénelon? L'amour y est-il déréglé et volage? Est-ce là un spectacle où l'on n'étale que des passions corrompues? La sévérité des nations chrétiennes ne peut-elle s'accommoder de la foi ardente d'un Polyeucte, de la générosité d'un Sévère, de cet amour du devoir chez Pauline à la fois si simple et si grand? Ni la Bruyère dans ses *Caractères* (*les Ouvrages de l'esprit*), ni

[1]. Voy. *Corneille et son temps*, par Guizot, p. 200.

Racine dans son *Discours à l'Académie française* en réponse à celui de Thomas Corneille, n'ont rendu à *Polyeucte* l'hommage qui lui était dû. La Bruyère appelle Corneille l'auteur *d'Œdipe* et Racine donne à *Pompée* la place que *Polyeucte* devrait occuper. Seul Boileau reconnaissait que *Polyeucte* était le chef-d'œuvre de Corneille ; mais il ne l'a point dit où il aurait dû le dire, dans son *Art poétique*.

Ainsi donc, au dix-septième siècle, *Polyeucte* n'a pu trouver grâce devant ceux-là mêmes qui auraient dû partout se laisser ravir à la sublime tendresse répandue dans l'œuvre entière. C'est que le genre de la tragédie sacrée n'était déjà plus toléré. Les règles, dont les plus grands écrivains de l'époque ont été les scrupuleux observateurs, Corneille tout le premier, au risque même de sacrifier à leurs exigences souvent étroites de réelles et puissantes beautés, n'autorisaient plus l'introduction à la scène du christianisme. C'était assez pour que *Polyeucte* fût condamné sans retour. Ce qui touchait, remuait, ébranlait, c'était l'amour profane, ou subtil et galant, ou violent et emporté. On ne comprenait rien à ce pieux détachement de Polyeucte qui aimait sa femme plus que lui-même, mais beaucoup moins que son Dieu. Les précieuses de l'hôtel de Rambouillet le trouvaient peu galant, incivil et grossier. Elles soupiraient pour Sévère et plaignaient Pauline. Mme de Sévigné écrivait : « Madame la Dauphine disoit l'autre jour, en admirant Pauline de « *Polyeucte*: Eh bien voilà la plus honnête femme du monde, qui « n'aime point du tout son mari. » Madame la Dauphine et Mme de Sévigné se trompaient, aussi bien que le prince de Conti (*Traité de la comédie*) quand il portait sur *Polyeucte* ce jugement irréfléchi : « En vérité y a-t-il rien de plus sec et de moins agréable que ce qui est de saint dans cet ouvrage? Y a-t-il personne qui ne soit mille fois plus touché de l'affliction de Sévère lorsqu'il trouve Pauline mariée, que du martyre de Polyeucte? »

On pourrait s'étonner, au premier abord, du succès d'*Esther* et d'*Athalie* qui étaient aussi, comme *Polyeucte*, des drames sacrés. Mais ces deux tragédies n'étaient point destinées au théâtre ; c'était pour la maison de Saint-Cyr que, sur la prière de Mme de Maintenon, Racine les avait composées. De plus, les sujets n'étaient point chrétiens : ils étaient empruntés à l'histoire des Juifs.

Polyeucte ne fut guère mieux apprécié ni compris au dix-huitième siècle. Sans doute, l'arrêt de l'hôtel de Rambouillet fut revisé, mais on se méprit sur le sens et sur la véritable portée de cette tragédie. On poussa le même cri que Madame la Dauphine ; on porta avec moins de rigueur dans les termes, mais avec la même inexactitude au fond, le jugement du prince de Conti. Polyeucte fut relégué au second rang ; Sévère conquit le premier. Tout l'intérêt se reporta sur Sévère et sur Pauline, comme s'il se fût agi de Rodrigue et de Chimène. C'était faire tort à la vertu inébranlable de Pauline. Autrefois, Sévère a occupé sa pensée ; elle ne le dissimule pas, elle l'a aimé, quand elle le pouvait sans crime ; depuis qu'elle est devenue la femme de Polyeucte, son cœur est tout à son mari. Ainsi le public du dix-huitième siècle, le public littéraire et érudit, accepta sans examen le jugement de Voltaire sur la tragédie de Corneille : « C'est à Sévère qu'on s'intéresse et le public prend toujours, sans qu'il s'en aperçoive, le parti du héros amant contre le mari qui n'est que héros. » Quant au vrai public, le public qui n'est ni sceptique ni blasé, qui se laisse prendre simplement par ce qui est grand et beau, il admira du temps de Voltaire, comme à l'époque de Voiture et de Godeau, le caractère sublime de Polyeucte. C'est Voltaire lui-même qui le reconnaît en avouant, quelque part, à propos de *Polyeucte*, que « le parterre entier ne sera jamais philosophe ». Quoi qu'il en soit, le sentiment de Voltaire s'imposa à son siècle qui finit par reporter sa sympathie et son admiration de Polyeucte sur Sévère. Il faut avouer du reste que jusqu'en 1840 cette erreur de jugement a été partagée par nos meilleurs acteurs. Aux reprises fort rares qui ont eu lieu, le personnage de Sévère a toujours tenté plutôt que celui de Polyeucte les premiers tragédiens du Théâtre-Français. Baron, Beaubourg, Quinault-Dufresne, ont préféré jouer Sévère. Polyeucte a été interprété par des comédiens de second ordre : Dubocage qui y débuta en 1702, Dangeville qui s'y montra en 1730, Dorival, en 1776 et 1779. Cependant Lanoue (Jean-Baptiste Sauvé de Lanoue) (1701-1761) y a laissé un brillant souvenir. Bien que la nature n'eût point destiné Lanoue au théâtre — les dons physiques lui manquaient absolument — il dut à son intelligence profonde, à d'excellentes études faites d'abord à Meaux, où il naquit en 1701, et terminées à Paris, au collège d'Harcourt, la réputation assez grande et justement méritée qu'il a obtenue au théâtre. Il se retira en 1757, et il voulut paraître pour la dernière fois dans ce rôle de Polyeucte qu'il avait toujours fort bien rendu. Lanoue écrivit quelques pièces de comédie : à Strasbourg, les *Deux Bals* (1721) ; à Paris, le *Retour de Mars* (1735) ; *Mahomet II*, tragédie (1739) ; *Zélisca*, comédie-ballet en trois actes et en prose pour les fêtes du mariage du Dauphin (1746) ; la *Coquette corrigée*, sa meilleure œuvre (1756), où il joua le principal rôle, et qui eut beaucoup de succès. Après Lanoue, on cite encore, au commencement de ce siècle, Lafon et Damas, avant d'arriver à Beauvallet qui fut excellent, même à côté de Rachel. Lafon (Pierre) naquit en 1775, dans le Périgord. Elève de Dugazon, il débuta à la Comédie-Française, le 8 mai 1800, dans le rôle d'Achille d'*Iphigénie en Aulide*. Comme nous avons déjà eu l'occasion de le dire (*Histoire de Cinna au théâtre*, p. 199), il semblait mieux fait pour interpréter Racine que Corneille. Cependant dans *Cinna* et dans *Polyeucte* il s'est distingué. Fort intelligent et de bonne mine, il avait le geste noble, de la chaleur, une diction pompeuse qui convenaient assez aux personnages chevaleresques. Mais comme il était loin de Talma pour la simplicité, la vérité, la profondeur du jeu, pour la pureté de l'accent! Lafon est mort à Bordeaux, en 1846. Il avait quitté la Comédie-Française en 1828.

Talma n'a jamais interprété que Sévère ; il l'a joué pour la dernière fois en 1818, tandis que Polyeucte était représenté par Lafon. En 1840, Mlle Rachel dans Pauline et M. Beauvallet dans Polyeucte ont admirablement rendu les intentions du poète. Mlle Rachel a surtout insisté sur le côté religieux ; elle a senti qu'il fallait préparer la conversion de Pauline. Ce fut une révélation pour tous quand elle prononça d'un ton inspiré ce vers sublime :

Je vois, je sais, je crois, je suis désabusée. — V. 5. —

A partir de ce jour, *Polyeucte* fut apprécié justement. La critique, en général, acceptant l'interprétation de Mlle Rachel, reconnut que Polyeucte était le plus intéressant des personnages de la tragédie, et qu'il ne fallait voir dans ce drame chrétien ni un duo d'amour contrarié, comme on le croyait à l'hôtel de Rambouillet et dans le public lettré du dix-septième siècle, ni une pièce philosophique, comme on aimait à le proclamer au dix-huitième. Chose curieuse et vraiment digne d'être remarquée, c'est qu'après le premier enthousiasme passé pour la manière si neuve et si hardie de M¹¹ᵉ Rachel, l'effet, comme on dit au théâtre, fut tout entier pour Beauvallet, pour Polyeucte. Cela refroidit beaucoup l'illustre tragédienne, qui renonça à un rôle où elle avait cependant conquis tant de gloire [1]. Ce qui doit ressortir de ce déplacement du succès, c'est que le rôle de Pauline, joué comme il devait l'être, faisait mieux valoir la grandeur de celui de Polyeucte ; c'est que Polyeucte, interprété d'ailleurs avec beaucoup de talent, reprenait enfin dans l'admiration du public le rang qu'il méritait, c'est-à-dire le premier [2].

Polyeucte a pour interprètes actuels, à la Comédie-Française, dans les principaux rôles de Pauline, de Polyeucte, de Sévère et de Félix, M¹¹ᵉ Dudlay, MM. Mounet-Sully, Laroche et Silvain.

Le rôle de Pauline n'est point le meilleur de M¹¹ᵉ Dudlay. Elle n'en rend pas toute la tendresse ; mais elle se retrouve dans la célèbre apostrophe à Félix

Père barbare, achève, achève ton ouvrage, etc...

---

1. M¹¹ᵉ Rachel joua cependant ce rôle soixante fois. « Avec quelle ardeur, dit Jules Janin dans son histoire de *Rachel et la tragédie*, M¹¹ᵉ Rachel était tour à tour la femme obéissante à son mari, la fille qui résiste à son père, et cette Pauline adorable, à l'aise même avec Sévère qu'elle aime et dont elle est aimée, et qu'elle revoit après un an d'absence, comme si elle l'avait vu la veille ! Elle était surtout la Pauline de Corneille en tout ce quatrième acte admirable et rempli des émotions les plus touchantes, et comme enfin elle disait jusqu'aux nues ce grand cri : « Je vois ! Je crois ! » En ce moment solennel, tout brillait, tout parlait, tout brûlait en cette personne héroïque ; elle avait dix coudées, elle était immortelle ! »

Parmi les tragédiennes qui ont rendu ou essayé de rendre Pauline, on cite au XVIIᵉ siècle : M¹¹ᵉ Bélonde qui fut appelée à l'hôtel de Bourgogne en 1769 pour remplacer la Champmeslé et débuta dans ce rôle avec beaucoup de succès, mais qui ne sut point tenir les promesses qu'elle avait d'abord données ; Mᵐᵉ de Champvallon, qui, plus tard, réussit assez dans la comédie ; au XVIIIᵉ, Mᵐᵉ Dangeville (1707), la mère de la célèbre M¹¹ᵉ Dangeville, la soubrette incomparable ; M¹¹ᵉ Dubois, élève de M¹¹ᵉ Clairon ; au XIXᵉ, M¹¹ᵉ Duchesnois qui rendait avec Talma de la façon la plus touchante la scène de la première entrevue entre Pauline et Sévère; M¹¹ᵉ Fleury, qui jouait le rôle avec une sensibilité attendrissante.

A l'âge de quinze ans environ, Adrienne Lecouvreur joua le rôle de *Pauline* avec beaucoup de naturel et de vérité. Ce n'était pas encore à la Comédie-Française, mais dans la cour de l'hôtel de la présidente Le Jay, rue Garancière, devant un public aussi nombreux que choisi. Elle conquit tout de suite les suffrages les plus difficiles. Dès ce jour on ne douta ni de son admission à la Comédie-Française ni de la belle place qu'elle y occuperait.

Dans le rôle de Félix, on n'a guère distingué que Bercy (1729), et surtout Vanhove qui y était fort prisé.

2. Si l'on en croit Lemazurier, dans sa *Galerie des acteurs français*, à l'article BARON, p. 92, cet illustre comédien découvrait, dans le rôle de Sévère, grâce à sa rare intelligence,

Elle déploie dans ce passage une grande énergie. Une vive intelligence et un désir de toujours faire mieux, qui rendent Mlle Dudlay si intéressante et si sympathique, finiront bien par triompher dans ce rôle écrasant des passages difficiles où elle laisse quelque chose encore à désirer.

M. Mounet-Sully n'a pas compris, ou a compris autrement que le plus grand nombre, le rôle de Polyeucte. Je cite ici l'opinion d'un maître, M. Francisque Sarcey (Feuilleton du *Temps* du 27 Juillet 1885) : « Le grave tort de Mounet, c'est d'avoir fait de Polyeucte un extatique béat. Polyeucte, c'est un violent. Dans cette admirable scène où Pauline vient supplier son mari dans la prison, il y a un moment où Polyeucte est attendri. Sa femme s'empare de ces larmes et croit avoir cause gagnée. Mais elle est loin de compte, et Polyeucte s'écrie :

> J'en verse, et plût à Dieu qu'à force d'en verser
> Ce cœur trop endurci se pût enfin percer.....
> Mon Dieu ! de vos bontés il faut que je l'obtienne :
> Elle a trop de vertus pour n'être pas chrétienne.

des nuances délicates auxquelles l'auteur lui-même n'avait jamais songé. Ainsi, au 4ᵉ acte, quand il arrivait à ce vers :

> Nous en avons beaucoup pour être de vrais dieux :

« il s'approchait de Fabian, comme lorsqu'on craint d'être entendu ; et pour obliger ce confident à ne pas perdre un mot de ce qu'il allait lui dire, il lui mettait la main sur l'épaule. » Je ne sais, pour ma part, si ce geste familier convenait bien à la situation, et si la simplicité de Baron était noble et digne. De plus, Sévère, à ce moment, est ébranlé ; c'est presque en aparté que ce vers doit être dit : c'est moins une confidence qu'une réflexion personnelle. Lemazurier me semble avoir partagé l'erreur de son siècle qui prenait Sévère pour un sceptique. Quant à Baron, qui pourtant ne vivait point sous le règne littéraire de Voltaire, il a forcé la note en cet endroit de son rôle. Il la forçait encore, si comme le rapporte Lemazurier, il disait ce vers :

> Servez bien votre Dieu, servez votre monarque

de manière à annoncer clairement que Sévère permettait l'un et qu'il ordonnait l'autre, en homme qui regardait le service de l'Empereur comme plus indispensable que celui de la divinité. Ce vers est une variante du proverbe bien connu : « Il faut rendre à Dieu ce qui appartient à Dieu et à César ce qui appartient à César ; » et dans la disposition d'esprit où il est, Sévère doit donner ces deux conseils avec une impartiale autorité, sans insister sur le second. — Beaubourg était exagéré dans le rôle de Sévère ; Quinault-Dufresne s'y montrait plus simple et vrai, mais n'y plaisait point au parterre. Nommons encore Philippe Poisson (1682-1743) qui n'y était que passable. « Talma, dit Mlle Pauline de Meulan, plus tard Madame Guizot (*le Temps passé*, mélanges de critiques littéraires et morales). Talma joua le rôle de Sévère avec une simplicité simple et noble qui lui donnait un grand effet. »

« Mounet-Sully presse, en disant ces vers, sa femme sur son cœur. Ah! que Beauvallet les disait autrement! D'un ton pressant et simple, comme s'il disait : « Non, ce n'est pas possible; c'est une trop honnête femme pour qu'elle ne connaisse pas le vrai Dieu, » il s'écriait, en appuyant fortement sur les mots *il faut :*

> Mon Dieu! de vos bontés il faut que je l'obtienne. »

M. Mounet-Sully qui n'a joué, du moins à la Comédie-Française, le rôle de Polyeucte qu'un petit nombre de fois, semble l'avoir abandonné momentanément à son camarade M. Dupont-Vernon, comédien fort distingué, qui n'est que trop rarement mis à l'épreuve. M. Dupont-Vernon, à l'une des dernières reprises de cette tragédie, a joué Polyeucte avec chaleur et passion : il s'y est fait vivement applaudir, et la presse entière a rendu hommage au talent incontestable qu'il y a montré.

M. Laroche est correct, mais bien froid dans Sévère. Il tombe dans l'excès contraire : on mettait jadis Sévère au premier plan; il semble que M. Laroche veuille trop l'effacer.

Quant à M. Silvain, il a été tout à fait remarquable, au-dessus de toute comparaison, dans le rôle de Félix. Il a compris avec une rare intelligence les nuances qui composent ce curieux caractère. Il a relevé, dans la mesure voulue, ce personnage. M. Silvain fait de Félix un préfet qui sans doute tient à sa place plus qu'à toute autre affection; mais il gradue avec beaucoup d'art les sentiments divers et opposés par lesquels l'esprit de Félix passe successivement. Tour à tour effrayé à la nouvelle de l'arrivée soudaine de Sévère ; inquiet, troublé, mais comptant encore sur les raisons qu'il fera valoir pour le ramener dans la bonne voie, quand il voit Polyeucte renverser les idoles ; puis accablé d'une véritable douleur, quand il lui faut prendre une décision ; priant, menaçant, avant de sévir ; oubliant son gendre pour ne voir que la loi qu'il doit faire respecter, sans cesse préoccupé de ses fonctions auxquelles il subordonne tout le reste, M. Silvain a su nous montrer toutes les faces de ce caractère si complexe et si conforme à l'égoïsme humain.

Cette création véritable, — car on ne se souvient pas, on ne raconte pas non plus que les devanciers du jeune tragédien dans Félix aient remporté un succès aussi complet que lui — fait le plus grand honneur à M. Silvain [1].

---

[1]. Ce succès sans précédent dans un rôle qui, jusqu'à ce jour, n'était que toléré, quand il n'excitait point les rires du parterre, nous a engagé à donner en tête d'un des fascicules du *Théâtre de Corneille* le portrait de M. Silvain. Nous allons rapidement retracer, et, je crois, pour la première fois, la biographie du jeune tragédien. M. Silvain est né en 1852. Fils d'un brave capitaine de l'armée, fait officier de la Légion d'honneur sur le champ de bataille, M. Silvain, élevé à la Flèche, se présenta à Saint-Cyr où il fut admissible ; mais il avait une vocation irrésistible pour le théâtre. Dans l'intervalle des deux examens écrit et oral, son père mourut. Silvain put s'abandonner à son goût en toute liberté. Après des débuts difficiles en province où il joua le drame, à Carpentras et à Nîmes, la guerre éclata. Il se souvint qu'il était fils de soldat et s'engagea dans les francs-tireurs pour la durée de la campagne. La guerre terminée, rentré à Marseille, il trompa la tutelle d'un excellent oncle qui le croyait consciencieusement à son bureau dans l'administration où le brave homme avait eu grand peine à le caser, tandis qu'il prenait des leçons de déclamation d'un acteur de province, du nom de Derville. De Marseille il vint à Paris, joua au théâtre Beaumarchais où il eut comme camarade Raphaël Duflos, aujourd'hui lui aussi à la Comédie-Française, suivit les leçons de l'excellent Rey, nourri des bonnes traditions et metteur en scène, à cette époque, au théâtre de l'Odéon, puis fut engagé par Ballande pour ses matinées littéraires. Il entra à cette époque au Conservatoire dans la classe de Regnier. Il remporta à la fin de ses études un second prix de tragédie et un premier accessit de comédie, devient le premier sujet de la troupe du troisième Théâtre-Français instruite par Ballande et entra, en 1878, à la Comédie-Française sous la direction d'Émile Perrin. Ses rôles de début furent *Thésée*, dans Phèdre; *Géronte*, du Menteur, et *Narcisse*, de Britannicus. Il fut remarqué, surtout dans l'affranchi de Néron. M. Silvain est sociétaire depuis 1882. La succession de M. Maubant lui est réservée, mais le plus tard possible pour l'excellent don Diègue, bien entendu : le public verrait volontiers, en attendant, M. Silvain dans *Auguste*, de Cinna, qu'il n'a pas encore joué, et le reverrait avec plaisir dans celui de *Mithridate*, où il s'est essayé il y a quatre ans, non sans un succès assez vif.

POLYEUCTE, MARTYR

TRAGÉDIE CHRÉTIENNE

ACTE I

SCÈNE PREMIÈRE

POLYEUCTE, NÉARQUE.

NÉARQUE.
Quoi? vous vous arrêtez aux songes d'une femme !
De si foibles sujets troublent cette grande âme !
Et ce cœur tant de fois dans la guerre éprouvé
S'alarme d'un péril qu'une femme a rêvé !

POLYEUCTE.
Je sais ce qu'est un songe, et le peu de croyance
Qu'un homme doit donner à son extravagance,
Qui d'un amas confus des vapeurs de la nuit
Forme de vains objets que le réveil détruit;
Mais vous ne savez pas ce que c'est qu'une femme :
Vous ignorez quels droits elle a sur toute l'âme,
Quand après un long temps qu'elle a su nous charmer,
Les flambeaux de l'hymen viennent de s'allumer.
Pauline, sans raison dans la douleur plongée,
Craint et croit déjà voir ma mort qu'elle a songée;
Elle oppose ses pleurs au dessein que je fais,
Et tâche à m'empêcher de sortir du palais.
Je méprise sa crainte, et je cède à ses larmes ;
Elle me fait pitié sans me donner d'alarmes ;

Et mon cœur attendri, sans être intimidé,
N'ose déplaire aux yeux dont il est possédé.
L'occasion, Néarque, est-elle si pressante
Qu'il faille être insensible aux soupirs d'une amante ?
Par un peu de remise épargnons son ennui,
Pour faire en plein repos ce qu'il trouble aujourd'hui.

NÉARQUE.

Avez-vous cependant une pleine assurance
D'avoir assez de vie ou de persévérance ?
Et Dieu, qui tient votre âme et vos jours dans sa main,
Promet-il à vos vœux de le pouvoir demain ?
Il est toujours tout juste et tout bon ; mais sa grâce
Ne descend pas toujours avec même efficace ;
Après certains moments que perdent nos longueurs,
Elle quitte ces traits qui pénètrent les cœurs ;
Le nôtre s'endurcit, la repousse, l'égare :
Le bras qui la versoit en devient plus avare,
Et cette sainte ardeur qui doit porter au bien
Tombe plus rarement, ou n'opère plus rien.
Celle qui vous pressoit de courir au baptême,
Languissante déjà, cesse d'être la même,
Et pour quelques soupirs qu'on vous a fait ouïr,
Sa flamme se dissipe, et va s'évanouir.

POLYEUCTE.

Vous me connoissez mal : la même ardeur me brûle,
Et le désir s'accroît quand l'effet se recule.
Ces pleurs, que je regarde avec un œil d'époux,
Me laissent dans le cœur aussi chrétien que vous ;
Mais pour en recevoir le sacré caractère,
Qui lave nos forfaits dans une eau salutaire,
Et qui purgeant notre âme et dessillant nos yeux,
Nous rend le premier droit que nous avions aux cieux,
Bien que je le préfère aux grandeurs d'un empire,
Comme le bien suprême et le seul où j'aspire,
Je crois, pour satisfaire un juste et saint amour,
Pouvoir un peu remettre, et différer d'un jour.

NÉARQUE.

Ainsi du genre humain l'ennemi vous abuse :
Ce qu'il ne peut de force, il l'entreprend de ruse.
Jaloux des bons desseins qu'il tâche d'ébranler,
Quand il ne les peut rompre, il pousse à reculer ;
D'obstacle sur obstacle il va troubler le vôtre,
Aujourd'hui par des pleurs, chaque jour par quelque autre ;
Et ce songe rempli de noires visions
N'est que le coup d'essai de ses illusions :
Il met tout en usage, et prière, et menace ;
Il attaque toujours, et jamais ne se lasse ;
Il croit pouvoir enfin ce qu'encore il n'a pu,
Et que ce qu'on diffère est à demi rompu.
Rompez ses premiers coups ; laissez pleurer Pauline.
Dieu ne veut point d'un cœur où le monde domine,
Qui regarde en arrière, et douteux en son choix,
Lorsque sa voix l'appelle, écoute une autre voix.

POLYEUCTE.

Pour se donner à lui faut-il n'aimer personne ?

NÉARQUE.

Nous pouvons tout aimer : il le souffre, il l'ordonne ;
Mais à vous dire tout, ce seigneur des seigneurs
Veut le premier amour et les premiers honneurs.
Comme rien n'est égal à sa grandeur suprême,
Il ne faut rien aimer qu'après lui, qu'en lui-même,
Négliger, pour lui plaire, et femme, et biens, et rang,
Exposer pour sa gloire et verser tout son sang.
Mais que vous êtes loin de cette ardeur parfaite
Qui vous est nécessaire, et que je vous souhaite !
Je ne puis vous parler que les larmes aux yeux.
Polyeucte, aujourd'hui qu'on nous hait en tous lieux,
Qu'on croit servir l'État quand on nous persécute,
Qu'aux plus âpres tourments un chrétien est en butte,
Comment en pourrez-vous surmonter les douleurs,
Si vous ne pouvez pas résister à des pleurs ?

POLYEUCTE.

Vous ne m'étonnez point : la pitié qui me blesse
Sied bien aux plus grands cœurs, et n'a point de foiblesse.
Sur mes pareils, Néarque, un bel œil est bien fort :
Tel craint de le fâcher qui ne craint pas la mort;
Et s'il faut affronter les plus cruels supplices,
Y trouver des appas, en faire mes délices,
Votre Dieu, que je n'ose encor nommer le mien,
M'en donnera la force en me faisant chrétien.

NÉARQUE.

Hâtez-vous donc de l'être.

POLYEUCTE.

Oui, j'y cours, chez Néarque.
Je brûle d'en porter la glorieuse marque;
Mais Pauline s'afflige, et ne peut consentir,
Tant ce songe la trouble! à me laisser sortir.

NÉARQUE.

Votre retour pour elle en aura plus de charmes;
Dans une heure au plus tard vous essuierez ses larmes;
Et l'heur de vous revoir lui semblera plus doux,
Plus elle aura pleuré pour un si cher époux.
Allons, on nous attend.

POLYEUCTE.

Apaisez donc sa crainte,
Et calmez la douleur dont son âme est atteinte.
Elle revient.

NÉARQUE.

Fuyez.

POLYEUCTE.

Je ne puis.

NÉARQUE.

Il le faut :
Fuyez un ennemi qui sait votre défaut,
Qui le trouve aisément, qui blesse par la vue,
Et dont le coup mortel vous plaît quand il vous tue.

SCÈNE II

POLYEUCTE, NÉARQUE, PAULINE, STRATONICE.

POLYEUCTE.

Fuyons, puisqu'il le faut. Adieu, Pauline; adieu :
Dans une heure au plus tard je reviens en ce lieu.

PAULINE.

Quel sujet si pressant à sortir vous convie?
Y va-t-il de l'honneur? y va-t-il de la vie?

POLYEUCTE.

Il y va de bien plus.

PAULINE.

Quel est donc ce secret?

POLYEUCTE.

Vous le saurez un jour : je vous quitte à regret;
Mais enfin il le faut.

PAULINE.

Vous m'aimez?

POLYEUCTE.

Je vous aime,
Le ciel m'en soit témoin, cent fois plus que moi-même;
Mais....

PAULINE.

Mais mon déplaisir ne peut vous émouvoir!
Vous avez des secrets que je ne puis savoir!
Quelle preuve d'amour! Au nom de l'hyménée,
Donnez à mes soupirs cette seule journée.

POLYEUCTE.

Un songe vous fait peur!

PAULINE.
                        Ses présages sont vains,
Je le sais; mais enfin je vous aime, et je crains.
              POLYEUCTE.
Ne craignez rien de mal pour une heure d'absence.
Adieu : vos pleurs sur moi prennent trop de puissance;
Je sens déjà mon cœur prêt à se révolter,
Et ce n'est qu'en fuyant que j'y puis résister.

SCÈNE III

PAULINE, STRATONICE.

              PAULINE.
Va, néglige mes pleurs, cours, et te précipite
Au-devant de la mort que les Dieux m'ont prédite;
Suis cet agent fatal de tes mauvais destins,
Qui peut-être te livre aux mains des assassins.
  Tu vois, ma Stratonice, en quel siècle nous sommes :
Voilà notre pouvoir sur les esprits des hommes;
Voilà ce qui nous reste, et l'ordinaire effet
De l'amour qu'on nous offre, et des vœux qu'on nous fait.
Tant qu'ils ne sont qu'amants, nous sommes souveraines,
Et jusqu'à la conquête ils nous traitent de reines;
Mais après l'hyménée ils sont rois à leur tour.
              STRATONICE.
Polyeucte pour vous ne manque point d'amour;
S'il ne vous traite ici d'entière confidence,
S'il part malgré vos pleurs, c'est un trait de prudence;
Sans vous en affliger, présumez avec moi
Qu'il est plus à propos qu'il vous cèle pourquoi;
Assurez-vous sur lui qu'il en a juste cause.
Il est bon qu'un mari nous cache quelque chose,

Qu'il soit quelquefois libre, et ne s'abaisse pas
A nous rendre toujours compte de tous ses pas.
On n'a tous deux qu'un cœur qui sent mêmes traverses ;
Mais ce cœur a pourtant ses fonctions diverses,
Et la loi de l'hymen qui vous tient assemblés
N'ordonne pas qu'il tremble alors que vous tremblez.
Ce qui fait vos frayeurs ne peut le mettre en peine :
Il est Arménien, et vous êtes Romaine,
Et vous pouvez savoir que nos deux nations
N'ont pas sur ce sujet mêmes impressions :
Un songe en notre esprit passe pour ridicule,
Il ne nous laisse espoir, ni crainte, ni scrupule ;
Mais il passe dans Rome avec autorité
Pour fidèle miroir de la fatalité.

PAULINE.

Quelque peu de crédit que chez vous il obtienne,
Je crois que ta frayeur égaleroit la mienne,
Si de telles horreurs t'avoient frappé l'esprit,
Si je t'en avois fait seulement le récit.

STRATONICE.

A raconter ses maux souvent on les soulage.

PAULINE.

Écoute ; mais il faut te dire davantage,
Et que pour mieux comprendre un si triste discours,
Tu saches ma foiblesse et mes autres amours :
Une femme d'honneur peut avouer sans honte
Ces surprises des sens que la raison surmonte ;
Ce n'est qu'en ces assauts qu'éclate la vertu,
Et l'on doute d'un cœur qui n'a point combattu.

Dans Rome, où je naquis, ce malheureux visage
D'un chevalier romain captiva le courage ;
Il s'appeloit Sévère : excuse les soupirs
Qu'arrache encore un nom trop cher à mes désirs.

STRATONICE.

Est-ce lui qui naguère aux dépens de sa vie
Sauva des ennemis votre empereur Décie,

Qui leur tira mourant la victoire des mains,
Et fit tourner le sort des Perses aux Romains?
Lui qu'entre tant de morts immolés à son maître,
On ne put rencontrer, ou du moins reconnoître;
A qui Décie enfin, pour des exploits si beaux,
Fit si pompeusement dresser de vains tombeaux?

PAULINE.

Hélas! c'étoit lui-même, et jamais notre Rome
N'a produit plus grand cœur, ni vu plus honnête homme.
Puisque tu le connois, je ne t'en dirai rien.
Je l'aimai, Stratonice : il le méritoit bien;
Mais que sert le mérite où manque la fortune?
L'un étoit grand en lui, l'autre foible et commune;
Trop invincible obstacle, et dont trop rarement
Triomphe auprès d'un père un vertueux amant!

STRATONICE.

La digne occasion d'une rare constance!

PAULINE.

Dis plutôt d'une indigne et folle résistance.
Quelque fruit qu'une fille en puisse recueillir,
Ce n'est une vertu que pour qui veut faillir.
    Parmi ce grand amour que j'avois pour Sévère,
J'attendois un époux de la main de mon père,
Toujours prête à le prendre; et jamais ma raison
N'avoua de mes yeux l'aimable trahison.
Il possédoit mon cœur, mes désirs, ma pensée;
Je ne lui cachois point combien j'étois blessée :
Nous soupirions ensemble, et pleurions nos malheurs :
Mais au lieu d'espérance, il n'avoit que des pleurs;
Et malgré des soupirs si doux, si favorables,
Mon père et mon devoir étoient inexorables.
Enfin je quittai Rome et ce parfait amant,
Pour suivre ici mon père en son gouvernement;
Et lui, désespéré, s'en alla dans l'armée
Chercher d'un beau trépas l'illustre renommée.
Le reste, tu le sais : mon abord en ces lieux

Me fit voir Polyeucte, et je plus à ses yeux ;
Et comme il est ici le chef de la noblesse,
Mon père fut ravi qu'il me prît pour maîtresse,
Et par son alliance il se crut assuré
D'être plus redoutable et plus considéré :
Il approuva sa flamme, et conclut l'hyménée ;
Et moi, comme à son lit je me vis destinée,
Je donnai par devoir à son affection
Tout ce que l'autre avoit par inclination.
Si tu peux en douter, juge-le par la crainte
Dont en ce triste jour tu me vois l'âme atteinte.

STRATONICE.

Elle fait assez voir à quel point vous l'aimez.
Mais quel songe, après tout, tient vos sens alarmés ?

PAULINE.

Je l'ai vu cette nuit, ce malheureux Sévère,
La vengeance à la main, l'œil ardent de colère :
Il n'étoit point couvert de ces tristes lambeaux
Qu'une ombre désolée emporte des tombeaux ;
Il n'étoit point percé de ces coups pleins de gloire
Qui retranchant sa vie, assurent sa mémoire ;
Il sembloit triomphant, et tel que sur son char
Victorieux dans Rome entre notre César.
Après un peu d'effroi que m'a donné sa vue :
« Porte à qui tu voudras la faveur qui m'est due,
Ingrate, m'a-t-il dit ; et ce jour expiré,
Pleure à loisir l'époux que tu m'as préféré. »
A ces mots, j'ai frémi, mon âme s'est troublée ;
Ensuite des chrétiens une impie assemblée,
Pour avancer l'effet de ce discours fatal,
A jeté Polyeucte aux pieds de son rival.
Soudain à son secours j'ai réclamé mon père ;
Hélas ! c'est de tout point ce qui me désespère,
J'ai vu mon père même, un poignard à la main,
Entrer le bras levé pour lui percer le sein :
Là ma douleur trop forte a brouillé ces images ;

Le sang de Polyeucte a satisfait leurs rages.
Je ne sais ni comment ni quand ils l'ont tué,
Mais je sais qu'à sa mort tous ont contribué :
Voilà quel est mon songe.

STRATONICE.

Il est vrai qu'il est triste ;
Mais il faut que votre âme à ces frayeurs résiste :
La vision, de soi, peut faire quelque horreur,
Mais non pas vous donner une juste terreur.
Pouvez-vous craindre un mort ? pouvez-vous craindre un père
Qui chérit votre époux, que votre époux révère,
Et dont le juste choix vous a donnée à lui,
Pour s'en faire en ces lieux un ferme et sûr appui ?

PAULINE.

Il m'en a dit autant, et rit de mes alarmes ;
Mais je crains des chrétiens les complots et les charmes,
Et que sur mon époux leur troupeau ramassé
Ne venge tant de sang que mon père a versé.

STRATONICE.

Leur secte est insensée, impie, et sacrilège,
Et dans son sacrifice use de sortilège ;
Mais sa fureur ne va qu'à briser nos autels :
Elle n'en veut qu'aux Dieux, et non pas aux mortels
Quelque sévérité que sur eux on déploie,
Ils souffrent sans murmure, et meurent avec joie ;
Et depuis qu'on les traite en criminels d'État,
On ne peut les charger d'aucun assassinat.

PAULINE.

Tais-toi, mon père vient.

SCÈNE IV

FÉLIX, ALBIN, PAULINE, STRATONICE.

FÉLIX.

Ma fille, que ton songe
En d'étranges frayeurs ainsi que toi me plonge !
Que j'en crains les effets, qui semblent s'approcher !

PAULINE.
Quelle subite alarme ainsi vous peut toucher?
FÉLIX.
Sévère n'est point mort.
PAULINE.
Quel mal nous fait sa vie?
FÉLIX.
Il est le favori de l'Empereur Décie.
PAULINE.
Après l'avoir sauvé des mains des ennemis,
L'espoir d'un si haut rang lui devenoit permis;
Le destin, aux grands cœurs si souvent mal propice,
Se résout quelquefois à leur faire justice.
FÉLIX.
Il vient ici lui-même.
PAULINE.
Il vient!
FÉLIX.
Tu le vas voir.
PAULINE.
C'en est trop; mais comment le pouvez-vous savoir?
FÉLIX.
Albin l'a rencontré dans la proche campagne;
Un gros de courtisans en foule l'accompagne,
Et montre assez quel est son rang et son crédit;
Mais, Albin, redis-lui ce que ses gens t'ont dit.
ALBIN.
Vous savez quelle fut cette grande journée,
Que sa perte pour nous rendit si fortunée,
Où l'Empereur captif, par sa main dégagé,
Rassura son parti déjà découragé,
Tandis que sa vertu succomba sous le nombre;
Vous savez les honneurs qu'on fit faire à son ombre,
Après qu'entre les morts on ne le put trouver:
Le roi de Perse aussi l'avait fait enlever.
Témoin de ses hauts faits et de son grand courage,
Ce monarque en voulut connoître le visage;
On le mit dans sa tente, où tout percé de coups,

Tout mort qu'il paroissait, il fit mille jaloux ;
Là bientôt il montra quelque signe de vie :
Ce prince généreux en eut l'âme ravie,
Et sa joie, en dépit de son dernier malheur,
Du bras qui le causoit honora la valeur ;
Il en fit prendre soin, la cure en fut secrète ;
Et comme au bout d'un mois sa santé fut parfaite,
Il offrit dignités, alliance, trésors,
Et pour gagner Sévère il fit cent vains efforts.
Après avoir comblé ses refus de louange,
Il envoie à Décie en proposer l'échange ;
Et soudain l'Empereur, transporté de plaisir,
Offre au Perse son frère et cent chefs à choisir.
Ainsi revint au camp le valeureux Sévère
De sa haute vertu recevoir le salaire ;
La faveur de Décie en fut le digne prix.
De nouveau l'on combat, et nous sommes surpris.
Ce malheur toutefois sert à croître sa gloire :
Lui seul rétablit l'ordre, et gagne la victoire,
Mais si belle, et si pleine, et par tant de beaux faits,
Qu'on nous offre tribut, et nous faisons la paix.
L'Empereur, qui lui montre une amour infinie,
Après ce grand succès l'envoie en Arménie ;
Il vient en apporter la nouvelle en ces lieux,
Et par un sacrifice en rendre hommage aux Dieux.

FÉLIX.
O ciel ! en quel état ma fortune est réduite !

ALBIN.
Voilà ce que j'ai su d'un homme de sa suite,
Et j'ai couru, Seigneur, pour vous y disposer.

FÉLIX.
Ah ! sans doute, ma fille, il vient pour t'épouser :
L'ordre d'un sacrifice est pour lui peu de chose ;
C'est un prétexte faux dont l'amour est la cause.

PAULINE.
Cela pourroit bien être : il m'aimoit chèrement.

Mlle LE COUVREUR

(D'après une gravure communiquée par la *Bibliothèque nationale*.)

FÉLIX.

Que ne permettra-t-il à son ressentiment ?
Et jusques à quel point ne porte sa vengeance
Une juste colère avec tant de puissance ?
Il nous perdra, ma fille.

PAULINE.

Il est trop généreux.

FÉLIX.

Tu veux flatter en vain un père malheureux :
Il nous perdra, ma fille. Ah ! regret qui me tue
De n'avoir pas aimé la vertu toute nue !
Ah ! Pauline, en effet, tu m'as trop obéi ;
Ton courage étoit bon, ton devoir l'a trahi.
Que ta rébellion m'eût été favorable !
Qu'elle m'eût garanti d'un état déplorable !
Si quelque espoir me reste, il n'est plus aujourd'hui
Qu'en l'absolu pouvoir qu'il te donnoit sur lui ;
Ménage en ma faveur l'amour qui le possède,
Et d'où provient mon mal fais sortir le remède.

PAULINE.

Moi, moi ! que je revoie un si puissant vainqueur,
Et m'expose à des yeux qui me percent le cœur !
Mon père, je suis femme, et je sais ma foiblesse ;
Je sens déjà mon cœur qui pour lui s'intéresse,
Et poussera sans doute, en dépit de ma foi,
Quelque soupir indigne et de vous et de moi.
Je ne le verrai point.

FÉLIX.

Rassure un peu ton âme.

PAULINE.

Il est toujours aimable, et je suis toujours femme ;
Dans le pouvoir sur moi que ses regards ont eu,
Je n'ose m'assurer de toute ma vertu.
Je ne le verrai point.

FÉLIX.

Il faut le voir ma fille,
Ou tu trahis ton père et toute ta famille.

PAULINE.

C'est à moi d'obéir, puisque vous commandez ;
Mais voyez les périls où vous me hasardez.

FÉLIX.

Ta vertu m'est connue.

PAULINE.

Elle vaincra sans doute ;
Ce n'est pas le succès que mon âme redoute :
Je crains ce dur combat et ces troubles puissants
Que fait déjà chez moi la révolte des sens ;
Mais puisqu'il faut combattre un ennemi que j'aime,
Souffrez que je me puisse armer contre moi-même,
Et qu'un peu de loisir me prépare à le voir.

FÉLIX.

Jusqu'au-devant des murs je vais le recevoir ;
Rappelle cependant tes forces étonnées,
Et songe qu'en tes mains tu tiens nos destinées.

PAULINE.

Oui, je vais de nouveau dompter mes sentiments,
Pour servir de victime à vos commandements.

FIN DU PREMIER ACTE.

ACTE II

SCÈNE PREMIÈRE

SÉVÈRE, FABIAN.

SÉVÈRE.

Cependant que Félix donne ordre au sacrifice,
Pourrai-je prendre un temps à mes vœux si propice?
Pourrai-je voir Pauline, et rendre à ses beaux yeux
L'hommage souverain que l'on va rendre aux Dieux?
Je ne t'ai point celé que c'est ce qui m'amène,
Le reste est un prétexte à soulager ma peine;
Je viens sacrifier, mais c'est à ses beautés
Que je viens immoler toutes mes volontés.

FABIAN.

Vous la verrez, Seigneur.

SÉVÈRE.

Ah! quel comble de joie!
Cette chère beauté consent que je la voie!
Mais ai-je sur son âme encor quelque pouvoir?
Quelque reste d'amour s'y fait-il encor voir?
Quel trouble, quel transport lui cause ma venue?
Puis-je tout espérer de cette heureuse vue?
Car je voudrois mourir plutôt que d'abuser
Des lettres de faveur que j'ai pour l'épouser;
Elles sont pour Félix, non pour triompher d'elle :
Jamais à ses desirs mon cœur ne fut rebelle;
Et si mon mauvais sort avoit changé le sien,
Je me vaincrois moi-même, et ne prétendrois rien.

FABIAN.

Vous la verrez, c'est tout ce que je vous puis dire.

SÉVÈRE.

D'où vient que tu frémis, et que ton cœur soupire?
Ne m'aime-t-elle plus? éclaircis-moi ce point.

FABIAN.

M'en croirez-vous, Seigneur? ne la revoyez point;
Portez en lieu plus haut l'honneur de vos caresses :
Vous trouverez à Rome assez d'autres maîtresses;
Et dans ce haut degré de puissance et d'honneur,
Les plus grands y tiendront votre amour à bonheur.

SÉVÈRE.

Qu'à des pensers si bas mon âme se ravale!
Que je tienne Pauline à mon sort inégale!
Elle en a mieux usé, je la dois imiter;
Je n'aime mon bonheur que pour le mériter.
Voyons-la, Fabian; ton discours m'importune;
Allons mettre à ses pieds cette haute fortune :
Je l'ai dans les combats trouvée heureusement,
En cherchant une mort digne de son amant;
Ainsi ce rang est sien, cette faveur est sienne,
Et je n'ai rien enfin que d'elle je ne tienne.

FABIAN.

Non, mais encore un coup ne la revoyez point.

SÉVÈRE.

Ah! c'en est trop, enfin éclaircis-moi ce point;
As-tu vu des froideurs quand tu l'en as priée?

FABIAN.

Je tremble à vous le dire; elle est....

SÉVÈRE.
     Quoi?

FABIAN.
       Mariée.

SÉVÈRE.

Soutiens-moi, Fabian; ce coup de foudre est grand,
Et frappe d'autant plus que plus il me surprend.

FABIAN.

Seigneur, qu'est devenu ce généreux courage?

SÉVÈRE.

La constance est ici d'un difficile usage :
De pareils déplaisirs accablent un grand cœur;
La vertu la plus mâle en perd toute vigueur;

Et quand d'un feu si beau les âmes sont éprises,
La mort les trouble moins que de telles surprises.
Je ne suis plus à moi quand j'entends ce discours.
Pauline est mariée !

FABIAN.

Oui, depuis quinze jours,
Polyeucte, un seigneur des premiers d'Arménie,
Goûte de son hymen la douceur infinie,

SÉVÈRE.

Je ne la puis du moins blâmer d'un mauvais choix,
Polyeucte a du nom, et sort du sang des rois.
Foibles soulagements d'un malheur sans remède !
Pauline, je verrai qu'un autre vous possède !
O ciel, qui malgré moi me renvoyez au jour,
O sort, qui redonniez l'espoir à mon amour,
Reprenez la faveur que vous m'avez prêtée,
Et rendez-moi la mort que vous m'avez ôtée.
Voyons-la toutefois, et dans ce triste lieu
Achevons de mourir en lui disant adieu ;
Que mon cœur, chez les morts emportant son image,
De son dernier soupir puisse lui faire hommage !

FABIAN.

Seigneur, considérez...

SÉVÈRE.

Tout est considéré.
Quel désordre peut craindre un cœur désespéré ?
N'y consent-elle pas ?

FABIAN.

Oui, Seigneur, mais...

SÉVÈRE.

N'importe.

FABIAN.

Cette vive douleur en deviendra plus forte.

SÉVÈRE.

Et ce n'est pas un mal que je veuille guérir ;
Je ne veux que la voir, soupirer, et mourir.

FABIAN.

Vous vous échapperez sans doute en sa présence :
Un amant qui perd tout n'a plus de complaisance ;
Dans un tel entretien il suit sa passion,
Et ne pousse qu'injure et qu'imprécation.

SÉVÈRE.

Juge autrement de moi : mon respect dure encore ;
Tout violent qu'il est, mon désespoir l'adore.
Quels reproches aussi peuvent m'être permis ?
De quoi puis-je accuser qui ne m'a rien promis ?
Elle n'est point parjure, elle n'est point légère :
Son devoir m'a trahi, mon malheur, et son père.
Mais son devoir fut juste, et son père eut raison :
J'impute à mon malheur toute la trahison ;
Un peu moins de fortune, et plus tôt arrivée,
Eût gagné l'un par l'autre, et me l'eût conservée ;
Trop heureux, mais trop tard, je n'ai pu l'acquérir :
Laisse-la-moi donc voir, soupirer, et mourir.

FABIAN.

Oui, je vais l'assurer qu'en ce malheur extrême
Vous êtes assez fort pour vous vaincre vous-même.
Elle a craint comme moi ces premiers mouvements
Qu'une perte imprévue arrache aux vrais amants,
Et dont la violence excite assez de trouble,
Sans que l'objet présent l'irrite et le redouble.

SÉVÈRE.

Fabian, je la vois.

FABIAN.

Seigneur, souvenez-vous...

SÉVÈRE.

Hélas ! elle aime un autre, un autre est son époux.

SCÈNE II

SÉVÈRE, PAULINE, STRATONICE, FABIAN.

PAULINE.

Oui, je l'aime, Seigneur, et n'en fais point d'excuse :
Que tout autre que moi vous flatte et vous abuse,
Pauline a l'âme noble, et parle à cœur ouvert :
Le bruit de votre mort n'est point ce qui vous perd.
Si le ciel en mon choix eût mis mon hyménée,
A vos seules vertus je me serois donnée,
Et toute la rigueur de votre premier sort
Contre votre mérite eût fait un vain effort.
Je découvrois en vous d'assez illustres marques
Pour vous préférer même aux plus heureux monarques ;
Mais puisque mon devoir m'imposoit d'autres lois,
De quelque amant pour moi que mon père eût fait choix,
Quand à ce grand pouvoir que la valeur vous donne
Vous auriez ajouté l'éclat d'une couronne,
Quand je vous aurois vu, quand je l'aurois haï,
J'en aurois soupiré, mais j'aurois obéi,
Et sur mes passions ma raison souveraine
Eût blâmé mes soupirs et dissipé ma haine.

SÉVÈRE.

Que vous êtes heureuse, et qu'un peu de soupirs
Fait un aisé remède à tous vos déplaisirs !
Ainsi de vos desirs toujours reine absolue,
Les plus grands changements vous trouvent résolue :
De la plus forte ardeur vous portez vos esprits
Jusqu'à l'indifférence et peut-être au mépris ;
Et votre fermeté fait succéder sans peine
La faveur au dédain et l'amour à la haine.
   Qu'un peu de votre humeur ou de votre vertu

Soulageroit les maux de ce cœur abattu !
Un soupir, une larme à regret épandue
M'auroit déjà guéri de vous avoir perdue ;
Ma raison pourroit tout sur l'amour affoibli,
Et de l'indifférence iroit jusqu'à l'oubli ;
Et mon feu désormais se réglant sur le vôtre,
Je me tiendrois heureux entre les bras d'une autre.
    O trop aimable objet, qui m'avez trop charmé,
Est-ce là comme on aime, et m'avez-vous aimé ?

PAULINE.

Je vous l'ai trop fait voir, Seigneur ; et si mon âme
Pouvoit bien étouffer les restes de sa flamme,
Dieux, que j'éviterois de rigoureux tourments !
Ma raison, il est vrai, dompte mes sentiments ;
Mais quelque autorité que sur eux elle ait prise,
Elle n'y règne pas, elle les tyrannise ;
Et quoique le dehors soit sans émotion,
Le dedans n'est que trouble et que sédition.
Un je ne sais quel charme encor vers vous m'emporte ;
Votre mérite est grand, si ma raison est forte :
Je le vois encor tel qu'il alluma mes feux,
D'autant plus puissamment solliciter mes vœux,
Qu'il est environné de puissance et de gloire,
Qu'en tous lieux après vous il traîne la victoire,
Que j'en sais mieux le prix, et qu'il n'a point déçu
Le généreux espoir que j'en avois conçu.
Mais ce même devoir qui le vainquit dans Rome,
Et qui me range ici dessous les lois d'un homme,
Repousse encor si bien l'effort de tant d'appas,
Qu'il déchire mon âme et ne l'ébranle pas.
C'est cette vertu même, à nos desirs cruelle,
Que vous louiez alors en blasphémant contre elle :
Plaignez-vous-en encor ; mais louez sa rigueur,
Qui triomphe à la fois de vous et de mon cœur ;
Et voyez qu'un devoir moins ferme et moins sincère
N'auroit pas mérité l'amour du grand Sévère.

SÉVÈRE.

Ah! Madame, excusez une aveugle douleur,
Qui ne connoît plus rien que l'excès du malheur :
Je nommois inconstance, et prenois pour un crime
De ce juste devoir l'effort le plus sublime.
De grâce, montrez moins à mes sens désolés
La grandeur de ma perte et ce que vous valez ;
Et cachant par pitié cette vertu si rare,
Qui redouble mes feux lorsqu'elle nous sépare,
Faites voir des défauts qui puissent à leur tour
Affoiblir ma douleur avecque mon amour.

PAULINE.

Hélas! cette vertu, quoique enfin invincible,
Ne laisse que trop voir une âme trop sensible.
Ces pleurs en sont témoins, et ces lâches soupirs
Qu'arrachent de nos feux les cruels souvenirs :
Trop rigoureux effets d'une aimable présence
Contre qui mon devoir a trop peu de défense !
Mais si vous estimez ce vertueux devoir,
Conservez-m'en la gloire, et cessez de me voir.
Épargnez-moi des pleurs qui coulent à ma honte ;
Épargnez-moi des feux qu'à regret je surmonte ;
Enfin épargnez-moi ces tristes entretiens,
Qui ne font qu'irriter vos tourments et les miens.

SÉVÈRE.

Que je me prive ainsi du seul bien qui me reste !

PAULINE.

Sauvez-vous d'une vue à tous les deux funeste.

SÉVÈRE.

Quel prix de mon amour ! quel fruit de mes travaux !

PAULINE.

C'est le remède seul qui peut guérir nos maux.

SÉVÈRE.

Je veux mourir des miens : aimez-en la mémoire.

PAULINE.

Je veux guérir des miens : ils souilleroient ma gloire.

SÉVÈRE.
Ah! puisque votre gloire en prononce l'arrêt,
Il faut que ma douleur cède à son intérêt.
Est-il rien que sur moi cette gloire n'obtienne?
Elle me rend les soins que je dois à la mienne.
Adieu : je vais chercher au milieu des combats
Cette immortalité que donne un beau trépas,
Et remplir dignement, par une mort pompeuse,
De mes premiers exploits l'attente avantageuse,
Si toutefois, après ce coup mortel du sort,
J'ai de la vie assez pour chercher une mort.
PAULINE.
Et moi, dont votre vue augmente le supplice,
Je l'éviterai même en votre sacrifice ;
Et seule dans ma chambre enfermant mes regrets,
Je vais pour vous aux Dieux faire des vœux secrets.
SÉVÈRE.
Puisse le juste ciel, content de ma ruine,
Combler d'heur et de jour Polyeucte et Pauline !
PAULINE.
Puisse trouver Sévère, après tant de malheur,
Une félicité digne de sa valeur !
SÉVÈRE.
Il la trouvoit en vous.
PAULINE.
Je dépendois d'un père.
SÉVÈRE.
O devoir qui me perd et qui me désespère !
Adieu, trop vertueux objet, et trop charmant.
PAULINE.
Adieu, trop malheureux et trop parfait amant.

SCÈNE III

PAULINE, STRATONICE.

STRATONICE.
Je vous ai plaints tous deux, j'en verse encor des larmes :
Mais du moins votre esprit est hors de ses alarmes :

Vous voyez clairement que votre songe est vain ;
Sévère ne vient pas la vengeance à la main
PAULINE.
Laisse-moi respirer du moins, si tu m'as plainte :
Au fort de ma douleur tu rappelles ma crainte ;
Souffre un peu de relâche à mes esprits troublés,
Et ne m'accable point par des maux redoublés.
STRATONICE.
Quoi? vous craignez encor !
PAULINE.
Je tremble, Stratonice ;
Et bien que je m'effraye avec peu de justice,
Cette injuste frayeur sans cesse reproduit
L'image des malheurs que j'ai vus cette nuit.
STRATONICE.
Sévère est généreux.
PAULINE.
Malgré sa retenue,
Polyeucte sanglant frappe toujours ma vue.
STRATONICE.
Vous voyez ce rival faire des vœux pour lui.
PAULINE.
Je crois même au besoin qu'il seroit son appui ;
Mais soit cette croyance ou fausse ou véritable,
Son séjour en ce lieu m'est toujours redoutable ;
A quoi que sa vertu puisse le disposer,
Il est puissant, il m'aime, et vient pour m'épouser.

SCÈNE IV

POLYEUCTE, NÉARQUE, PAULINE, STRATONICE.

POLYEUCTE.
C'est trop verser de pleurs : il est temps qu'ils tarissent,
Que votre douleur cesse, et vos craintes finissent ;
Malgré les faux avis par vos Dieux envoyés,
Je suis vivant, Madame, et vous me revoyez.

PAULINE.

Le jour est encor long, et ce qui plus m'effraie,
La moitié de l'avis se trouve déjà vraie :
J'ai cru Sévère mort, et je le vois ici.

POLYEUCTE.

Je le sais ; mais enfin j'en prends peu de souci.
Je suis dans Mélitène, et quel que soit Sévère,
Votre père y commande, et l'on m'y considère ;
Et je ne pense pas qu'on puisse avec raison
D'un cœur tel que le sien craindre une trahison.
On m'avoit assuré qu'il vous faisoit visite,
Et je venois lui rendre un honneur qu'il mérite.

PAULINE.

Il vient de me quitter assez triste et confus ;
Mais j'ai gagné sur lui qu'il ne me verra plus.

POLYEUCTE.

Quoi ! vous me soupçonnez déjà de quelque ombrage ?

PAULINE.

Je ferois à tous trois un trop sensible outrage.
J'assure mon repos que troublent ses regards.
La vertu la plus ferme évite les hasards :
Qui s'expose au péril veut bien trouver sa perte ;
Et pour vous en parler avec une âme ouverte,
Depuis qu'un vrai mérite a pu nous enflammer,
Sa présence toujours a droit de nous charmer.
Outre qu'on doit rougir de s'en laisser surprendre,
On souffre à résister, on souffre à s'en défendre ;
Et bien que la vertu triomphe de ces feux,
La victoire est pénible, et le combat honteux.

POLYEUCTE.

O vertu trop parfaite, et devoir trop sincère,
Que vous devez coûter de regrets à Sévère !
Qu'aux dépens d'un beau feu vous me rendez heureux,
Et que vous êtes doux à mon cœur amoureux !
Plus je vois mes défauts et plus je vous contemple,
Plus j'admire....

SCÈNE V

POLYEUCTE, PAULINE, NÉARQUE.
STRATONICE, CLÉON.

CLÉON.
Seigneur, Félix vous mande au temple :
La victime est choisie, et le peuple à genoux,
Et pour sacrifier on n'attend plus que vous.
POLYEUCTE.
Va, nous allons te suivre. Y venez-vous, Madame ?
PAULINE.
Sévère craint ma vue, elle irrite sa flamme :
Je lui tiendrai parole, et ne veux plus le voir.
Adieu : vous l'y verrez ; pensez à son pouvoir,
Et ressouvenez-vous que sa faveur est grande.
POLYEUCTE.
Allez tout son crédit n'a rien que j'appréhende ;
Et comme je connois sa générosité,
Nous ne nous combattrons que de civilité.

SCÈNE VI

POLYEUCTE, NÉARQUE.

NÉARQUE.
Où pensez-vous aller ?
POLYEUCTE.
Au temple, où l'on m'appelle.
NÉARQUE.
Quoi ? vous mêler aux vœux d'une troupe infidèle !
Oubliez-vous déjà que vous êtes chrétien ?
POLYEUCTE.
Vous par qui je le suis, vous en souvient-il bien ?

NÉARQUE.

J'abhorre les faux Dieux.

POLYEUCTE.

Et moi, je les déteste.

NÉARQUE.

Je tiens leur culte impie.

POLYEUCTE.

Et je le tiens funeste.

NÉARQUE.

Fuyez donc leurs autels.

POLYEUCTE.

Je les veux renverser,
Et mourir dans leur temple ou les y terrasser.
Allons, mon cher Néarque, allons aux yeux des hommes
Braver l'idolâtrie, et montrer qui nous sommes.
C'est l'attente du ciel, il nous la faut remplir;
Je viens de le promettre, et je vais l'accomplir.
Je rends grâces au Dieu que tu m'as fait connoître
De cette occasion qu'il a sitôt fait naître,
Où déjà sa bonté, prête à me couronner,
Daigne éprouver la foi qu'il vient de me donner.

NÉARQUE.

Ce zèle est trop ardent, souffrez qu'il se modère.

POLYEUCTE.

On n'en peut avoir trop pour le Dieu qu'on révère.

NÉARQUE.

Vous trouverez la mort.

POLYEUCTE.

Je la cherche pour lui.

NÉARQUE.

Et si ce cœur s'ébranle?

POLYEUCTE.

Il sera mon appui.

NÉARQUE.

Il ne commande point que l'on s'y précipite.

POLYEUCTE.

Plus elle est volontaire, et plus elle mérite.

NÉARQUE.

Il suffit, sans chercher, d'attendre et de souffrir.

POLYEUCTE.

On souffre avec regret quand on n'ose s'offrir.

NÉARQUE.

Mais dans ce temple enfin la mort est assurée.

POLYEUCTE.

Mais dans le ciel déjà la palme est préparée.

NÉARQUE.

Par une sainte vie il faut la mériter,

POLYEUCTE.

Mes crimes, en vivant, me la pourroient ôter.
Pourquoi mettre au hasard ce que la mort assure ?
Quand elle ouvre le ciel, peut-elle sembler dure ?
Je suis chrétien, Néarque, et le suis tout à fait ;
La foi que j'ai reçue aspire à son effet.
Qui fuit croit lâchement, et n'a qu'une foi morte.

NÉARQUE.

Ménagez votre vie, à Dieu même elle importe :
Vivez pour protéger les chrétiens en ces lieux.

POLYEUCTE.

L'exemple de ma mort les fortifiera mieux.

NÉARQUE.

Vous voulez donc mourir ?

POLYEUCTE.

Vous aimez donc à vivre ?

NÉARQUE.

Je ne puis déguiser que j'ai peine à vous suivre :
Sous l'horreur des tourments je crains de succomber.

POLYEUCTE.

Qui marche assurément n'a point peur de tomber :
Dieu fait part, au besoin, de sa force infinie.
Qui craint de le nier, dans son âme le nie :
Il croit le pouvoir faire, et doute de sa foi.

NÉARQUE.

Qui n'appréhende rien présume trop de soi.

POLYEUCTE.

J'attends tout de sa grâce, et rien de ma foiblesse.
Mais loin de me presser, il faut que je vous presse!
D'où vient cette froideur?

NÉARQUE.

Dieu même a craint la mort.

POLYEUCTE.

Il s'est offert pourtant : suivons ce saint effort;
Dressons-lui des autels sur des monceaux d'idoles.
Il faut (je me souviens encor de vos paroles)
Négliger, pour lui plaire, et femme, et biens, et rang,
Exposer pour sa gloire et verser tout son sang.
Hélas! qu'avez-vous fait de cette amour parfaite
Que vous me souhaitiez, et que je vous souhaite?
S'il vous en reste encor, n'êtes-vous point jaloux
Qu'à grand'peine chrétien, j'en montre plus que vous?

NÉARQUE.

Vous sortez du baptême, et ce qui vous anime,
C'est sa grâce qu'en vous n'affoiblit aucun crime;
Comme, encor toute entière, elle agit pleinement,
Et tout semble possible à son feu véhément;
Mais cette même grâce, en moi diminuée,
Et par mille péchés sans cesse exténuée,
Agit aux grands effets avec tant de langueur,
Que tout semble impossible à son peu de vigueur.
Cette indigne mollesse et ces lâches défenses
Sont des punitions qu'attirent mes offenses;
Mais Dieu, dont on ne doit jamais se défier,
Me donne votre exemple à me fortifier.
Allons, cher Polyeucte, allons aux yeux des hommes
Braver l'idolâtrie, et montrer qui nous sommes;
Puissé-je vous donner l'exemple de souffrir,
Comme vous me donnez celui de vous offrir!

POLYEUCTE.

A cet heureux transport que le ciel vous envoie,
Je reconnois Néarque, et j'en pleure de joie.
 Ne perdons plus de temps : le sacrifice est prêt ;
Allons-y du vrai Dieu soutenir l'intérêt ;
Allons fouler aux pieds ce foudre ridicule
Dont arme un bois pourri ce peuple trop crédule ;
Allons en éclairer l'aveuglement fatal ;
Allons briser ces Dieux de pierre et de métal :
Abandonnons nos jours à cette ardeur céleste ;
Faisons triompher Dieu : qu'il dispose du reste !

NÉARQUE.

Allons faire éclater sa gloire aux yeux de tous,
Et répondre avec zèle à ce qu'il veut de nous.

FIN DU SECOND ACTE.

ACTE III

SCÈNE PREMIÈRE

PAULINE.

Que de soucis flottants, que de confus nuages.
Présentent à mes yeux d'inconstantes images !
Douce tranquillité, que je n'ose espérer,
Que ton divin rayon tarde à les éclairer !
Mille agitations, que mes troubles produisent,
Dans mon cœur ébranlé tour à tour se détruisent :
Aucun espoir n'y coule où j'ose persister ;
Aucun effroi n'y règne où j'ose m'arrêter.
Mon esprit, embrassant tout ce qu'il s'imagine,
Voit tantôt mon bonheur, et tantôt ma ruine,
Et suit leur vaine idée avec si peu d'effet,
Qu'il ne peut espérer ni craindre tout à fait.
Sévère incessamment brouille ma fantaisie :
J'espère en sa vertu, je crains sa jalousie ;
Et je n'ose penser que d'un œil bien égal
Polyeucte en ces lieux puisse voir son rival.
Comme entre deux rivaux la haine est naturelle,
L'entrevue aisément se termine en querelle :
L'un voit aux mains d'autrui ce qu'il croit mériter,
L'autre un désespéré qui peut trop attenter.
Quelque haute raison qui règle leur courage,
L'un conçoit de l'envie, et l'autre de l'ombrage ;
La honte d'un affront, que chacun d'eux croit voir
Ou de nouveau reçue, ou prête à recevoir,
Consumant dès l'abord toute leur patience,

Forme de la colère et de la défiance,
Et saisissant ensemble et l'époux et l'amant,
En dépit d'eux les livre à leur ressentiment.
Mais que je me figure une étrange chimère,
Et que je traite mal Polyeucte et Sévère!
Comme si la vertu de ces fameux rivaux
Ne pouvoit s'affranchir de ces communs défauts!
Leurs âmes à tous deux d'elles-mêmes maîtresses
Sont d'un ordre trop haut pour de telles bassesses.
Ils se verront au temple en hommes généreux;
Mais las! ils se verront, et c'est beaucoup pour eux.
Que sert à mon époux d'être dans Mélitène,
Si contre lui Sévère arme l'aigle romaine,
Si mon père y commande, et craint ce favori,
Et se repent déjà du choix de mon mari?
Si peu que j'ai d'espoir ne luit qu'avec contrainte;
En naissant il avorte, et fait place à la crainte;
Ce qui doit l'affermir sert à le dissiper.
Dieux! faites que ma peur puisse enfin se tromper!

SCÈNE II

PAULINE, STRATONICE.

PAULINE.

Mais sachons-en l'issue. Eh bien! ma Stratonice,
Comment s'est terminé ce pompeux sacrifice?
Ces rivaux généreux au temple se sont vus?

STRATONICE.

Ah! Pauline!

PAULINE.

Mes vœux ont-ils été déçus?
J'en vois sur ton visage une mauvaise marque.
Se sont-ils querellés?

STRATONICE.

Polyeucte, Néarque,

Les chrétiens...
STRATONICE.
PAULINE.
Parle donc : les chrétiens...
STRATONICE.
Je ne puis.
PAULINE.
Tu prépares mon âme à d'étranges ennuis.
STRATONICE.
Vous n'en sauriez avoir une plus juste cause.
PAULINE.
L'ont-ils assassiné ?
STRATONICE.
Ce seroit peu de chose.
Tout votre songe est vrai, Polyeucte n'est plus...
PAULINE.
Il est mort !
STRATONICE.
Non, il vit ; mais, ô pleurs superflus !
Ce courage si grand, cette âme si divine,
N'est plus digne du jour, ni digne de Pauline.
Ce n'est plus cet époux si charmant à vos yeux ;
C'est l'ennemi commun de l'État et des Dieux,
Un méchant, un infâme, un rebelle, un perfide,
Un traître, un scélérat, un lâche, un parricide,
Une peste exécrable à tous les gens de bien,
Un sacrilège impie : en un mot, un chrétien.
PAULINE.
Ce mot auroit suffi sans ce torrent d'injures.
STRATONICE.
Ces titres aux chrétiens sont-ce des impostures ?
PAULINE.
Il est ce que tu dis, s'il embrasse leur foi ;
Mais il est mon époux, et tu parles à moi.
STRATONICE.
Ne considérez plus que le Dieu qu'il adore.
PAULINE.
Je l'aimai par devoir : ce devoir dure encore.

STRATONICE.

Il vous donne à présent sujet de le haïr :
Qui trahit tous nos Dieux auroit pu vous trahir.

PAULINE.

Je l'aimerois encor, quand il m'auroit trahie ;
Et si de tant d'amour tu peux être ébahie,
Apprends que mon devoir ne dépend point du sien :
Qu'il y manque, s'il veut ; je dois faire le mien.
Quoi ? s'il aimoit ailleurs, serois-je dispensée
A suivre, à son exemple, une ardeur insensée ?
Quelque chrétien qu'il soit, je n'en ai point d'horreur ;
Je chéris sa personne, et je hais son erreur.
Mais quel ressentiment en témoigne mon père ?

STRATONICE.

Une secrète rage, un excès de colère,
Malgré qui toutefois un reste d'amitié
Montre pour Polyeucte encor quelque pitié.
Il ne veut point sur lui faire agir sa justice,
Que du traître Néarque il n'ait vu le supplice.

PAULINE.

Quoi ? Néarque en est donc ?

STRATONICE.

Néarque l'a séduit :
De leur vieille amitié c'est là l'indigne fruit.
Ce perfide tantôt, en dépit de lui-même,
L'arrachant de vos bras, le traînoit au baptême.
Voilà ce grand secret et si mystérieux
Que n'en pouvoit tirer votre amour curieux.

PAULINE.

Tu me blâmois alors d'être trop importune.

STRATONICE.

Je ne prévoyois pas une telle infortune.

PAULINE.

Avant qu'abandonner mon âme à mes douleurs,
Il me faut essayer la force de mes pleurs :
En qualité de femme ou de fille, j'espère

Qu'ils vaincront un époux, ou fléchiront un père.
Que si sur l'un et l'autre ils manquent de pouvoir,
Je ne prendrai conseil que de mon désespoir.
Apprends-moi cependant ce qu'ils ont fait au temple.

STRATONICE.

C'est une impiété qui n'eut jamais d'exemple ;
Je ne puis y penser sans frémir à l'instant,
Et crains de faire un crime en vous la racontant.
Apprenez en deux mots leur brutale insolence.
　　Le prêtre avoit à peine obtenu du silence,
Et devers l'orient assuré son aspect,
Qu'ils ont fait éclater leur manque de respect.
A chaque occasion de la cérémonie,
A l'envi l'un et l'autre étaloit sa manie,
Des mystères sacrés hautement se moquoit,
Et traitoit de mépris les Dieux qu'on invoquoit.
Tout le peuple en murmure, et Félix s'en offense ;
Mais tous deux s'emportant à plus d'irrévérence :
« Quoi ? lui dit Polyeucte en élevant la voix,
Adorez-vous des Dieux ou de pierre ou de bois ? »
Ici dispensez-moi du récit des blasphèmes
Qu'ils ont vomis tous deux contre Jupiter mêmes.
L'adultère et l'inceste en étoient les plus doux.
« Oyez, dit-il ensuite, oyez, peuple, oyez tous.
　　Le Dieu de Polyeucte et celui de Néarque
De la terre et du ciel est l'absolu monarque,
Seul être indépendant, seul maître du destin,
Seul principe éternel, et souveraine fin.
C'est ce Dieu des chrétiens qu'il faut qu'on remercie
Des victoires qu'il donne à l'empereur Décie ;
Lui seul tient en sa main le succès des combats ;
Il le veut élever, il le peut mettre à bas ;
Sa bonté, son pouvoir, sa justice est immense ;
C'est lui seul qui punit, lui seul qui récompense.
Vous adorez en vain des monstres impuissants. »
Se jetant à ces mots sur le vin et l'encens,

BEAUVALLET

(1801-1873.)

Après en avoir mis les saints vases par terre,
Sans crainte de Félix, sans crainte du tonnerre,
D'une fureur pareille ils courent à l'autel.
Cieux! a-t-on vu jamais, a-t-on rien vu de tel?
Du plus puissant des Dieux nous voyons la statue
Par une main impie à leurs pieds abattue,
Les mystères troublés, le temple profané,
La fuite et les clameurs d'un peuple mutiné,
Qui craint d'être accablé sous le courroux céleste.
Félix... Mais le voici qui vous dira le reste.
                    PAULINE.
Que son visage est sombre et plein d'émotion!
Qu'il montre de tristesse et d'indignation!

SCÈNE III

FÉLIX, PAULINE, STRATONICE.

FÉLIX.

Une telle insolence avoir osé paroître!
En public! à ma vue! il en mourra, le traître.
                    PAULINE.
Souffrez que votre fille embrasse vos genoux.
                    FÉLIX.
Je parle de Néarque, et non de votre époux.
Quelque indigne qu'il soit de ce doux nom de gendre,
Mon âme lui conserve un sentiment plus tendre :
La grandeur de son crime et de mon déplaisir
N'a pas éteint l'amour qui me l'a fait choisir.
                    PAULINE.
Je n'attendois pas moins de la bonté d'un père.
                    FÉLIX.
Je pouvois l'immoler à ma juste colère;
Car vous n'ignorez pas à quel' comble d'horreur
De son audace impie a monté la fureur;
Vous l'avez pu savoir du moins de Stratonice.

PAULINE.
Je sais que de Néarque il doit voir le supplice.
FÉLIX.
Du conseil qu'il doit prendre il sera mieux instruit,
Quand il verra punir celui qui l'a séduit.
Au spectacle sanglant d'un ami qu'il faut suivre,
La crainte de mourir et le desir de vivre
Ressaisissent une âme avec tant de pouvoir,
Que qui voit le trépas cesse de le vouloir.
L'exemple touche plus que ne fait la menace :
Cette indiscrète ardeur tourne bientôt en glace,
Et nous verrons bientôt son cœur inquiété
Me demander pardon de tant d'impiété.
PAULINE.
Vous pouvez espérer qu'il change de courage?
FÉLIX.
Aux dépens de Néarque il doit se rendre sage.
PAULINE.
Il le doit; mais, hélas! où me renvoyez-vous,
Et quels tristes hasards ne court point mon époux,
Si de son inconstance il faut qu'enfin j'espère
Le bien que j'espérois de la bonté d'un père?
FÉLIX.
Je vous en fais trop voir, Pauline, à consentir
Qu'il évite la mort par un prompt repentir.
Je devois même peine à des crimes semblables;
Et mettant différence entre ces deux coupables,
J'ai trahi la justice à l'amour paternel;
Je me suis fait pour lui moi-même criminel;
Et j'attendois de vous, au milieu de vos craintes,
Plus de remercîments que je n'entends de plaintes.
PAULINE.
De quoi remercier qui ne me donne rien?
Je sais quelle est l'humeur et l'esprit d'un chrétien:
Dans l'obstination jusqu'au bout il demeure;
Vouloir son repentir, c'est ordonner qu'il meure.

FÉLIX.
Sa grâce est en sa main, c'est à lui d'y rêver.
PAULINE.
Faites-la toute entière.
FÉLIX.
Il la peut achever.
PAULINE.
Ne l'abandonnez pas aux fureurs de sa secte.
FÉLIX.
Je l'abandonne aux lois, qu'il faut que je respecte.
PAULINE.
Est-ce ainsi que d'un gendre un beau-père est l'appui ?
FÉLIX.
Qu'il fasse autant pour soi comme je fais pour lui.
PAULINE.
Mais il est aveuglé.
FÉLIX.
Mais il se plaît à l'être :
Qui chérit son erreur ne la veut pas connoître.
PAULINE.
Mon père au nom des Dieux...
FÉLIX.
Ne les réclamez pas,
Ces Dieux dont l'intérêt demande son trépas.
PAULINE.
Ils écoutent nos vœux.
FÉLIX.
Eh bien! qu'il leur en fasse.
PAULINE.
Au nom de l'Empereur dont vous tenez la place...
FÉLIX.
J'ai son pouvoir en main ; mais s'il me l'a commis,
C'est pour le déployer contre ses ennemis.
PAULINE.
Polyeucte l'est-il?
FÉLIX.
Tous chrétiens sont rebelles.

PAULINE.
N'écoutez point pour lui ces maximes cruelles :
En épousant Pauline il s'est fait votre sang.
FÉLIX.
Je regarde sa faute, et ne vois plus son rang.
Quand le crime d'État se mêle au sacrilège,
Le sang ni l'amitié n'ont plus de privilège.
PAULINE.
Quel excès de rigueur !
FÉLIX.
Moindre que son forfait.
PAULINE.
O de mon songe affreux trop véritable effet !
Voyez-vous qu'avec lui vous perdez votre fille ?
FÉLIX.
Les Dieux et l'Empereur sont plus que ma famille.
PAULINE.
La perte de tous deux ne vous peut arrêter !
FÉLIX.
J'ai les Dieux et Décie ensemble à redouter.
Mais nous n'avons encore à craindre rien de triste :
Dans son aveuglement pensez-vous qu'il persiste ?
S'il nous sembloit tantôt courir à son malheur,
C'est d'un nouveau chrétien la première chaleur.
PAULINE.
Si vous l'aimez encor, quittez cette espérance,
Que deux fois en un jour il change de croyance :
Outre que les chrétiens ont plus de dureté,
Vous attendez de lui trop de légèreté.
Ce n'est point une erreur avec le lait sucée,
Que sans l'examiner son âme ait embrassée :
Polyeucte est chrétien, parce qu'il l'a voulu,
Et vous portoit au temple un esprit résolu.
Vous devez présumer de lui comme du reste :
Le trépas n'est pour eux ni honteux ni funeste ;
Ils cherchent de la gloire à mépriser nos Dieux ;
Aveugles pour la terre, ils aspirent aux cieux ;

Et croyant que la mort leur en ouvre la porte,
Tourmentés, déchirés, assassinés, n'importe,
Les supplices leur sont ce qu'à nous les plaisirs,
Et les mènent au but où tendent leurs desirs :
La mort la plus infâme, ils l'appellent martyre.

FÉLIX.

Eh bien donc ! Polyeucte aura ce qu'il desire :
N'en parlons plus.

PAULINE.

Mon père...

SCÈNE IV

FÉLIX, ALBIN, PAULINE, STRATONICE.

FÉLIX.

Albin, en est-ce fait?

ALBIN.

Oui, Seigneur, et Néarque a payé son forfait.

FÉLIX.

Et notre Polyeucte a vu trancher sa vie?

ALBIN.

Il l'a vu, mais, hélas ! avec un œil d'envie.
Il brûle de le suivre, au lieu de reculer ;
Et son cœur s'affermit, au lieu de s'ébranler.

PAULINE.

Je vous le disois bien. Encore un coup, mon père,
Si jamais mon respect a pu vous satisfaire,
Si vous l'avez prisé, si vous l'avez chéri....

FÉLIX.

Vous aimez trop, Pauline, un indigne mari.

PAULINE.

Je l'ai de votre main : mon amour est sans crime ;
Il est de votre choix la glorieuse estime ;
Et j'ai, pour l'accepter, éteint le plus beau feu
Qui d'une âme bien née ait mérité l'aveu.
 Au nom de cette aveugle et prompte obéissance
Que j'ai toujours rendue aux lois de la naissance,
Si vous avez pu tout sur moi, sur mon amour,
Que je puisse sur vous quelque chose à mon tour !
Par ce juste pouvoir à présent trop à craindre,
Par ces beaux sentiments qu'il m'a fallu contraindre,
Ne m'ôtez pas vos dons : ils sont chers à mes yeux,
Et m'ont assez coûté pour m'être précieux.

FÉLIX.

Vous m'importunez trop : bien que j'aye un cœur tendre,
Je n'aime la pitié qu'au prix que j'en veux prendre ;
Employez mieux l'effet de vos justes douleurs :
Malgré moi m'en toucher, c'est perdre et temps et pleurs ;
J'en veux être le maître, et je veux bien qu'on sache
Que je la désavoue alors qu'on me l'arrache.
Préparez-vous à voir ce malheureux chrétien,
Et faites votre effort quand j'aurai fait le mien.
Allez : n'irritez plus un père qui vous aime,
Et tâchez d'obtenir votre époux de lui-même.
Tantôt jusqu'en ce lieu je le ferai venir ;
Cependant quittez-nous, je veux l'entretenir.

PAULINE.

De grâce, permettez....

FÉLIX.

 Laissez-nous seuls, vous dis-je :
Votre douleur m'offense autant qu'elle m'afflige.
A gagner Polyeucte appliquez tous vos soins ;
Vous avancerez plus en m'importunant moins.

SCÈNE V

FÉLIX, ALBIN.

FÉLIX.

Albin, comme est-il mort ?

ALBIN.

En brutal, en impie,
En bravant les tourments, en dédaignant la vie,
Sans regret, sans murmure, et sans étonnement,
Dans l'obstination et l'endurcissement,
Comme un chrétien enfin, le blasphème à la bouche.

FÉLIX.

Et l'autre ?

ALBIN.

Je l'ai dit déjà, rien ne le touche.
Loin d'en être abattu, son cœur en est plus haut ;
On l'a violenté pour quitter l'échafaud.
Il est dans la prison où je l'ai vu conduire ;
Mais vous êtes bien loin encor de le réduire.

FÉLIX.

Que je suis malheureux !

ALBIN.

Tout le monde vous plaint.

FÉLIX.

On ne sait pas les maux dont mon cœur est atteint :
De pensers sur pensers mon âme est agitée,
De soucis sur soucis elle est inquiétée ;
Je sens l'amour, la haine, et la crainte, et l'espoir,
La joie et la douleur tour à tour l'émouvoir ;
J'entre en des sentiments qui ne sont pas croyables :
J'en ai de violents, j'en ai de pitoyables,
J'en ai de généreux qui n'oseroient agir,
J'en ai même de bas, et qui me font rougir.

J'aime ce malheureux que j'ai choisi pour gendre,
Je hais l'aveugle erreur qui le vient de surprendre;
Je déplore sa perte, et le voulant sauver,
J'ai la gloire des Dieux ensemble à conserver;
Je redoute leur foudre et celui de Décie,
Il y va de ma charge, il y va de ma vie :
Ainsi tantôt pour lui je m'expose au trépas,
Et tantôt je le perds pour ne me perdre pas.

ALBIN.

Décie excusera l'amitié d'un beau-père;
Et d'ailleurs Polyeucte est d'un sang qu'on révère.

FÉLIX.

A punir les chrétiens son ordre est rigoureux;
Et plus l'exemple est grand, plus il est dangereux.
On ne distingue point quand l'offense est publique;
Et lorsqu'on dissimule un crime domestique,
Par quelle autorité peut-on, par quelle loi,
Châtier en autrui ce qu'on souffre chez soi?

ALBIN.

Si vous n'osez avoir d'égard à sa personne,
Écrivez à Décie afin qu'il en ordonne.

FÉLIX.

Sévère me perdroit, si j'en usois ainsi :
Sa haine et son pouvoir font mon plus grand souci.
Si j'avois différé de punir un tel crime,
Quoiqu'il soit généreux, quoiqu'il soit magnanime,
Il est homme, et sensible, et je l'ai dédaigné;
Et de tant de mépris son esprit indigné,
Que met au désespoir cet hymen de Pauline,
Du courroux de Décie obtiendroit ma ruine.
Pour venger un affront tout semble être permis,
Et les occasions tentent les plus remis.
Peut-être, et ce soupçon n'est pas sans apparence,
Il rallume en son cœur déjà quelque espérance;
Et croyant bientôt voir Polyeucte puni,
Il rappelle un amour à grand'peine banni.

Juge si sa colère, en ce cas implacable,
Me feroit innocent de sauver un coupable,
Et s'il m'épargneroit, voyant par mes bontés
Une seconde fois ses desseins avortés.
  Te dirai-je un penser indigne, bas et lâche?
Je l'étouffe, il renaît; il me flatte, et me fâche ;
L'ambition toujours me le vient présenter.
Et tout ce que je puis, c'est de le détester.
Polyeucte est ici l'appui de ma famille ;
Mais si, par son trépas, l'autre épousoit ma fille,
J'acquerrois bien par là de plus puissants appuis,
Qui me mettroient plus haut cent fois que je ne suis.
Mon cœur en prend par force une maligne joie ;
Mais que plutôt le ciel à tes yeux me foudroie,
Qu'à des pensers si bas je puisse consentir,
Que jusque-là ma gloire ose se démentir!

ALBIN.

Votre cœur est trop bon, et votre âme trop haute.
Mais vous résolvez-vous à punir cette faute?

FÉLIX.

Je vais dans la prison faire tout mon effort
A vaincre cet esprit par l'effroi de la mort;
Et nous verrons après ce que pourra Pauline.

ALBIN.

Que ferez-vous enfin si toujours ils s'obstine?

FÉLIX.

Ne me presse point tant : dans un tel déplaisir
Je ne puis que résoudre, et ne sais que choisir.

ALBIN.

Je dois vous avertir, en serviteur fidèle,
Qu'en sa faveur déjà la ville se rebelle,
Et ne peut voir passer par la rigueur des lois
Sa dernière espérance et le sang de ses rois.
Je tiens sa prison même assez mal assurée :
J'ai laissé tout autour une troupe éplorée ;
Je crains qu'on ne la force.

FÉLIX.
Il faut donc l'en tirer,
Et l'amener ici pour nous en assurer.
ALBIN.
Tirez-l'en donc vous-même, et d'un espoir de grâce
Apaisez la fureur de cette populace.
FÉLIX.
Allons, et s'il persiste à demeurer chrétien,
Nous en disposerons sans qu'elle en sache rien.

FIN DU TROISIÈME ACTE.

ACTE IV

SCÈNE PREMIÈRE

POLYEUCTE, CLÉON, TROIS AUTRES GARDES.

POLYEUCTE.
Gardes, que me veut-on?
CLÉON.
Pauline vous demande.
POLYEUCTE.
O présence, ô combat que surtout j'appréhende !
Félix, dans la prison j'ai triomphé de toi,
J'ai ri de ta menace, et t'ai vu sans effroi :
Tu prends pour t'en venger de plus puissantes armes;
Je craignois beaucoup moins tes bourreaux que ses larmes.
Seigneur, qui vois ici les périls que je cours,
En ce pressant besoin redouble ton secours;
Et toi qui, tout sortant encor de la victoire,
Regardes mes travaux du séjour de la gloire,
Cher Néarque, pour vaincre un si fort ennemi,
Prête du haut du ciel la main à ton ami.
Gardes, oseriez-vous me rendre un bon office?
Non pour me dérober aux rigueurs du supplice :
Ce n'est pas mon dessein qu'on me fasse évader;
Mais comme il suffira de trois à me garder,
L'autre m'obligeroit d'aller quérir Sévère ;
Je crois que sans péril on peut me satisfaire :
Si j'avois pu lui dire un secret important,
Il vivroit plus heureux, et je mourrois content.
CLÉON.
Si vous me l'ordonnez, j'y cours en diligence.

POLYEUCTE.
Sévère, à mon défaut, fera ta récompense.
Va, ne perds point de temps, et reviens promptement.
CLÉON.
Je serai de retour, Seigneur, dans un moment.

SCÈNE II

POLYEUCTE.

(Les gardes se retirent aux coins du théâtre.)

Source délicieuse, en misères féconde,
Que voulez-vous de moi, flatteuses voluptés ?
Honteux attachements de la chair et du monde,
Que ne me quittez-vous, quand je vous ai quittés ?
Allez, honneurs, plaisirs, qui me livrez la guerre :
    Toute votre félicité,
    Sujette à l'instabilité,
    En moins de rien tombe par terre ;
    Et comme elle a l'éclat du verre,
    Elle en a la fragilité.

Ainsi n'espérez pas qu'après vous je soupire :
Vous étalez en vain vos charmes impuissants ;
Vous me montrez en vain par tout ce vaste empire
Les ennemis de Dieu pompeux et florissants.
Il étale à son tour des revers équitables
    Par qui les grands sont confondus ;
    Et les glaives qu'il tient pendus
    Sur les plus fortunés coupables
    Sont d'autant plus inévitables,
    Que leurs coups sont moins attendus.

Tigre altéré de sang, Décie impitoyable,
Ce Dieu t'a trop longtemps abandonné les siens ;

De ton heureux destin vois la suite effroyable :
Le Sythe va venger la Perse et les chrétiens;
Encore un peu plus outre, et ton heure est venue;
   Rien ne t'en sauroit garantir;
   Et la foudre qui va partir,
   Toute prête à crever la nue,
   Ne peut plus être retenue
   Par l'attente du repentir.

Que cependant Félix m'immole à ta colère ;
Qu'un rival plus puissant éblouisse ses yeux;
Qu'aux dépens de ma vie il s'en fasse beau-père,
Et qu'à titre d'esclave il commande en ces lieux;
Je consens, ou plutôt j'aspire à ma ruine.
   Monde, pour moi tu n'as plus rien :
   Je porte en un cœur tout chrétien
   Une flamme toute divine;
   Et je ne regarde Pauline
   Que comme un obstacle à mon bien.

Saintes douceurs du ciel, adorables idées,
Vous remplissez un cœur qui vous peut recevoir :
De vos sacrés attraits les âmes possédées
Ne conçoivent plus rien qui les puisse émouvoir.
Vous promettez beaucoup, et donnez davantage :
   Vos biens ne sont point inconstants;
   Et l'heureux trépas que j'attends
   Ne vous sert que d'un doux passage
   Pour nous introduire au partage
   Qui nous rend à jamais contents.

C'est vous, ô feu divin que rien ne peut éteindre,
Qui m'allez faire voir Pauline sans la craindre.
Je la vois; mais mon cœur, d'un saint zèle enflammé,
N'en goûte plus l'appas dont il étoit charmé;
Et mes yeux, éclairés des célestes lumières,
Ne trouvent plus aux siens leurs grâces coutumières.

SCÈNE III

POLYEUCTE, PAULINE, Gardes.

POLYEUCTE.

Madame, quel dessein vous fait me demander?
Est-ce pour me combattre, ou pour me seconder?
Cet effort généreux de votre amour parfaite
Vient-il à mon secours, vient-il à ma défaite?
Apportez-vous ici la haine, ou l'amitié,
Comme mon ennemie, ou ma chère moitié?

PAULINE.

Vous n'avez point ici d'ennemi que vous-même :
Seul vous vous haïssez, lorsque chacun vous aime ;
Seul vous exécutez tout ce que j'ai rêvé :
Ne veuillez pas vous perdre, et vous êtes sauvé.
A quelque extrémité que votre crime passe,
Vous êtes innocent si vous vous faites grâce.
Daignez considérer le sang dont vous sortez,
Vos grandes actions, vos rares qualités :
Chéri de tout le peuple, estimé chez le prince,
Gendre du gouverneur de toute la province ;
Je ne vous compte à rien le nom de mon époux :
C'est un bonheur pour moi qui n'est pas grand pour vous ;
Mais après vos exploits, après votre naissance,
Après votre pouvoir, voyez notre espérance,
Et n'abandonnez pas à la main d'un bourreau
Ce qu'à nos justes vœux promet un sort si beau.

POLYEUCTE.

Je considère plus ; je sais mes avantages,
Et l'espoir que sur eux forment les grands courages :
Ils n'aspirent enfin qu'à des biens passagers,
Que troublent les soucis, que suivent les dangers ;

La mort nous les ravit, la fortune s'en joue ;
Aujourd'hui dans le trône, et demain dans la boue ;
Et leur plus haut éclat fait tant de mécontents,
Que peu de vos Césars en ont joui longtemps.
J'ai de l'ambition, mais plus noble et plus belle :
Cette grandeur périt, j'en veux une immortelle,
Un bonheur assuré, sans mesure et sans fin,
Au-dessus de l'envie, au-dessus du destin.
Est-ce trop l'acheter que d'une triste vie
Qui tantôt, qui soudain me peut être ravie,
Qui ne me fait jouir que d'un instant qui fuit,
Et ne peut m'assurer de celui qui le suit ?

PAULINE.

Voilà de vos chrétiens les ridicules songes ;
Voilà jusqu'à quel point vous charment leurs mensonges :
Tout votre sang est peu pour un bonheur si doux !
Mais pour en disposer, ce sang est-il à vous ?
Vous n'avez pas la vie ainsi qu'un héritage ;
Le jour qui vous la donne en même temps l'engage :
Vous la devez au prince, au public, à l'État.

POLYEUCTE.

Je la voudrois pour eux perdre dans un combat ;
Je sais quel en est l'heur, et quelle en est la gloire.
Des aïeux de Décie on vante la mémoire ;
Et ce nom, précieux encore à vos Romains,
Au bout de six cents ans, lui met l'empire aux mains.
Je dois ma vie au peuple, au prince, à sa couronne ;
Mais je la dois bien plus au Dieu qui me la donne :
Si mourir pour son prince est un illustre sort,
Quand on meurt pour son Dieu, quelle sera la mort !

PAULINE.

Quel Dieu !

POLYEUCTE.

Tout beau, Pauline : il entend vos paroles,
Et ce n'est pas un Dieu comme vos Dieux frivoles,
Insensibles et sourds, impuissants, mutilés,
De bois, de marbre, ou d'or, comme vous les voulez :

C'est le Dieu des chrétiens, c'est le mien, c'est le vôtre ;
Et la terre et le ciel n'en connoissent point d'autre.

PAULINE.

Adorez-le dans l'âme, et n'en témoignez rien.

POLYEUCTE.

Que je sois tout ensemble idolâtre et chrétien !

PAULINE.

Ne feignez qu'un moment, laissez partir Sévère,
Et donnez lieu d'agir aux bontés de mon père.

POLYEUCTE.

Les bontés de mon Dieu sont bien plus à chérir :
Il m'ôte des périls que j'aurois pu courir,
Et sans me laisser lieu de tourner en arrière,
Sa faveur me couronne entrant dans la carrière ;
Du premier coup de vent il me conduit au port,
Et sortant du baptême, il m'envoie à la mort.
Si vous pouviez comprendre et le peu qu'est la vie,
Et de quelles douceurs cette mort est suivie !
Mais que sert de parler de ces trésors cachés
A des esprits que Dieu n'a pas encor touchés ?

PAULINE.

Cruel, car il est temps que ma douleur éclate,
Et qu'un juste reproche accable une âme ingrate,
Est-ce là ce beau feu ? sont-ce là tes serments ?
Témoignes-tu pour moi les moindres sentiments ?
Je ne te parlois point de l'état déplorable
Où ta mort va laisser ta femme inconsolable ;
Je croyois que l'amour t'en parleroit assez,
Et je ne voulois pas de sentiments forcés ;
Mais cette amour si ferme et si bien méritée
Que tu m'avois promise, et que je t'ai portée,
Quand tu me veux quitter, quand tu me fais mourir,
Te peut-elle arracher une larme, un soupir ?
Tu me quittes, ingrat, et le fais avec joie ;
Tu ne la caches pas, tu veux que je la voie ;
Et ton cœur, insensible à ces tristes appas,

Se figure un bonheur où je ne serai pas!
C'est donc là le dégoût qu'apporte l'hyménée?
Je te suis odieuse après m'être donnée!

PROTAG: POLYEUCTE.

Hélas!

PAULINE.

Que cet hélas a de peine à sortir!
Encor s'il commençoit un heureux repentir,
Que tout forcé qu'il est, j'y trouverois de charmes!
Mais courage, il s'émeut, je vois couler des larmes.

POLYEUCTE.

J'en verse, et plût à Dieu qu'à force d'en verser
Ce cœur trop endurci se pût enfin percer!
Le déplorable état où je vous abandonne
Est bien digne des pleurs que mon amour vous donne;
Et si l'on peut au ciel sentir quelques douleurs,
J'y pleurerai pour vous l'excès de vos malheurs;
Mais si, dans ce séjour de gloire et de lumière,
Ce Dieu tout juste et bon peut souffrir ma prière,
S'il y daigne écouter un conjugal amour,
Sur votre aveuglement il répandra le jour.
Seigneur, de vos bontés il faut que je l'obtienne;
Elle a trop de vertus pour n'être pas chrétienne :
Avec trop de mérite il vous plut la former,
Pour ne vous pas connoître et ne vous pas aimer,
Pour vivre des enfers esclave infortunée,
Et sous leur triste joug mourir comme elle est née.

PAULINE.

Que dis-tu, malheureux? qu'oses-tu souhaiter?

POLYEUCTE.

Ce que de tout mon sang je voudrois acheter.

PAULINE.

Que plutôt....

POLYEUCTE.

C'est en vain qu'on se met en défense :
Ce Dieu touche les cœurs lorsque moins on y pense.

Ce bienheureux moment n'est pas encor venu ;
Il viendra, mais le temps ne m'en est pas connu.

PAULINE.

Quittez cette chimère, et m'aimez.

POLYEUCTE.

      Je vous aime,
Beaucoup moins que mon Dieu, mais bien plus que moi-même.

PAULINE.

Au nom de cet amour ne m'abandonnez pas.

POLYEUCTE.

Au nom de cet amour, daignez suivre mes pas.

PAULINE.

C'est peu de me quitter, tu veux donc me séduire?

POLYEUCTE.

C'est peu d'aller au ciel, je veux vous y conduire.

PAULINE.

Imaginations !

POLYEUCTE.

   Célestes vérités !

PAULINE.

Étrange aveuglement !

POLYEUCTE.

   Éternelles clartés !

PAULINE.

Tu préfères la mort à l'amour de Pauline !

POLYEUCTE.

Vous préférez le monde à la bonté divine !

PAULINE.

Va, cruel, va mourir : tu ne m'aimas jamais.

POLYEUCTE.

Vivez heureuse au monde, et me laissez en paix.

PAULINE.

Oui, je t'y vais laisser; ne t'en mets plus en peine ;
Je vais...

SCÈNE IV

POLYEUCTE, PAULINE, SÉVÈRE, FABIAN, Gardes.

PAULINE.

Mais quel dessein en ce lieu vous amène,
Sévère? auroit-on cru qu'un cœur si généreux
Pût venir jusqu'ici braver un malheureux?

POLYEUCTE.

Vous traitez mal, Pauline, un si rare mérite :
A ma seule prière il rend cette visite.
Je vous ai fait, Seigneur, une incivilité,
Que vous pardonnerez à ma captivité.
Possesseur d'un trésor dont je n'étois pas digne,
Souffrez avant ma mort que je vous le résigne,
Et laisse la vertu la plus rare à nos yeux
Qu'une femme jamais pût recevoir des cieux
Aux mains du plus vaillant et du plus honnête homme
Qu'ait adoré la terre et qu'ait vu naître Rome.
Vous êtes digne d'elle, elle est digne de vous;
Ne la refusez pas de la main d'un époux :
S'il vous a désunis, sa mort vous va rejoindre.
Qu'un feu jadis si beau n'en devienne pas moindre :
Rendez-lui votre cœur, et recevez sa foi;
Vivez heureux ensemble, et mourez comme moi;
C'est le bien qu'à tous deux Polyeucte desire.
Qu'on me mène à la mort, je n'ai plus rien à dire.
Allons, gardes, c'est fait.

SCÈNE V

SÉVÈRE, PAULINE, FABIAN.

SÉVÈRE.

Dans mon étonnement,
Je suis confus pour lui de son aveuglement;
Sa résolution a si peu de pareilles,

Qu'à peine je me fie encore à mes oreilles,
Un cœur qui vous chérit (mais quel cœur assez bas
Auroit pu vous connoître, et ne vous chérir pas?),
Un homme aimé de vous, sitôt qu'il vous possède,
Sans regret il vous quitte ; il fait plus, il vous cède ;
Et comme si vos feux étoient un don fatal,
Il en fait un présent lui-même à son rival !
Certes ou les chrétiens ont d'étranges manies,
Ou leurs félicités doivent être infinies,
Puisque, pour y prétendre, ils osent rejeter
Ce que de tout l'empire il faudroit acheter.
Pour moi, si mes destins, un peu plus tôt propices,
Eussent de votre hymen honoré mes services,
Je n'aurois adoré que l'éclat de vos yeux,
J'en aurois fait mes rois, j'en aurois fait mes Dieux ;
On m'auroit mis en poudre, on m'auroit mis en cendre,
Avant que...

PAULINE.

Brisons là : je crains de trop entendre,
Et que cette chaleur, qui sent vos premiers feux,
Ne pousse quelque suite indigne de tous deux.
Sévère, connoissez Pauline toute entière.
Mon Polyeucte touche à son heure dernière ;
Pour achever de vivre il n'a plus qu'un moment :
Vous en êtes la cause encor qu'innocemment.
Je ne sais si votre âme, à vos desirs ouverte,
Auroit osé former quelque espoir sur sa perte ;
Mais sachez qu'il n'est point de si cruels trépas
Où d'un front assuré je ne porte mes pas,
Qu'il n'est point aux enfers d'horreurs que je n'endure,
Plutôt que de souiller une gloire si pure,
Que d'épouser un homme, après son triste sort,
Qui de quelque façon soit cause de sa mort ;
Et si vous me croyiez d'une âme si peu saine,
L'amour que j'eus pour vous tourneroit tout en haine.
Vous êtes généreux ; soyez-le jusqu'au bout.

Mon père est en état de vous accorder tout,
Il vous craint ; et j'avance encor cette parole,
Que s'il perd mon époux, c'est à vous qu'il l'immole ;
Sauvez ce malheureux, employez-vous pour lui ;
Faites-vous un effort pour lui servir d'appui.
Je sais que c'est beaucoup que ce que je demande ;
Mais plus l'effort est grand, plus la gloire en est grande.
Conserver un rival dont vous êtes jaloux,
C'est un trait de vertu qui n'appartient qu'à vous ;
Et si ce n'est assez de votre renommée,
C'est beaucoup qu'une femme autrefois tant aimée,
Et dont l'amour peut-être encor vous peut toucher,
Doive à votre grand cœur ce qu'elle a de plus cher :
Souvenez-vous enfin que vous êtes Sévère.
Adieu : résolvez seul ce que vous voulez faire ;
Si vous n'êtes pas tel que je l'ose espérer,
Pour vous priser encor je le veux ignorer.

SCÈNE VI.

SÉVÈRE, FABIAN.

SÉVÈRE.

Qu'est-ce-ci, Fabian ? quel nouveau coup de foudre
Tombe sur mon bonheur, et le réduit en poudre ?
Plus je l'estime près, plus il est éloigné ;
Je trouve tout perdu quand je crois tout gagné ;
Et toujours la fortune, à me nuire obstinée,
Tranche mon espérance aussitôt qu'elle est née :
Avant qu'offrir des vœux je reçois des refus ;
Toujours triste, toujours et honteux et confus
De voir que lâchement elle ait osé renaître,

Qu'encor plus lâchement elle ait osé paroître,
Et qu'une femme enfin dans la calamité
Me fasse des leçons de générosité.
  Votre belle âme est haute autant que malheureuse,
Mais elle est inhumaine autant que généreuse,
Pauline, et vos douleurs avec trop de rigueur
D'un amant tout à vous tyrannisent le cœur.
C'est donc peu de vous perdre, il faut que je vous donne,
Que je serve un rival lorsqu'il vous abandonne,
Et que par un cruel et généreux effort,
Pour vous rendre en ses mains, je l'arrache à la mort.

FABIAN.

Laissez à son destin cette ingrate famille ;
Qu'il accorde, s'il veut, le père avec la fille,
Polyeucte et Félix, l'épouse avec l'époux.
D'un si cruel effort quel prix espérez-vous ?

SÉVÈRE.

La gloire de montrer à cette âme si belle
Que Sévère l'égale, et qu'il est digne d'elle ;
Qu'elle m'étoit bien due, et que l'ordre des cieux
En me la refusant m'est trop injurieux.

FABIAN.

Sans accuser le sort ni le ciel d'injustice,
Prenez garde au péril qui suit un tel service :
Vous hasardez beaucoup, Seigneur, pensez-y bien.
Quoi ? vous entreprenez de sauver un chrétien !
Pouvez-vous ignorer pour cette secte impie
Quelle est et fut toujours la haine de Décie ?
C'est un crime vers lui si grand, si capital,
Qu'à votre faveur même il peut être fatal.

SÉVÈRE.

Cet avis seroit bon pour quelque âme commune.
S'il tient entre ses mains ma vie et ma fortune,
Je suis encor Sévère, et tout ce grand pouvoir

SILVAIN

RÔLE DE FÉLIX

(D'après une photographie de Chalot.)

Ne peut rien sur ma gloire, et rien sur mon devoir.
Ici l'honneur m'oblige, et j'y veux satisfaire ;
Qu'après le sort se montre ou propice ou contraire,
Comme son naturel est toujours inconstant,
Périssant glorieux, je périrai content.
    Je te dirai bien plus, mais avec confidence :
La secte des chrétiens n'est pas ce que l'on pense ;
On les hait ; la raison, je ne la connois point,
Et je ne vois Décie injuste qu'en ce point.
Par curiosité j'ai voulu les connoître :
On les tient pour sorciers dont l'enfer est le maître,
Et sur cette croyance on punit du trépas
Des mystères secrets que nous n'entendons pas ;
Mais Cérès Éleusine et la Bonne Déesse
Ont leurs secrets, comme eux, à Rome et dans la Grèce ;
Encore impunément nous souffrons en tous lieux,
Leur Dieu seul excepté, toutes sortes de Dieux :
Tous les monstres d'Égypte ont leurs temples dans Rome ;
Nos aïeux à leur gré faisoient un Dieu d'un homme ;
Et leur sang parmi nous conservant leurs erreurs,
Nous remplissons le ciel de tous nos empereurs ;
Mais, à parler sans fard de tant d'apothéoses,
L'effet est bien douteux de ces métamorphoses.
    Les chrétiens n'ont qu'un Dieu, maître absolu de tout,
De qui le seul vouloir fait tout ce qu'il résout ;
Mais si j'ose entre nous dire ce qu'il me semble,
Les nôtres bien souvent s'accordent mal ensemble ;
Et me dût leur colère écraser à tes yeux,
Nous en avons beaucoup pour être de vrais Dieux.
Enfin chez les chrétiens les mœurs sont innocentes,
Les vices détestés, les vertus florissantes ;
Ils font des vœux pour nous qui les persécutons ;
Et depuis tant de temps que nous les tourmentons,
Les a-t-on vus mutins ? les a-t-on vus rebelles ?
Nos princes ont-ils eu des soldats plus fidèles ?
Furieux dans la guerre, ils souffrent nos bourreaux,

Et lions au combat, ils meurent en agneaux.
J'ai trop de pitié d'eux pour ne les pas défendre.
Allons trouver Félix; commençons par son gendre;
Et contentons ainsi, d'une seule action,
Et Pauline, et ma gloire, et ma compassion.

FIN DU QUATRIÈME ACTE.

ACTE V

SCÈNE PREMIÈRE

FÉLIX, ALBIN, CLÉON.

FÉLIX.
Albin, as-tu bien vu la fourbe de Sévère?
As-tu bien vu sa haine? et vois-tu ma misère?
ALBIN.
Je n'ai rien vu en lui qu'un rival généreux,
Et ne vois rien en vous qu'un père rigoureux.
FÉLIX.
Que tu discernes mal le cœur d'avec la mine!
Dans l'âme il hait Félix et dédaigne Pauline ;
Et s'il l'aima jadis, il estime aujourd'hui
Les restes d'un rival trop indignes de lui.
Il parle en sa faveur, il me prie, il menace,
Et me perdra, dit-il, si je ne lui fais grâce ;
Tranchant du généreux, il croit m'épouvanter:
L'artifice est trop lourd pour ne pas l'éventer.
Je sais des gens de cour quelle est la politique,
J'en connois mieux que lui la plus fine pratique.
C'est en vain qu'il tempête et feint d'être en fureur:
Je vois ce qu'il prétend auprès de l'Empereur.
De ce qu'il me demande il m'y feroit un crime :
Épargnant son rival, je serois sa victime ;
Et s'il avoit affaire à quelque maladroit,
Le piège est bien tendu, sans doute il le perdroit ;
Mais un vieux courtisan est un peu moins crédule :
Il voit quand on le joue, et quand on dissimule ;
Et moi j'en ai tant vu de toutes les façons,
Qu'à lui-même au besoin j'en ferois des leçons.

ALBIN.
Dieux! que vous vous gênez par cette défiance!
FÉLIX.
Pour subsister en cour c'est la haute science :
Quand un homme une fois a droit de nous haïr,
Nous devons présumer qu'il cherche à nous trahir ;
Toute son amitié nous doit être suspecte.
Si Polyeucte enfin n'abandonne sa secte,
Quoi que son protecteur ait pour lui dans l'esprit,
Je suivrai hautement l'ordre qui m'est prescrit.
ALBIN.
Grâce, grâce, Seigneur! que Pauline l'obtienne!
FÉLIX.
Celle de l'Empereur ne suivroit pas la mienne,
Et loin de le tirer de ce pas dangereux,
Ma bonté ne feroit que nous perdre tous deux.
ALBIN.
Mais Sévère promet...
FÉLIX.
Albin, je m'en défie,
Et connois mieux que lui la haine de Décie :
En faveur des chrétiens s'il choquoit son courroux,
Lui-même assurément se perdroit avec nous.
Je veux pourtant tenter encore une autre voie :
Amenez Polyeucte ; et si je le renvoie,
S'il demeure insensible à ce dernier effort,
Au sortir de ce lieu qu'on lui donne la mort.
ALBIN.
Votre ordre est rigoureux.
FÉLIX.
Il faut que je le suive,
Si je veux empêcher qu'un désordre n'arrive.
Je vois le peuple ému pour prendre son parti ;
Et toi-même tantôt tu m'en as averti.
Dans ce zèle pour lui qu'il fait déjà paroître,
Je ne sais si longtemps j'en pourrois être maître ;
Peut-être dès demain, dès la nuit, dès ce soir,

J'en verrois des effets que je ne veux pas voir;
Et Sévère aussitôt, courant à sa vengeance,
M'iroit calomnier de quelque intelligence.
Il faut rompre ce coup, qui me seroit fatal.

ALBIN.

Que tant de prévoyance est un étrange mal !
Tout vous nuit, tout vous perd, tout vous fait de l'ombrage;
Mais voyez que sa mort mettra ce peuple en rage,
Que c'est mal le guérir que le désespérer.

FÉLIX.

En vain après sa mort il voudra murmurer;
Et s'il ose venir à quelque violence,
C'est à faire à céder deux jours à l'insolence :
J'aurai fait mon devoir, quoi qu'il puisse arriver.
Mais Polyeucte vient, tâchons à le sauver.
Soldats, retirez-vous et gardez bien la porte.

SCÈNE II

FÉLIX, POLYEUCTE, ALBIN.

FÉLIX.

As-tu donc pour la vie une haine si forte,
Malheureux Polyeucte? et la loi des chrétiens
T'ordonne-t-elle ainsi d'abandonner les tiens?

POLYEUCTE.

Je ne hais point la vie, et j'en aime l'usage,
Mais sans attachement qui sente l'esclavage,
Toujours prêt à la rendre au Dieu dont je la tiens :
La raison me l'ordonne, et la loi des chrétiens;
Et je vous montre à tous par là comme il faut vivre,
Si vous avez le cœur assez bon pour me suivre.

FÉLIX.

Te suivre dans l'abîme où tu te veux jeter?

POLYEUCTE.
Mais plutôt dans la gloire où je m'en vais monter.
FÉLIX.
Donne-moi pour le moins le temps de la connoître :
Pour me faire chrétien, sers-moi de guide à l'être,
Et ne dédaigne pas de m'instruire en ta foi,
Ou toi-même à ton Dieu tu répondras de moi.
POLYEUCTE.
N'en riez point, Félix, il sera votre juge ;
Vous ne trouverez point devant lui de refuge :
Les rois et les bergers y sont d'un même rang.
De tous les siens sur vous il vengera le sang.
FÉLIX.
Je n'en répandrai plus, et quoi qu'il en arrive,
Dans la foi des chrétiens je souffrirai qu'on vive :
J'en serai protecteur.
POLYEUCTE.
Non, non, persécutez.
Et soyez l'instrument de nos félicités :
Celle d'un vrai chrétien n'est que dans les souffrances ;
Les plus cruels tourments lui sont des récompenses.
Dieu, qui rend le centuple aux bonnes actions,
Pour comble donne encor les persécutions.
Mais ces secrets pour vous sont fâcheux à comprendre :
Ce n'est qu'à ses élus que Dieu les fait entendre.
FÉLIX.
Je te parle sans fard, et veux être chrétien.
POLYEUCTE.
Qui peut donc retarder l'effet d'un si grand bien?
FÉLIX.
La présence importune....
POLYEUCTE.
Et de qui? de Sévère?
FÉLIX.
Pour lui seul contre toi j'ai feint tant de colère :
Dissimule un moment jusques à son départ.

POLYEUCTE.

Félix, c'est donc ainsi que vous parlez sans fard?
Portez à vos païens, portez à vos idoles
Le sucre empoisonné que sèment vos paroles.
Un chrétien ne craint rien, ne dissimule rien :
Aux yeux de tout le monde il est toujours chrétien.

FÉLIX.

Ce zèle de ta foi ne sert qu'à te séduire,
Si tu cours à la mort plutôt que de m'instruire.

POLYEUCTE.

Je vous en parlerois ici hors de saison :
Elle est un don du ciel, et non de la raison;
Et c'est là que bientôt voyant Dieu face à face,
Plus aisément pour vous j'obtiendrai cette grâce.

FÉLIX.

Ta perte cependant me va désespérer.

POLYEUCTE.

Vous avez en vos mains de quoi la réparer :
En vous ôtant un gendre on vous en donne un autre,
Dont la condition répond mieux à la vôtre;
Ma perte n'est pour vous qu'un change avantageux.

FÉLIX.

Cesse de me tenir ce discours outrageux.
Je t'ai considéré plus que tu ne mérites;
Mais malgré ma bonté, qui croît plus tu l'irrites,
Cette insolence enfin te rendroit odieux,
Et je me vengerois aussi bien que nos Dieux.

POLYEUCTE.

Quoi? vous changez bientôt d'humeur et de langage!
Le zèle de vos Dieux rentre en votre courage!
Celui d'être chrétien s'échappe! et par hasard
Je vous viens d'obliger à me parler sans fard!

FÉLIX.

Va, ne présume pas que quoi que je te jure,
De tes nouveaux docteurs je suive l'imposture :
Je flattois ta manie, afin de t'arracher
Du honteux précipice où tu vas trébucher;

Je voulois gagner temps, pour ménager ta vie
Après l'éloignement d'un flatteur de Décie ;
Mais j'ai trop fait d'injure à nos Dieux tout-puissants :
Choisis de leur donner ton sang ou de l'encens.

POLYEUCTE.

Mon choix n'est point douteux. Mais j'aperçois Pauline.
O ciel !

SCÈNE III

FÉLIX, POLYEUCTE, PAULINE, ALBIN.

PAULINE.

Qui de vous deux aujourd'hui m'assassine ?
Sont-ce tous deux ensemble, ou chacun à son tour ?
Ne pourrai-je fléchir la nature ou l'amour ?
Et n'obtiendrai-je rien d'un époux ni d'un père ?

FÉLIX.

Parlez à votre époux.

POLYEUCTE.

Vivez avec Sévère.

PAULINE.

Tigre, assassine-moi du moins sans m'outrager.

POLYEUCTE.

Mon amour, par pitié, cherche à vous soulager :
Il voit quelle douleur dans l'âme vous possède,
Et sait qu'un autre amour en est le seul remède.
Puisqu'un si grand mérite a pu vous enflammer,
Sa présence toujours a droit de vous charmer :
Vous l'aimiez, il vous aime, et sa gloire augmentée...

PAULINE.

Que t'ai-je fait, cruel, pour être ainsi traitée,
Et pour me reprocher au mépris de ma foi,
Un amour si puissant que j'ai vaincu pour toi ?

Vois, pour te faire vaincre un si fort adversaire,
Quels efforts à moi-même il a fallu me faire;
Quels combats j'ai donnés pour te donner un cœur
Si justement acquis à son premier vainqueur;
Et si l'ingratitude en ton cœur ne domine,
Fais quelque effort sur toi pour te rendre à Pauline :
Apprends d'elle à forcer ton propre sentiment;
Prends la vertu pour guide en ton aveuglement;
Souffre que de toi-même elle obtienne ta vie,
Pour vivre sous tes lois à jamais asservie.
Si tu peux rejeter de si justes désirs,
Regarde au moins ses pleurs, écoute ses soupirs;
Ne désespère pas une âme qui t'adore.

POLYEUCTE.

Je vous l'ai déjà dit, et vous le dis encore,
Vivez avec Sévère ou mourez avec moi.
Je ne méprise point vos pleurs ni votre foi;
Mais de quoi que pour vous notre amour m'entretienne,
Je ne vous connais plus, si vous n'êtes chrétienne.
   C'en est assez, Félix, reprenez ce courroux,
Et sur cet insolent vengez vos Dieux et vous.

PAULINE.

Ah! mon père, son crime à peine est pardonnable;
Mais s'il est insensé, vous êtes raisonnable.
La nature est trop forte, et ses aimables traits
Imprimés dans le sang ne s'effacent jamais :
Un père est toujours père, et sur cette assurance
J'ose appuyer encore un reste d'espérance.
   Jetez sur votre fille un regard paternel :
Ma mort suivra la mort de ce cher criminel;
Et les Dieux trouveront sa peine illégitime,
Puisqu'elle confondra l'innocence et le crime,
Et qu'elle changera, par ce redoublement,
En injuste rigueur un juste châtiment;
Nos destins, par vos mains rendus inséparables,
Nous doivent rendre heureux ensemble, ou misérables;

Et vous seriez cruel jusques au dernier point
Si vous désunissiez ce que vous avez joint.
Un cœur à l'autre uni jamais ne se retire,
Et pour l'en séparer il faut qu'on le déchire.
Mais vous êtes sensible à mes justes douleurs,
Et d'un œil paternel vous regardez mes pleurs.

FÉLIX.

Oui, ma fille, il est vrai qu'un père est toujours père ;
Rien n'en peut effacer le sacré caractère :
Je porte un cœur sensible, et vous l'avez percé ;
Je me joins avec vous contre cet insensé.

Malheureux Polyeucte, es-tu seul insensible ?
Et veux-tu rendre seul ton crime irrémissible ?
Peux-tu voir tant de pleurs d'un œil si détaché ?
Peux-tu voir tant d'amour sans en être touché ?
Ne reconnois-tu plus ni beau-père, ni femme,
Sans amitié pour l'un, et pour l'autre sans flamme ?
Pour reprendre les noms et de gendre et d'époux,
Veux-tu nous voir tous deux embrasser tes genoux ?

POLYEUCTE.

Que tout cet artifice est de mauvaise grâce !
Après avoir deux fois essayé la menace,
Après m'avoir fait voir Néarque dans la mort,
Après avoir tenté l'amour et son effort,
Après m'avoir montré cette soif du baptême,
Pour opposer à Dieu l'intérêt de Dieu même,
Vous vous joignez ensemble ! Ah ! ruses de l'enfer !
Faut-il tant de fois vaincre avant que triompher ?
Vos résolutions usent trop de remise :
Prenez la vôtre enfin, puisque la mienne est prise.

Je n'adore qu'un Dieu, maître de l'univers,
Sous qui tremblent le ciel, la terre, et les enfers,
Un Dieu qui, nous aimant d'une amour infinie,
Voulut mourir pour nous avec ignominie,
Et qui par un effort de cet excès d'amour,
Veut pour nous en victime être offert chaque jour.

Mais j'ai tort d'en parler à qui ne peut m'entendre.
Voyez l'aveugle erreur que vous osez défendre :
Des crimes les plus noirs vous souillez tous vos Dieux ;
Vous n'en punissez point qui n'ait son maître aux cieux :
La prostitution, l'adultère, l'inceste,
Le vol, l'assassinat, et tout ce qu'on déteste,
C'est l'exemple qu'à suivre offrent vos immortels.
J'ai profané leur temple, et brisé leurs autels ;
Je le ferois encor, si j'avois à le faire,
Même aux yeux de Félix, même aux yeux de Sévère,
Même aux yeux du sénat, aux yeux de l'Empereur.

FÉLIX.

Enfin ma bonté cède à ma juste fureur :
Adore-les, ou meurs.

POLYEUCTE.

        Je suis chrétien.

FÉLIX.

                Impie !
Adore-les, te dis-je, ou renonce à la vie.

POLYEUCTE.

Je suis chrétien.

FÉLIX.

       Tu l'es ? O cœur trop obstiné !
Soldats, exécutez l'ordre que j'ai donné.

PAULINE.

Où le conduisez-vous ?

FÉLIX.

       A la mort.

POLYEUCTE.

             A la gloire.
Chère Pauline, adieu : conservez ma mémoire.

PAULINE.

Je te suivrai partout, et mourrai si tu meurs.

POLYEUCTE.

Ne suivez point mes pas, ou quittez vos erreurs.

FÉLIX.

Qu'on l'ôte de mes yeux, et que l'on m'obéisse :
Puisqu'il aime à périr, je consens qu'il périsse.

SCÈNE IV

FÉLIX, ALBIN.

FÉLIX.

Je me fais violence, Albin; mais je l'ai dû :
Ma bonté naturelle aisément m'eût perdu.
Que la rage du peuple à présent se déploie,
Que Sévère en fureur tonne, éclate, foudroie.
M'étant fait cet effort, j'ai fait ma sûreté.
Mais n'es-tu point surpris de cette dureté?
Vois-tu comme le sien des cœurs impénétrables,
Ou des impiétés à ce point exécrables?
Du moins j'ai satisfait mon esprit affligé :
Pour amollir son cœur je n'ai rien négligé;
J'ai feint même à tes yeux des lâchetés extrêmes;
Et certes sans l'horreur de ses derniers blasphèmes,
Qui m'ont rempli soudain de colère et d'effroi,
J'aurois eu de la peine à triompher de moi.

ALBIN.

Vous maudirez peut-être un jour cette victoire,
Qui tient je ne sais quoi d'une action trop noire,
Indigne de Félix, indigne d'un Romain,
Répandant votre sang par votre propre main.

FÉLIX.

Ainsi l'ont autrefois versé Brute et Manlie;
Mais leur gloire en a crû, loin d'en être affoiblie;
Et quand nos vieux héros avoient de mauvais sang,
Ils eussent, pour le perdre, ouvert leur propre flanc.

ALBIN.

Votre ardeur vous séduit; mais quoi qu'elle vous die,
Quand vous la sentirez une fois refroidie,
Quand vous verrez Pauline, et que son désespoir
Par ses pleurs et ses cris saura vous émouvoir...

FÉLIX.

Tu me fais souvenir qu'elle a suivi ce traître,
Et que ce désespoir qu'elle fera paroître
De mes commandements pourra troubler l'effet :
Va donc; cours y mettre ordre et voir ce qu'elle fait;
Romps ce que ses douleurs y donneroient d'obstacle;
Tire-la, si tu peux, de ce triste spectacle;
Tâche à la consoler. Va donc : qui te retient ?

ALBIN.

Il n'en est pas besoin, Seigneur, elle revient.

SCÈNE V

FÉLIX, PAULINE, ALBIN.

PAULINE.

Père barbare, achève, achève ton ouvrage :
Cette seconde hostie est digne de ta rage;
Joins ta fille à ton gendre; ose : que tardes-tu ?
Tu vois le même crime ou la même vertu :
Ta barbarie en elle a les mêmes matières.
Mon époux en mourant m'a laissé ses lumières;
Son sang, dont tes bourreaux viennent de me couvrir,
M'a dessillé les yeux, et me les vient d'ouvrir.
Je vois, je sais, je crois, je suis désabusée :
De ce bienheureux sang tu me vois baptisée;
Je suis chrétienne enfin, n'est-ce point assez dit ?
Conserve en me perdant ton rang et ton crédit;
Redoute l'Empereur, appréhende Sévère :
Si tu ne veux périr, ma perte est nécessaire;
Polyeucte m'appelle à cet heureux trépas;
Je vois Néarque et lui qui me tendent les bras.
Mène, mène-moi voir tes Dieux que je déteste :
Ils n'en ont brisé qu'un, je briserai le reste;

On m'y verra braver tout ce que vous craignez,
Ces foudres impuissants qu'en leurs mains vous peignez,
Et saintement rebelle aux lois de la naissance,
Une fois envers toi manquer d'obéissance.
Ce n'est point ma douleur que par là je fais voir;
C'est la grâce qui parle, et non le désespoir.
Le faut-il dire encor, Félix? je suis chrétienne !
Affermis par ma mort ta fortune et la mienne :
Le coup à l'un et l'autre en sera précieux,
Puisqu'il t'assure en terre en m'élevant aux cieux.

SCÈNE VI

FÉLIX, SÉVÈRE, PAULINE, ALBIN, FABIAN.

SÉVÈRE.

Père dénaturé, malheureux politique,
Esclave ambitieux d'une peur chimérique,
Polyeucte est donc mort ! et par vos cruautés
Vous pensez conserver vos tristes dignités !
La faveur que pour lui je vous avois offerte,
Au lieu de le sauver, précipite sa perte !
J'ai prié, menacé, mais sans vous émouvoir;
Et vous m'avez cru fourbe ou de peu de pouvoir !
Eh bien ! à vos dépens vous verrez que Sévère
Ne se vante jamais que de ce qu'il peut faire;
Et par votre ruine il vous fera juger
Que qui peut bien vous perdre eût pu vous protéger.
Continuez aux Dieux ce service fidèle;
Par de telles horreurs montrez-leur votre zèle.
Adieu ; mais quand l'orage éclatera sur vous,
Ne doutez point du bras dont partiront les coups.

FÉLIX.

Arrêtez-vous, Seigneur, et d'une âme apaisée

Souffrez que je vous livre une vengeance aisée.
 Ne me reprochez plus que par mes cruautés
Je tâche à conserver mes tristes dignités :
Je dépose à vos pieds l'éclat de leur faux lustre.
Celle où j'ose aspirer est d'un rang plus illustre ;
Je m'y trouve forcé par un secret appas ;
Je cède à des transports que je ne connois pas ;
Et par un mouvement que je ne puis entendre,
De ma fureur je passe au zèle de mon gendre.
C'est lui, n'en doutez point, dont le sang innocent
Pour son persécuteur prie un Dieu tout-puissant ;
Son amour épandu sur toute la famille
Tire après lui le père aussi bien que la fille.
J'en ai fait un martyr, sa mort me fait chrétien :
J'ai fait tout son bonheur, il veut faire le mien.
C'est ainsi qu'un chrétien se venge et se courrouce.
Heureuse cruauté dont la suite est si douce !
Donne la main, Pauline. Apportez des liens ;
Immolez à vos Dieux ces deux nouveaux chrétiens :
Je le suis, elle l'est, suivez votre colère.

PAULINE.

Qu'heureusement enfin je retrouve mon père !
Cet heureux changement rend mon bonheur parfait.

FÉLIX.

Ma fille, il n'appartient qu'à la main qui le fait.

SÉVÈRE.

Qui ne seroit touché d'un si tendre spectacle ?
De pareils changements ne vont point sans miracle.
Sans doute vos chrétiens, qu'on persécute en vain,
Ont quelque chose en eux qui surpasse l'humain :
Ils mènent une vie avec tant d'innocence,
Que le ciel leur en doit quelque reconnoissance :
Se relever plus forts, plus ils sont abattus,
N'est pas aussi l'effet des communes vertus.
Je les aimais toujours, quoi qu'on m'en ait pu dire ;
Je n'en vois point mourir que mon cœur n'en soupire ;

Et peut-être qu'un jour je les connoîtrai mieux.
J'approuve cependant que chacun ait ses Dieux,
Qu'il les serve à sa mode, et sans peur de la peine.
Si vous êtes chrétien, ne craignez plus ma haine;
Je les aime, Félix, et de leur protecteur
Je n'en veux pas sur vous faire un persécuteur.
    Gardez votre pouvoir, reprenez-en la marque;
Servez bien votre Dieu, servez votre monarque.
Je perdrai mon crédit envers Sa Majesté,
Ou vous verrez finir cette sévérité :
Par cette injuste haine il se fait trop d'outrage.

FÉLIX.

Daigne le ciel en vous achever son ouvrage,
Et pour vous rendre un jour ce que vous méritez,
Vous inspirer bientôt toutes ses vérités !
    Nous autres, bénissons notre heureuse aventure :
Allons à nos martyrs donner la sépulture,
Baiser leurs corps sacrés, les mettre en digne lieu,
Et faire retentir partout le nom de Dieu.

FIN DU CINQUIEME ET DERNIER ACTE.

LE MENTEVR,
COMEDIE.

Imprimé à Rouen, & se vend

A PARIS.

Chez { Antoine de Sommaville, en la Gallerie des Merciers, à l'Escu de France. Et Avgvstin Covrbe, en la mesme Gallerie, à la Palme. } Au Palais

M. DC. XLIV.
AVEC PRIVILEGE DV ROY.

PERSONNAGES	ACTEURS 1642	ACTEURS 1886
GÉRONTE, père de Dorante		M. Maubant.
DORANTE, fils de Géronte		M. Delaunay.
ALCIPPE, ami de Dorante et amant de Clarice.		M. Prudhon.
PHILISTE, ami de Dorante et d'Alcippe		M. Baillet.
CLARICE, maîtresse d'Alcippe		Mme Broisat.
LUCRÈCE, amie de Clarice		Mlle Fayolle.
ISABELLE, suivante de Clarice		Mlle Martin.
SABINE, femme de chambre de Lucrèce		Mlle Kalb.
CLITON, valet de Dorante	Jodelet.	M. Got.
LYCAS, valet d'Alcippe		M. Mosquillier.

La scène est à Paris.

HISTOIRE DU *MENTEUR* AU THÉATRE

(1642-1886.)

Si l'on s'en rapporte à Corneille lui-même, ce fut pour témoigner sa gratitude au genre comique, auquel il devait sa première réputation, qu'il composa le *Menteur* [1]. S'il revint à la comédie après les trois chefs-d'œuvre tragiques qui l'avaient mis hors de pair, ce fut aussi pour répondre de bonne grâce au désir exprimé par le public qui attendait de lui une œuvre aimable et gaie dont les incidents ingénieux fussent soutenus par le style. « J'ai fait le *Menteur*, écrit-il dans son *Épître dédicatoire*, pour contenter les souhaits de beaucoup qui, suivant l'humeur des Français, aiment le changement, et après tant de poëmes graves dont nos meilleures plumes ont enrichi la scène, m'ont demandé quelque chose de plus enjoué qui ne servît qu'à les divertir. »

Depuis le *Cid* (1636), Corneille n'avait en effet composé que de ces poèmes graves, et l'habitude de faire parler les héros aurait pu le rendre malhabile à reprendre le ton de la comédie. Il

---

[1]. « Et d'ailleurs, étant obligé au genre comique de ma première réputation, je ne pouvais l'abandonner tout à fait sans quelque espèce d'ingratitude. » *Épître dédicatoire*.

« n'osa descendre de si haut sans s'assurer d'un guide ». Or, ce guide, il le chercha encore dans la littérature espagnole qui lui avait déjà fourni tant de sujets de pièces. Une comédie, attribuée à Lope de Véga, et intitulée la *Verdad Sospechosa* (la Vérité rendue suspecte) lui tomba sous les yeux. Il la lut et l'imita à sa manière, d'assez près cependant, comme nous le verrons plus loin, la réduisit aux règles consacrées et aux usages de son pays et de son époque, et modifia complètement le dénouement.

Corneille n'était pas ce que nous appelons aujourd'hui « un érudit »; il était avant tout un homme de théâtre. Comme Molière, il prenait son bien partout où il le trouvait, sans s'inquiéter de la source véritable de ses emprunts. Mais très scrupuleux et très probe, il avouait toujours cette source, du moins telle qu'elle lui semblait être. Ainsi il traitait avec un égal respect Tite Live, Sénèque qui lui avaient réellement inspiré les sujets des *Horaces* et de *Cinna*, et Lope de Véga, auteur supposé par lui de la *Verdad Sospechosa*, ainsi que Mosander, compilateur des plus médiocres, mais dont le récit lui avait servi pour sa tragédie de *Polyeucte*. Il était au fond sincère : seulement il ne montrait point autant de critique minutieuse que de bonne foi. La *Verdad Sospechosa* passait pour être de Lope de Véga : il le crut naïvement, et il attribua cette comédie à l'illustre poète espagnol ; il indiqua même qu'elle se trouvait dans le tome XXII des œuvres de cet auteur. Que demander de plus? Son choix était heureux : il avait découvert le texte espagnol qui convenait à son génie et dont le sujet gracieux et spirituel pouvait le mieux plaire à un public français. Il était satisfait : il n'avait pas poussé plus loin ses investigations.

Ce n'est qu'en 1660, dans son *Examen du Menteur*, qu'il rendit ce qui lui appartenait au véritable auteur de la *Verdad Sospechosa*, dont il avait ignoré absolument le nom vers 1641, époque probable où il songea à mettre au théâtre sa comédie du *Menteur*. « On a attribué, écrit-il, cette pièce à Lope de Véga ; mais il m'est tombé depuis peu entre les mains un volume de don Juan d'Alarcon[1] où il prétend

1. Don Juan Ruiz de Alarcon y Mendoza est né au Mexique de parents d'origine espagnole. Il occupa à Madrid la charge de rapporteur au Conseil des Indes. Ce poète tient le milieu, comme âge et comme talent, entre Lope de Véga et Calderon. Il mourut en 1639. Il a laissé deux volumes de comédies, estimées seulement de son temps, aujourd'hui fort appréciées. Il était bossu, disent ses contemporains, et « prenait sa bosse pour l'Hélicon »; mais il ne manquait, si l'on en juge par ses œuvres, ni de cœur ni de talent.

que cette comédie est à lui et se plaint des imprimeurs qui l'ont fait courir sous le nom d'un autre [1]. » Ainsi peu importait à Corneille le nom de son modèle ; il s'était trompé une première fois, il rectifia ensuite son erreur. Ce qu'il faut retenir, c'est l'estime « extraordinaire » qu'il avait pour la comédie espagnole. « Le sujet m'en semble si spirituel et si bien tourné que j'ai dit souvent que je voudrais avoir donné les deux plus belles que j'aye faites, et qu'il fût de mon *invention*...... De quelque main que parte cette comédie, il est constant qu'elle est très ingénieuse ; et je n'ai rien vu dans cette langue (la langue espagnole) qui m'aye satisfait davantage [2] ».

Il est certain que dans le *Menteur* la part de l'invention est moins grande que dans les chefs-d'œuvre tragiques dont nous avons raconté l'histoire au théâtre. Le poète le déclare lui-même, du reste, avec sa franchise ordinaire. Il y a donc beaucoup de rapport entre l'espagnol et le français. Pourquoi Corneille a-t-il rompu cette fois avec son habitude de donner tous les passages de la pièce étrangère qu'il imitait? A-t-il reculé devant l'importunité qu'il y aurait eu pour les lecteurs de voir cités au-dessous des siens tous les vers traduits ou empruntés de l'original? A-t-il cru inutile de grossir son volume d'un surcroît de pages fastidieuses? Il nous semble qu'après avoir reconnu qu'il devait presque tout au poète espagnol, cet aveu suffisait. Les preuves étaient faites d'ailleurs, et son génie était acclamé par tous. Il n'avait pas besoin de se défendre, quand il ne venait à personne l'idée de l'accuser.

On pourrait cependant, au premier abord, lui reprocher d'avoir écrit dans son *Avis au lecteur* cette phrase que semble démentir un examen sérieux de l'original et de l'imitation : « ..... J'ai entièrement dépaysé les sujets pour les habiller à la françoise ; vous trouveriez (s'il eût donné le texte espagnol avec sa comédie) *si peu de rapport* entre l'espagnol et le françois, qu'au lieu de satisfaction vous n'en recevriez que de l'importunité. » Mais, après réflexion, si l'on comprend ces mots dans le sens où Corneille les a entendus, on n'aura point de peine à reconnaître qu'il se rend un témoignage mérité.

---

1. C'était une ruse commerciale pour vendre les pièces d'Alarcon que son nom n'aurait pas recommandées. Le succès était certain si elles passaient pour être de Lope de Véga. Celui-ci était peut-être étranger à cette supercherie. Que de comédies latines ont paru attribuées à Plaute qui étaient d'auteurs inconnus !
2. *Avis au lecteur.*

En effet, la pièce d'Alarcon est surtout une comédie d'intrigue; le *Menteur* est une comédie de caractère. Chez le poète espagnol, les incidents sont très variés, le lieu change jusqu'à six fois sans autre raison que le souci exagéré du pittoresque; les personnages secondaires qui s'agitent autour du *Menteur* sont trop nombreux et attirent souvent l'attention à eux, au détriment du principal personnage, et plus qu'il ne conviendrait pour cette unité d'action qui fait la véritable force et le plus vif intérêt d'une pièce de théâtre; enfin, Alarcon ne sait point se borner : il prodigue les détails et complique l'intrigue avec habileté, je le veux bien, mais avec fatigue aussi pour le spectateur. Chez Corneille, l'art est sobre, l'action plus serrée, le lieu est toujours dans la même ville, d'abord aux Tuileries, ensuite à la Place Royale; mais nous restons dans le même périmètre [1]. Beaucoup de faits que l'on voit se passer sur le théâtre espagnol sont racontés et gagnent à être rappelés sur la scène parisienne, dans cette langue nerveuse et spirituelle, à la fois, dont le poète a le secret. C'est son *Menteur* qui est toujours au premier plan: s'il nous montre à ses côtés Géronte et Cliton si intéressants d'eux-mêmes, le père par sa bonne foi et sa tendresse, puis par sa noble et héroïque colère; le valet, par ses ahurissements comiques suivis de réflexions naturelles et pleines de bon sens, les autres, même Alcippe, sorte de don Sanche à la fin épousé, restent, comme il convient, au second rang, et tous sans exception ne servent qu'à mettre en relief le héros de la comédie, à faire ressortir davantage son caractère et les conséquences de ses hâbleries.

Voilà où consiste l'originalité de Corneille; il a resserré un sujet prolixe; il a pris à un autre une fable intéressante dans son ensemble, mais en choisissant judicieusement, négligeant l'inutile pour ne retenir que l'indispensable; il a refait plus court et plus complètement, si je puis ainsi dire, une comédie trop longue, après avoir élagué les détails superflus. Corneille est moins l'imitateur que le collaborateur d'Alarcon : il a mis la pièce du poète espagnol au point, comme nous dirions aujourd'hui.

Les personnages sont dans les mêmes situations : les noms seuls ont changé. Dorante, le Menteur de Corneille, s'appelle Garcia dans la

---

[1]. Il faut bien avoir l'air de parler sérieusement de l'*unité de lieu* puisque, du temps de Corneille, on y attachait tant d'importance.

Si Vous ne me donnez dequoy m'enfariner
Je n'ay plus rien à Vous donner:
Car pour dire le mot et faire bonne mine
Il Faut auoir de la farine.

JODELET
(1590?-1660.)

D'APRÈS UNE GRAVURE DE LA BIBLIOTHÈQUE NATIONALE

Verdad sospechosa; Géronte, le père de Dorante, don Beltran ; Cliton son valet, Tristan; Alcippe, l'amoureux dédaigné de Clarice, don Juan de Sosa ; Philiste, l'ami d'Alcippe, don Felix ; Clarice enfin, Jacinta. Lucrèce garde dans la pièce française le même nom que dans la comédie espagnole. Isabelle est de l'invention de Corneille. Sabine est dans Alarcon un valet de Lucrèce. Le tuteur de Jacinta, don Sanche, et le seigneur de Luna, père de Lucrèce, ne paraissent point dans notre *Menteur* [1].

Le jeune Garcia, écolier de Salamanque, revient à Madrid, mandé par son père, don Beltran. Il est accompagné de son précepteur qui n'a encore à lui reprocher qu'une fâcheuse habitude de mentir. Don Beltran, irrité, adresse à son fils d'éloquents reproches; il n'a plus qu'un désir, celui de marier Garcia, espérant le rendre plus sérieux et voulant l'établir avant que ce défaut divulgué l'ait perdu de réputation. Dès le lendemain de son arrivée à Madrid, Garcia, accompagné de son valet Tristan, que don Beltran a choisi de sa main, rencontre deux dames, dont la voiture s'est arrêtée devant la boutique d'un orfèvre. L'une d'elles, Jacinta, fait un faux pas et même une chute. Garcia la relève et lui adresse les compliments les plus alambiqués. Dans l'entretien, il annonce à la belle qu'il est un créole péruvien, partant un homme très riche, très élégant, très libéral. Don Juan de Sosa et don Felix, amis de Garcia, s'étonnent de le voir à Madrid ; ils le croyaient encore à l'Université. Il les régale du récit imaginaire d'une brillante fête donnée la nuit à sa prétendue maîtresse.

Corneille entre plus vite dans son sujet. Le père ne paraît point dès le premier acte. Dorante se fait passer aux yeux de Clarice et de Lucrèce pour un jeune officier de retour des guerres d'Allemagne, au grand étonnement de Cliton qui sait fort bien qu'il arrive tout frais des écoles de Poitiers. Les autres incidents du premier acte sont les mêmes dans les deux pièces.

Don Beltran demande pour Garcia à don Sanche la main de sa nièce et pupille, doña Jacinta, que don Juan de Sosa, pour des raisons d'ambition personnelle non encore satisfaite, fait attendre depuis deux ans qu'ils sont fiancés. Doña Jacinta ne refuse pas, mais desire

---

[1] Voir *Appendice*, parallèle de la *Verdad sospechosa* d'Alarcon et du *Menteur* de Corneille, *les Grands écrivains de la France*, Pierre Corneille, M. Marty Laveaux, t. IV, p.p. 24 et sq.

voir sans être vue, avant qu'on le lui présente, le jeune cavalier. Don Beltran approuve cette idée et promet de lui ménager cette occasion. Quel est l'étonnement de Jacinta quand elle reconnaît l'opulent Péruvien dans Garcia accompagnant à cheval don Beltran selon la convention ! Don Juan de Sosa vient aussi, comme Alcippe, faire une scène de jalousie à Jacinta qui aurait accepté la fête de nuit offerte par Garcia. Cependant don Beltran et son fils se sont arrêtés au *parc d'Atocha*, une des belles promenades des environs de Madrid. C'est alors qu'à la proposition de mariage Garcia répond par l'improvisation de son hymen forcé à Salamanque et de toutes ses conséquences. Le père croit à ces aventures romanesques et se hâte d'aller porter ses excuses au tuteur de Jacinta.

Chez Corneille, tous ces événements se passent dans le même décor. La vraisemblance y perd un peu, mais la vivacité du dialogue et l'esprit semé par le poète dans le récit du faux mariage de Dorante à Poitiers font de ce second acte un des plus gais et des plus spirituels de notre théâtre. Corneille y a introduit une scène bien amusante que ne lui fournissait pas son modèle, celle où Cliton, qui « était dans le panneau », est détrompé par son maître.

Au troisième acte de la pièce espagnole, le duel entre don Juan de Sosa et Garcia est mis en scène. Dans le *Menteur*, on y fait une simple allusion. Philiste a séparé les combattants qui allaient se couper la gorge pour un malentendu. Mais Dorante, à l'acte suivant, l'imagination aidant, s'échauffe et raconte à Cliton qu'il a tué Alcippe, au moment même où cet ami vient lui apprendre que son mariage avec Clarice est sur le point de se conclure, ce qui inspire à Cliton cette réflexion amusante :

<small>Les gens que vous tuez se portent assez bien.</small>

Nous avons aussi dans l'original et l'imitation française la scène du balcon où Clarice parle au nom de Lucrèce silencieuse pendant l'entretien, et où Dorante, trompé par ses propres mensonges, adresse à Clarice des protestations d'amour, en l'appelant Lucrèce.

Clarice aussi bien que Lucrèce ne peuvent supporter un si odieux menteur; mais l'une et l'autre, en dépit qu'elles en aient, conservent pour ce jeune étourdi un reste de tendresse. Vient ensuite la scène où Géronte veut exprimer dans une lettre au père de sa belle-fille le désir qu'il a de la voir : Dorante imagine un nouveau mensonge pour se tirer d'embarras. Il avoue à son père qu'elle est grosse, et lui fait comprendre qu'un voyage, dans l'état où elle est, est impossible.

Le cinquième acte, dans les deux pièces, est rempli par la noble indignation du père, irrité de l'infamie du fils à qui le mensonge coûte si peu. Corneille a suivi de très près son modèle, non seulement dans le ton de l'invective, mais dans la forme même donnée à ces reproches éloquents. Géronte atteint ici à la hauteur de don Diègue ou du vieil Horace.

Les dénouements sont différents. Dans la pièce française, Dorante n'est point puni de ses mensonges : il épouse Lucrèce que son père a demandée pour lui, et sur la menace qu'il le tuerait, s'il « le fourbait encore ». Dorante fait fortune contre bon cœur. Mais personne ne s'en aperçoit, si ce n'est Cliton : il a tous les honneurs de la guerre. Il renonce même un peu vite, pour un cœur qui paraissait si épris, à Clarice, à laquelle il a toujours pensé, et qu'une erreur de nom seule lui a fait perdre. Dans la comédie espagnole, au contraire, Garcia est fourvoyé jusqu'à la fin par sa première méprise. Garcia s'avance vers Jacinta. « Que faites-vous, Garcia? lui dit don Juan de Sosa. Voilà Lucrèce. » Et lui désigne la campagne de Jacinta, pour laquelle il n'avait aucun goût. Garcia déclare que c'est l'autre qu'il aime, et qu'il a demandé la main de Lucrèce parce qu'il avait toujours mis le nom de Lucrèce sur le visage de Jacinta. Don Beltran le menace alors de le faire périr pour ce dernier affront ; le seigneur de Luna, le père de Lucrèce, jure qu'il vengera son honneur, si Garcia persiste dans l'injure faite à sa fille ; Lucrèce montre le billet qui s'est trompé d'adresse et où Dorante lui parlait de son amour. Don Juan de Sosa prie alors Jacinta de dire le dernier mot. Jacinta tend sa main à don Juan, et Garcia épouse contre son gré la trop complaisante Lucrèce.

Mais revenons au *Menteur* de Corneille. C'est surtout le style qu'il faut admirer dans cette comédie ; l'intrigue, des plus médiocres, est menée avec quelque gaucherie. Le poète n'a pas su la rendre claire. Il a été gêné par la nécessité de la renfermer dans les limites étroites d'une durée de trente-six heures au plus ; il a dû aussi la faire tenir dans deux seuls décors et supprimer un certain nombre de personnages accessoires, mais qui eussent été utiles à son objet.

Quant aux caractères de Dorante, de Clarice, de Cliton, de Géronte et même d'Alcippe, ils sont curieusement étudiés. Dorante déborde d'esprit et de jeunesse ; il a le goût du romanesque et la légèreté de son âge : c'est ce qui explique ces mensonges accumulés dont quelques-uns n'ont aucun rapport avec l'action, mais qui, tous, sont ingénieux et plaisants, et la facilité avec laquelle il passe de Clarice à Lucrèce. Si quelqu'un a tort dans cette occasion délicate, puisqu'il s'agit d'un mariage, c'est le brave Géronte qui ne devrait point enchaîner sitôt dans des liens sacrés cet échappé de l'Université. Dorante se grise de ses paroles et abuse de la fécondité des ressources de son esprit. Il aime les aventures et finit par croire que celles qu'il invente si bien sont réellement arrivées. Clarice a presque autant d'esprit que Dorante. Elle est bien l'adversaire qu'il lui fallait. Au fond, Dorante ne lui est pas indifférent ; mais elle a trop de tête pour laisser son cœur se prendre à une première rencontre. Si elle poursuit Dorante, c'est que son amour-propre de femme piquée au jeu veut être satisfait. Alcippe a moins de séduction, mais il est vraiment épris, et son amour, bien que mélancolique et inquiet, a une sincérité qui ne saurait lui déplaire. On comprend qu'à la fin elle se donne sans trop de regret à l'amant qu'elle a eu le temps d'étudier et de connaître pendant les deux années qu'ont duré leurs fiançailles. Quant à Cliton, c'est la joie de la comédie. Dévoué à Dorante sans platitude ni bassesse, fin et sensé, sorte de Mascarille qui suit son maître au lieu de le traîner à sa remorque, naïf à la fois et malicieux, crédule et sceptique, irrité contre lui-même quand il est dans le panneau après avoir pris toutes les précautions pour n'y point tomber, il est bien plus intéressant que le Tristan d'Alarcon, car il n'a pas été placé auprès de Dorante pour l'épier et l'observer sans cesse ; mais il s'est senti attiré, entraîné vers ce charmant étourdi, sans qu'il se rendît compte de cette vive sympathie ; il l'admire même, quand il le gourmande. Cliton est une figure des plus originales où la convention a beaucoup moins de part que la vérité de l'observation. On a reproché à Géronte sa crédulité, sa faiblesse même des premiers actes que ne saurait excuser son grand éclat de colère au cinquième. Il ne semble pas que cette critique soit fondée. Corneille ne nous a pas, comme l'avait fait Alarcon, présenté, dès la scène initiale, ce père dans toute sa sévérité, informé de l'habitude qu'avait son fils de mentir. Il est comme nous ignorant de ce défaut. Le moyen de ne pas croire à l'histoire du mariage de Poitiers, à la grossesse de la belle-fille, quand ces nouvelles sont données sur le ton de la vérité la plus émue? Cette crédulité est très naturelle. Quant à la colère, elle est d'autant plus légitime que la confiance a été plus grande et plus insolemment trompée.

Le *Menteur* fut donné pour la première fois sur le théâtre de l'hôtel du Marais, pendant l'hiver de 1643-1644. L'acteur qui joua Cliton d'original fut le célèbre Jodelet. Ces deux indications intéressantes nous sont fournies par Corneille lui-même. Dans la *Suite du Menteur*, représentée peu de temps après le *Menteur*, le poète fait dire à Dorante :

> C'est une comédie où, pour parler sans fard,
> Philiste, ainsi que moi, doit avoir quelque part.
> Au sortir d'écolier, j'eus certaine aventure
> Qui me mit là-dedans en fort bonne posture ;
> On le joue au Marais sous le nom de *Menteur*;

et à Cliton :

> Le héros de la farce, un certain *Jodelet*,
> Fait marcher après vous votre digne valet.

Julien Bedeau entra au théâtre du Marais en 1610 et se fit appeler Jodelet ; il illustra ce pseudonyme. Après avoir joué sur les tréteaux à côté des Gros-Guillaume et des Turlupin, il devint plus tard au Marais et à l'hôtel de Bourgogne, le camarade des Bellerose et des Floridor. Dans la farce comme dans la comédie il excita un véritable enthousiasme. Il était merveilleusement doué d'ailleurs pour les rôles de son emploi : il avait une figure naturellement plaisante, et les traits du visage fort accentués. De plus, il savait changer en moyens comiques de véritables défauts. Ainsi il nasillait très fortement ; il profita de cette infirmité réelle chez un comédien pour rendre son débit plus burlesque. Comme il avait le front creux, la main large, le pied mal fait, la jambe trop grosse, et surtout « un nez de blaireau », comme dit Scarron dans sa comédie de *Jodelet maître et valet ;* comme, d'autre part, il se présentait le visage couvert de farine, avec de grosses moustaches noires et une barbe de quinze jours, il n'avait qu'à entrer en scène pour faire éclater le rire. Il feignait la surprise qu'on rît avant qu'il eût ouvert la bouche, et ce jeu de scène souvent employé produisait toujours le même effet. Mais l'intelligence, la bonne humeur, l'art, s'ajoutaient chez lui à la nature. Jodelet mourut vers la fin de 1660 après avoir amusé le public pendant cinquante années.

Si l'on s'en rapportait au témoignage de Lemazurier (*Galerie historique des acteurs du théâtre françois*), Bellerose eût créé le rôle de Dorante. Mais il est bien difficile de l'admettre ; le Menteur fut représenté au *Marais;* — or, en 1643 Bellerose était encore le chef de la troupe de l'hôtel de Bourgogne, puisque ce fut en cette année que Floridor lui succéda à ce théâtre dans les premiers rôles et dans les fonctions d'orateur[1]. Il est regrettable que Corneille n'ait point désigné le comédien auquel il avait confié le personnage de Dorante autrement qu'en se contentant d'esquisser sa physionomie aimable et sa taille élégante. Si c'eût été réellement Bellerose, Corneille ne l'eût-il point nommé à côté de Jodelet ? On ne connaît pas davantage les autres interprètes de la première représentation. Il semble même qu'aucune comédienne n'ait laissé un souvenir vraiment durable dans Clarice. Il est vrai que les personnages de femmes sont un peu sacrifiés aux hommes dans cette comédie où l'attention du spectateur est attirée par Dorante surtout, et, après lui, par Cliton et Géronte.

Le rôle de Dorante a été tenu, au xviie siècle, tour à tour par Lagrange, La Thorillière fils, et Baron. Lagrange, l'un des meilleurs élèves de Molière avec Baron et La Thorillière fils, et auquel le grand comique faisait dans l'*Impromptu de Versailles* ce bel éloge « qu'il n'avait rien à lui dire », tandis qu'il donnait des conseils à tous les autres acteurs de sa troupe, Lagrange jouait Dorante avec aisance et noblesse. Jusqu'à un certain âge, ce comédien sut plaire au public dans tous les rôles d'amoureux qu'il avait créés avec un talent si distingué, Lycaste (*Mariage forcé*), Valère (*Tartufe*), Cléonte (*Bourgeois gentilhomme*), Cléante (*Malade imaginaire*), etc... Quant à la Thorillière, fils du camarade de Molière, de celui qui créa le *Trissotin* des

---

1. Bellerose (Pierre le Messier) fut le meilleur comédien de son temps. Il était fort habile comme orateur de la troupe. Il avait une grande facilité de parole et une effronterie amusante pour annoncer au public les œuvres en préparation. Bellerose est le premier acteur qui ait joué la comédie et la tragédie avec intelligence et vérité; tous ceux qui l'avaient précédé étaient tout au plus dignes de figurer avec les Turlupin et les Gros-Guillaume. Richelieu l'estimait beaucoup pour son jeu plein de dignité. Il mourut au commencement de l'année 1670. Il était entré à l'hôtel de Bourgogne en 1629. On ne sait pas l'année de sa naissance.

Femmes savantes, avec sa taille bien prise, son visage aimable et ouvert, ses yeux vifs et expressifs, sa voix pleine et sonore, son jeu rempli d'action, ses gestes toujours gracieux et conformes à l'esprit du personnage dont il était chargé, il dut montrer à ses contemporains un Dorante jeune, gai, étourdi, naturel enfin. Baron, excellent Dorante sans aucun doute dans sa jeunesse, joua encore ce rôle, à l'âge de soixante-sept ans, et put dire cependant ce vers sans exciter de murmure :

> Ne vois-tu rien en moi qui sente l'écolier?

Il avait su, à force d'art et de simplicité, conserver la grâce et la verve nécessaires à ce Dorante, le plus charmant des amoureux de notre théâtre comique.

L'interprète le plus applaudi de Dorante au xviiie siècle fut Molé. Il ne cessa de s'y faire acclamer, même dans un âge avancé. Il y apportait beaucoup de chaleur et de vivacité. Molé naquit à Paris en 1734. Fils d'un graveur sans fortune, il fut d'abord clerc de notaire, puis employé dans les bureaux d'un intendant des finances. Entraîné par sa vocation pour le théâtre et séduit aussi par l'exemple de son frère aîné qui s'y était fait un peu connaître sous le pseudonyme de d'Alainville, il se prépara d'abord en secret à jouer la comédie ; puis encouragé par son protecteur, l'intendant des finances, il ne s'occupa plus que de ses études théâtrales, devint l'ami de Lekain, qui s'essayait encore dans une société d'amateurs, et débuta, à l'âge de vingt ans, par le rôle de *Britannicus*, à la Comédie-Française. Il manquait absolument de l'expérience de la scène ; il ne réussit guère et se retira. Après avoir parcouru la province, il revint à la Comédie et y fit de nouveaux débuts, mieux appréciés, dans les tragédies de Voltaire. Bientôt, il fut reçu comme sociétaire (1761) pour l'emploi des La Grange, c'est-à-dire des *Amoureux de Molière*. Il y eut un tel succès qu'il donna le ton aux petits-maîtres eux-mêmes qu'il avait d'abord cherché à imiter. S'il n'était point quelquefois sorti de ses rôles, où il excellait, pour s'essayer dans le tragique et vouloir porter le lourd héritage de Lekain, il eût laissé une réputation considérable. C'est dans la comédie qu'il était très remarquable : Almaviva du *Barbier de Séville* et du *Mariage de Figaro*, Dorante et le Marquis du *Cercle*, petite comédie de Poinsinet, qui eut en son temps un vif succès, grâce un peu au sujet, mais surtout au talent du principal interprète, étaient ses triomphes. Jusque dans les derniers jours de sa carrière, il entendit les applaudissements ; le public lui garda une fidélité constante. Il est vrai que, de son côté, le comédien aimé se prodigua toujours pour lui plaire. Molé mourut en 1802.

Avant M. Delaunay, le Dorante idéal, qui rendra bien difficile l'interprétation de ce personnage aux jeunes premiers de l'avenir, on cite Menjaud et surtout Leroux. Ce dernier fut même très marri en voyant le succès si éclatant de son camarade Delaunay dans un rôle où il avait été lui-même si longtemps sans rival.

M. Delaunay (Louis-Arsène), naquit en 1827. Son père combattit d'abord sa vocation pour le théâtre ; puis, voyant qu'il ne pourrait en triompher, il le laissa libre de suivre ses goûts. M. Delaunay sortit du Conservatoire avec un premier prix de comédie. Engagé à l'Odéon, il fut tous les soirs sur la brèche, car ce théâtre renouvelait souvent son affiche. On le citait déjà sur notre seconde scène comme le modèle des jeunes premiers : ses coups d'essai étaient des coups de maître. En juin 1848, il débuta à la Comédie-Française. Depuis le premier rôle qu'il y créa jusqu'au dernier qu'il y joua avant de prendre une retraite que tous les admirateurs de son merveilleux talent ont regrettée et regrettent encore, Delaunay ne remporta que des triomphes. Pour me borner aux rôles du répertoire classique, je citerai tous ceux où il est passé maître. Il est impossible que ses devanciers aient joué avec plus de grâce Eraste (*Dépit amoureux*) ; Valère (*Ecole des Maris*) ; Horace (*Ecole des Femmes*) ; Valère (*Tartufe*), et surtout Dorante du *Menteur*. Dans tous ces amoureux, il est inimitable. Je doute que ses successeurs puissent y apporter jamais autant de gaieté, d'esprit et de jeunesse. Dans ces dernières années, M. Delaunay a voulu aborder les grands premiers rôles. Il a interprété *don Juan* et *Alceste*. Peut-être y a-t-il forcé malgré lui la note de son talent fait de gaieté, spirituelle et de grâce exquise. Les amateurs ont suivi avec intérêt cette évolution vers des rôles qu'il n'avait jamais rendus : ce n'est point l'art qui lui a manqué ; il avait même l'âge de l'emploi laissé vacant par le départ de Bressant. Mais la jeunesse ne voulait point le quitter : il avait gardé sa voix pure et harmonieuse, et il était obligé de l'altérer pour lui faire exprimer les emportements du *Misanthrope*. M. Delaunay est professeur au Conservatoire ; il se donne tout entier à ses élèves; puisse-t-il former un successeur qui le rappelle un peu! Il n'est pas remplacé à la Comédie [1].

Après Jodelet, il faut citer deux Clitons excellents : Dazincourt, et, de nos jours, M. Got [2]. Dazincourt (Joseph-Jean-Baptiste dit *Albouy*) naquit à Marseille le 11 novembre 1747. Il ne sentit de goût ni pour continuer le commerce de son père ni pour attendre aide et protection du maréchal de Richelieu, dont il fut le secrétaire pendant trois ans : il avait la passion du théâtre. Il débuta à Bruxelles dans le rôle de Crispin des *Folies amoureuses*. Après avoir fait dans cette ville un séjour heureux de trois ans, il aspira à entrer à la Comédie-Française : il y fut appelé en 1776. Dès sa première apparition, il fut fort goûté : on lui trouva une vive intelligence, un jeu plein de vérité et de finesse. Sa réputation ne devait avec l'âge que croître de plus en plus. Plaisant sans être outré, ne descendant jamais jusqu'à la farce, il se maintint toujours dans le ton de la comédie. Les rôles où il se distingua surtout furent avec celui de Crispin, ceux de Sosie, dans *Amphytrion*; de Figaro, qu'il créa dans le *Mariage de Figaro*; de Cliton, dans le *Menteur*; de Vadius, dans les *Femmes savantes*; d'Hector, dans le *Joueur*; d'Antoine, dans le *Philosophe sans le savoir*. Dazincourt, professeur au Conservatoire, forma des élèves remarquables, entre autres la tragédienne Mlle Volnais et Mlle Rose Dupuis, l'aimable comédienne, la mère de l'excellent Dupuis, du Vaudeville, l'acteur le plus naturel que nous ayons actuellement au théâtre. Dazincourt mourut en 1809.

Vanhove exprimait avec beaucoup d'autorité la noble indignation de Géronte, et aujourd'hui, M. Maubant, dans ce rôle, sait être tour à tour bonhomme sans vulgarité et père justement irrité; il y est excellent de tous points.

Quelle interprétation remarquable que celle qui réunissait sur notre première scène, dans la comédie du *Menteur*, MM. Got [3], Delaunay, Maubant, Mmes Emilie Broisat (Clarice), et Dinah Félix (Sabine)!

---

1. Depuis le départ de M. Delaunay, M. Henri Samary, le frère de la spirituelle soubrette de la Comédie, a débuté dans Dorante, non sans agrément.
2. Nous aurons l'occasion de revenir sur la biographie de M. Got dans notre *Théâtre de Racine*, à propos de l'histoire des *Plaideurs* à la scène.
3. M. Got, depuis le départ de M. Delaunay, semble avoir cédé le rôle de Cliton à M. de Féraudy.

C'était la perfection. Mᵐᵉ Broisat se montre dans le rôle effacé de Clarice distinguée, aimable et spirituelle. Coquette au premier acte; fine et impertinente au second; railleuse et cruelle, avec une pointe de chagrin qu'elle laisse percer, au troisième, quand elle confond, mais perd Dorante enlacé dans ses propres filets; légèrement jalouse au cinquième, puis spirituellement résignée, Mˡˡᵉ Broisat rend ces divers états de l'esprit de Clarice avec une grâce charmante.

LE MENTEUR

COMÉDIE

ACTE I

SCÈNE PREMIÈRE

DORANTE, CLITON.

DORANTE.

A la fin j'ai quitté la robe pour l'épée :
L'attente où j'ai vécu n'a point été trompée ;
Mon père a consenti que je suive mon choix,
Et j'ai fait banqueroute à ce fatras de lois.
Mais puisque nous voici dedans les Tuileries,
Le pays du beau monde et des galanteries,
Dis-moi, me trouves-tu bien fait en cavalier?
Ne vois-tu rien en moi qui sente l'écolier?
Comme il est malaisé qu'aux royaumes du *Code*
On apprenne à se faire un visage à la mode,
J'ai lieu d'appréhender.....

CLITON.

Ne craignez rien pour vous :
Vous ferez en une heure ici mille jaloux.
Ce visage et ce port n'ont point l'air de l'école,
Et jamais comme vous on ne peignit Bartole.

Je prévois du malheur pour beaucoup de maris.
Mais que vous semble encor maintenant de Paris?

DORANTE.

J'en trouve l'air bien doux, et cette loi bien rude
Qui m'en avoit banni sous prétexte d'étude.
Toi qui sais les moyens de s'y bien divertir,
Ayant eu le bonheur de n'en jamais sortir,
Dis-moi comme en ce lieu l'on gouverne les dames.

CLITON.

C'est là le plus beau soin qui vienne aux belles âmes,
Disent les beaux esprits. Mais sans faire le fin,
Vous avez l'appétit ouvert de bon matin :
D'hier au soir seulement vous êtes dans la ville,
Et vous vous ennuyez déjà d'être inutile!
Votre humeur sans emploi ne peut passer un jour,
Et déjà vous cherchez à pratiquer l'amour.
Je suis auprès de vous en fort bonne posture
De passer pour un homme à donner tablature ;
J'ai la taille d'un maître en ce noble métier,
Et je suis, tout au moins, l'intendant du quartier.

DORANTE.

Ne t'effarouche point : je ne cherche, à vrai dire,
Que quelque connoissance où l'on se plaise à rire,
Qu'on puisse visiter par divertissement,
Où l'on puisse en douceur couler quelque moment.
Pour me connoître mal, tu prends mon sens à gauche.

CLITON.

J'entends, vous n'êtes pas un homme de débauche,
Et tenez celles-là trop indignes de vous
Que le son d'un écu rend traitables à tous.
Aussi que vous cherchiez de ces sages coquettes
Où peuvent tous venants débiter leurs fleurettes,
Mais qui ne font l'amour que de babil et d'yeux,
Vous êtes d'encolure à vouloir un peu mieux.
Loin de passer son temps, chacun le perd chez elles;
Et le jeu, comme on dit, n'en vaut pas les chandelles.

Mais ce seroit pour vous un bonheur sans égal
Que ces femmes de bien qui se gouvernent mal,
Et de qui la vertu, quand on leur fait service,
N'est pas incompatible avec un peu de vice.
Vous en verrez ici de toutes les façons.
Ne me demandez point cependant de leçons :
Ou je me connois mal, à voir votre visage,
Ou vous n'en n'êtes pas à votre apprentissage ;
Vos lois ne régloient pas si bien tous vos desseins
Que vous eussiez toujours un portefeuille aux mains.

DORANTE.

A ne rien déguiser, Cliton, je te confesse
Qu'à Poitiers j'ai vécu comme vit la jeunesse ;
J'étois en ces lieux-là de beaucoup de métiers ;
Mais Paris, après tout, est bien loin de Poitiers.
Le climat différent veut une autre méthode ;
Ce qu'on admire ailleurs est ici hors de mode :
La diverse façon de parler et d'agir
Donne aux nouveaux venus souvent de quoi rougir.
Chez les provinciaux on prend ce qu'on rencontre ;
Et là, faute de mieux, un sot passe à la montre.
Mais il faut à Paris bien d'autres qualités :
On ne s'éblouit point de ces fausses clartés ;
Et tant d'honnêtes gens, que l'on y voit ensemble,
Font qu'on est mal reçu, si l'on ne leur ressemble.

CLITON.

Connoissez mieux Paris, puisque vous en parlez.
Paris est un grand lieu plein de marchands mêlés ;
L'effet n'y répond pas toujours à l'apparence :
On s'y laisse duper autant qu'en lieu de France ;
Et parmi tant d'esprits plus polis et meilleurs,
Il y croît des badauds autant et plus qu'ailleurs.
Dans la confusion que ce grand monde apporte,
Il y vient de tous lieux des gens de toute sorte ;
Et dans toute la France il est fort peu d'endroits
Dont il n'ait le rebut aussi bien que le choix.

Comme on s'y connoît mal, chacun s'y fait de mise,
Et vaut communément autant comme il se prise :
De bien pires que vous s'y font assez valoir.
Mais pour venir au point que vous voulez savoir,
Êtes-vous libéral?

DORANTE.

Je ne suis point avare.

CLITON.

C'est un secret d'amour et bien grand et bien rare;
Mais il faut de l'adresse à le bien débiter.
Autrement on s'y perd au lieu d'en profiter.
Tel donne à pleines mains qui n'oblige personne :
La façon de donner vaut mieux que ce qu'on donne.
L'un perd exprès au jeu son présent déguisé;
L'autre oublie un bijou qu'on auroit refusé.
Un lourdaud libéral auprès d'une maîtresse
Semble donner l'aumône alors qu'il fait largesse;
Et d'un tel contre-temps il fait tout ce qu'il fait,
Que quand il tâche à plaire, il offense en effet.

DORANTE.

Laissons là ces lourdauds contre qui tu déclames,
Et me dis seulement si tu connois ces dames.

CLITON.

Non : cette marchandise est de trop bon aloi;
Ce n'est point là gibier à des gens comme moi;
Il est aisé pourtant d'en savoir des nouvelles,
Et bientôt leur cocher m'en dira des plus belles.

DORANTE.

Penses-tu qu'il t'en dise?

CLITON.

Assez pour en mourir :
Puisque c'est un cocher, il aime à discourir.

SCÈNE II

DORANTE, CLARICE, LUCRÈCE, ISABELLE.

CLARICE, faisant un faux pas, et comme se laissant choir.

Ay!

DORANTE, lui donnant la main.

Ce malheur me rend un favorable office,
Puisqu'il me donne lieu de ce petit service ;
Et c'est pour moi, Madame, un bonheur souverain
Que cette occasion de vous donner la main.

CLARICE.

L'occasion ici fort peu vous favorise,
Et ce foible bonheur ne vaut pas qu'on le prise.

DORANTE.

Il est vrai, je le dois tout entier au hasard :
Mes soins ni vos désirs n'y prennent point de part ;
Et sa douceur mêlée avec cette amertume
Ne me rend pas le sort plus doux que de coutume,
Puisqu'enfin ce bonheur, que j'ai si fort prisé,
A mon peu de mérite eût été refusé.

CLARICE.

S'il a perdu sitôt ce qui pouvoit vous plaire,
Je veux être à mon tour d'un sentiment contraire,
Et crois qu'on doit trouver plus de félicité
A posséder un bien sans l'avoir mérité.
J'estime plus un don qu'une reconnaissance :
Qui nous donne fait plus que qui nous récompense ;
Et le plus grand bonheur au mérite rendu
Ne fait que nous payer de ce qui nous est dû.
La faveur qu'on mérite est toujours achetée ;
L'heur en croît d'autant plus, moins elle est méritée ;
Et le bien où sans peine elle fait parvenir
Par le mérite à peine aurait pu s'obtenir.

DORANTE.
Aussi ne croyez pas que jamais je prétende
Obtenir par mérite une faveur si grande.
J'en sais mieux le haut prix ; et mon cœur amoureux,
Moins il s'en connoît digne, et plus s'en tient heureux.
On me l'a pu toujours dénier sans injure ;
Et si la recevant ce cœur même en murmure,
Il se plaint du malheur de ses félicités,
Que le hasard lui donne, et non vos volontés.
Un amant a fort peu de quoi se satisfaire
Des faveurs qu'on lui fait sans dessein de les faire :
Comme l'intention seule en forme le prix,
Assez souvent sans elle on les joint au mépris.
Jugez par là quel bien peut recevoir ma flamme
D'une main qu'on me donne en me refusant l'âme.
Je la tiens, je la touche et je la touche en vain,
Si je ne puis toucher le cœur avec la main.

CLARICE.
Cette flamme, Monsieur, est pour moi fort nouvelle,
Puisque j'en viens de voir la première étincelle.
Si votre cœur ainsi s'embrase en un moment,
Le mien ne sut jamais brûler si promptement :
Mais peut-être, à présent que j'en suis avertie,
Le temps donnera place à plus de sympathie.
Confessez cependant qu'à tort vous murmurez
Du mépris de vos feux, que j'avois ignorés.

SCÈNE III

DORANTE, CLARICE, LUCRÈCE, ISABELLE, CLITON.

DORANTE.
C'est l'effet du malheur qui partout m'accompagne.
Depuis que j'ai quitté les guerres d'Allemagne,

C'est-à-dire du moins depuis un an entier,
Je suis et jour et nuit dedans votre quartier;
Je vous cherche en tous lieux, au bal, aux promenades;
Vous n'avez que de moi reçu des sérénades;
Et je n'ai pu trouver que cette occasion
A vous entretenir de mon affection.

CLARICE.

Quoi! vous avez donc vu l'Allemagne et la guerre?

DORANTE.

Je m'y suis fait quatre ans craindre comme un tonnerre.

CLITON.

Que lui va-t-il conter?

DORANTE.

Et durant ces quatre ans
Il ne s'est fait combats, ni sièges importants,
Nos armes n'ont jamais remporté de victoire,
Où cette main n'ait eu bonne part à la gloire :
Et même la gazette a souvent divulgué...

CLITON, le tirant par la basque.

Savez-vous bien, Monsieur, que vous extravaguez?

DORANTE.

Tais-toi.

CLITON.

Vous rêvez, dis-je, ou...

DORANTE.

Tais-toi, misérable.

CLITON.

Vous venez de Poitiers, ou je me donne au diable ;
Vous en revîntes hier.

DORANTE, à Cliton.

Te tairas-tu, maraud?
Mon nom dans nos succès s'étoit mis assez haut
Pour faire quelque bruit sans beaucoup d'injustice ;
Et je suivrois encore un si noble exercice,
N'étoit que l'autre hiver, faisant ici ma cour,
Je vous vis, et je fus retenu par l'amour.

Attaqué par vos yeux, je leur rendis les armes ;
Je me fis prisonnier de tant d'aimables charmes,
Je leur livrai mon âme ; et ce cœur généreux
Dès ce premier moment oublia tout pour eux,
Vaincre dans les combats, commander dans l'armée,
De mille exploits fameux enfler ma renommée,
Et tous ces nobles soins qui m'avoient su ravir,
Cédèrent aussitôt à ceux de vous servir.

ISABELLE, à Clarice tout bas.

Madame, Alcippe vient ; il aura de l'ombrage.

CLARICE.

Nous en saurons, Monsieur, quelque jour davantage.
Adieu.

DORANTE.

Quoi? me priver si tôt de tout mon bien !

CLARICE.

Nous n'avons pas loisir d'un plus long entretien ;
Et malgré la douceur de me voir cajolée,
Il faut que nous fassions seules deux tours d'allée.

DORANTE.

Cependant accordez à mes vœux innocents
La licence d'aimer des charmes si puissants.

CLARICE.

Un cœur qui veut aimer, et qui sait comme on aime,
N'en demande jamais licence qu'à soi-même.

SCÈNE IV

DORANTE, CLITON.

DORANTE.

Suis-les, Cliton.

CLITON.

J'en sais ce qu'on en peut savoir.
La langue du cocher a fait tout son devoir.
« La plus belle des deux, dit-il, est ma maîtresse,

Elle loge à la Place, et son nom est Lucrèce. »
        DORANTE.
Quelle place?
        CLITON.
        Royale, et l'autre y loge aussi.
Il n'en sait pas le nom, mais j'en prendrai souci.
        DORANTE.
Ne te mets point, Cliton, en peine de l'apprendre.
Celle qui m'a parlé, celle qui m'a su prendre,
C'est Lucrèce, ce l'est sans aucun contredit :
Sa beauté m'en assure, et mon cœur me le dit.
        CLITON.
Quoique mon sentiment doive respect au vôtre,
La plus belle des deux, je crois que ce soit l'autre.
        DORANTE.
Quoi? celle qui s'est tue, et qui dans nos propos
N'a jamais eu l'esprit de mêler quatre mots?
        CLITON.
Monsieur, quand une femme a le don de se taire,
Elle a des qualités au-dessus du vulgaire;
C'est un effort du ciel qu'on a peine à trouver;
Sans un petit miracle il ne peut l'achever;
Et la nature souffre extrême violence
Lorsqu'il en fait d'humeur à garder le silence.
Pour moi, jamais l'amour n'inquiète mes nuits;
Et quand le cœur m'en dit, j'en prends par où je puis;
Mais naturellement femme qui se peut taire
A sur moi tel pouvoir et tel droit de me plaire,
Qu'eût-elle en vrai magot tout le corps fagoté,
Je lui voudrois donner le prix de la beauté.
C'est elle assurément qui s'appelle Lucrèce :
Cherchez un autre nom pour l'objet qui vous blesse;
Ce n'est point là le sien : celle qui n'a dit mot,
Monsieur, c'est la plus belle, ou je ne suis qu'un sot.
        DORANTE.
Je t'en crois sans jurer avec tes incartades.

Mais voici les plus chers de mes vieux camarades :
Ils semblent étonnés, à voir leur action.

SCÈNE V

DORANTE, ALCIPPE, PHILISTE, CLITON.

PHILISTE, à Alcippe.
Quoi? sur l'eau la musique et la collation?
ALCIPPE, à Philiste.
Oui, la collation avecque la musique.
PHILISTE, à Alcippe.
Hier au soir?
ALCIPPE, à Philiste.
Hier au soir.
PHILISTE, à Alcippe.
Et belle?
ALCIPPE, à Philiste.
Magnifique.
PHILISTE, à Alcippe.
Et par qui?
ALCIPPE, à Philiste.
C'est de quoi je suis mal éclairci.
DORANTE, les saluant.
Que mon bonheur est grand de vous revoir ici!
ALCIPPE.
Le mien est sans pareil, puisque je vous embrasse.
DORANTE.
J'ai rompu vos discours d'assez mauvaise grâce :
Vous le pardonnerez à l'aise de vous voir.
PHILISTE.
Avec nous, de tout temps, vous avez tout pouvoir.
DORANTE.
Mais de quoi parliez-vous?

ALCIPPE.
D'une galanterie.
DORANTE.
D'amour?
ALCIPPE.
Je le présume.
DORANTE.
Achevez, je vous prie,
Et souffrez qu'à ce mot ma curiosité
Vous demande sa part de cette nouveauté.
ALCIPPE.
On dit qu'on a donné musique à quelque dame.
DORANTE.
Sur l'eau?
ALCIPPE.
Sur l'eau.
DORANTE.
Souvent l'onde irrite la flamme.
PHILISTE.
Quelquefois.
DORANTE.
Et ce fut hier au soir?
ALCIPPE.
Hier au soir.
DORANTE.
Dans l'ombre de la nuit le feu se fait mieux voir :
Le temps étoit bien pris. Cette dame, elle est belle?
ALCIPPE.
Aux yeux de bien du monde elle passe pour telle.
DORANTE.
Et la musique?
ALCIPPE.
Assez pour n'en rien dédaigner.
DORANTE.
Quelque collation a pu l'accompagner?
ALCIPPE.
On la dit.
DORANTE.
Fort superbe?

ALCIPPE.
Et fort bien ordonnée.
DORANTE.
Et vous ne savez point celui qui l'a donnée?
ALCIPPE.
Vous en riez!
DORANTE.
Je ris de vous voir étonné.
D'un divertissement que je me suis donné.
ALCIPPE.
Vous?
DORANTE.
Moi-même.
ALCIPPE.
Et déjà vous avez fait maîtresse?
DORANTE.
Si je n'en avois fait, j'aurois bien peu d'adresse,
Moi qui depuis un mois suis ici de retour.
Il est vrai que je sors fort peu souvent de jour :
De nuit, *incognito*, je rends quelques visites ;
Ainsi.....
CLITON, à Dorante, à l'oreille.
Vous ne savez, Monsieur, ce que vous dites.
DORANTE.
Tais-toi; si jamais plus tu me viens avertir...
CLITON.
J'enrage de me taire et d'entendre mentir!
PHILISTE, à Alcippe, tout bas.
Voyez qu'heureusement dedans cette rencontre
Votre rival lui-même à vous-même se montre.
DORANTE, revenant à eux.
Comme à mes chers amis je vous veux tout conter.
J'avais pris cinq bateaux pour mieux tout ajuster.
Les quatre contenoient quatre chœurs de musique,
Capables de charmer le plus mélancolique.
Au premier, violons; en l'autre, luths et voix;
Des flûtes, au troisième; au dernier, des hautbois,

MOLÉ
(1734-1802)
(D'après une gravure communiquée par la *Bibliothèque nationale*.)

Qui tour à tour dans l'air poussoient des harmonies
Dont on pouvoit nommer les douceurs infinies.
Le cinquième étoit grand, tapissé tout exprès
De rameaux enlacés pour conserver le frais,
Dont chaque extrémité portoit un doux mélange
De bouquets de jasmin, de grenade, et d'orange.
Je fis de ce bateau la salle du festin :
Là je menai l'objet qui fait seul mon destin ;
De cinq autres beautés la sienne fut suivie,
Et la collation fut aussitôt servie.
Je ne vous dirai point les différents apprêts,
Le nom de chaque plat, le rang de chaque mets :
Vous saurez seulement qu'en ce lieu de délices
On servit douze plats, et qu'on fit six services,
Cependant que les eaux, les rochers et les airs
Répondoient aux accents de nos quatre concerts.
Après qu'on eut mangé, mille et mille fusées,
S'élançant vers les cieux, ou droites ou croisées,
Firent un nouveau jour, d'où tant de serpenteaux
D'un déluge de flamme attaquèrent les eaux,
Qu'on crut que, pour leur faire une plus rude guerre,
Tout l'élément du feu tomboit du ciel en terre.
Après ce passe-temps on dansa jusqu'au jour,
Dont le soleil jaloux avança le retour :
S'il eût pris notre avis, sa lumière importune
N'eût pas troublé sitôt ma petite fortune ;
Mais n'étant pas d'humeur à suivre nos desirs,
Il sépara la troupe et finit nos plaisirs.

ALCIPPE.

Certes, vous avez grâce à conter ces merveilles ;
Paris, tout grand qu'il est, en voit peu de pareilles.

DORANTE.

J'avois été surpris ; et l'objet de mes vœux
Ne m'avoit tout au plus donné qu'une heure ou deux.

PHILISTE.

Cependant l'ordre est rare, et la dépense belle.

DORANTE.
Il s'est fallu passer à cette bagatelle :
Alors que le temps presse, on n'a pas à choisir.
ALCIPPE.
Adieu : nous nous verrons avec plus de loisir.
DORANTE.
Faites état de moi.
ALCIPPE, à Philiste, en s'en allant.
Je meurs de jalousie.
PHILISTE, à Alcippe.
Sans raison toutefois votre âme en est saisie :
Les signes du festin ne s'accordent pas bien.
ALCIPPE, à Philiste.
Le lieu s'accorde, et l'heure; et le reste n'est rien.

SCÈNE VI

DORANTE, CLITON.

CLITON.
Monsieur, puis-je à présent parler sans vous déplaire?
DORANTE.
Je remets à ton choix de parler ou te taire;
Mais quand tu vois quelqu'un, ne fais plus l'insolent.
CLITON.
Votre ordinaire est-il de rêver en parlant?
DORANTE.
Où me vois-tu rêver?
CLITON.
J'appelle rêveries
Ce qu'en d'autres qu'un maître on nomme menteries;
Je parle avec respect.
DORANTE.
Pauvre esprit !
CLITON.
Je le perds

Quand je vous oy parler de guerre et de concerts,
Vous voyez sans péril nos batailles dernières,
Et faites des festins qui ne vous coûtent guères.
Pourquoi depuis un an vous feindre de retour?
DORANTE.
J'en montre plus de flamme, et j'en fais mieux ma cour.
CLITON.
Qu'a de propre la guerre à montrer votre flamme?
DORANTE.
Oh! le beau compliment à charmer une dame,
De lui dire d'abord : « J'apporte à vos beautés
Un cœur nouveau venu des universités;
Si vous avez besoin de lois et de rubriques,
Je sais le *Code* entier avec les *Authentiques,*
Le *Digeste* nouveau, le vieux, l'*Infortiat,*
Ce qu'en a dit Jason, Balde, Accurse, Alciat! »
Qu'un si riche discours nous rend considérables!
Qu'on amollit par là de cœurs inexorables!
Qu'un homme à paragraphe est un joli galant!
   On s'introduit bien mieux à titre de vaillant :
Tout le secret ne gît qu'en un peu de grimace,
A mentir à propos, jurer de bonne grâce,
Étaler force mots qu'elles n'entendent pas,
Faire sonner Lamboy, Jean de Vert, et Galas,
Nommer quelques châteaux de qui les noms barbares
Plus ils blessent l'oreille, et plus leur semblent rares,
Avoir toujours en bouche angles, lignes, fossés,
Vedette, contrescarpe, et travaux avancés :
Sans ordre et sans raison, n'importe, on les étonne;
On leur fait admirer les bayes qu'on leur donne,
Et tel, à la faveur d'un semblable débit,
Passe pour homme illustre, et se met en crédit.
CLITON.
A qui vous veut ouïr, vous en faites bien croire;
Mais celle-ci bientôt peut savoir votre histoire.
DORANTE.
J'aurai déjà gagné chez elle quelque accès;

Et loin d'en redouter un malheureux succès,
Si jamais un fâcheux nous nuit par sa présence,
Nous pourrons sous ces mots être d'intelligence.
Voilà traiter l'amour, Cliton, et comme il faut.
CLITON.
A vous dire le vrai, je tombe de bien haut.
Mais parlons du festin : Urgande et Mélusine
N'ont jamais sur-le-champ mieux fourni leur cuisine ;
Vous allez au delà de leurs enchantements :
Vous seriez un grand maître à faire des romans ;
Ayant si bien en main le festin et la guerre,
Vos gens en moins de rien courroient toute la terre ;
Et ce seroit pour vous des travaux fort légers
Que d'y mêler partout la pompe et les dangers.
Ces hautes fictions vous sont bien naturelles.
DORANTE.
J'aime à braver ainsi les conteurs de nouvelles ;
Et sitôt que j'en vois quelqu'un s'imaginer
Que ce qu'il veut m'apprendre a de quoi m'étonner.
Je le sers aussitôt d'un conte imaginaire,
Qui l'étonne lui-même, et le force à se taire.
Si tu pouvois savoir quel plaisir on a lors
De leur faire rentrer leurs nouvelles au corps.....
CLITON.
Je le juge assez grand ; mais enfin ces pratiques
Vous peuvent engager en de fâcheux intriques.
DORANTE.
Nous nous en tirerons ; mais tous ces vains discours
M'empêchent de chercher l'objet de mes amours :
Tâchons de le rejoindre, et sache qu'à me suivre
Je t'apprendrai bientôt d'autres façons de vivre.

FIN DU PREMIER ACTE.

ACTE II

SCÈNE PREMIÈRE

GÉRONTE, CLARICE, ISABELLE.

CLARICE.
Je sais qu'il vaut beaucoup étant sorti de vous ;
Mais, Monsieur, sans le voir accepter un époux,
Par quelque haut récit qu'on en soit conviée,
C'est grande avidité de se voir mariée.
D'ailleurs, en recevoir visite et compliment,
Et lui permettre accès en qualité d'amant,
A moins qu'à vos projets un plein effet réponde,
Ce seroit trop donner à discourir au monde.
Trouvez donc un moyen de me le faire voir,
Sans m'exposer au blâme et manquer au devoir.

GÉRONTE.
Oui, vous avez raison, belle et sage Clarice :
Ce que vous m'ordonnez est la même justice ;
Et comme c'est à nous à subir votre loi,
Je reviens tout à l'heure, et Dorante avec moi.
Je le tiendrai longtemps dessous votre fenêtre,
Afin qu'avec loisir vous puissiez le connoître,
Examiner sa taille, et sa mine, et son air,
Et voir quel est l'époux que je vous veux donner.
Il vint hier de Poitiers, mais il sent peu l'école ;
Et si l'on pouvoit croire un père à sa parole,
Quelque écolier qu'il soit, je dirois qu'aujourd'hui
Peu de nos gens de cour sont mieux taillés que lui.
Mais vous en jugerez après la voix publique.
Je cherche à l'arrêter, parce qu'il m'est unique,
Et je brûle surtout de le voir sous vos lois.

CLARICE.
Vous m'honorez beaucoup d'un si glorieux choix :
Je l'attendrai, Monsieur, avec impatience,
Et je l'aime déjà sur cette confiance.

SCÈNE II

ISABELLE, CLARICE.

ISABELLE.
Ainsi, vous le verrez, et sans vous engager.
CLARICE.
Mais pour le voir ainsi qu'en pourrai-je juger ?
J'en verrai le dehors, la mine, l'apparence;
Mais du reste, Isabelle, où prendre l'assurance ?
Le dedans paroit mal en ces miroirs flatteurs;
Les visages souvent sont de doux imposteurs :
Que de défauts d'esprit se couvrent de leur grâces,
Et que de beaux semblants cachent des âmes basses!
Les yeux en ce grand choix ont la première part;
Mais leur déférer tout, c'est tout mettre au hasard :
Qui veut vivre en repos ne doit pas leur déplaire,
Mais sans leur obéir, il doit les satisfaire,
En croire leur refus, et non pas leur aveu,
Et sur d'autres conseils laisser naître son feu.
Cette chaîne, qui dure autant que notre vie,
Et qui devroit donner plus de peur que d'envie,
Si l'on n'y prend bien garde, attache assez souvent
Le contraire au contraire, et le mort au vivant;
Et pour moi, puisqu'il faut qu'elle me donne un maître,
Avant que l'accepter je voudrois le connoître,
Mais connoître dans l'âme.
ISABELLE.
Eh bien ! qu'il parle à vous.
CLARICE.
Alcippe le sachant en deviendroit jaloux.

ISABELLE.
Qu'importe qu'il le soit, si vous avez Dorante?
CLARICE.
Sa perte ne m'est pas encore indifférente ;
Et l'accord de l'hymen entre nous concerté,
Si son père venoit, seroit exécuté.
Depuis plus de deux ans il promet et diffère :
Tantôt c'est maladie, et tantôt quelque affaire ;
Le chemin est mal sûr, ou les jours sont trop courts,
Et le bonhomme enfin ne peut sortir de Tours.
Je prends tous ces délais pour une résistance,
Et ne suis pas d'humeur à mourir de constance.
Chaque moment d'attente ôte de notre prix,
Et fille qui veillit tombe dans le mépris :
C'est un nom glorieux qui se garde avec honte ;
Sa défaite est fâcheuse à moins que d'être prompte.
Le temps n'est pas un Dieu qu'elle puisse braver,
Et son honneur se perd à le trop conserver.
ISABELLE.
Ainsi vous quitteriez Alcippe pour un autre
De qui l'humeur auroit de quoi plaire à la vôtre?
CLARICE.
Oui, je le quitterois ; mais pour ce changement
Il me faudroit en main avoir un autre amant,
Savoir qu'il me fût propre, et que son hyménée
Dût bientôt à la sienne unir ma destinée.
Mon humeur sans cela ne s'y résout pas bien ;
Car Alcippe, après tout, vaut toujours mieux que rien ;
Son père peut venir, quelque longtemps qu'il tarde.
ISABELLE.
Pour en venir à bout sans que rien s'y hasarde,
Lucrèce est votre amie, et peut beaucoup pour vous ;
Elle n'a point d'amants qui deviennent jaloux :
Qu'elle écrive à Dorante, et lui fasse paroître
Qu'elle veut cette nuit le voir par sa fenêtre.
Comme il est jeune encore, on l'y verra voler ;
Et là, sous ce faux nom, vous pourrez lui parler,

Sans qu'Alcippe jamais en découvre l'adresse,
Ni que lui-même pense à d'autres qu'à Lucrèce.
CLARICE.
L'invention est belle, et Lucrèce aisément
Se résoudra pour moi d'écrire un compliment :
J'admire ton adresse à trouver cette ruse.
ISABELLE.
Puis-je vous dire encor que si je ne m'abuse,
Tantôt cet inconnu ne vous déplaisoit pas?
CLARICE.
Ah! bon Dieu! si Dorante avoit autant d'appas,
Que d'Alcippe aisément il obtiendroit la place!
ISABELLE.
Ne parlez pas d'Alcippe ; il vient.
CLARICE.
Qu'il m'embarrasse !
Va pour moi chez Lucrèce, et lui dis mon projet,
Et tout ce qu'on peut dire en un pareil sujet.

SCÈNE III

CLARICE, ALCIPPE.

ALCIPPE.
Ah! Clarice, ah! Clarice, inconstante! volage!
CLARICE.
Auroit-il deviné déjà ce mariage?
Alcippe, qu'avez-vous? qui vous fait soupirer?
ALCIPPE.
Ce que j'ai, déloyale! et peux-tu l'ignorer!
Parle à ta conscience, elle devroit t'apprendre...
CLARICE.
Parlez un peu plus bas, mon père va descendre.
ALCIPPE.
Ton père va descendre, âme double et sans foi !

Confesse que tu n'as un père que pour moi.
La nuit, sur la rivière...
CLARICE.
Eh bien! sur la rivière?
La nuit! quoi? qu'est-ce enfin?
ALCIPPE.
Oui, la nuit toute entière.
CLARICE.
Après?
ALCIPPE.
Quoi! sans rougir?
CLARICE.
Rougir! à quel propos?
ALCIPPE.
Tu ne meurs pas de honte, entendant ces deux mots?
CLARICE.
Mourir pour les entendre! et qu'ont-ils de funeste?
ALCIPPE.
Tu peux donc les ouïr et demander le reste?
Ne saurois-tu rougir, si je ne te dis tout?
CLARICE.
Quoi, tout?
ALCIPPE.
Tes passe-temps de l'un à l'autre bout.
CLARICE.
Je meure, en vos discours si je puis rien comprendre!
ALCIPPE.
Quand je te veux parler, ton père va descendre,
Il t'en souvient alors; le tour est excellent!
Mais pour passer la nuit auprès de ton galant....
CLARICE.
Alcippe, êtes-vous fol?
ALCIPPE.
Je n'ai plus lieu de l'être,
A présent que le ciel me fait te mieux connoître.
Oui, pour passer la nuit en danses et festin,
Être avec ton galant du soir jusqu'au matin
(Je ne parle que d'hier), tu n'as point lors de père,

CLARICE.
Rêvez-vous? raillez-vous? et quel est ce mystère?
ALCIPPE.
Ce mystère est nouveau, mais non pas fort secret :
Choisis une autre fois un amant plus discret;
Lui-même il m'a tout dit.
CLARICE.
Qui, lui-même?
ALCIPPE.
Dorante.
CLARICE.
Dorante!
ALCIPPE.
Continue, et fais bien l'ignorante.
CLARICE.
Si je le vis jamais, et si je le connoi!...
ALCIPPE.
Ne viens-je pas de voir son père avecque toi?
Tu passes, infidèle, âme ingrate et légère,
La nuit avec le fils, le jour avec le père!
CLARICE.
Son père, de vieux temps, est grand ami du mien.
ALCIPPE.
Cette vieille amitié faisoit votre entretien?
Tu te sens convaincue, et tu m'oses répondre!
Te faut-il quelque chose encor pour te confondre?
CLARICE.
Alcippe, si je sais quel visage a le fils...
ALCIPPE.
La nuit étoit fort noire alors que tu le vis.
Il ne t'a pas donné quatre chœurs de musique,
Une collation superbe et magnifique,
Six services de rang, douze plats à chacun?
Son entretien alors t'étoit fort importun?
Quand ses feux d'artifice éclairoient le rivage,
Tu n'eus pas le loisir de le voir au visage?
Tu n'as pas avec lui dansé jusques au jour,
Et tu ne l'as pas vu pour le moins au retour?

T'en ai-je dit assez? Rougis, et meurs de honte.
CLARICE.
Je ne rougirai point pour le récit d'un conte.
ALCIPPE.
Quoi! je suis donc un fourbe, un bizarre, un jaloux?
CLARICE.
Quelqu'un a pris plaisir à se jouer de vous,
Alcippe ; croyez-moi.
ALCIPPE.
Ne cherche point d'excuses ;
Je connais tes détours, et devine tes ruses.
Adieu : suis ton Dorante, et l'aime désormais ;
Laisse en repos Alcippe, et n'y pense jamais.
CLARICE.
Écoutez quatre mots.
ALCIPPE.
Ton père va descendre.
CLARICE.
Non, il ne descend point, et ne peut nous entendre ;
Et j'aurai tout loisir de vous désabuser.
ALCIPPE.
Je ne t'écoute point, à moins que m'épouser,
A moins qu'en attendant le jour du mariage,
M'en donner ta parole et deux baisers en gage.
CLARICE.
Pour me justifier vous demandez de moi,
Alcippe?
ALCIPPE.
Deux baisers, et ta main, et ta foi.
CLARICE.
Que cela?
ALCIPPE.
Résous-toi, sans plus me faire attendre.
CLARICE.
Je n'ai pas le loisir, mon père va descendre.

SCÈNE IV

ALCIPPE.

ALCIPPE.

Va, ris de ma douleur alors que je te perds ;
Par ces indignités romps toi-même mes fers ;
Aide mes feux trompés à se tourner en glace ;
Aide un juste courroux à se mettre en leur place.
Je cours à la vengeance, et porte à ton amant
Le vif et prompt effet de mon ressentiment.
S'il est homme de cœur, ce jour même nos armes
Règleront par leur sort tes plaisirs ou tes larmes ;
Et plutôt que le voir possesseur de mon bien,
Puissé-je dans son sang voir couler tout le mien !
Le voici, ce rival, que son père t'amène :
Ma vieille amitié cède à ma nouvelle haine ;
Sa vue accroit l'ardeur dont je me sens brûler :
Mais ce n'est pas ici qu'il faut le quereller.

SCÈNE V

GÉRONTE, DORANTE, CLITON.

GÉRONTE.

Dorante, arrêtons-nous ; le trop de promenade
Me mettroit hors d'haleine, et me feroit malade.
Que l'ordre est rare et beau de ces grands bâtiments !

DORANTE.

Paris semble à mes yeux un pays de romans.
J'y croyois ce matin voir une île enchantée :
Je la laissai déserte, et la trouve habitée ;

Quelque Amphion nouveau, sans l'aide des maçons,
En superbes palais a changé ses buissons.
                    GÉRONTE.
Paris voit tous les jours de ces métamorphoses :
Dans tout le Pré-aux-Clercs tu verras mêmes choses ;
Et l'univers entier ne peut rien voir d'égal
Aux superbes dehors du palais Cardinal.
Toute une ville entière, avec pompe bâtie,
Semble d'un vieux fossé par miracle sortie,
Et nous fait présumer, à ses superbes toits,
Que tous ses habitants sont des dieux ou des rois.
Mais changeons de discours. Tu sais combien je t'aime ?
                    DORANTE.
Je chéris cet honneur bien plus que le jour même.
                    GÉRONTE.
Comme de mon hymen il n'est sorti que toi,
Et que je te vois prendre un périlleux emploi,
Où l'ardeur pour la gloire à tout oser convie,
Et force à tous moments de négliger la vie,
Avant qu'aucun malheur te puisse être avenu,
Pour te faire marcher un peu plus retenu,
Je te veux marier.
                    DORANTE.
            Oh ! ma chère Lucrèce !
                    GÉRONTE.
Je t'ai voulu choisir moi-même une maîtresse,
Honnête, belle, riche.
                    DORANTE.
                Ah ! pour la bien choisir
Mon père, donnez-vous un peu plus de loisir.
                    GÉRONTE.
Je la connois assez : Clarice est belle et sage
Autant que dans Paris il en soit de son âge ;
Son père de tout temps est mon plus grand ami,
Et l'affaire est conclue.
                    DORANTE.
                Ah ! Monsieur, j'en frémis :
D'un fardeau si pesant accabler ma jeunesse !

GÉRONTE.

Fais ce que j'ordonne.

DORANTE.

Il faut jouer d'adresse.
Quoi? Monsieur, à présent qu'il faut dans les combats
Acquérir quelque nom, et signaler mon bras...

GÉRONTE.

Avant qu'être au hasard qu'un autre bras t'immole,
Je veux dans ma maison avoir qui m'en console;
Je veux qu'un petit-fils puisse y tenir ton rang,
Soutenir ma vieillesse, et réparer mon sang :
En un mot, je le veux.

DORANTE.

Vous êtes inflexible!

GÉRONTE.

Fais ce que je te dis.

DORANTE.

Mais s'il est impossible?

GÉRONTE.

Impossible! et comment?

DORANTE.

Souffrez qu'aux yeux de tous
Pour obtenir pardon j'embrasse vos genoux.
Je suis...

GÉRONTE.

Quoi?

DORANTE.

Dans Poitiers...

GÉRONTE.

Parle donc, et te lève.

DORANTE.

Je suis donc marié, puisqu'il faut que j'achève.

GÉRONTE.

Sans mon consentement?

DORANTE.

On m'a violenté :
Vous ferez tout casser par votre autorité,
Mais nous fûmes tous deux forcés à l'hyménée

Par la fatalité la plus inopinée...
Ah! si vous le saviez!
GÉRONTE.
Dis, ne me cache rien.
DORANTE.
Elle est de fort bon lieu, mon père; et pour son bien,
S'il n'est du tout si grand que votre humeur souhaite...
GÉRONTE.
Sachons, à cela près, puisque c'est chose faite.
Elle se nomme?
DORANTE.
Orphise; et son père, Armédon.
GÉRONTE.
Je n'ai jamais ouï ni l'un ni l'autre nom.
Mais poursuis.
DORANTE.
Je la vis presque à mon arrivée.
Une âme de rocher ne s'en fût pas sauvée,
Tant elle avoit d'appas, et tant son œil vainqueur
Par une douce force assujettit mon cœur!
Je cherchai donc chez elle à faire connoissance;
Et les soins obligeants de ma persévérance
Surent plaire de sorte à cet objet charmant,
Que j'en fus en six mois autant aimé qu'amant.
J'en reçus des faveurs secrètes, mais honnêtes;
Et j'étendis si loin mes petites conquêtes,
Qu'en son quartier souvent je me coulois sans bruit,
Pour causer avec elle une part de la nuit.
Un soir que je venois de monter dans sa chambre
(Ce fut, il m'en souvient, le second de septembre;
Oui, ce fut ce jour-là que je fus attrapé),
Ce soir même son père en ville avoit soupé;
Il monte à son retour, il frappe à la porte : elle
Transit, pâlit, rougit, me cache en sa ruelle,
Ouvre enfin, et d'abord (qu'elle eut d'esprit et d'art!)
Elle se jette au cou de ce pauvre vieillard,
Dérobe en l'embrassant son désordre à sa vue :

Il se sied; il lui dit qu'il veut la voir pourvue;
Lui propose un parti qu'on lui venoit d'offrir.
Jugez combien mon cœur avoit lors à souffrir!
Par sa réponse adroite elle sut si bien faire,
Que sans m'inquiéter elle plut à son père.
Ce discours ennuyeux enfin se termina;
Le bonhomme partoit quand ma montre sonna;
Et lui, se retournant vers sa fille étonnée:
« Depuis quand cette montre? et qui vous l'a donnée?
— Acaste, mon cousin, me la vient d'envoyer,
Dit-elle, et veut ici la faire nettoyer,
N'ayant point d'horlogers au lieu de sa demeure:
Elle a déjà sonné deux fois en un quart d'heure.
— Donnez-la-moi, dit-il, j'en prendrai mieux le soin. »
Alors pour me la prendre elle vient en mon coin:
Je la lui donne en main; mais, voyez ma disgrâce,
Avec mon pistolet le cordon s'embarrasse,
Fait marcher le déclin; le feu prend, le coup part;
Jugez de notre trouble à ce triste hasard.
Elle tombe par terre; et moi, je la crus morte.
Le père épouvanté gagne aussitôt la porte;
Il appelle au secours, il crie à l'assassin:
Son fils et deux valets me coupent le chemin.
Furieux de ma perte, et combattant de rage,
Au milieu de tous trois je me faisois passage,
Quand un autre malheur de nouveau me perdit;
Mon épée en ma main en trois morceaux rompit.
Désarmé, je recule, et rentre: alors Orphise,
De sa frayeur première aucunement remise,
Sait prendre un temps si juste en son reste d'effroi,
Qu'elle pousse la porte, et s'enferme avec moi.
Soudain nous entassons, pour défenses nouvelles,
Bancs, tables, coffres, lits, et jusqu'aux escabelles:
Nous nous barricadons, et dans ce premier feu,
Nous croyons gagner tout à différer un peu.
Mais comme à ce rempart l'un et l'autre travaille,

D'une chambre voisine on perce la muraille :
Alors me voyant pris, il fallut composer.

(Ici Clarice les voit de sa fenêtre ; et Lucrèce, avec Isabelle, les voit aussi de la sienne.)

GÉRONTE.

C'est-à-dire en françois qu'il fallut l'épouser ?

DORANTE.

Les siens m'avoient trouvé de nuit seul avec elle,
Ils étoient les plus forts, elle me sembloit belle,
Le scandale étoit grand, son honneur se perdoit ;
A ne le faire pas ma tête en répondoit ;
Ses grands efforts pour moi, son péril, et ses larmes,
A mon cœur amoureux étoient de nouveaux charmes :
Donc, pour sauver ma vie ainsi que son honneur,
Et me mettre avec elle au comble du bonheur,
Je changeai d'un seul mot la tempête en bonace,
Et fis ce que tout autre auroit fait en ma place.
Choisissez maintenant de me voir ou mourir,
Ou posséder un bien qu'on ne peut trop chérir.

GÉRONTE.

Non, non, je ne suis pas si mauvais que tu penses,
Et trouve en ton malheur de telles circonstances,
Que mon amour t'excuse ; et mon esprit touché
Te blâme seulement de l'avoir trop caché.

DORANTE.

Le peu de bien qu'elle a me faisoit vous le taire.

GÉRONTE.

Je prends peu garde au bien, afin d'être bon père.
Elle est belle, elle est sage, elle sort de bon lieu,
Tu l'aimes, elle t'aime ; il me suffit. Adieu :
Je vais me dégager du père de Clarice.

SCÈNE VI

DORANTE, CLITON.

DORANTE.
Que dis-tu de l'histoire, et de mon artifice?
Le bonhomme en tient-il? m'en suis-je bien tiré?
Quelque sot en ma place y seroit demeuré;
Il eût perdu le temps à gémir et se plaindre;
Et malgré son amour, se fût laissé contraindre.
Oh! l'utile secret que mentir à propos.

CLITON.
Quoi? ce que vous disiez n'est pas vrai?

DORANTE.
                    Pas deux mots;
Et tu ne viens d'ouïr qu'un trait de gentillesse
Pour conserver mon âme et mon cœur à Lucrèce.

CLITON.
Quoi? la montre, l'épée, avec le pistolet...

DORANTE.
Industrie.

CLITON.
        Obligez, Monsieur, votre valet :
Quand vous voudrez jouer de ces grands coups de maître,
Donnez-lui quelque signe à les pouvoir connoître;
Quoique bien averti, j'étois dans le panneau.

DORANTE.
Va, n'appréhende pas d'y tomber de nouveau :
Tu seras de mon cœur l'unique secrétaire,
Et de tous mes secrets le grand dépositaire.

CLITON.
Avec ces qualités j'ose bien espérer
Qu'assez malaisément, je pourrai m'en parer.
Mais parlons de vos feux. Certes cette maîtresse...

SCÈNE VII

DORANTE, CLITON, SABINE.

SABINE,
(Elle lui donne un billet.)

Lisez ceci, Monsieur.

DORANTE.

D'où vient-il?

SABINE.

De Lucrèce.

DORANTE, après l'avoir lu.

Dis-lui que j'y viendrai.

(Sabine rentre, et Dorante continue.)

Doute encore, Cliton,
A laquelle des deux appartient ce beau nom.
Lucrèce sent sa part des feux qu'elle fait naître,
Et me veut cette nuit parler par la fenêtre.
Dis encor que c'est l'autre, ou que tu n'es qu'un sot,
Qu'auroit l'autre à m'écrire, à qui je n'ai dit mot?

CLITON.

Monsieur, pour ce sujet n'ayons point de querelle :
Cette nuit, à la voix, vous saurez si c'est elle.

DORANTE.

Coule-toi là dedans, et de quelqu'un des siens
Sache subtilement sa famille et ses biens.

SCÈNE VIII

DORANTE, LYCAS.

LYCAS, lui présentant un billet.

Monsieur.

DORANTE.

Autre billet.

(Il continue, après avoir lu tout bas son billet.)

J'ignore quelle offense

Peut d'Alcippe avec moi rompre l'intelligence ;
Mais n'importe, dis-lui que j'irai volontiers.
Je te suis.
    (Lycas rentre, et Dorante continue seul.)
   Je revins hier au soir de Poitiers,
D'aujourd'hui seulement je produis mon visage,
Et j'ai déjà querelle, amour et mariage :
Pour un commencement ce n'est point mal trouvé ;
Vienne encore un procès, et je suis achevé.
Se charge qui voudra d'affaires plus pressantes,
Plus en nombre à la fois et plus embarrassantes :
Je pardonne à qui mieux s'en pourra démêler.
Mais allons voir celui qui m'ose quereller.

FIN DU SECOND ACTE.

ACTE III

SCÈNE PREMIÈRE

DORANTE, ALCIPPE, PHILISTE.

PHILISTE.
Oui, vous faisiez tous deux en hommes de courage,
Et n'aviez l'un ni l'autre aucun désavantage.
Je rends grâces au ciel de ce qu'il a permis
Que je sois survenu pour vous refaire amis,
Et que, la chose égale, ainsi je vous sépare :
Mon heur en est extrême, et l'aventure rare.
DORANTE.
L'aventure est encor bien plus rare pour moi,
Qui lui faisois raison sans avoir su de quoi.
Mais, Alcippe, à présent tirez-moi hors de peine :
Quel sujet aviez-vous de colère ou de haine?
Quelque mauvais rapport m'auroit-il pu noircir?
Dites, que devant lui je vous puisse éclaircir.
ALCIPPE.
Vous le savez assez.
DORANTE.
Plus je me considère,
Moins je découvre en moi ce qui vous peut déplaire.
ALCIPPE.
Eh bien! Puisqu'il vous faut parler plus clairement,
Depuis plus de deux ans j'aime secrètement ;
Mon affaire est d'accord, et la chose vaut faite ;
Mais pour quelque raison nous la tenons secrète.
Cependant à l'objet qui me tient sous sa loi,
Et qui sans me trahir ne peut être qu'à moi,

Vous avez donné bal, collation, musique ;
Et vous n'ignorez pas combien cela me pique,
Puisque, pour me jouer un si sensible tour,
Vous m'avez à dessein caché votre retour,
Et n'avez aujourd'hui quitté votre embuscade
Qu'afin de m'en conter l'histoire par bravade.
Ce procédé m'étonne, et j'ai lieu de penser
Que vous n'avez rien fait qu'afin de m'offenser.

DORANTE.

Si vous pouviez encor douter de mon courage,
Je ne vous guérirois ni d'erreur ni d'ombrage,
Et nous nous reverrions, si nous étions rivaux ;
Mais comme vous savez tous deux ce que je vaux,
Écoutez en deux mots l'histoire démêlée :
 Celle que cette nuit sur l'eau j'ai régalée
N'a pu vous donner lieu de devenir jaloux ;
Car elle est mariée, et ne peut être à vous.
Depuis peu pour affaire elle est ici venue,
Et je ne pense pas qu'elle vous soit connue.

ALCIPPE.

Je suis ravi, Dorante, en cette occasion,
De voir finir sitôt notre division.

DORANTE.

Alcippe, une autre fois donnez moins de croyance
Aux premiers mouvements de votre défiance ;
Jusqu'à mieux savoir tout sachez vous retenir,
Et ne commencez plus par où l'on doit finir.
Adieu : Je suis à vous.

SCÈNE II

ALCIPPE, PHILISTE.

PHILISTE.
Ce cœur encor soupire.

ALCIPPE.
Hélas ! je sors d'un mal pour tomber dans un pire.

DELAUNAY
Dans le rôle de Dorante.

Cette collation, qui l'aura pu donner?
A qui puis-je m'en prendre? et que m'imaginer?

PHILISTE.

Que l'ardeur de Clarice est égale à vos flammes.
Cette galanterie étoit pour d'autres dames.
L'erreur de votre page a causé votre ennui ;
S'étant trompé lui-même, il vous trompe après lui.
J'ai tout su de lui-même et des gens de Lucrèce.
  Il avoit vu chez elle entrer votre maîtresse ;
Mais il n'avoit pas vu qu'Hippolyte et Daphné
Ce jour-là, par hasard, chez elle avoient dîné,
Il les en voit sortir, mais à coiffe abattue,
Et sans les approcher il suit de rue en rue ;
Aux couleurs, au carrosse, il ne doute de rien ;
Tout étoit à Lucrèce, et le dupe si bien,
Que prenant ces beautés pour Lucrèce et Clarice,
Il rend à votre amour un très mauvais service.
Il les voit donc aller jusques au bord de l'eau,
Descendre de carrosse, entrer dans un bateau ;
Il voit porter des plats, entend quelque musique
(A ce que l'on m'a dit, assez mélancolique).
Mais cessez d'en avoir l'esprit inquiété ;
Car enfin le carrosse avoit été prêté ;
L'avis se trouve faux ; et ces deux autres belles
Avoient en plein repos passé la nuit chez elles.

ALCIPPE.

Quel malheur est le mien ! Ainsi donc sans sujet
J'ai fait ce grand vacarme à ce charmant objet?

PHILISTE.

Je ferai votre paix. Mais sachez autre chose :
Celui qui de ce trouble est la seconde cause,
Dorante, qui tantôt nous en a tant conté
De son festin superbe et sur l'heure apprêté,
Lui qui depuis un mois nous cachant sa venue,
La nuit, *incognito*, visite une inconnue,
Il vint hier de Poitiers, et sans faire aucun bruit,

Chez lui paisiblement a dormi toute nuit.

ALCIPPE.

Quoi ! sa collation....

PHILISTE.

N'est rien qu'un pur mensonge ;
Ou, quand il l'a donnée, il l'a donnée en songe.

ALCIPPE.

Dorante, en ce combat si peu prémédité,
M'a fait voir trop de cœur pour tant de lâcheté.
La valeur n'apprend point la fourbe en son école :
Tout homme de courage est homme de parole ;
A des vices si bas il ne peut consentir,
Et fuit plus que la mort la honte de mentir.
Cela n'est point.

PHILISTE.

Dorante, à ce que je présume,
Est vaillant par nature et menteur par coutume.
Ayez sur ce sujet moins d'incrédulité,
Et vous-même admirez notre simplicité :
A nous laisser duper nous sommes bien novices.
Une collation servie à six services,
Quatre concerts entiers, tant de plats, tant de feux,
Tout cela cependant prêt en une heure ou deux,
Comme si l'appareil d'une telle cuisine
Fût descendu du ciel dedans quelque machine.
Quiconque le peut croire ainsi que vous et moi,
S'il a manque de sens, n'a pas manque de foi.
Pour moi, je voyois bien que tout ce badinage
Répondoit assez mal aux remarques du page ;
Mais vous ?

ALCIPPE.

La jalousie aveugle un cœur atteint ;
Et sans examiner, croit tout ce qu'elle craint.
Mais laissons là Dorante avecque son audace ;
Allons trouver Clarice et lui demander grâce :
Elle pouvoit tantôt m'entendre sans rougir.

PHILISTE.
Attendez à demain et me laissez agir :
Je veux par ce récit vous préparer la voie,
Dissiper sa colère et lui rendre sa joie.
Ne vous exposez point, pour gagner un moment,
Aux premières chaleurs de son ressentiment.
ALCIPPE.
Si du jour qui s'enfuit la lumière est fidèle,
Je pense l'entrevoir avec son Isabelle.
Je suivrai tes conseils, et fuirai son courroux
Jusqu'à ce qu'elle ait ri de m'avoir vu jaloux.

SCÈNE III

CLARICE, ISABELLE.

CLARICE.
Isabelle, il est temps, allons trouver Lucrèce,
ISABELLE.
Il n'est pas encor tard, et rien ne vous en presse.
Vous avez un pouvoir bien grand sur son esprit :
A peine ai-je parlé, qu'elle a sur l'heure écrit.
CLARICE.
Clarice à la servir ne seroit pas moins prompte.
Mais dis, par sa fenêtre as-tu bien vu Géronte ?
Et sais-tu que ce fils qu'il m'avoit tant vanté
Est ce même inconnu qui m'en a tant conté ?
ISABELLE.
A Lucrèce avec moi je l'ai fait reconnoître ;
Et sitôt que Géronte a voulu disparoître,
Le voyant resté seul avec un vieux valet,
Sabine à nos yeux même a rendu le billet.
Vous parlerez à lui.
CLARICE.
      Qu'il est fourbe, Isabelle.

ISABELLE.

Eh bien! cette pratique est-elle si nouvelle?
Dorante est-il le seul qui, de jeune écolier,
Pour être mieux reçu s'érige en cavalier?
Que j'en sais comme lui qui parlent d'Allemagne,
Et si l'on veut les croire, ont vu chaque campagne;
Sur chaque occasion tranchent des entendus,
Content quelque défaite, et des chevaux perdus;
Qui dans une gazette apprenant ce langage,
S'ils sortent de Paris, ne vont qu'à leur village,
Et se donnent ici pour témoins approuvés
De tous ces grands combats qu'ils ont lus ou rêvés!
Il aura cru sans doute, ou je suis fort trompée,
Que les filles de cœur aiment les gens d'épée;
Et vous prenant pour telle, il a jugé soudain
Qu'une plume au chapeau vous plaît mieux qu'à la main.
Ainsi donc, pour vous plaire, il a voulu paroître,
Non pas pour ce qu'il est, mais pour ce qu'il veut être.
Et s'est osé promettre un traitement plus doux
Dans la condition qu'il veut prendre pour vous.

CLARICE.

En matière de fourbe il est maître, il y pipe;
Après m'avoir dupée, il dupe encore Alcippe.
Ce malheureux jaloux s'est blessé le cerveau
D'un festin qu'hier au soir il m'a donné sur l'eau
(Juge un peu si la pièce a la moindre apparence).
Alcippe cependant m'accuse d'inconstance,
Me fait une querelle où je ne comprends rien.
J'ai, dit-il, toute nuit souffert son entretien;
Il me parle de bal, de danse, de musique,
D'une collation superbe et magnifique,
Servie à tant de plats, tant de fois redoublés,
Que j'en ai la cervelle et les esprits troublés.

ISABELLE.

Reconnoissez par là que Dorante vous aime,
Et que dans son amour son adresse est extrême;

Il aura su qu'Alcippe étoit bien avec vous,
Et pour l'en éloigner il l'a rendu jaloux.
Soudain à cet effort il en a joint un autre :
Il a fait que son père est venu voir le vôtre.
Un amant peut-il mieux agir en un moment
Que de gagner un père et brouiller l'autre amant?
Votre père l'agrée, et le sien vous souhaite;
Il vous aime, il vous plaît : c'est une affaire faite,

CLARICE.
Elle est faite, de vrai, ce qu'elle se fera.

ISABELLE.
Quoi? votre cœur se change, et désobéira?

CLARICE.
Tu vas sortir de garde, et perdre tes mesures.
Explique, si tu peux, encor ses impostures.
  Il étoit marié sans que l'on en sût rien;
Et son père a repris sa parole du mien,
Fort triste de visage et fort confus dans l'âme.

ISABELLE.
Ah! je dis à mon tour : « Qu'il est fourbe, Madame! »
C'est bien aimer la fourbe, et l'avoir bien en main,
Que de prendre plaisir à fourber sans dessein;
Car pour moi, plus j'y songe, et moins je puis comprendre
Quel fruit auprès de vous il en ose prétendre.
Mais qu'allez-vous donc faire? et pourquoi lui parler?
Est-ce à dessein d'en rire, ou de le quereller?

CLARICE.
Je prendrai du plaisir du moins à le confondre.

ISABELLE.
J'en prendrois davantage à le laisser morfondre.

CLARICE.
Je veux l'entretenir par curiosité.
Mais j'entrevois quelqu'un dans cette obscurité.
Et si c'étoit lui-même, il pourroit me connoître :
Entrons donc chez Lucrèce, allons à sa fenêtre,
Puisque c'est sous son nom que je lui dois parler.

Mon jaloux, après tout, sera mon pis aller :
Si sa mauvaise humeur déjà n'est apaisée,
Sachant ce que je sais, la chose est fort aisée.

SCÈNE IV

DORANTE, CLITON.

DORANTE.
Voici l'heure et le lieu que marque le billet.
CLITON.
J'ai su tout ce détail d'un ancien valet :
Son père est de la robe, et n'a qu'elle de fille ;
Je vous ai dit son bien, son âge, et sa famille.
Mais, Monsieur, ce seroit pour me bien divertir,
Si comme vous Lucrèce excelloit à mentir :
Le divertissement seroit rare, ou je meure !
Et je voudrois qu'elle eût ce talent pour une heure ;
Qu'elle pût un moment vous piper en votre art,
Rendre conte pour conte, et martre pour renard :
D'un et d'autre côté j'en entendrois de bonnes.
DORANTE.
Le ciel fait cette grâce à fort peu de personnes :
Il y faut promptitude, esprit, mémoire, soins,
Ne se brouiller jamais, et rougir encor moins.
Mais la fenêtre s'ouvre, approchons.

SCÈNE V

CLARICE, LUCRÈCE, ISABELLE, à la fenêtre ; DORANTE, CLITON, en bas.

CLARICE, à Isabelle.
Isabelle,
Durant notre entretien demeure en sentinelle.

ISABELLE.

Lorsque votre vieillard sera prêt à sortir,
Je ne manquerai pas de vous en avertir.
(Isabelle descend de la fenêtre, et ne se montre plus.)

LUCRÈCE, à Clarice.

Il conte assez au long ton histoire à mon père.
Mais parle sous mon nom, c'est à moi de me taire.

CLARICE.

Êtes-vous là, Dorante?

DORANTE.

Oui, Madame, c'est moi,
Qui veux vivre et mourir sous votre seule loi.

LUCRÈCE, à Clarice.

Sa Fleurette pour toi prend encore même style.

CLARICE, à Lucrèce.

Il devroit s'épargner cette gêne inutile.
Mais m'auroit-il déjà reconnue à la voix?

CLITON, à Dorante.

C'est elle; et je me rends, Monsieur, à cette fois.

DORANTE, à Clarice.

Oui, c'est moi qui voudrois effacer de ma vie
Les jours que j'ai vécu sans vous avoir servie.
Que vivre sans vous voir est un sort rigoureux!
C'est ou ne vivre point, ou vivre malheureux;
C'est une longue mort; et pour moi, je confesse
Que pour vivre il faut être esclave de Lucrèce.

CLARICE, à Lucrèce.

Chère amie, il en conte à chacune à son tour.

LUCRÈCE, à Clarice.

Il aime à promener sa fourbe et son amour.

DORANTE.

A vos commandements j'apporte donc ma vie,
Trop heureux si pour vous elle m'étoit ravie!
Disposez-en, Madame, et me dites en quoi
Vous avez résolu de vous servir de moi.

CLARICE.

Je vous voulois tantôt proposer quelque chose;

Mais il n'est plus besoin que je vous la propose,
Car elle est impossible.

DORANTE.
>Impossible! Ah! pour vous
Je pourrai tout, Madame, en tous lieux, contre tous.

CLARICE.
Jusqu'à vous marier, quand je sais que vous l'êtes?

DORANTE.
Moi, marié! ce sont pièces qu'on vous a faites;
Quiconque vous l'a dit s'est voulu divertir.

CLARICE, à Lucrèce.
Est-il un plus grand fourbe?

LUCRÈCE, à Clarice.
>Il ne sait que mentir.

DORANTE.
Je ne le fus jamais; et si par cette voie
On pense...

CLARICE.
>Et vous pensez encor que je vous croie?

DORANTE.
Que la foudre à vos yeux m'écrase, si je mens!

CLARICE.
Un menteur est toujours prodigue de serments.

DORANTE.
Non, si vous avez eu pour moi quelque pensée
Qui sur ce faux rapport puisse être balancée,
Cessez d'être en balance et de vous défier
De ce qu'il m'est aisé de vous justifier.

CLARICE, à Lucrèce.
On dirait qu'il dit vrai, tant son effronterie
Avec naïveté pousse une menterie.

DORANTE.
Pour vous ôter de doute, agréez que demain
En qualité d'époux je vous donne la main.

CLARICE.
Eh! vous la donneriez en un jour à deux mille.

DORANTE.
Certes, vous m'allez mettre en crédit par la ville,

Mais en crédit si grand, que j'en crains les jaloux.
CLARICE.
C'est tout ce que mérite un homme tel que vous,
Un homme qui se dit un grand foudre de guerre,
Et n'en a vu qu'à coups d'écritoire ou de verre ;
Qui vint hier de Poitiers, et conte, à son retour,
Que depuis une année il fait ici sa cour ;
Qui donne toute nuit festin, musique et danse,
Bien qu'il l'ait dans son lit passée en tout silence ;
Qui se dit marié, puis soudain s'en dédit :
Sa méthode est jolie à se mettre en crédit !
Vous-même, apprenez-moi comme il faut qu'on le nomme.
CLITON, à Dorante.
Si vous vous en tirez, je vous tiens habile homme.
DORANTE, à Cliton.
Ne t'épouvante point, tout vient en sa saison.
(A Clarice.)
De ces inventions chacune a sa raison :
Sur toutes quelque jour je vous rendrai contente ;
Mais à présent je passe à la plus importante :
   J'ai donc feint cet hymen (pourquoi désavouer
Ce qui vous forcera vous-même à me louer?);
Je l'ai feint, et ma feinte à vos mépris m'expose ;
Mais si de ces détours vous seule étiez la cause ?
CLARICE.
Moi?
DORANTE.
   Vous. Écoutez-moi. Ne pouvant consentir....
CLITON, à Dorante.
De grâce, dites-moi si vous allez mentir.
DORANTE, à Cliton.
Ah! je t'arracherai cette langue importune.
(A Clarice.)
Donc, comme à vous servir j'attache ma fortune,
L'amour que j'ai pour vous ne pouvant consentir
Qu'un père à d'autres lois voulût m'assujettir....
CLARICE, à Lucrèce.
Il fait pièce nouvelle, écoutons.

DORANTE.
Cette adresse
A conservé mon âme à la belle Lucrèce;
Et par ce mariage au besoin inventé,
J'ai su rompre celui qu'on m'avoit apprêté.
Blâmez-moi de tomber en des fautes si lourdes,
Appelez-moi grand fourbe et grand donneur de bourdes;
Mais louez-moi du moins d'aimer si puissamment,
Et joignez à ces noms celui de votre amant.
Je fais par cet hymen banqueroute à tous autres;
J'évite tous leurs fers pour mourir dans les vôtres;
Et libre pour entrer en des liens si doux,
Je me fais marié pour toute autre que vous.

CLARICE.
Votre flamme en naissant a trop de violence,
Et me laisse toujours en juste défiance.
Le moyen que mes yeux eussent de tels appas
Pour qui m'a si peu vue et ne me connoît pas?

DORANTE.
Je ne vous connois pas! Vous n'avez plus de mère;
Périandre est le nom de Monsieur votre père;
Il est homme de robe, adroit et retenu;
Dix mille écus de rente en font le revenu;
Vous perdîtes un frère aux guerres d'Italie;
Vous aviez une sœur qui s'appeloit Julie.
Vous connois-je à présent? dites encor que non.

CLARICE, à Lucrèce.
Cousine, il te connoît, et t'en veut tout de bon.

LUCRÈCE, en elle-même.
Plût à Dieu!

CLARICE, à Lucrèce.
Découvrons le fond de l'artifice.
(A Dorante.)
J'avois voulu tantôt vous parler de Clarice,
Quelqu'un de vos amis m'en est venu prier.
Dites-moi, seriez-vous pour elle à marier?

DORANTE.
Par cette question n'éprouvez plus ma flamme.

Je vous ai trop fait voir jusqu'au fond de mon âme,
Et vous ne pouvez plus désormais ignorer
Que j'ai feint cet hymen afin de m'en parer.
Je n'ai ni feux ni vœux que pour votre service,
Et ne puis plus avoir que mépris pour Clarice.
CLARICE.
Vous êtes, à vrai dire, un peu bien dégoûté :
Clarice est de maison, et n'est pas sans beauté ;
Si Lucrèce à vos yeux paroît un peu plus belle,
De bien mieux faits que vous se contenteroient d'elle.
DORANTE.
Oui, mais un grand défaut ternit tous ses appas.
CLARICE.
Quel est-il, ce défaut ?
DORANTE.
Elle ne me plaît pas ;
Et plutôt que l'hymen avec elle me lie,
Je serai marié, si l'on veut, en Turquie.
CLARICE.
Aujourd'hui cependant on m'a dit qu'en plein jour
Vous lui serriez la main, et lui parliez d'amour.
DORANTE.
Quelqu'un auprès de vous m'a fait cette imposture.
CLARICE, à Lucrèce.
Écoutez l'imposteur ; c'est hasard s'il n'en jure.
DORANTE.
Que du ciel...
CLARICE, à Lucrèce.
L'ai-je dit ?
DORANTE.
J'éprouve le courroux
Si j'ai parlé, Lucrèce, à personne qu'à vous !
CLARICE.
Je ne puis plus souffrir une telle impudence,
Après ce que j'ai vu moi-même en ma présence :
Vous couchez d'imposture, et vous osez jurer,
Comme si je pouvois vous croire, ou l'endurer !
Adieu : retirez-vous, et croyez, je vous prie,

Que souvent je m'égaye ainsi par raillerie,
Et que pour me donner des passe-temps si doux,
J'ai donné cette baye à bien d'autres qu'à vous.

SCÈNE VI

DORANTE, CLITON.

CLITON.
Eh bien ! vous le voyez, l'histoire est découverte.
DORANTE.
Ah ! Cliton, je me trouve à deux doigts de ma perte.
CLITON.
Vous en avez sans doute un plus heureux succès,
Et vous avez gagné chez elle un grand accès ;
Mais je suis ce fâcheux qui nuis par ma présence,
Et vous fais sous ces mots être d'intelligence.
DORANTE.
Peut-être. Qu'en crois-tu ?
CLITON.
Le peut-être est gaillard.
DORANTE.
Penses-tu qu'après tout j'en quitte encor ma part,
Et tienne tout perdu pour un peu de traverse ?
CLITON.
Si jamais cette part tombait dans le commerce,
Et qu'il vous vînt marchand pour ce trésor caché,
Je vous conseillerois d'en faire bon marché.
DORANTE.
Mais pourquoi si peu croire un feu si véritable ?
CLITON.
A chaque bout de champ vous mentez comme un diable.
DORANTE.
Je disois vérité.

CLITON.
Quand un menteur la dit,
En passant par sa bouche elle perd son crédit.
DORANTE.
Il faut donc essayer si par quelque autre bouche
Elle pourra trouver un accueil moins farouche.
Allons sur le chevet rêver quelque moyen
D'avoir de l'incrédule un plus doux entretien.
Souvent leur belle humeur suit le cours de la lune :
Telle rend des mépris qui veut qu'on l'importune ;
Et de quelques effets que les siens soient suivis,
Il sera demain jour, et la nuit porte avis.

FIN DU TROISIÈME ACTE.

ACTE IV

SCÈNE PREMIÈRE

DORANTE, CLITON.

CLITON.
Mais, Monsieur, pensez-vous qu'il soit jour chez Lucrèce ?
Pour sortir si matin elle a trop de paresse.
DORANTE
On trouve bien souvent plus qu'on ne croit trouver,
Et ce lieu pour ma flamme est plus propre à rêver :
J'en puis voir sa fenêtre, et de sa chère idée
Mon âme à cet aspect sera mieux possédée.
CLITON.
A propos de rêver, n'avez-vous rien trouvé
Pour servir de remède au désordre arrivé ?
DORANTE.
Je me suis souvenu d'un secret que toi-même
Me donnois hier pour grand, pour rare, pour suprême :
Un amant obtient tout quand il est libéral.
CLITON.
Le secret est fort beau, mais vous l'appliquez mal ;
Il ne fait réussir qu'auprès d'une coquette.
DORANTE.
Je sais ce qu'est Lucrèce, elle est sage et discrète ;
A lui faire présent mes efforts seroient vains :
Elle a le cœur trop bon ; mais ses gens ont des mains ;
Et bien que sur ce point elle les désavoue,
Avec un tel secret leur langue se dénoue ;

Ils parlent, et souvent on les daigne écouter.
A tel prix que ce soit, il m'en faut acheter.
Si celle-ci venoit qui m'a rendu sa lettre,
Après ce qu'elle a fait j'ose tout m'en promettre ;
Et ce sera hasard si sans beaucoup d'effort
Je ne trouve moyen de lui payer le port.

CLITON.

Certes vous dites vrai, j'en juge par moi-même :
Ce n'est point mon humeur de refuser qui m'aime :
Et comme c'est m'aimer que me faire présent,
Je suis toujours alors d'un esprit complaisant.

DORANTE.

Il est beaucoup d'humeurs pareilles à la tienne.

CLITON.

Mais, Monsieur, attendant que Sabine survienne,
Et que sur son esprit vos dons fassent vertu,
Il court quelque bruit sourd qu'Alcippe s'est battu.

DORANTE.

Contre qui ?

CLITON.

L'on ne sait ; mais ce confus murmure,
D'un air pareil au vôtre à peu près le figure ;
Et si de tout le jour je vous avois quitté,
Je vous soupçonnerois de cette nouveauté.

DORANTE.

Tu ne me quittas point pour entrer chez Lucrèce ?

CLITON.

Ah ! Monsieur, m'auriez-vous joué ce tour d'adresse ?

DORANTE.

Nous nous battîmes hier, et j'avois fait serment
De ne parler jamais de cet événement ;
Mais à toi, de mon cœur l'unique secrétaire,
A toi, de mes secrets le grand dépositaire,
Je ne cèlerai rien, puisque je l'ai promis.
   Depuis cinq ou six mois nous étions ennemis :
Il passa par Poitiers, où nous prîmes querelle ;
Et comme on nous fit lors une paix telle quelle,

Nous sûmes l'un à l'autre en secret protester
Qu'à la première vue il en faudroit tâter.
Hier nous nous rencontrons, cette ardeur se réveille,
Fait de notre embrassade un appel à l'oreille ;
Je me défais de toi, j'y cours, je le rejoins,
Nous vidons sur le pré l'affaire sans témoins ;
Et le perçant à jour de deux coups d'estocade
Je le mets hors d'état d'être jamais malade :
Il tombe dans son sang.

CLITON.
A ce compte il est mort?
DORANTE.
Je le laissai pour tel.
CLITON.
Certes, je plains son sort :
Il étoit honnête homme ; et le ciel ne déploie...

SCÈNE II

DORANTE, ALCIPPE, CLITON.

ALCIPPE.
Je te veux, cher ami, faire part de ma joie.
Je suis heureux : mon père...
DORANTE.
Eh bien?
ALCIPPE.
Vient d'arriver.
CLITON, à Dorante.
Cette place pour vous est commode à rêver.
DORANTE.
Ta joie est peu commune, et pour revoir un père
Un tel homme que nous ne se réjouit guère.
ALCIPPE.
Un esprit que la joie entièrement saisit
Présume qu'on l'entend au moindre mot qu'il dit.

Sache donc que je touche à l'heureuse journée
Qui doit avec Clarice unir ma destinée :
On attendoit mon père afin de tout signer.
          DORANTE.
C'est ce que mon esprit ne pouvoit deviner ;
Mais je m'en réjouis. Tu vas entrer chez elle?
          ALCIPPE.
Oui, je lui vais porter cette heureuse nouvelle ;
Et je t'en ai voulu faire part en passant.
          DORANTE.
Tu t'acquiers d'autant plus un cœur reconnoissant.
Enfin donc ton amour ne craint plus de disgrâce?
          ALCIPPE.
Cependant qu'au logis mon père se délasse,
J'ai voulu par devoir prendre l'heure du sien.
          CLITON, à Dorante.
Les gens que vous tuez se portent assez bien.
          ALCIPPE.
Je n'ai de part ni d'autre aucune défiance.
Excuse d'un amant la juste impatience :
Adieu.
          DORANTE.
     Le ciel te donne un hymen sans souci!

SCÈNE III

DORANTE, CLITON.

          CLITON.
Il est mort! Quoi? Monsieur, vous m'en donnez aussi,
A moi, de votre cœur l'unique secrétaire,
A moi, de vos secrets le grand dépositaire !
Avec ces qualités j'avois lieu d'espérer
Qu'assez malaisément je pourrois m'en parer.
          DORANTE.
Quoi! mon combat te semble un conte imaginaire?

CLITON.

Je croirai tout, Monsieur, pour ne vous pas déplaire ;
Mais vous en contez tant, à toute heure, en tous lieux,
Qu'il faut bien de l'esprit avec vous, et bons yeux.
More, juif ou chrétien, vous n'épargnez personne.

DORANTE.

Alcippe te surprend, sa guérison t'étonne !
L'état où je le mis étoit fort périlleux ;
Mais il est à présent des secrets merveilleux :
Ne t'a-t-on point parlé d'une source de vie
Que nomment nos guerriers poudre de sympathie ?
On en voit tous les jours des effets étonnants.

CLITON.

Encor ne sont-ils pas du tout si surprenants ;
Et je n'ai point appris qu'elle eût tant d'efficace,
Qu'un homme que pour mort on laisse sur la place,
Qu'on a de deux grands coups percé de part en part,
Soit dès le lendemain si frais et si gaillard.

DORANTE.

La poudre que tu dis n'est que de la commune,
On n'en fait plus de cas ; mais, Cliton, j'en sais une
Qui rappelle sitôt des portes du trépas,
Qu'en moins d'un tournemain on ne s'en souvient pas ;
Quiconque la sait faire a de grands avantages.

CLITON.

Donnez-m'en le secret, et je vous sers sans gages.

DORANTE.

Je te le donnerois, et tu serois heureux ;
Mais le secret consiste en quelques mots hébreux,
Qui tous à prononcer sont si fort difficiles,
Que ce seroient pour toi des trésors inutiles.

CLITON.

Vous savez donc l'hébreu ?

DORANTE.

L'hébreu ? parfaitement :
J'ai dix langues, Cliton, à mon commandement.

CLITON.

Vous auriez bien besoin de dix des mieux nourries,
Pour fournir tour à tour à tant de menteries ;
Vous les hachez menu comme chair à pâtés.
Vous avez tout le corps bien plein de vérités,
Il n'en sort jamais une.

DORANTE.

     Ah ! cervelle ignorante !
Mais mon père survient.

SCÈNE IV

GÉRONTE, DORANTE, CLITON.

GÉRONTE.
    Je vous cherchois, Dorante.

DORANTE.
Je ne vous cherchois pas, moi. Que mal à propos
Son abord importun vient troubler mon repos !
Et qu'un père incommode un homme de mon âge !

GÉRONTE.
Vu l'étroite union que fait le mariage,
J'estime qu'en effet c'est n'y consentir point,
Que laisser désunis ceux que le ciel a joint.
La raison le défend, et je sens dans mon âme
Un violent desir de voir ici ta femme.
J'écris donc à son père ; écris-lui comme moi :
Je lui mande qu'après ce que j'ai su de toi,
Je me tiens trop heureux qu'une si belle fille,
Si sage, et si bien née, entre dans ma famille.
J'ajoute à ce discours que je brûle de voir
Celle qui de mes ans devient l'unique espoir ;
Que pour me l'amener tu t'en vas en personne ;
Car enfin il le faut, et le devoir l'ordonne :
N'envoyer qu'un valet sentiroit son mépris.

DORANTE.
De vos civilités il sera bien surpris,
Et pour moi, je suis prêt ; mais je perdrai ma peine :
Il ne souffrira pas encor qu'on vous l'amène ;
Elle est grosse.
GÉRONTE.
Elle est grosse !
DORANTE.
Et de plus de six mois.
GÉRONTE.
Que de ravissements je sens à cette fois !
DORANTE.
Vous ne voudriez pas hasarder sa grossesse ?
GÉRONTE.
Non, j'aurai patience autant que d'allégresse ;
Pour hasarder ce gage il m'est trop précieux.
A ce coup ma prière a pénétré les cieux :
Je pense en le voyant que je mourrai de joie.
Adieu : je vais changer la lettre que j'envoie,
En écrire à son père un nouveau compliment,
Le prier d'avoir soin de son accouchement,
Comme du seul espoir où mon bonheur se fonde.
DORANTE, à Cliton.
Le bonhomme s'en va le plus content du monde.
GÉRONTE, se retournant.
Écris-lui comme moi.
DORANTE.
Je n'y manquerai pas.
Qu'il est bon !
CLITON.
Taisez-vous, il revient sur ses pas.
GÉRONTE.
Il ne me souvient plus du nom de ton beau-père.
Comment s'appelle-t-il ?
DORANTE.
Il n'est pas nécessaire ;
Sans que vous vous donniez ces soucis superflus,
En fermant le paquet j'écrirai le dessus.

GÉRONTE.
Étant tout d'une main, il sera plus honnête.
DORANTE.
Ne lui pourrai-je ôter ce souci de la tête?
Votre main ou la mienne, il n'importe des deux.
GÉRONTE.
Ces nobles de province y sont un peu fâcheux.
DORANTE.
Son père sait la cour.
GÉRONTE.
Ne me fais plus attendre,
Dis-moi...
DORANTE.
Que lui dirai-je?
GÉRONTE.
Il s'appelle?
DORANTE.
Pyrandre.
GÉRONTE.
Pyrandre? tu m'as dit tantôt un autre nom :
C'étoit, je m'en souviens, oui, c'étoit Armédon.
DORANTE.
Oui, c'est là son nom propre, et l'autre d'une terre;
Il portoit ce dernier quand il fut à la guerre,
Et se sert si souvent de l'un et l'autre nom,
Que tantôt c'est Pyrandre, et tantôt Armédon.
GÉRONTE.
C'est un abus commun qu'autorise l'usage,
Et j'en usois ainsi du temps de mon jeune âge.
Adieu : je vais écrire.

SCÈNE V

DORANTE, CLITON.

DORANTE.
Enfin j'en suis sorti.
CLITON.
Il faut bonne mémoire après qu'on a menti.

DORANTE.
L'esprit a secouru le défaut de mémoire.
CLITON.
Mais on éclaircira bientôt toute l'histoire.
Après ce mauvais pas où vous avez bronché,
Le reste encor longtemps ne peut être caché :
On le sait chez Lucrèce, et chez cette Clarice,
Qui d'un mépris si grand piquée avec justice,
Dans son ressentiment prendra l'occasion
De vous couvrir de honte et de confusion.
DORANTE.
Ta crainte est bien fondée, et puisque le temps presse,
Il faut tâcher en hâte à m'engager Lucrèce.
Voici tout à propos ce que j'ai souhaité

SCÈNE VI

DORANTE, CLITON, SABINE.

DORANTE.
Chère amie, hier au soir j'étois si transporté,
Qu'en ce ravissement je ne pus me permettre
De bien penser à toi quand j'eus lus cette lettre;
Mais tu n'y perdras rien, et voici pour le port.
SABINE.
Ne croyez pas, Monsieur...
DORANTE.
Tiens.
SABINE.
Vous me faites tort
Je ne suis pas de...
DORANTE.
Prends.
SABINE.
Eh! Monsieur

MADEMOISELLE BROISAT

RÔLE DE CLARICE

(D'après une photographie de Chalot.)

DORANTE.
                    Prends, te dis-je :
Je ne suis point ingrat alors que l'on m'oblige ;
Dépêche, tends la main.
                    CLITON.
                    Qu'elle y fait de façons !
Je lui veux par pitié donner quelques leçons.
Chère amie, entre nous, toutes tes révérences
En ces occasions ne sont qu'impertinences ;
Si ce n'est assez d'une, ouvre toutes les deux :
Le métier que tu fais ne veut point de honteux.
Sans te piquer d'honneur, crois qu'il n'est que de prendre,
Et que tenir vaut mieux mille fois que d'attendre.
Cette pluie est fort douce ; et quand j'en vois pleuvoir,
J'ouvrirois jusqu'au cœur pour la mieux recevoir.
On prend à toutes mains dans le siècle où nous sommes,
Et refuser n'est plus le vice des grands hommes.
Retiens bien ma doctrine ; et pour faire amitié,
Si tu veux, avec toi je serai de moitié.
                    SABINE.
Cet article est de trop.
                    DORANTE.
                    Vois-tu, je me propose
De faire avec le temps pour toi toute autre chose.
Mais comme j'ai reçu cette lettre de toi,
En voudrois-tu donner la réponse pour moi ?
                    SABINE.
Je la donnerai bien, mais je n'ose vous dire
Que ma maîtresse daigne ou la prendre, ou la lire :
J'y ferai mon effort.
                    CLITON.
                    Voyez, elle se rend
Plus douce qu'une épouse, et plus souple qu'un gant.
                    DORANTE.
Le secret a joué. Présente-la, n'importe ;
Elle n'a pas pour moi d'aversion si forte.
Je reviens dans une heure en apprendre l'effet.

SABINE.

Je vous conterai lors tout ce que j'aurai fait.

SCÈNE VII

CLITON, SABINE.

CLITON.

Tu vois que les effets préviennent les paroles ;
C'est un homme qui fait litière de pistoles ?
Mais comme auprès de lui je puis beaucoup pour toi...

SABINE.

Fais tomber de la pluie, et laisse faire à moi.

CLITON.

Tu viens d'entrer en goût.

SABINE.

Avec mes révérences,
Je ne suis pas encor si dupe que tu penses.
Je sais bien mon métier et ma simplicité
Joue aussi bien son jeu que ton avidité.

CLITON.

Si tu sais ton métier, dis-moi quelle espérance
Doit obstiner mon maître à la persévérance.
Sera-t-elle insensible ? en viendrons-nous à bout ?

SABINE.

Puisqu'il est si brave homme, il faut te dire tout.
Pour te désabuser, sache donc que Lucrèce
N'est rien moins qu'insensible à l'ardeur qui le presse ;
Durant toute la nuit elle n'a pas dormi ;
Et si je ne me trompe, elle l'aime à demi.

CLITON.

Mais sur quel privilège est-ce qu'elle se fonde,
Quand elle aime à demi, de maltraiter le monde ?
Il n'en a cette nuit reçu que des mépris.
Chère amie, après tout, mon maître vaut son prix.

Ces amours à demi sont d'une étrange espèce;
Et s'il voulait me croire, il quitterait Lucrèce.
SABINE.
Qu'il ne se hâte point; on l'aime assurément.
CLITON.
Mais on le lui témoigne un peu bien rudement;
Et je ne vis jamais de méthodes pareilles.
SABINE.
Elle tient, comme on dit, le loup par les oreilles;
Elle l'aime, et son cœur n'y sauroit consentir,
Parce que d'ordinaire il ne fait que mentir.
Hier même elle le vit dedans les Tuileries,
Où tout ce qu'il conta n'était que menteries.
Il en a fait autant depuis à deux ou trois.
CLITON.
Les menteurs les plus grands disent vrai quelquefois.
SABINE.
Elle a lieu de douter et d'être en défiance.
CLITON.
Qu'elle donne à ses feux un peu plus de croyance :
Il n'a fait toute nuit que soupirer d'ennui.
SABINE.
Peut-être que tu mens aussi bien comme lui.
CLITON.
Je suis homme d'honneur; tu me fais injustice.
SABINE.
Mais, dis-moi, sais-tu bien qu'il n'aime plus Clarice?
CLITON.
Il ne l'aima jamais.
SABINE.
Pour certain?
CLITON.
Pour certain.
SABINE.
Qu'il ne craigne donc plus de soupirer en vain.
Aussitôt que Lucrèce a pu le reconnoître,

Elle a voulu qu'exprès je me sois fait paroître,
Pour voir si par hasard il ne me diroit rien;
Et s'il l'aime en effet, tout le reste ira bien.
Va-t'en; et sans te mettre en peine de m'instruire,
Crois que je lui dirai tout ce qu'il lui faut dire.
CLITON.
Adieu : de ton côté si tu fais ton devoir,
Tu dois croire du mien que je ferai pleuvoir.

SCÈNE VIII

LUCRÈCE, SABINE

SABINE.
Que je vais bientôt voir une fille contente!
Mais la voici déjà; qu'elle est impatiente!
Comme elle a les yeux fins, elle a vu le poulet.
LUCRÈCE.
Eh bien! que t'ont conté le maître et le valet?
SABINE.
Le maître et le valet m'ont dit la même chose.
Le maître est tout à vous, et voici de sa prose.
LUCRÈCE, après avoir lu.
Dorante avec chaleur fait le passionné;
Mais le fourbe qu'il est nous en a trop donné,
Et je ne suis pas fille à croire ses paroles.
SABINE.
Je ne les crois non plus; mais j'en crois ses pistoles.
LUCRÈCE.
Il t'a donc fait présent?
SABINE.
Voyez.
LUCRÈCE
Et tu l'as pris?
SABINE.
Pour vous ôter du trouble où flottent vos esprits,

Et vous mieux témoigner ses flammes véritables,
J'en ai pris les témoins les plus indubitables ;
Et je remets, Madame, au jugement de tous
Si qui donne à vos gens est sans amour pour vous,
Et si ce traitement marque une âme commune.

LUCRÈCE.

Je ne m'oppose pas à ta bonne fortune ;
Mais comme en l'acceptant tu sors de ton devoir,
Du moins une autre fois ne m'en fais rien savoir.

SABINE.

Mais à ce libéral que pourrai-je promettre ?

LUCRÈCE.

Dis-lui que sans la voir, j'ai déchiré sa lettre.

SABINE.

O ma bonne fortune, où vous enfuyez-vous !

LUCRÈCE.

Mêles-y de ta part deux ou trois mots plus doux ;
Conte-lui dextrement le naturel des femmes ;
Dis-lui qu'avec le temps on amollit leurs âmes :
Et l'avertis surtout des heures et des lieux
Où par rencontre il peut se montrer à mes yeux.
Parce qu'il est grand fourbe, il faut que je m'assure.

SABINE.

Ah ! si vous connoissiez les peines qu'il endure,
Vous ne douteriez plus si son cœur est atteint ;
Toute nuit il soupire, il gémit, il se plaint.

LUCRÈCE.

Pour apaiser les maux que cause cette plainte,
Donne-lui de l'espoir avec beaucoup de crainte ;
Et sache entre les deux toujours le modérer,
Sans m'engager à lui ni le désespérer.

SCÈNE IX

CLARICE, LUCRÈCE, SABINE.

CLARICE.
Il t'en veut tout de bon, et m'en voilà défaite ;
Mais je souffre aisément la perte que j'ai faite :
Alcippe la répare, et son père est ici.
LUCRÈCE.
Te voilà donc bientôt quitte d'un grand souci ?
CLARICE.
M'en voilà bientôt quitte ; et toi, te voilà prête
A t'enrichir bientôt d'une étrange conquête.
Tu sais ce qu'il m'a dit.
SABINE.
S'il vous mentoit alors,
A présent il dit vrai ; j'en réponds corps pour corps.
CLARICE.
Peut-être qu'il le dit ; mais c'est un grand peut-être.
LUCRÈCE.
Dorante est un grand fourbe, et nous l'a fait connoître ;
Mais s'il continuoit encore à m'en conter,
Peut-être avec le temps il me feroit douter.
CLARICE.
Si tu l'aimes, du moins, étant bien avertie,
Prends bien garde à ton fait, et fais bien ta partie.
LUCRÈCE.
C'en est trop : et tu dois seulement présumer
Que je penche à le croire, et non pas à l'aimer.
CLARICE.
De le croire à l'aimer la distance est petite :
Qui fait croire ses feux fait croire son mérite ;
Ces deux points en amour se suivent de si près,
Que qui se croit aimée aime bientôt après.

LUCRÈCE.
La curiosité souvent dans quelques âmes
Produit le même effet que produiroient des flammes.
CLARICE.
Je suis prête à le croire afin de t'obliger.
SABINE.
Vous me feriez ici toutes deux enrager.
Voyez, qu'il est besoin de tout ce badinage !
Faites moins la sucrée, et changez de langage,
Ou vous n'en casserez, ma foi, que d'une dent.
LUCRÈCE.
Laissons là cette folle, et dis-moi cependant,
Quand nous le vîmes hier dedans les Tuileries,
Qu'il te conta d'abord tant de galanteries,
Il fut, ou je me trompe, assez bien écouté.
Étoit-ce amour alors, ou curiosité ?
CLARICE.
Curiosité pure, avec dessein de rire
De tous les compliments qu'il auroit pu me dire.
LUCRÈCE.
Je fais de ce billet même chose à mon tour ;
Je l'ai pris, je l'ai lu, mais le tout sans amour :
Curiosité pure, avec dessein de rire
De tous les compliments qu'il auroit pu m'écrire.
CLARICE.
Ce sont deux que de lire, et d'avoir écouté :
L'un est grande faveur ; l'autre civilité ;
Mais trouves-y ton compte, et j'en serai ravie ;
En l'état où je suis j'en parle sans envie.
LUCRÈCE
Sabine lui dira que je l'ai déchiré.
CLARICE.
Nul avantage ainsi n'en peut être tiré.
Tu n'es que curieuse.
LUCRÈCE.
Ajoute : à ton exemple.
CLARICE.
Soit. Mais il est saison que nous allions au temple.

LUCRÈCE, à Clarice.

Allons.
(A Sabine.)
Si tu le vois, agis comme tu sais.

SABINE.
Ce n'est pas sur ce coup que je fais mes essais :
Je connois à tous deux où tient la maladie.
Et le mal sera grand si je n'y remédie ;
Mais sachez qu'il est homme à prendre sur le vert.

LUCRÈCE.
Je te croirai.

SABINE.
Mettons cette pluie à couvert.

FIN DU QUATRIÈME ACTE.

ACTE V

SCÈNE PREMIÈRE

GÉRONTE, PHILISTE.

GÉRONTE.
Je ne pouvois avoir rencontre plus heureuse
Pour satisfaire ici mon humeur curieuse.
Vous avez feuilleté le *Digeste* à Poitiers,
Et vu, comme mon fils, les gens de ces quartiers :
Ainsi vous me pouvez facilement apprendre
Quelle est et la famille et le bien de Pyrandre.
PHILISTE.
Quel est-il ce Pyrandre?
GÉRONTE.
Un de leurs citoyens :
Noble, à ce qu'on m'a dit, mais un peu mal en biens.
PHILISTE.
Il n'est dans tout Poitiers bourgeois ni gentilhomme
Qui, si je m'en souviens, de la sorte se nomme.
GÉRONTE.
Vous le connoîtrez mieux peut-être à l'autre nom;
Ce Pyrandre s'appelle autrement Armédon.
PHILISTE.
Aussi peu l'un que l'autre.
GÉRONTE.
Et le père d'Orphise,
Cette rare beauté qu'en ces lieux même on prise?
Vous connoissez le nom de cet objet charmant

Qui fait de ces cantons le plus digne ornement?
                    PHILISTE.
Croyez que cette Orphise, Armédon et Pyrandre,
Sont gens dont à Poitiers on ne peut rien apprendre.
S'il vous faut sur ce point encor quelque garant...
                    GÉRONTE.
En faveur de mon fils vous faites l'ignorant;
Mais je ne sais que trop qu'il aime cette Orphise,
Et qu'après les douceurs d'une longue hantise,
On l'a seul dans sa chambre avec elle trouvé;
Que par son pistolet un désordre arrivé
L'a forcé sur-le-champ d'épouser cette belle.
Je sais tout; et de plus ma bonté paternelle
M'a fait y consentir; et votre esprit discret
N'a plus d'occasion de m'en faire un secret.
                    PHILISTE.
Quoi! Dorante a fait donc un secret mariage?
                    GÉRONTE.
Et comme je suis bon, je pardonne à son âge.
                    PHILISTE.
Qui vous l'a dit?
                    GÉRONTE.
        Lui-même.
                    PHILISTE.
                Ah! puisqu'il vous l'a dit,
Il vous fera du reste un fidèle récit;
Il en sait mieux que moi toutes les circonstances :
Non qu'il vous faille en prendre aucunes défiances;
Mais il a le talent de bien imaginer,
Et moi je n'eus jamais celui de deviner.
                    GÉRONTE.
Vous me feriez par là soupçonner son histoire.
                    PHILISTE.
Non, sa parole est sûre, et vous pouvez l'en croire;
Mais il nous servit hier d'une collation
Qui partoit d'un esprit de grande invention;

Et si ce mariage est de même méthode,
La pièce est fort complète et des plus à la mode.
GÉRONTE.
Prenez-vous du plaisir à me mettre en courroux?
PHILISTE.
Ma foi, vous en tenez aussi bien comme nous;
Et pour vous en parler avec toute franchise,
Si vous n'avez jamais pour bru que cette Orphise,
Vos chers collatéraux s'en trouveront fort bien.
Vous m'entendez? adieu : je ne vous dis plus rien.

SCÈNE II

GÉRONTE.

O vieillesse facile! O jeunesse impudente!
O de mes cheveux gris honte trop évidente!
Est-il dessous le ciel père plus malheureux?
Est-il affront plus grand pour un cœur généreux?
Dorante n'est qu'un fourbe; et cet ingrat que j'aime,
Après m'avoir fourbé, me fait fourber moi-même;
Et d'un discours en l'air, qu'il forge en imposteur,
Il me fait le trompette et le second auteur!
Comme si c'étoit peu pour mon reste de vie
De n'avoir à rougir que de son infamie,
L'infâme, se jouant de mon trop de bonté,
Me fait encore rougir de ma crédulité!

SCÈNE III

GÉRONTE, DORANTE, CLITON.
GÉRONTE.
Êtes-vous gentilhomme?
DORANTE.
        Ah! rencontre fâcheuse!

Étant sorti de vous, la chose est peu douteuse.
GÉRONTE.
Croyez-vous qu'il suffit d'être sorti de moi ?
DORANTE.
Avec toute la France aisément je le croi.
GÉRONTE.
Et ne savez-vous point avec toute la France
D'où ce titre d'honneur a tiré sa naissance,
Et que la vertu seule a mis en ce haut rang
Ceux qui l'ont jusqu'à moi fait passer dans leur sang?
DORANTE.
J'ignorerois un point que n'ignore personne,
Que la vertu l'acquiert, comme le sang le donne.
GÉRONTE.
Où le sang a manqué, si la vertu l'acquiert,
Où le sang l'a donné, le vice aussi le perd.
Ce qui naît d'un moyen périt par son contraire ;
Ce que l'un a fait, l'autre le peut défaire;
Et dans la lâcheté du vice où je te voi,
Tu n'es plus gentilhomme, étant sorti de moi.
DORANTE.
Moi?
GÉRONTE.
Laisse-moi parler, toi de qui l'imposture
Souille honteusement ce don de la nature :
Qui se dit gentilhomme, et ment comme tu fais,
Il ment quand il le dit, et ne le fut jamais.
Est-il vice plus bas, est-il tache plus noire,
Plus indigne d'un homme élevé pour la gloire?
Est-il quelque foiblesse, est-il quelque action
Dont un cœur vraiment noble ait plus d'aversion,
Puisqu'un seul démenti lui porte une infamie
Qu'il ne peut effacer s'il n'expose sa vie,
Et si dedans le sang il ne lave l'affront
Qu'un si honteux outrage imprime sur son front?
DORANTE.
Qui vous dit que je mens?

GÉRONTE.

Qui me le dit, infâme ?
Dis-moi, si tu le peux, dis le nom de ta femme.
Le conte qu'hier au soir tu m'en fis publier...

CLITON, à Dorante.

Dites que le sommeil vous l'a fait oublier.

GÉRONTE.

Ajoute, ajoute encore avec effronterie
Le nom de ton beau-père et de sa seigneurie ;
Invente à m'éblouir quelques nouveaux détours.

CLITON, à Dorante.

Appelez la mémoire ou l'esprit au secours.

GÉRONTE.

De quel front cependant faut-il que je confesse
Que ton effronterie a surpris ma vieillesse ;
Qu'un homme de mon âge a cru légèrement
Ce qu'un homme du tien débite impudemment ?
Tu me fais donc servir de fable et de risée,
Passer pour esprit foible, et pour cervelle usée !
Mais dis-moi, te portois-je à la gorge un poignard ?
Voyois-tu violence ou courroux de ma part ?
Si quelque aversion t'éloignoit de Clarice,
Quel besoin avois-tu d'un si lâche artifice ?
Et pouvois-tu douter que mon consentement
Ne dût tout accorder à ton contentement,
Puisque mon indulgence, au dernier point venue,
Consentoit à tes yeux l'hymen d'une inconnue ?
Ce grand excès d'amour que je t'ai témoigné
N'a point touché ton cœur, ou ne l'a point gagné :
Ingrat, tu m'as payé d'une impudente feinte,
Et tu n'as eu pour moi respect, amour, ni crainte.
Va, je te désavoue.

DORANTE.

Eh ! mon père, écoutez.

GÉRONTE.

Quoi ! des contes en l'air et sur l'heure inventés ?

DORANTE.

Non, la vérité pure.

GÉRONTE.

En est-il dans ta bouche?

CLITON, à Dorante.

Voici pour votre adresse une assez rude touche.

DORANTE.

Épris d'une beauté qu'à peine j'ai pu voir
Qu'elle a pris sur mon âme un absolu pouvoir,
De Lucrèce, en un mot, vous la pouvez connoître...

GÉRONTE.

Dis vrai : je la connois, et ceux qui l'ont fait naître ;
Son père est mon ami.

DORANTE.

Mon cœur en un moment
Étant de ses regards charmé si puissamment,
Le choix que vos bontés avoient fait de Clarice,
Sitôt que je le sus me parut un supplice ;
Mais comme j'ignorois si Lucrèce et son sort
Pouvoient avec le vôtre avoir quelque rapport,
Je n'osai pas encor vous découvrir la flamme
Que venoient ses beautés d'allumer dans mon âme,
Et j'avois ignoré, Monsieur, jusqu'à ce jour
Que l'adresse d'esprit fût un crime en amour.
Mais si je vous osois demander quelque grâce,
A présent que je sais et son bien et sa race,
Je vous conjurerois, par les nœuds les plus doux
Dont l'amour et le sang puissent m'unir à vous,
De seconder mes vœux auprès de cette belle :
Obtenez-la d'un père, et je l'obtiendrai d'elle.

GÉRONTE.

Tu me fourbes encor.

DORANTE.

Si vous ne m'en croyez,
Croyez-en pour le moins Cliton que vous voyez :
Il sait tout mon secret.

GÉRONTE.

Tu ne meurs pas de honte
Qu'il faille que de lui je fasse plus de conte,
Et que ton père même, en doute de ta foi,
Donne plus de croyance à ton valet qu'à toi!
Écoute : je suis bon, et malgré ma colère,
Je veux encore un coup montrer un cœur de père,
Je veux encore un coup pour toi me hasarder.
Je connois ta Lucrèce, et la vais demander;
Mais si de ton côté le moindre obstacle arrive...

DORANTE.

Pour vous mieux assurer, souffrez que je vous suive.

GÉRONTE.

Demeure ici, demeure et ne suis point mes pas :
Je doute, je hasarde, et je ne te crois pas.
Mais sache que tantôt si pour cette Lucrèce
Tu fais la moindre fourbe ou la moindre finesse,
Tu peux bien fuir mes yeux et ne me voir jamais;
Autrement souviens-toi du serment que je fais :
Je jure les rayons du jour qui nous éclaire
Que tu ne mourras point que de la main d'un père,
Et que ton sang indigne à mes pieds répandu
Rendra prompte justice à mon honneur perdu.

SCÈNE IV

DORANTE, CLITON.

DORANTE.

Je crains peu les effets d'une telle menace.

CLITON.

Vous vous rendez trop tôt et de mauvaise grâce;
Et cet esprit adroit, qui l'a dupé deux fois,
Devoit en galant homme aller jusques à trois :

Toutes tierces, dit-on, sont bonnes ou mauvaises.
DORANTE.
Cliton, ne raille point, que tu ne me déplaises :
D'un trouble tout nouveau j'ai l'esprit agité.
CLITON.
N'est-ce point du remords d'avoir dit vérité ?
Si pourtant ce n'est point quelque nouvelle adresse ;
Car je doute à présent si vous aimez Lucrèce,
Et vous vois si fertile en semblables détours,
Que, quoi que vous disiez, je l'entends au rebours.
DORANTE.
Je l'aime, et sur ce point ta défiance est vaine ;
Mais je hasarde trop, et c'est ce qui me gêne.
Si son père et le mien ne tombent point d'accord,
Tout commerce est rompu, je fais naufrage au port.
Et d'ailleurs, quand l'affaire entre eux seroit conclue,
Suis-je sûr que la fille y soit bien résolue ?
J'ai tantôt vu passer cet objet si charmant :
Sa compagne, ou je meure ! a beaucoup d'agrément.
Aujourd'hui que mes yeux l'ont mieux examinée,
De mon premier amour j'ai l'âme un peu gênée :
Mon cœur entre les deux est presque partagé,
Et celle-ci l'auroit s'il n'étoit engagé.
CLITON.
Mais pourquoi donc montrer une flamme si grande,
Et porter votre père à faire une demande ?
DORANTE.
Il ne m'auroit pas cru, si je ne l'avois fait.
CLITON.
Quoi ? même en disant vrai, vous mentiez en effet !
DORANTE.
C'étoit le seul moyen d'apaiser sa colère.
Que maudit soit quiconque a détrompé mon père !
Avec ce faux hymen j'aurois eu le loisir
De consulter mon cœur, et je pourrois choisir.

CLITON.

Mais sa compagne enfin n'est autre que Clarice.

DORANTE.

Je me suis donc rendu moi-même un bon office.
Oh! qu'Alcippe est heureux, et que je suis confus!
Mais Alcippe, après tout, n'aura que mon refus.
N'y pensons plus, Cliton, puisque la place est prise.

CLITON.

Vous en voilà défait aussi bien que d'Orphise.

DORANTE.

Reportons à Lucrèce un esprit ébranlé,
Que l'autre à ses yeux même avoit presque volé.
Mais Sabine survient.

SCÈNE V

DORANTE, SABINE, CLITON.

DORANTE.

Qu'as-tu fait de ma lettre?
En de si belles mains as-tu su la remettre?

SABINE.

Oui, Monsieur, mais...

DORANTE.

Quoi? mais!

SABINE.

Elle a tout déchiré.

DORANTE.

Sans lire?

SABINE.

Sans rien lire.

DORANTE.

Et tu l'as enduré?

SABINE.
Ah! si vous aviez vu comme elle m'a grondée!
Elle va me chasser, l'affaire en est vidée.

DORANTE.
Elle s'apaisera; mais pour t'en consoler,
Tends la main.

SABINE.
Eh! Monsieur.

DORANTE.
Ose encor lui parler.
Je ne perds pas sitôt toutes mes espérances.

CLITON.
Voyez la bonne pièce avec ses révérences!
Comme ses déplaisirs sont déjà consolés,
Elle vous en dira plus que vous n'en voulez.

DORANTE.
Elle a donc déchiré mon billet sans le lire?

SABINE.
Elle m'avoit donné charge de vous le dire;
Mais à parler sans fard...

CLITON.
Sait-elle son métier?

SABINE.
Elle n'en a rien fait et l'a lu tout entier.
Je ne puis si longtemps abuser un brave homme.

CLITON.
Si quelqu'un l'entend mieux, je l'irai dire à Rome.

DORANTE.
Elle ne me hait pas, à ce compte?

SABINE.
Elle? non.

DORANTE.
M'aime-t-elle?

SABINE.
Non plus.

DORANTE.
Tout de bon?

SABINE.
Tout de bon.

DORANTE.

Aime-t-elle quelque autre?

SABINE.

Encor moins.

DORANTE.

Qu'obtiendrai-je?

SABINE.

Je ne sais.

DORANTE.

Mais enfin, dis-moi.

SABINE.

Que vous dirai-je?

DORANTE.

Vérité.

SABINE.

Je la dis.

DORANTE.

Mais elle m'aimera?

SABINE.

Peut-être.

DORANTE.

Et quand encore?

SABINE.

Quand elle vous croira.

DORANTE.

Quand elle me croira? Que ma joie est extrême!

SABINE.

Quand elle vous croira, dites qu'elle vous aime.

DORANTE.

Je le dis déjà donc, et m'en ose vanter,
Puisque ce cher objet n'en sauroit plus douter :
Mon père...

SABINE.

La voici qui vient avec Clarice,

SCÈNE VI

CLARICE, LUCRÈCE, DORANTE, SABINE, CLITON.

CLARICE, à Lucrèce.

Il peut te dire vrai, mais ce n'est pas son vice.
Comme tu le connois, ne précipite rien.

DORANTE, à Clarice.
Beauté qui pouvez seule et mon mal et mon bien...
CLARICE, à Lucrèce.
Ou diroit qu'il m'en veut, et c'est moi qu'il regarde.
LUCRÈCE, à Clarice.
Quelques regards sur toi sont tombés par mégarde.
Voyons s'il continue.
DORANTE, à Clarice.
Ah! que loin de vos yeux
Les moments à mon cœur deviennent ennuyeux!
Et que je reconnois par mon expérience
Quel supplice aux amants est une heure d'absence!
CLARICE, à Lucrèce.
Il continue encor.
LUCRÈCE, à Clarice.
Mais vois ce qu'il m'écrit.
CLARICE, à Lucrèce.
Mais écoute.
LUCRÈCE, à Clarice.
Tu prends pour toi ce qu'il me dit.
CLARICE.
Éclaircissons-nous-en. Vous m'aimez donc, Dorante?
DORANTE, à Clarice.
Hélas! que cette amour vous est indifférente!
Depuis que vos regards m'ont mis sous votre loi...
CLARICE, à Lucrèce.
Crois-tu que le discours s'adresse encore à toi?
LUCRÈCE, à Clarice.
Je ne sais où j'en suis.
CLARICE, à Lucrèce.
Oyons la fourbe entière.
LUCRÈCE, à Clarice.
Vu ce que nous savons, elle est un peu grossière.
CLARICE, à Lucrèce.
C'est ainsi qu'il partage entre nous son amour :
Il te flatte de nuit et m'en conte de jour.
DORANTE, à Clarice.
Vous consultez ensemble! Ah! quoi qu'elle vous die,

Sur de meilleurs conseils disposez de ma vie :
Le sien auprès de vous me seroit trop fatal :
Elle a quelque sujet de me vouloir du mal.
                    LUCRÈCE, en elle-même.
Ah! je n'en ai que trop, et si je ne me venge...
                    CLARICE, à Dorante.
Ce qu'elle me disoit est de vrai fort étrange.
                    DORANTE.
C'est quelque invention de son esprit jaloux.
                    CLARICE.
Je le crois; mais enfin me reconnoissez-vous?
                    DORANTE.
Si je vous reconnois? quittez ces railleries,
Vous que j'entretins hier dedans les Tuileries,
Que je fis aussitôt maîtresse de mon sort.
                    CLARICE.
Si je veux toutefois en croire son rapport,
Pour une autre déjà votre âme inquiétée...
                    DORANTE.
Pour une autre déjà je vous aurois quittée?
Que plutôt à vos pieds mon cœur sacrifié...
                    CLARICE.
Bien plus, si je la crois, vous êtes marié.
                    DORANTE.
Vous me jouez, Madame, et sans doute pour rire,
Vous prenez du plaisir à m'entendre redire
Qu'à dessein de mourir en des liens si doux
Je me fais marié pour toute autre que vous.
                    CLARICE.
Mais avant qu'avec moi le nœud d'hymen vous lie,
Vous serez marié, si l'on veut, en Turquie.
                    DORANTE.
Avant qu'avec toute autre on me puisse engager,
Je serai marié, si l'on veut, en Alger.
                    CLARICE.
Mais enfin vous n'avez que mépris pour Clarice?
                    DORANTE.
Mais enfin vous savez le nœud de l'artifice,
Et que pour être à vous je fais ce que je puis.

CLARICE.
Je ne sais plus moi-même à mon tour où j'en suis.
Lucrèce, écoute un mot.
DORANTE, à Cliton.
Lucrèce ! que dit-elle ?
CLITON, à Dorante.
Vous en tenez, Monsieur : Lucrèce est la plus belle ;
Mais laquelle des deux ? J'en ai le mieux jugé,
Et vous auriez perdu si vous aviez gagé.
DORANTE, à Cliton.
Cette nuit à la voix j'ai cru la reconnoître.
CLITON, à Dorante.
Clarice sous son nom parloit à sa fenêtre ;
Sabine m'en a fait un secret entretien.
DORANTE.
Bonne bouche, j'en tiens ; mais l'autre la vaut bien ;
Et comme dès tantôt je la trouvois bien faite,
Mon cœur déjà penchoit où mon erreur le jette.
Ne me découvre point ; et dans ce nouveau feu
Tu me vas voir, Cliton, jouer un nouveau jeu.
Sans changer de discours, changeons de batterie.
LUCRÈCE, à Clarice.
Voyons le dernier point de son effronterie ;
Quand tu lui diras tout, il sera bien surpris.
CLARICE, à Dorante.
Comme elle est mon amie, elle m'a tout appris :
Cette nuit vous l'aimiez, et m'avez méprisée.
Laquelle de nous deux avez-vous abusée ?
Vous lui parliez d'amour en termes assez doux.
DORANTE.
Moi ! depuis mon retour je n'ai parlé qu'à vous.
CLARICE.
Vous n'avez point parlé cette nuit à Lucrèce ?
DORANTE.
Vous n'avez point voulu me faire un tour d'adresse ?
Et je ne vous ai point reconnue à la voix ?
CLARICE.
Nous diroit-il bien vrai pour la première fois ?

CHEFS-D'ŒUVRE
DU
THÉATRE FRANÇAIS

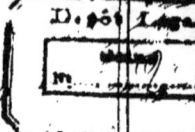

ÉDITION TRÈS SOIGNÉE, COMPRENANT :

I

Portrait et Vie de chaque auteur; — Etude critique générale de son Théâtre

II

Analyse et Histoire de chacune des pièces publiées et Notices sur ses principaux interprètes, depuis la première représentation jusqu'à l'époque actuelle

III

Par chaque fascicule, un ou deux portraits d'après nature ou d'après des originaux communiqués par la *Bibliothèque Nationale* et la *Comédie Française*

IV

Chaque pièce est précédée d'un titre, *fac simile* exact de la première édition

UN FASCICULE	UN FASCICULE
ILLUSTRÉ	**ILLUSTRÉ**
de 24 pages	de 24 pages
SOUS COUVERTURE	SOUS COUVERTURE
Prix : 30 centimes	Chaque Dimanche

PIÈCES CHOISIES
DE
Corneille, Racine, Molière, Voltaire, Regnard, Marivaux, etc.
PAR
Jules FAVRE
PROFESSEUR DE L'UNIVERSITÉ, DOCTEUR ÈS LETTRES, LAURÉAT DE L'ACADÉMIE FRANÇAISE

PARIS
Librairie de vulgarisation (A. DEGORCE, éditeur)
9, RUE DE VERNEUIL, 9

Fascicule 3

CHEFS-D'ŒUVRE DU THÉATRE FRANÇAIS

Edition illustrée grand in-8° Jésus anglais

Pour le nombreux Public désireux d'être initié aux principales œuvres dramatiques françaises, nous publions le Théâtre choisi de nos grands auteurs.

Nous commençons par CORNEILLE avec *le Cid, Horace, Cinna, Polyeucte, le Menteur ;* après, ce sera RACINE avec *Andromaque, Britannicus, Phèdre, Athalie, les Plaideurs.* Puis, les maîtresses œuvres de MOLIÈRE, VOLTAIRE, etc., etc.

Les pièces publiées de chaque auteur feront un fort et beau volume distinct, de plus de 400 pages. Avec le dernier fascicule sera mise en vente, ou expédiée gratis aux abonnés, la très belle couverture du volume complet, imprimée en deux couleurs.

Cette publication de nos chefs-d'œuvre dramatiques, conçue d'après un plan nouveau, à l'aide de documents, quelques-uns ignorés jusqu'à ce jour, et éditée avec grand soin malgré son prix modique — pas plus cher que les insanités et autres choses malpropres se débitant à trop grand nombre d'exemplaires — vient à point pour ceux, parmi le grand Public, dont le goût épuré recherche la saine et fortifiante lecture de nobles sentiments et d'actes héroïques magnifiquement exprimés.

La personnalité du Professeur-Écrivain qui a bien voulu prêter le concours de son talent et de son érudition à cette œuvre de vulgarisation est un sûr garant de son succès. Elle figurera sur la table et dans toutes les bibliothèques de la famille. Cette nouvelle édition sera également la bien venue pour les érudits et les amateurs de beaux et bons livres.

Afin de faciliter les personnes n'ayant pas de librairie à leur portée, l'Éditeur des *Chefs-d'œuvre du théâtre français* consentira des abonnements, renouvelables à volonté, de 10 ou 20 fascicules expédiés franco contre mandat-poste de 3 fr. 50 ou 7 fr. au nom de M. A. DEGORCE.

Par exception, afin de permettre l'appréciation de l'œuvre, les fascicules 1 et 2 seront expédiés contre 50 centimes en timbres-poste. Au cas d'abonnement immédiat pour la suite, ces 50 centimes seront déduits de l'abonnement.

Un fascicule *chaque dimanche :* Prix **30** centimes

Demander dans toutes les principales Librairies

CHEFS-D'ŒUVRE
DU
THÉATRE FRANÇAIS

ÉDITION TRÈS SOIGNÉE, COMPRENANT :

I

Portrait et Vie de chaque auteur ; — Etude critique générale de son Théâtre

II

Analyse et Histoire de chacune des pièces publiées et Notices sur ses principaux interprètes, depuis la première représentation jusqu'à l'époque actuelle

III

Par chaque fascicule, un ou deux portraits d'après nature ou d'après des originaux communiqués par la *Bibliothèque Nationale* et la *Comédie Française*

IV

Chaque pièce est précédée d'un titre, *fac simile* exact de la première édition

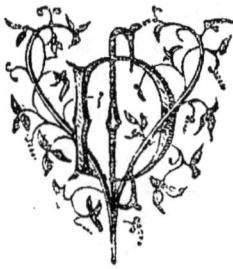

UN FASCICULE	UN FASCICULE
ILLUSTRÉ	ILLUSTRÉ
de 24 pages	de 24 pages
SOUS COUVERTURE	SOUS COUVERTURE
Prix : 30 centimes	Chaque Dimanche

PIÈCES CHOISIES
DE
Corneille, Racine, Molière, Voltaire, Regnard, Marivaux, etc.
PAR
Jules FAVRE

PROFESSEUR DE L'UNIVERSITÉ, DOCTEUR ÈS LETTRES, LAURÉAT DE L'ACADEMIE FRANÇAISE

PARIS
Librairie de vulgarisation (A. DEGORCE, éditeur)
9, RUE DE VERNEUIL, 9

Fascicule 4.

CHEFS-D'ŒUVRE DU THÉATRE FRANÇAIS

Edition illustrée grand in-8° Jésus anglais

Pour le nombreux Public désireux d'être initié aux principales œuvres dramatiques françaises, nous publions le Théâtre choisi de nos grands auteurs.

Nous commençons par CORNEILLE avec *le Cid, Horace, Cinna, Polyeucte, le Menteur* ; après, ce sera RACINE avec *Andromaque, Britannicus, Phèdre, Athalie, les Plaideurs*. Puis, les maîtresses œuvres de MOLIÈRE, VOLTAIRE, etc., etc.

Les pièces publiées de chaque auteur feront un fort et beau volume distinct, de plus de 400 pages. Avec le dernier fascicule sera mise en vente, ou expédiée gratis aux abonnés, la très belle couverture du volume complet, imprimée en deux couleurs.

Cette publication de nos chefs-d'œuvre dramatiques, conçue d'après un plan nouveau, à l'aide de documents, quelques-uns ignorés jusqu'à ce jour, et éditée avec grand soin malgré son prix modique — pas plus cher que les insanités et autres choses malpropres se débitant à trop grand nombre d'exemplaires — vient à point pour ceux, parmi le grand Public, dont le goût épuré recherche la saine et fortifiante lecture de nobles sentiments et d'actes héroïques magnifiquement exprimés.

La personnalité du Professeur-Écrivain qui a bien voulu prêter le concours de son talent et de son érudition à cette œuvre de vulgarisation est un sûr garant de son succès. Elle figurera sur la table et dans toutes les bibliothèques de la famille. Cette nouvelle édition sera également la bien venue pour les érudits et les amateurs de beaux et bons livres.

Afin de faciliter les personnes n'ayant pas de librairie à leur portée, l'Éditeur des *Chefs-d'œuvre du théâtre français* consentira des abonnements, renouvelables à volonté, de 10 ou 20 fascicules expédiés franco contre mandat-poste de 3 fr. 50 ou 7 fr. au nom de M. A. DEGORCE.

Par exception, afin de permettre l'appréciation de l'œuvre, les fascicules 1 et 2 seront expédiés contre **50 centimes** en timbres-poste. Au cas d'abonnement immédiat pour la suite, ces **50 centimes** seront déduits de l'abonnement.

Un fascicule *chaque dimanche* : Prix **30** centimes

Demander dans toutes les principales Librairies

CHEFS-D'ŒUVRE
DU
THÉATRE FRANÇAIS

ÉDITION TRÈS SOIGNÉE, COMPRENANT :

I

Portrait et Vie de chaque auteur ; — Etude critique générale de son Théâtre

II

Analyse et Histoire de chacune des pièces publiées et Notices sur ses principaux interprètes, depuis la première représentation jusqu'à l'époque actuelle

III

Par chaque fascicule, un ou deux portraits d'après nature ou d'après des originaux communiqués par la *Bibliothèque Nationale* et la *Comédie Française*

IV

Chaque pièce est précédée d'un titre, *fac simile* exact de la première édition

UN FASCICULE		UN FASCICULE
ILLUSTRÉ		**ILLUSTRÉ**
de 24 pages		de 24 pages
SOUS COUVERTURE		SOUS COUVERTURE
Prix : 30 centimes		Chaque Dimanche

PIÈCES CHOISIES
DE
Corneille, Racine, Molière, Voltaire, Regnard, Marivaux, etc.
PAR
Jules FAVRE
PROFESSEUR DE L'UNIVERSITÉ, DOCTEUR ÈS LETTRES, LAURÉAT DE L'ACADÉMIE FRANÇAISE

PARIS
Librairie de vulgarisation (A. DEGORCE, éditeur)
9, RUE DE VERNEUIL, 9

FASCICULE 5

CHEFS-D'ŒUVRE DU THÉATRE FRANÇAIS

Edition illustrée grand in-8° Jésus anglais

Pour le nombreux Public désireux d'être initié aux principales œuvres dramatiques françaises, nous publions le Théâtre choisi de nos grands auteurs.

Nous commençons par CORNEILLE avec *le Cid, Horace, Cinna, Polyeucte, le Menteur*; après, ce sera RACINE avec *Andromaque, Britannicus, Phèdre, Athalie, les Plaideurs*. Puis, les maîtresses œuvres de MOLIÈRE, VOLTAIRE, etc., etc.

Les pièces publiées de chaque auteur feront un fort et beau volume distinct, de plus de 400 pages. Avec le dernier fascicule sera mise en vente, ou expédiée gratis aux abonnés, la très belle couverture du volume complet, imprimée en deux couleurs.

Cette publication de nos chefs-d'œuvre dramatiques, conçue d'après un plan nouveau, à l'aide de documents, quelques-uns ignorés jusqu'à ce jour, et éditée avec grand soin malgré son prix modique — pas plus cher que les insanités et autres choses malpropres se débitant à trop grand nombre d'exemplaires — vient à point pour ceux, parmi le grand Public, dont le goût épuré recherche la saine et fortifiante lecture de nobles sentiments et d'actes héroïques magnifiquement exprimés.

La personnalité du Professeur-Écrivain qui a bien voulu prêter le concours de son talent et de son érudition à cette œuvre de vulgarisation est un sûr garant de son succès. Elle figurera sur la table et dans toutes les bibliothèques de la famille. Cette nouvelle édition sera également la bien venue pour les érudits et les amateurs de beaux et bons livres.

Afin de faciliter les personnes n'ayant pas de librairie à leur portée, l'Éditeur des *Chefs-d'œuvre du théâtre français* consentira des abonnements, renouvelables à volonté, de 10 ou 20 fascicules expédiés franco contre mandat-poste de 3 fr. 50 ou 7 fr. au nom de M. A. DEGORCE.

Par exception, afin de permettre l'appréciation de l'œuvre, les fascicules 1 et 2 seront expédiés contre 50 centimes en timbres-poste. Au cas d'abonnement immédiat pour la suite, ces 50 centimes seront déduits de l'abonnement.

Un fascicule *chaque dimanche* : Prix **30** centimes

Demander dans toutes les principales Librairies

Extrait du Catalogue de la Librairie générale de Vulgarisation Illustrée
PARIS — 9, RUE DE VERNEUIL, 9

BIBLIOTHÈQUE DE VULGARISATION A 3 FRANCS LE VOLUME BROCHÉ
AVEC GRAVURES DANS LE TEXTE — ÉDITION GRAND FORMAT IN-8º CARRÉ

J.-E. ALAUX
Docteur ès lettres, agrégé de philosophie

La Langue et la Littérature françaises du xv au xvii* siècle.*

Ad. BITARD
Les Merveilles de l'Océan.
L'Art et l'Industrie chez les Insectes.

Louis BOUGIER
Professeur agrégé d'histoire

La France et l'Europe pendant la Révolution.

G. BUREAU
Ingénieur civil, inspecteur des chemins de fer de la Compagnie de l'Ouest

La Vapeur, ses principales applications : Voies ferrées, Navigation.

Dr CAMILLE-GROLLET
L'Électricité, ses principales applications.
Le Ciel et ses Merveilles.

Édouard CAT
Agrégé d'histoire et de géographie, inspecteur d'académie

Les Grandes découvertes Maritimes du xiii au xvi* siècle.*
Découvertes, Explorations du xvii au xix* siècle.*

Adrien DESPREZ
Richelieu et Mazarin.
La France et l'Europe au temps de Charlemagne.

Ad.-F. de FONTPERTUIS
Chine, Japon, Siam et Cambodge.
Les États Latins de l'Amérique.

Paul GAFFAREL
Doyen de la faculté des lettres de Dijon

Les Explorations françaises depuis 1870, avec gravures dans le texte et six cartes géographiques. (Prix Jomard, décerné par la Société de Géographie.)

André GATTEYRIAS
De l'école des langues orientales

A travers l'Asie Centrale.

E. GÉNIN
Professeur agrégé de l'Université

Madagascar, les îles Comore, Mayotte, La Réunion.

GIRARD de RIALLE
Nos Ancêtres, avec nombreuses gravures préhistoriques.

Paul GUILLAUME
Professeur agrégé des sciences physiques

Les Entrailles de la Terre.

LE TASSE
Traduction du prince Lebrun

La Jérusalem délivrée.

Maurice PELLISSON
Agrégé des lettres

Les Romains au temps de Pline le Jeune : leur vie privée.
Rome sous Trajan. Religion : Administration, Lettres et Arts.

Maxime PETIT
Les Pays Scandinaves.

A. PIZARD
Agrégé d'histoire, inspecteur d'académie

La France en 1789 : la société, le gouvernement, l'administration, avec deux cartes des gabelles et des traites d'après Necker.
Les Origines de la Nation française : des Gaulois à Charlemagne.

Raoul POSTEL
Ancien magistrat à Saïgon

L'Extrême - Orient : Cochinchine, Annam, Tong-King. I. P. — V. P.

A 1 FRANC 50 LE VOLUME BROCHÉ, IN-8º ÉCU AVEC NOMBRES GRAVURES

Ed. BALCAM
Promenades en Russie.

Alexandre CLERC
Chez les Yankees.

E. GÉNIN
Les Explorations de Brazza.

Raoul JEUDY
Types et Scénarios des Comédies de Shakespeare.
Types et Scénarios des Drames de Shakespeare.

Édouard LABESSE
Le Livre d'images.

Jean LAROCQUE
Par delà la Manche.

Ch. LEMIRE
En Australie.

MAJEAU
Avec préface de Paul Gaffarel

Les Explorations en Afrique pendant le xix siècle.*

Ed. PETIT
Docteur ès lettres

Michel-Ange : l'homme, l'artiste, le citoyen.

Maxine PETIT
A travers le Danemark.
A travers la Suède-Norwège.

Dr PHILIPPS
René Duguay-Trouin.
Jean Bart et Duquesne.

Raoul POSTEL
Nos Aïeux.
En Tunisie et au Maroc.
Jeanne d'Arc.

Dr REUSS
Ancien médecin militaire

A travers l'Algérie.

Envoi FRANCO contre mandat-poste au nom de M. A. DEGORCE

N.-B. — Tous les ouvrages ci-dessus sont adoptés par le Ministre de l'Instruction publique et par la Préfecture de la Seine.

LES CATALOGUES COMPLETS

1° Librairie Degorce-Cadot (Romans, Nouveautés littéraires)
avec Manuels de Cuisine et de Patisserie

2° Librairie générale de Vulgarisation Illustrée

9, RUE DE VERNEUIL, PARIS

Seront envoyés FRANCO *à qui les demandera par lettre affranchie*

Extrait du Catalogue de la Librairie générale de Vulgarisation Illustrée
PARIS — 9, RUE DE VERNEUIL, 9

BIBLIOTHÈQUE DE VULGARISATION A 3 FRANCS LE VOLUME BROCHÉ
AVEC GRAVURES DANS LE TEXTE — ÉDITION GRAND FORMAT IN-8° CARRÉ

J.-E. ALAUX
Docteur ès lettres, agrégé de philosophie
La Langue et la Littérature françaises du XV° au XVII° siècle.

Ad. BITARD
Les Merveilles de l'Océan.
L'Art et l'Industrie chez les Insectes.

Louis BOUGIER
Professeur agrégé d'histoire
La France et l'Europe pendant la Révolution.

G. BUREAU
Ingénieur civil, inspecteur des chemins de fer de la Compagnie de l'Ouest
La Vapeur, ses principales applications : Voies ferrées, Navigation.

D' CAMILLE-GROLLET
L'Électricité, ses principales applications.
Le Ciel et ses Merveilles.

Édouard CAT
Agrégé d'histoire et de géographie, inspecteur d'académie
Les Grandes découvertes Maritimes du XIII° au XVI° siècle.
Découvertes, Explorations du XVII° au XIX° siècle.

Adrien DESPREZ
Richelieu et Mazarin.
La France et l'Europe au temps de Charlemagne.

Ad.-F. de FONTPERTUIS
Chine, Japon, Siam et Cambodge.
Les États Latins de l'Amérique.

Paul GAFFAREL
Doyen de la faculté des lettres de Dijon
Les Explorations françaises depuis 1870, avec gravures dans le texte et six cartes géographiques. (Prix Jomard, décerné par la Société de Géographie.)

André GATTEYRIAS
De l'école des langues orientales
A travers l'Asie Centrale.

E. GÉNIN
Professeur agrégé de l'Université
Madagascar, les îles Comore, Mayotte, La Réunion.

GIRARD de RIALLE
Nos Ancêtres, avec nombreuses gravures préhistoriques.

Paul GUILLAUME
Professeur agrégé des sciences physiques
Les Entrailles de la Terre.

LE TASSE
Traduction du prince Lebrun
La Jérusalem délivrée.

Maurice PELLISSON
Agrégé des lettres
Les Romains au temps de Pline le Jeune : leur vie privée.
Rome sous Trajan. Religion : Administration, Lettres et Arts.

Maxime PETIT
Les Pays Scandinaves.

A. PIZARD
Agrégé d'histoire, inspecteur d'académie
La France en 1789 : la société, le gouvernement, l'administration, avec deux cartes des gabelles et des traites d'après Necker.
Les Origines de la Nation française : des Gaulois à Charlemagne.

Raoul POSTEL
Ancien magistrat à Saigon
L'Extrême - Orient : Cochinchine, Annam. Tong-King. I. P. — V. P.

A 1 FRANC 50 LE VOLUME BROCHÉ, IN-8° ÉCU AVEC NOMBRES GRAVURES

Ed. BALCAM
Promenades en Russie.

Alexandre CLERC
Chez les Yankees.

E. GÉNIN
Les Explorations de Brazza.

Raoul JEUDY
Types et Scénarios des COMÉDIES de Shakespeare.
Types et Scénarios des DRAMES de Shakespeare.

Édouard LABESSE
Le Livre d'images.

Jean LAROCQUE
Par delà la Manche.

Ch. LEMIRE
En Australie.

MAJEAU
Avec préface de Paul GAFFAREL
Les Explorations en Afrique pendant le XIX° siècle.

Ed. PETIT
Docteur ès lettres
Michel-Ange : l'homme, l'artiste, le citoyen.

Maxime PETIT
A travers le Danemark.
A travers la Suède-Norwège.

D' PHILIPPS
René Duguay-Trouin.
Jean Bart et Duquesne.

Raoul POSTEL
Nos Aïeux.
En Tunisie et au Maroc.
Jeanne d'Arc.

D' REUSS
Ancien médecin militaire
A travers l'Algérie.

Envoi FRANCO contre mandat-poste au nom de M. A. DEGORCE

N.-B. — Tous les ouvrages ci-dessus sont adoptés par le Ministre de l'Instruction publique et par la Préfecture de la Seine.

LES CATALOGUES COMPLETS

1° Librairie Degorce-Cadot (Romans, Nouveautés littéraires) avec Manuels de Cuisine et de Patisserie

2° Librairie générale de Vulgarisation Illustrée

9, RUE DE VERNEUIL, PARIS

Seront envoyés FRANCO *à qui les demandera par lettre affranchie*

Extrait du Catalogue de la Librairie générale de Vulgarisation Illustrée
PARIS — 9, RUE DE VERNEUIL, 9

BIBLIOTHÈQUE DE VULGARISATION A 3 FRANCS LE VOLUME BROCHÉ
AVEC GRAVURES DANS LE TEXTE — ÉDITION GRAND FORMAT IN-8º CARRÉ

J.-E. ALAUX
Docteur ès lettres, agrégé de philosophie
La Langue et la Littérature françaises du xvº *au* xvııº *siècle.*

Ad. BITARD
Les Merveilles de l'Océan.
L'Art et l'Industrie chez les Insectes.

Louis BOUGIER
Professesseur agrégé d'histoire
La France et l'Europe pendant la Révolution.

G. BUREAU
Ingénieur civil, inspecteur des chemins de fer de la Compagnie de l'Ouest
La Vapeur, ses principales applications : Voies ferrées, Navigation.

Dr CAMILLE-GROLLET
L'Electricité, ses principales applications.
Le Ciel et ses Merveilles.

Édouard CAT
Agrégé d'histoire et de géographie, inspecteur d'académie
Les Grandes découvertes Maritimes du xıııº *au* xvıº *siècle.*
Découvertes, Explorations du xvııº *au* xıxº *siècle.*

Adrien DESPREZ
Richelieu et Mazarin.
La France et l'Europe au temps de Charlemagne.

Ad.-F. de FONTPERTUIS
Chine, Japon, Siam et Cambodge.
Les Etats Latins de l'Amérique.

Paul GAFFAREL
Doyen de la faculté des lettres de Dijon
Les Explorations françaises depuis 1870, avec gravures dans le texte et six cartes géographiques. (Prix Jomard, décerné par la Société de Géographie.)

André GATTEYRIAS
De l'école des langues orientales
A travers l'Asie Centrale.

E. GÉNIN
Professeur agrégé de l'Université
Madagascar, les îles Comore, Mayotte, La Réunion.

GIRARD de RIALLE
Nos Ancêtres, avec nombreuses gravures préhistoriques.

Paul GUILLAUME
Professeur agrégé des sciences physiques
Les Entrailles de la Terre.

LE TASSE
Traduction du prince Lebrun
La Jerusalem délivrée.

Maurice PELLISSON
Agrégé des lettres
Les Romains au temps de Pline le Jeune : leur vie privée.
Rome sous Trajan. Religion : Administration, Lettres et Arts.

Maxime PETIT
Les Pays Scandinaves.

A. PIZARD
Agrégé d'histoire, inspecteur d'académie
La France en 1789 : la société, le gouvernement, l'administration, avec deux cartes des gabelles et des traites d'après Necker.
Les Origines de la Nation française : des Gaulois à Charlemagne.

Raoul POSTEL
Ancien magistrat à Saigon
L'Extrême - Orient : Cochinchine, Annam, Tong-King. I. P. — V. P.

A 1 FRANC 50 LE VOLUME BROCHÉ, IN-8º ÉCU AVEC NOMBRES GRAVURES

Ed. BALCAM
Promenades en Russie.

Alexandre CLERC
Chez les Yankees.

E. GÉNIN
Les Explorations de Brazza.

Raoul JEUDY
Types et Scénarios des COMÉDIES *de Shakespeare.*
Types et Scénarios des DRAMES *de Shakespeare.*

Édouard LABESSE
Le Livre d'images.

Jean LAROCQUE
Par delà la Manche.

Ch. LEMIRE
En Australie.

MAJEAU
Avec préface de Paul GAFFAREL
Les Explorations en Afrique pendant le xıxº *siècle.*

Ed. PETIT
Docteur ès lettres
Michel-Ange : l'homme, l'artiste, le citoyen.

Maxine PETIT
A travers le Danemark.
A travers la Suède-Norwège.

Dr PHILIPPS
René Duguay-Trouin.
Jean Bart et Duquesne.

Raoul POSTEL
Nos Aïeux.
En Tunisie et au Maroc.
Jeanne d'Arc.

Dr REUSS
Ancien médecin militaire
A travers l'Algérie.

Envoi FRANCO contre mandat-poste au nom de M. A. DEGORCE

N.-B. — Tous les ouvrages ci-dessus sont adoptés par le Ministre **de l'Instruction publique** et par la **Préfecture de la Seine.**

LES CATALOGUES COMPLETS

1° Librairie Degorce-Cadot (Romans, Nouveautés littéraires) avec Manuels de Cuisine et de Patisserie

2° Librairie générale de Vulgarisation Illustrée

9, RUE DE VERNEUIL, PARIS

Seront envoyés FRANCO *à qui les demandera par lettre affranchie*

CHEFS-D'ŒUVRE
DU
THÉATRE FRANÇAIS

ÉDITION TRÈS SOIGNÉE, COMPRENANT :

I

Portrait et Vie de chaque auteur; — Etude critique générale de son Théâtre

II

Analyse et Histoire de chacune des pièces publiées et Notices sur ses principaux interprètes, depuis la première représentation jusqu'à l'époque actuelle

III

Par chaque fascicule, un ou deux portraits d'après nature ou d'après des originaux communiqués par la *Bibliothèque Nationale* et la *Comédie Française*

IV

Chaque pièce est précédée d'un titre, *fac simile* exact de la première édition

UN FASCICULE	UN FASCICULE
ILLUSTRÉ	**ILLUSTRÉ**
de 24 pages	de 24 pages
SOUS COUVERTURE	SOUS COUVERTURE
Prix : 30 centimes	Chaque Dimanche

PIÈCES CHOISIES
DE

Corneille, Racine, Molière, Voltaire, Regnard, Marivaux, etc.

PAR

Jules FAVRE

PROFESSEUR DE L'UNIVERSITÉ, DOCTEUR ÈS LETTRES, LAURÉAT DE L'ACADÉMIE FRANÇAISE

PARIS
Librairie de vulgarisation (A. DEGORCE, éditeur)
9, RUE DE VERNEUIL, 9

CHEFS-D'ŒUVRE DU THÉATRE FRANÇAIS

Edition illustrée grand in-8° Jésus anglais

Pour le nombreux Public désireux d'être initié aux principales œuvres dramatiques françaises, nous publions le Théâtre choisi de nos grands auteurs.

Nous commençons par CORNEILLE avec *le Cid, Horace, Cinna, Polyeucte, le Menteur* ; après, ce sera RACINE avec *Andromaque, Britannicus, Phèdre, Athalie, les Plaideurs*. Puis, les maîtresses œuvres de MOLIÈRE, VOLTAIRE, etc., etc.

Les pièces publiées de chaque auteur feront un fort et beau volume distinct, de plus de 400 pages. Avec le dernier fascicule sera mise en vente, ou expédiée gratis aux abonnés, la très belle couverture du volume complet, imprimée en deux couleurs.

Cette publication de nos chefs-d'œuvre dramatiques, conçue d'après un plan nouveau, à l'aide de documents, quelques-uns ignorés jusqu'à ce jour, et éditée avec grand soin malgré son prix modique — pas plus cher que les insanités et autres choses malpropres se débitant à trop grand nombre d'exemplaires — vient à point pour ceux, parmi le grand Public, dont le goût épuré recherche la saine et fortifiante lecture de nobles sentiments et d'actes héroïques magnifiquement exprimés.

La personnalité du Professeur-Écrivain qui a bien voulu prêter le concours de son talent et de son érudition à cette œuvre de vulgarisation est un sûr garant de son succès. Elle figurera sur la table et dans toutes les bibliothèques de la famille. Cette nouvelle édition sera également la bien venue pour les érudits et les amateurs de beaux et bons livres.

Afin de faciliter les personnes n'ayant pas de librairie à leur portée, l'Éditeur des *Chefs-d'œuvre du théâtre français* consentira des abonnements, renouvelables à volonté, de 10 ou 20 fascicules expédiés franco contre mandat-poste de 3 fr. 50 ou 7 fr. au nom de M. A. DEGORCE.

Par exception, afin de permettre l'appréciation de l'œuvre, les fascicules 1 et 2 seront expédiés contre 50 centimes en timbres-poste. Au cas d'abonnement immédiat pour la suite, ces 50 centimes seront déduits de l'abonnement.

Un fascicule *chaque dimanche* : Prix **30** centimes

Demander dans toutes les principales Librairies

CHEFS-D'ŒUVRE
DU
THÉATRE FRANÇAIS

ÉDITION TRÈS SOIGNÉE, COMPRENANT :

I

Portrait et Vie de chaque auteur ; — Étude critique générale de son Théâtre

II

Analyse et Histoire de chacune des pièces publiées et Notices sur ses principaux interprètes, depuis la première représentation jusqu'à l'époque actuelle

III

Par chaque fascicule, un ou deux portraits d'après nature ou d'après des originaux communiqués par la *Bibliothèque Nationale* et la *Comédie Française*

IV

Chaque pièce est précédée d'un titre, *fac simile* exact de la première édition

UN FASCICULE	UN FASCICULE
ILLUSTRÉ	ILLUSTRÉ
de 24 pages	de 24 pages
SOUS COUVERTURE	SOUS COUVERTURE
Prix : 30 centimes	Chaque Dimanche

PIÈCES CHOISIES
DE
Corneille, Racine, Molière, Voltaire, Regnard, Marivaux, etc.
PAR
Jules FAVRE
PROFESSEUR DE L'UNIVERSITÉ, DOCTEUR ÈS LETTRES, LAURÉAT DE L'ACADÉMIE FRANÇAISE

PARIS
Librairie de vulgarisation (A. DEGORCE, *éditeur*)
9, RUE DE VERNEUIL, 9

CHEFS-D'ŒUVRE DU THÉATRE FRANÇAIS

Edition illustrée grand in-8° Jésus anglais

Pour le nombreux Public désireux d'être initié aux principales œuvres dramatiques françaises, nous publions le Théâtre choisi de nos grands auteurs.

Nous commençons par CORNEILLE avec *le Cid, Horace, Cinna, Polyeucte, le Menteur ;* après, ce sera RACINE avec *Andromaque, Britannicus, Phèdre, Athalie, les Plaideurs*. Puis, les maîtresses œuvres de MOLIÈRE, VOLTAIRE, etc., etc.

Les pièces publiées de chaque auteur feront un fort et beau volume distinct, de plus de 400 pages. Avec le dernier fascicule sera mise en vente, ou expédiée gratis aux abonnés, la très belle couverture du volume complet, imprimée en deux couleurs.

Cette publication de nos chefs-d'œuvre dramatiques, conçue d'après un plan nouveau, à l'aide de documents, quelques-uns ignorés jusqu'à ce jour, et éditée avec grand soin malgré son prix modique — pas plus cher que les insanités et autres choses malpropres se débitant à trop grand nombre d'exemplaires — vient à point pour ceux, parmi le grand Public, dont le goût épuré recherche la saine et fortifiante lecture de nobles sentiments et d'actes héroïques magnifiquement exprimés.

La personnalité du Professeur-Écrivain qui a bien voulu prêter le concours de son talent et de son érudition à cette œuvre de vulgarisation est un sûr garant de son succès. Elle figurera sur la table et dans toutes les bibliothèques de la famille. Cette nouvelle édition sera également la bien venue pour les érudits et les amateurs de beaux et bons livres.

Afin de faciliter les personnes n'ayant pas de librairie à leur portée, l'Éditeur des *Chefs-d'œuvre du théâtre français* consentira des abonnements, renouvelables à volonté, de 10 ou 20 fascicules expédiés franco contre mandat-poste de 3 fr. 50 ou 7 fr. au nom de M. A. DEGORCE.

Par exception, afin de permettre l'appréciation de l'œuvre, les fascicules 1 et 2 seront expédiés contre 50 centimes en timbres-poste. Au cas d'abonnement immédiat pour la suite, ces 50 centimes seront déduits de l'abonnement.

Un fascicule *chaque dimanche* : Prix **30** centimes

Demander dans toutes les principales Librairies

CHEFS-D'ŒUVRE
DU
THÉATRE FRANÇAIS

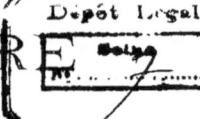

ÉDITION TRÈS SOIGNÉE, COMPRENANT :

I

Portrait et Vie de chaque auteur ; — Étude critique générale de son Théâtre

II

Analyse et Histoire de chacune des pièces publiées et Notices sur ses principaux interprètes, depuis la première représentation jusqu'à l'époque actuelle

III

Par chaque fascicule, un ou deux portraits d'après nature ou d'après des originaux communiqués par la *Bibliothèque Nationale* et la *Comédie Française*

IV

Chaque pièce est précédée d'un titre, *fac simile* exact de la première édition

UN FASCICULE	UN FASCICULE
ILLUSTRÉ	**ILLUSTRÉ**
de 24 pages	de 24 pages
SOUS COUVERTURE	SOUS COUVERTURE
Prix : 30 centimes	Chaque Dimanche

PIÈCES CHOISIES
DE

Corneille, Racine, Molière, Voltaire, Regnard, Marivaux, etc.

PAR

Jules FAVRE

PROFESSEUR DE L'UNIVERSITÉ, DOCTEUR ÈS LETTRES, LAURÉAT DE L'ACADÉMIE FRANÇAISE

PARIS
Librairie de vulgarisation (A. DEGORCE, éditeur)
9, RUE DE VERNEUIL, 9

FASCICULE 8

CHEFS-D'ŒUVRE DU THÉATRE FRANÇAIS

Edition illustrée grand in-8° Jésus anglais

Pour le nombreux Public désireux d'être initié aux principales œuvres dramatiques françaises, nous publions le Théâtre choisi de nos grands auteurs.

Nous commençons par CORNEILLE avec *le Cid, Horace, Cinna, Polyeucte, le Menteur ;* après, ce sera RACINE avec *Andromaque, Britannicus, Phèdre, Athalie, les Plaideurs.* Puis, les maîtresses œuvres de MOLIÈRE, VOLTAIRE, etc., etc.

Les pièces publiées de chaque auteur feront un fort et beau volume distinct, de plus de 400 pages. Avec le dernier fascicule sera mise en vente, ou expédiée gratis aux abonnés, la très belle couverture du volume complet, imprimée en deux couleurs.

Cette publication de nos chefs-d'œuvre dramatiques, conçue d'après un plan nouveau, à l'aide de documents, quelques-uns ignorés jusqu'à ce jour, et éditée avec grand soin malgré son prix modique — pas plus cher que les insanités et autres choses malpropres se débitant à trop grand nombre d'exemplaires — vient à point pour ceux, parmi le grand Public, dont le goût épuré recherche la saine et fortifiante lecture de nobles sentiments et d'actes héroïques magnifiquement exprimés.

La personnalité du Professeur-Écrivain qui a bien voulu prêter le concours de son talent et de son érudition à cette œuvre de vulgarisation est un sûr garant de son succès. Elle figurera sur la table et dans toutes les bibliothèques de la famille. Cette nouvelle édition sera également la bien venue pour les érudits et les amateurs de beaux et bons livres.

Afin de faciliter les personnes n'ayant pas de librairie à leur portée, l'Éditeur des *Chefs-d'œuvre du théâtre français* consentira des abonnements, renouvelables à volonté, de 10 ou 20 fascicules expédiés franco contre mandat-poste de 3 fr. 50 ou 7 fr. au nom de M. A. DEGORCE.

Par exception, afin de permettre l'appréciation de l'œuvre, les fascicules 1 et 2 seront expédiés contre 50 centimes en timbres-poste. Au cas d'abonnement immédiat pour la suite, ces 50 centimes seront déduits de l'abonnement.

Un fascicule *chaque dimanche* : Prix **30** centimes

Demander dans toutes les principales Librairies

Extrait du Catalogue de la Librairie générale de Vulgarisation Illustrée
PARIS — 9, RUE DE VERNEUIL, 9

BIBLIOTHÈQUE DE VULGARISATION A 3 FRANCS LE VOLUME BROCHÉ
AVEC GRAVURES DANS LE TEXTE — ÉDITION GRAND FORMAT IN-8° CARRÉ

J.-E. ALAUX
Docteur ès lettres, agrégé de philosophie
La Langue et la Littérature françaises du xv° au xvii° siècle.

Ad. BITARD
Les Merveilles de l'Océan.
L'Art et l'Industrie chez les Insectes.

Louis BOUGIER
Professeur agrégé d'histoire
La France et l'Europe pendant la Révolution.

G. BUREAU
Ingénieur civil, inspecteur des chemins de fer de la Compagnie de l'Ouest
La Vapeur, ses principales applications : Voies ferrées, Navigation.

Dr CAMILLE-GROLLET
L'Électricité, ses principales applications.
Le Ciel et ses Merveilles.

Édouard CAT
Agrégé d'histoire et de géographie, inspecteur d'académie
Les Grandes découvertes Maritimes du xiii° au xvi° siècle.
Découvertes, Explorations du xvii° au xix° siècle.

Adrien DESPREZ
Richelieu et Mazarin.
La France et l'Europe au temps de Charlemagne.

Ad.-F. de FONTPERTUIS
Chine, Japon, Siam et Cambodge.
Les États Latins de l'Amérique.

Paul GAFFAREL
Doyen de la faculté des lettres de Dijon
Les Explorations françaises depuis 1870, avec gravures dans le texte et six cartes géographiques. (Prix Jomard, décerné par la Société de Géographie.)

André GATTEYRIAS
De l'école des langues orientales
A travers l'Asie Centrale.

E. GENIN
Professeur agrégé de l'Université
Madagascar, les îles Comore, Mayotte, La Réunion.

GIRARD de RIALLE
Nos Ancêtres, avec nombreuses gravures préhistoriques.

Paul GUILLAUME
Professeur agrégé des sciences physiques
Les Entrailles de la Terre.

LE TASSE
Traduction du prince Lebrun
La Jérusalem délivrée.

Maurice PELLISSON
Agrégé des lettres
Les Romains au temps de Pline le Jeune : leur vie privée.
Rome sous Trajan. Religion : Administration, Lettres et Arts.

Maxime PETIT
Les Pays Scandinaves.

A. PIZARD
Agrégé d'histoire, inspecteur d'académie
La France en 1789 : la société, le gouvernement, l'administration, avec deux cartes des gabelles et des traites d'après Necker.
Les Origines de la Nation française : des Gaulois à Charlemagne.

Raoul POSTEL
Ancien magistrat à Saigon
L'Extrême-Orient : Cochinchine, Annam, Tong-King. I. P. — V. P.

A 1 FRANC 50 LE VOLUME BROCHÉ, IN-8° ÉCU AVEC NOMBRES GRAVURES

Ed. BALCAM
Promenades en Russie

Alexandre CLERC
Chez les Yankees.

E. GÉNIN
Les Explorations de Brazza.

Raoul JEUDY
Types et Scénarios des Comédies de Shakespeare.
Types et Scénarios des Drames de Shakespeare.

Édouard LABESSE
Le Livre d'images.

Jean LAROCQUE
Par delà la Manche.

Ch. LEMIRE
En Australie.

MAJEAU
Avec préface de Paul Gaffarel
Les Explorations en Afrique pendant le xix° siècle.

Ed. PETIT
Docteur ès lettres
Michel-Ange : l'homme, l'artiste, le citoyen

Maxime PETIT
A travers le Danemark.
A travers la Suède-Norwège.

Dr PHILIPPS
René Duguay-Trouin.
Jean Bart et Duquesne.

Raoul POSTEL
Nos Aïeux.
En Tunisie et au Maroc.
Jeanne d'Arc.

Dr REUSS
Ancien médecin militaire
A travers l'Algérie.

Envoi FRANCO contre mandat-poste au nom de M. A. DEGORCE

N.-B. — Tous les ouvrages ci-dessus sont adoptés par le Ministre de l'Instruction publique et par la Préfecture de la Seine.

LES CATALOGUES COMPLETS

1° Librairie Degorce-Cadot (Romans, Nouveautés littéraires)
avec Manuels de Cuisine et de Patisserie

2° Librairie générale de Vulgarisation Illustrée

9, RUE DE VERNEUIL, PARIS

Seront envoyés FRANCO *à qui les demandera par lettre affranchie*

Extrait du Catalogue de la Librairie générale de Vulgarisation Illustrée
PARIS — 9, RUE DE VERNEUIL, 9

BIBLIOTHÈQUE DE VULGARISATION A 3 FRANCS LE VOLUME BROCHÉ
AVEC GRAVURES DANS LE TEXTE — ÉDITION GRAND FORMAT IN-8° CARRÉ

J.-E. ALAUX
Docteur ès lettres, agrégé de philosophie
La Langue et la Littérature françaises du XVe au XVIIe siècle.

Ad. BITARD
Les Merveilles de l'Océan.
L'Art et l'Industrie chez les Insectes.

Louis BOUGIER
Professeur agrégé d'histoire
La France et l'Europe pendant la Révolution.

G. BUREAU
Ingénieur civil, inspecteur des chemins de fer de la Compagnie de l'Ouest
La Vapeur, ses principales applications : Voies ferrées, Navigation.

Dr CAMILLE-GROLLET
L'Électricité, ses principales applications.
Le Ciel et ses Merveilles.

Édouard CAT
Agrégé d'histoire et de géographie, inspecteur d'académie
Les Grandes découvertes Maritimes du XIIIe au XVIe siècle.
Découvertes, Explorations du XVIIe au XIXe siècle.

Adrien DESPREZ
Richelieu et Mazarin.
La France et l'Europe au temps de Charlemagne.

Ad.-F. de FONTPERTUIS
Chine, Japon, Siam et Cambodge.
Les États Latins de l'Amérique.

Paul GAFFAREL
Doyen de la faculté des lettres de Dijon
Les Explorations françaises depuis 1870, avec gravures dans le texte et six cartes géographiques. (Prix Jomard, décerné par la Société de Géographie.)

André GATTEYRIAS
De l'école des langues orientales
A travers l'Asie Centrale.

E. GÉNIN
Professeur agrégé de l'Université
Madagascar, les îles Comore, Mayotte, La Réunion.

GIRARD de RIALLE
Nos Ancêtres, avec nombreuses gravures préhistoriques.

Paul GUILLAUME
Professeur agrégé des sciences physiques
Les Entrailles de la Terre.

LE TASSE
Traduction du prince Lebrun
La Jérusalem délivrée.

Maurice PELLISSON
Agrégé des lettres
Les Romains au temps de Pline le Jeune : leur vie privée.
Rome sous Trajan. Religion : Administration, Lettres et Arts.

Maxime PETIT
Les Pays Scandinaves.

A. PIZARD
Agrégé d'histoire, inspecteur d'académie
La France en 1789 : la société, le gouvernement, l'administration, avec deux cartes des gabelles et des traites d'après Necker.
Les Origines de la Nation française : des Gaulois à Charlemagne.

Raoul POSTEL
Ancien magistrat à Saigon
L'Extrême-Orient : Cochinchine, Annam, Tong-King. I. P. — V. P.

A 1 FRANC 50 LE VOLUME BROCHÉ, IN-8° ÉCU AVEC NOMBRES GRAVURES

Ed. BALCAM
Promenades en Russie

Alexandre CLERC
Chez les Yankees.

E. GÉNIN
Les Explorations de Brazza.

Raoul JEUDY
Types et Scénarios des COMÉDIES *de Shakespeare.*
Types et Scénarios des DRAMES *de Shakespeare.*

Édouard LABESSE
Le Livre d'images.

Jean LAROCQUE
Par delà la Manche.

Ch. LEMIRE
En Australie.

MAJEAU
Avec préface de Paul GAFFAREL
Les Explorations en Afrique pendant le XIXe siècle.

Ed. PETIT
Docteur ès lettres
Michel-Ange : l'homme, l'artiste, le citoyen

Maxime PETIT
A travers le Danemark.
A travers la Suède-Norwège.

Dr PHILIPPS
René Duguay-Trouin.
Jean Bart et Duquesne.

Raoul POSTEL
Nos Aïeux.
En Tunisie et au Maroc.
Jeanne d'Arc.

Dr REUSS
Ancien médecin militaire
A travers l'Algérie.

Envoi FRANCO contre mandat-poste au nom de M. A. DEGORCE.

N.-B. — Tous les ouvrages ci-dessus sont adoptés par le Ministre de l'Instruction publique et par la Préfecture de la Seine.

LES CATALOGUES COMPLETS

1° Librairie Degorce-Cadot (Romans, Nouveautés littéraires) avec Manuels de Cuisine et de Patisserie

2° Librairie générale de Vulgarisation Illustrée

9, RUE DE VERNEUIL, PARIS

Seront envoyés FRANCO *à qui les demandera par lettre affranchie*

Extrait du Catalogue de la Librairie générale de Vulgarisation Illustrée
PARIS — 9, RUE DE VERNEUIL, 9

BIBLIOTHÈQUE DE VULGARISATION A 3 FRANCS LE VOLUME BROCHÉ
AVEC GRAVURES DANS LE TEXTE — ÉDITION GRAND FORMAT IN-8° CARRÉ

J.-E. ALAUX
Docteur ès lettres, agrégé de philosophie
La Langue et la Littérature françaises du XV° au XVII° siècle.

Ad. BITARD
Les Merveilles de l'Océan.
L'Art et l'Industrie chez les Insectes.

Louis BOUGIER
Professeur agrégé d'histoire
La France et l'Europe pendant la Révolution.

G. BUREAU
Ingénieur civil, inspecteur des chemins de fer de la Compagnie de l'Ouest
La Vapeur, ses principales applications : Voies ferrées, Navigation.

Dr CAMILLE-GROLLET
L'Électricité, ses principales applications.
Le Ciel et ses Merveilles.

Édouard CAT
Agrégé d'histoire et de géographie, inspecteur d'académie
Les Grandes découvertes Maritimes du XIII° au XVI° siècle.
Découvertes, Explorations du XVII° au XIX° siècle.

Adrien DESPREZ
Richelieu et Mazarin.
La France et l'Europe au temps de Charlemagne.

Ad.-F. de FONTPERTUIS
Chine, Japon, Siam et Cambodge.
Les États Latins de l'Amérique.

Paul GAFFAREL
Doyen de la faculté des lettres de Dijon
Les Explorations françaises depuis 1870, avec gravures dans le texte et six cartes géographiques. (Prix Jomard, décerné par la Société de Géographie.)

André GATTEYRIAS
De l'école des langues orientales
A travers l'Asie Centrale.

E. GÉNIN
Professeur agrégé de l'Université
Madagascar, les îles Comore, Mayotte, La Réunion.

GIRARD de RIALLE
Nos Ancêtres, avec nombreuses gravures préhistoriques.

Paul GUILLAUME
Professeur agrégé des sciences physiques
Les Entrailles de la Terre.

LE TASSE
Traduction du prince Lebrun
La Jérusalem délivrée.

Maurice PELLISSON
Agrégé des lettres
Les Romains au temps de Pline le Jeune : leur vie privée.
Rome sous Trajan. Religion : Administration, Lettres et Arts.

Maxime PETIT
Les Pays Scandinaves.

A. PIZARD
Agrégé d'histoire, inspecteur d'académie
La France en 1789 : la société, le gouvernement, l'administration, avec deux cartes des gabelles et des traites d'après Necker.
Les Origines de la Nation française : des Gaulois à Charlemagne.

Raoul POSTEL
Ancien magistrat à Saigon
L'Extrême-Orient : Cochinchine, Annam, Tong-King. **I. P. — V. P.**

A 1 FRANC 50 LE VOLUME BROCHÉ, IN-8° ÉCU AVEC NOMBRES GRAVURES

Ed. BALCAM
Promenades en Russie.

Alexandre CLERC
Chez les Yankees.

E. GÉNIN
Les Explorations de Brazza.

Raoul JEUDY
Types et Scénarios des COMÉDIES de Shakespeare.
Types et Scénarios des DRAMES de Shakespeare.

Édouard LABESSE
Le Livre d'images.

Jean LAROCQUE
Par delà la Manche.

Ch. LEMIRE
En Australie.

MAJEAU
Avec préface de Paul GAFFAREL
Les Explorations en Afrique pendant le XIX° siècle.

Ed. PETIT
Docteur ès lettres
Michel-Ange : l'homme, l'artiste, le citoyen.

Maxine PETIT
A travers le Danemark.
A travers la Suède-Norwège.

Dr PHILIPPS
René Duguay-Trouin.
Jean Bart et Duquesne.

Raoul POSTEL
Nos Aïeux.
En Tunisie et au Maroc.
Jeanne d'Arc.

Dr REUSS
Ancien médecin militaire
A travers l'Algérie.

Envoi **FRANCO** contre mandat-poste au nom de M. A. **DEGORCE**

N.-B. — Tous les ouvrages ci-dessus sont adoptés par le Ministre de l'Instruction publique et par la Préfecture de la Seine.

LES CATALOGUES COMPLETS

1° Librairie Degorce-Cadot (Romans, Nouveautés littéraires) avec Manuels de Cuisine et de Patisserie

2° Librairie générale de Vulgarisation Illustrée

9, RUE DE VERNEUIL, PARIS

Seront envoyés FRANCO *à qui les demandera par lettre affranchie*

CHEFS-D'ŒUVRE
DU
THÉATRE FRANÇAIS

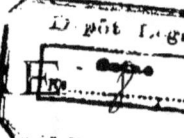

ÉDITION TRÈS SOIGNÉE, COMPRENANT :

I

Portrait et Vie de chaque auteur; — Étude critique générale de son Théâtre

II

Analyse et Histoire de chacune des pièces publiées et Notices sur ses principaux interprètes, depuis la première représentation jusqu'à l'époque actuelle

III

Par chaque fascicule, un ou deux portraits d'après nature ou d'après des originaux communiqués par la *Bibliothèque Nationale* et la *Comédie Française*

IV

Chaque pièce est précédée d'un titre, *fac simile* exact de la première édition

UN FASCICULE	UN FASCICULE
ILLUSTRÉ	**ILLUSTRÉ**
de 24 pages	de 24 pages
SOUS COUVERTURE	SOUS COUVERTURE
Prix : 30 centimes	Chaque Dimanche

PIÈCES CHOISIES
DE

Corneille, Racine, Molière, Voltaire, Regnard, Marivaux, etc.

PAR

Jules FAVRE

PROFESSEUR DE L'UNIVERSITÉ, DOCTEUR ÈS LETTRES, LAURÉAT DE L'ACADÉMIE FRANÇAISE

PARIS
Librairie de vulgarisation (A. DEGORCE, *éditeur*)
9, RUE DE VERNEUIL, 9

CHEFS-D'ŒUVRE DU THÉATRE FRANÇAIS

Edition illustrée grand in-8° Jésus anglais

Pour le nombreux Public désireux d'être initié aux principales œuvres dramatiques françaises, nous publions le Théâtre choisi de nos grands auteurs.

Nous commençons par CORNEILLE avec *le Cid, Horace, Cinna, Polyeucte, le Menteur ;* après, ce sera RACINE avec *Andromaque, Britannicus, Phèdre, Athalie, les Plaideurs.* Puis, les maîtresses œuvres de MOLIÈRE, VOLTAIRE, etc., etc.

Les pièces publiées de chaque auteur feront un fort et beau volume distinct, de plus de 400 pages. Avec le dernier fascicule sera mise en vente, ou expédiée gratis aux abonnés, la très belle couverture du volume complet, imprimée en deux couleurs.

Cette publication de nos chefs-d'œuvre dramatiques, conçue d'après un plan nouveau, à l'aide de documents, quelques-uns ignorés jusqu'à ce jour, et éditée avec grand soin malgré son prix modique — pas plus cher que les insanités et autres choses malpropres se débitant à trop grand nombre d'exemplaires — vient à point pour ceux, parmi le grand Public, dont le goût épuré recherche la saine et fortifiante lecture de nobles sentiments et d'actes héroïques magnifiquement exprimés.

La personnalité du Professeur-Écrivain qui a bien voulu prêter le concours de son talent et de son érudition à cette œuvre de vulgarisation est un sûr garant de son succès. Elle figurera sur la table et dans toutes les bibliothèques de la famille. Cette nouvelle édition sera également la bien venue pour les érudits et les amateurs de beaux et bons livres.

Afin de faciliter les personnes n'ayant pas de librairie à leur portée, l'Éditeur des *Chefs-d'œuvre du théâtre français* consentira des abonnements, renouvelables à volonté, de 10 ou 20 fascicules expédiés franco contre mandat-poste de 3 fr. 50 ou 7 fr. au nom de M. A. DEGORCE.

Par exception, afin de permettre l'appréciation de l'œuvre, les fascicules 1 et 2 seront expédiés contre 50 centimes en timbres-poste. Au cas d'abonnement immédiat pour la suite, ces 50 centimes seront déduits de l'abonnement.

Un fascicule *chaque dimanche* : Prix **30** centimes

Demander dans toutes les principales Librairies

CHEFS-D'ŒUVRE
DU
THÉATRE FRANÇAIS

ÉDITION TRÈS SOIGNÉE, COMPRENANT :

I

Portrait et Vie de chaque auteur ; — Etude critique générale de son Théâtre

II

Analyse et Histoire de chacune des pièces publiées et Notices sur ses principaux interprètes, depuis la première représentation jusqu'à l'époque actuelle

III

Par chaque fascicule, un ou deux portraits d'après nature ou d'après des originaux communiqués par la *Bibliothèque Nationale* et la *Comédie Française*

IV

Chaque pièce est précédée d'un titre, *fac simile* exact de la première édition

UN FASCICULE
ILLUSTRÉ
de 24 pages
SOUS COUVERTURE
Prix : 30 centimes

UN FASCICULE
ILLUSTRÉ
de 24 pages
SOUS COUVERTURE
Chaque Dimanche

PIÈCES CHOISIES
DE
Corneille, Racine, Molière, Voltaire, Regnard, Marivaux, etc.
PAR
Jules FAVRE
PROFESSEUR DE L'UNIVERSITÉ, DOCTEUR ÈS LETTRES, LAURÉAT DE L'ACADÉMIE FRANÇAISE

PARIS
Librairie de vulgarisation (A. DEGORCE, *éditeur*)
9, RUE DE VERNEUIL, 9

CHEFS-D'ŒUVRE DU THÉATRE FRANÇAIS

Edition illustrée grand in-8° Jésus anglais

Pour le nombreux Public désireux d'être initié aux principales œuvres dramatiques françaises, nous publions le Théâtre choisi de nos grands auteurs.

Nous commençons par Corneille avec *le Cid, Horace, Cinna, Polyeucte, le Menteur* ; après, ce sera Racine avec *Andromaque, Britannicus, Phèdre, Athalie, les Plaideurs*. Puis, les maîtresses œuvres de Molière, Voltaire, etc., etc.

Les pièces publiées de chaque auteur feront un fort et beau volume distinct, de plus de 400 pages. Avec le dernier fascicule sera mise en vente, ou expédiée gratis aux abonnés, la très belle couverture du volume complet, imprimée en deux couleurs.

Cette publication de nos chefs-d'œuvre dramatiques, conçue d'après un plan nouveau, à l'aide de documents, quelques-uns ignorés jusqu'à ce jour, et éditée avec grand soin malgré son prix modique — pas plus cher que les insanités et autres choses malpropres se débitant à trop grand nombre d'exemplaires — vient à point pour ceux, parmi le grand Public, dont le goût épuré recherche la saine et fortifiante lecture de nobles sentiments et d'actes héroïques magnifiquement exprimés.

La personnalité du Professeur-Écrivain qui a bien voulu prêter le concours de son talent et de son érudition à cette œuvre de vulgarisation est un sûr garant de son succès. Elle figurera sur la table et dans toutes les bibliothèques de la famille. Cette nouvelle édition sera également la bien venue pour les érudits et les amateurs de beaux et bons livres.

Afin de faciliter les personnes n'ayant pas de librairie à leur portée, l'Éditeur des *Chefs-d'œuvre du théâtre français* consentira des abonnements, renouvelables à volonté, de 10 ou 20 fascicules expédiés franco contre mandat-poste de 3 fr. 50 ou 7 fr. au nom de M. A. DEGORCE.

Par exception, afin de permettre l'appréciation de l'œuvre, les fascicules 1 et 2 seront expédiés contre 50 centimes en timbres-poste. Au cas d'abonnement immédiat pour la suite, ces 50 centimes seront déduits de l'abonnement.

Un fascicule *chaque dimanche* : Prix 30 centimes

Demander dans toutes les principales Librairies

CHEFS-D'ŒUVRE
DE
THÉATRE FRANÇAIS

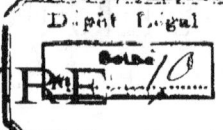

ÉDITION TRÈS SOIGNÉE, COMPRENANT :

I

Portrait et Vie de chaque auteur ; — Etude critique générale de son Théâtre

II

Analyse et Histoire de chacune des pièces publiées et Notices sur ses principaux interprètes, depuis la première représentation jusqu'à l'époque actuelle

III

Par chaque fascicule, un ou deux portraits d'après nature ou d'après des originaux communiqués par la *Bibliothèque Nationale* et la *Comédie Française*

IV

Chaque pièce est précédée d'un titre, *fac simile* exact de la première édition

UN FASCICULE	UN FASCICULE
ILLUSTRÉ	ILLUSTRÉ
de 24 pages	de 24 pages
SOUS COUVERTURE	SOUS COUVERTURE
Prix : 30 centimes	Chaque Dimanche

PIÈCES CHOISIES
DE

Corneille, Racine, Molière, Voltaire, Regnard, Marivaux, etc.

PAR

Jules FAVRE

PROFESSEUR DE L'UNIVERSITÉ, DOCTEUR ÈS LETTRES, LAURÉAT DE L'ACADÉMIE FRANÇAISE

PARIS
Librairie de vulgarisation (A. DEGORCE, éditeur)
9, RUE DE VERNEUIL, 9

FASCICULE 11

CHEFS-D'ŒUVRE DU THÉÂTRE FRANÇAIS

Edition illustrée grand in-8° Jésus anglais

Pour le nombreux Public désireux d'être initié aux principales œuvres dramatiques françaises, nous publions le Théâtre choisi de nos grands auteurs.

Nous commençons par Corneille avec *le Cid, Horace, Cinna, Polyeucte, le Menteur ;* après, ce sera Racine avec *Andromaque, Britannicus, Phèdre, Athalie, les Plaideurs.* Puis, les maîtresses œuvres de Molière, Voltaire, etc., etc.

Les pièces publiées de chaque auteur feront un fort et beau volume distinct, de plus de 400 pages. Avec le dernier fascicule sera mise en vente, ou expédiée gratis aux abonnés, la très belle couverture du volume complet, imprimée en deux couleurs.

Cette publication de nos chefs-d'œuvre dramatiques, conçue d'après un plan nouveau, à l'aide de documents, quelques-uns ignorés jusqu'à ce jour, et éditée avec grand soin malgré son prix modique — pas plus cher que les insanités et autres choses malpropres se débitant à trop grand nombre d'exemplaires — vient à point pour ceux, parmi le grand Public, dont le goût épuré recherche la saine et fortifiante lecture de nobles sentiments et d'actes héroïques magnifiquement exprimés.

La personnalité du Professeur-Écrivain qui a bien voulu prêter le concours de son talent et de son érudition à cette œuvre de vulgarisation est un sûr garant de son succès. Elle figurera sur la table et dans toutes les bibliothèques de la famille. Cette nouvelle édition sera également la bien venue pour les érudits et les amateurs de beaux et bons livres.

Afin de faciliter les personnes n'ayant pas de librairie à leur portée, l'Éditeur des *Chefs-d'œuvre du théâtre français* consentira des abonnements, renouvelables à volonté, de 10 ou 20 fascicules expédiés franco contre mandat-poste de 3 fr. 50 ou 7 fr. au nom de M. A. DEGORCE.

Par exception, afin de permettre l'appréciation de l'œuvre, les fascicules **1 et 2** seront expédiés contre **50 centimes** en timbres-poste. Au cas d'abonnement immédiat pour la suite, ces **50 centimes** seront déduits de l'abonnement.

Un fascicule *chaque dimanche* : Prix **30** centimes

Demander dans toutes les principales Librairies

Extrait du Catalogue de la Librairie générale de Vulgarisation Illustrée
PARIS — 9, RUE DE VERNEUIL, 9

BIBLIOTHÈQUE DE VULGARISATION A 3 FRANCS LE VOLUME BROCHÉ
AVEC GRAVURES DANS LE TEXTE — ÉDITION GRAND FORMAT IN-8° CARRÉ

J.-E. ALAUX
Docteur ès lettres, agrégé de philosophie
La Langue et la Littérature françaises du XV° au XVII° siècle.

Ad. BITARD
Les Merveilles de l'Océan.
L'Art et l'Industrie chez les Insectes.

Louis BOUGIER
Professeur agrégé d'histoire
La France et l'Europe pendant la Révolution.

G. BUREAU
Ingénieur civil, inspecteur des chemins de fer de la Compagnie de l'Ouest
La Vapeur, ses principales applications : Voies ferrées, Navigation.

Dr CAMILLE-GROLLET
L'Electricité, ses principales applications.
Le Ciel et ses Merveilles.

Édouard CAT
Agrégé d'histoire et de géographie, inspecteur d'académie
Les Grandes découvertes Maritimes du XIII° au XVI° siècle.
Découvertes, Explorations du XVII° au XIX° siècle.

Adrien DESPREZ
Richelieu et Mazarin.
La France et l'Europe au temps de Charlemagne.

Ad.-F. de FONTPERTUIS
Chine, Japon, Siam et Cambodge.
Les Etats Latins de l'Amérique.

Paul GAFFAREL
Doyen de la faculté des lettres de Dijon
Les Explorations françaises depuis 1870, avec gravures dans le texte et six cartes géographiques. (Prix Jomard, décerné par la Société de Géographie.)

André GATTEYRIAS
De l'école des langues orientales
A travers l'Asie Centrale.

E. GÉNIN
Professeur agrégé de l'Université
Madagascar, les îles Comore, Mayotte, La Réunion.

GIRARD de RIALLE
Nos Ancêtres, avec nombreuses gravures préhistoriques.

Paul GUILLAUME
Professeur agrégé des sciences physiques
Les Entrailles de la Terre.

LE TASSE
Traduction du prince Lebrun
La Jérusalem délivrée.

Maurice PELLISSON
Agrégé des lettres
Les Romains au temps de Pline le Jeune : leur vie privée.
Rome sous Trajan. Religion Administration, Lettres et Arts.

Maxime PETIT
Les Pays Scandinaves.

A. PIZARD
Agrégé d'histoire, inspecteur d'académie
La France en 1789 : la société, le gouvernement, l'administration, avec deux cartes des gabelles et des traites d'après Necker.
Les Origines de la Nation française : des Gaulois à Charlemagne

Raoul POSTEL
Ancien magistrat à Saigon
L'Extrême-Orient : Cochinchine, Annam Tong-King. I. P. — V. P.

A 1 FRANC 50 LE VOLUME BROCHÉ, IN-8° ÉCU AVEC NOMBRES GRAVURES

Ed. BALCAM
Promenades en Russie.

Alexandre CLERC
Chez les Yankees.

E. GÉNIN
Les Explorations de Brazza.

Raoul JEUDY
Types et Scénarios des COMÉDIES de Shakespeare.
Types et Scénarios des DRAMES de Shakespeare.

Édouard LABESSE
Le Livre d'images.

Jean LAROCQUE
Par delà la Manche.

Ch. LEMIRE
En Australie.

MAJEAU
Avec préface de Paul Gaffarel
Les Explorations en Afrique pendant le XIX° siècle.

Ed. PETIT
Docteur ès lettres
Michel-Ange : l'homme, l'artiste, le citoyen.

Maxine PETIT
A travers le Danemark.
A travers la Suède-Norwège.

Dr PHILIPPS
René Duguay-Trouin.
Jean Bart et Duquesne.

Raoul POSTEL
Nos Aïeux.
En Tunisie et au Maroc.
Jeanne d'Arc.

Dr REUSS
Ancien médecin militaire
A travers l'Algérie.

Envoi FRANCO contre mandat-poste au nom de M. A. DEGORCE

N.-B. — Tous les ouvrages ci-dessus sont adoptés par le Ministre de l'Instruction publique et par la **Préfecture de la Seine**.

LES CATALOGUES COMPLETS

1° Librairie Degorce-Cadot (Romans, Nouveautés littéraires) avec Manuels de Cuisine et de Patisserie

2° Librairie générale de Vulgarisation Illustrée

9, RUE DE VERNEUIL, PARIS

Seront envoyés FRANCO *à qui les demandera par lettre affranchie*

Extrait du Catalogue de la Librairie générale de Vulgarisation Illustrée
PARIS — 9, RUE DE VERNEUIL, 9

BIBLIOTHÈQUE DE VULGARISATION A 3 FRANCS LE VOLUME BROCHÉ
AVEC GRAVURES DANS LE TEXTE — ÉDITION GRAND FORMAT IN-8° CARRÉ

J.-E. ALAUX
Docteur ès lettres, agrégé de philosophie
La Langue et la Littérature françaises du XVe au XVIIe siècle.

Ad. BITARD
Les Merveilles de l'Océan.
L'Art et l'Industrie chez les Insectes.

Louis BOUGIER
Professeur agrégé d'histoire
La France et l'Europe pendant la Révolution.

G. BUREAU
Ingénieur civil, inspecteur des chemins de fer de la Compagnie de l'Ouest
La Vapeur, ses principales applications : Voies ferrées, Navigation.

Dr CAMILLE-GROLLET
L'Électricité, ses principales applications.
Le Ciel et ses Merveilles.

Édouard CAT
Agrégé d'histoire et de géographie, inspecteur d'académie
Les Grandes découvertes Maritimes du XIIIe au XVIe siècle.
Découvertes, Explorations du XVIIe au XIXe siècle.

Adrien DESPREZ
Richelieu et Mazarin.
La France et l'Europe au temps de Charlemagne.

Ad.-F. de FONTPERTUIS
Chine, Japon, Siam et Cambodge.
Les États Latins de l'Amérique.

Paul GAFFAREL
Doyen de la faculté des lettres de Dijon
Les Explorations françaises depuis 1870, avec gravures dans le texte et six cartes géographiques. (Prix Jomard, décerné par la Société de Géographie.)

André GATTEYRIAS
De l'école des langues orientales
A travers l'Asie Centrale.

E. GÉNIN
Professeur agrégé de l'Université
Madagascar, les îles Comore, Mayotte, La Réunion.

GIRARD de RIALLE
Nos Ancêtres, avec nombreuses gravures préhistoriques.

Paul GUILLAUME
Professeur agrégé des sciences physiques
Les Entrailles de la Terre.

LE TASSE
Traduction du prince Lebrun
La Jérusalem délivrée.

Maurice PELLISSON
Agrégé des lettres
Les Romains au temps de Pline le Jeune : leur vie privée.
Rome sous Trajan. Religion : Administration, Lettres et Arts.

Maxime PETIT
Les Pays Scandinaves.

A. PIZARD
Agrégé d'histoire, inspecteur d'académie
La France en 1789 : la société, le gouvernement, l'administration, avec deux cartes des gabelles et des traites d'après Necker.
Les Origines de la Nation française : des Gaulois à Charlemagne.

Raoul POSTEL
Ancien magistrat à Saïgon
L'Extrême-Orient : Cochinchine, Annam, Tong-King. I. P. — V. P.

A 1 FRANC 50 LE VOLUME BROCHÉ, IN-8° ÉCU AVEC NOMBRES GRAVURES

Ed. BALCAM
Promenades en Russie.

Alexandre CLERC
Chez les Yankees.

E. GÉNIN
Les Explorations de Brazza.

Raoul JEUDY
Types et Scénarios des COMÉDIES de Shakespeare.
Types et Scénarios des DRAMES de Shakespeare.

Édouard LABESSE
Le Livre d'images.

Jean LAROCQUE
Par delà la Manche.

Ch. LEMIRE
En Australie.

MAJEAU
Avec préface de Paul Gaffarel
Les Explorations en Afrique pendant le XIXe siècle.

Ed. PETIT
Docteur ès lettres
Michel-Ange : l'homme, l'artiste, le citoyen.

Maxine PETIT
A travers le Danemark.
A travers la Suède-Norwège.

Dr PHILIPPS
René Duguay-Trouin.
Jean Bart et Duquesne.

Raoul POSTEL
Nos Aïeux.
En Tunisie et au Maroc.
Jeanne d'Arc.

Dr REUSS
Ancien médecin militaire
A travers l'Algérie.

Envoi **FRANCO** contre mandat-poste au nom de M. A. DEGORCE

N.-B. — Tous les ouvrages ci-dessus sont adoptés par le **Ministre de l'Instruction publique** et par la **Préfecture de la Seine**.

LES CATALOGUES COMPLETS

1° Librairie Degorce-Cadot (Romans, Nouveautés littéraires) avec Manuels de Cuisine et de Patisserie

2° Librairie générale de Vulgarisation Illustrée

9, RUE DE VERNEUIL, PARIS

Seront envoyés FRANCO *à qui les demandera par lettre affranchie*

Extrait du Catalogue de la Librairie générale de Vulgarisation Illustrée
PARIS — 9, RUE DE VERNEUIL, 9

BIBLIOTHÈQUE DE VULGARISATION A 3 FRANCS LE VOLUME BROCHÉ
AVEC GRAVURES DANS LE TEXTE — ÉDITION GRAND FORMAT IN-8° CARRÉ

J.-E. ALAUX
Docteur ès lettres, agrégé de philosophie

La Langue et la Littérature françaises du XVe au XVIIe siècle.

Ad. BITARD

Les Merveilles de l'Océan.
L'Art et l'Industrie chez les Insectes.

Louis BOUGIER
Professeur agrégé d'histoire

La France et l'Europe pendant la Révolution.

G. BUREAU
Ingénieur civil, inspecteur des chemins de fer de la Compagnie de l'Ouest

La Vapeur, ses principales applications : Voies ferrées, Navigation.

Dr CAMILLE-GROLLET

L'Électricité, ses principales applications.
Le Ciel et ses Merveilles.

Édouard CAT
Agrégé d'histoire et de géographie, inspecteur d'académie

Les Grandes découvertes Maritimes du XIIIe au XVIe siècle.
Découvertes, Explorations du XVIIe au XIXe siècle.

Adrien DESPREZ

Richelieu et Mazarin.
La France et l'Europe au temps de Charlemagne.

Ad.-F. de FONTPERTUIS

Chine, Japon, Siam et Cambodge.
Les États Latins de l'Amérique.

Paul GAFFAREL
Doyen de la faculté des lettres de Dijon

Les Explorations françaises depuis 1870, avec gravures dans le texte et six cartes géographiques. (Prix Jomard, décerné par la Société de Géographie.)

André GATTEYRIAS
De l'école des langues orientales

A travers l'Asie Centrale.

E. GÉNIN
Professeur agrégé de l'Université

Madagascar, les îles Comore, Mayotte, La Réunion.

GIRARD de RIALLE

Nos Ancêtres, avec nombreuses gravures préhistoriques.

Paul GUILLAUME
Professeur agrégé des sciences physiques

Les Entrailles de la Terre.

LE TASSE
Traduction du prince Lebrun

La Jérusalem délivrée.

Maurice PELLISSON
Agrégé des lettres

Les Romains au temps de Pline le Jeune : leur vie privée.
Rome sous Trajan. Religion : Administration, Lettres et Arts.

Maxime PETIT

Les Pays Scandinaves.

A. PIZARD
Agrégé d'histoire, inspecteur d'académie

La France en 1789 : la société, le gouvernement, l'administration, avec deux cartes des gabelles et des traites d'après Necker.
Les Origines de la Nation française : des Gaulois à Charlemagne.

Raoul POSTEL
Ancien magistrat à Saigon

L'Extrême-Orient : Cochinchine, Annam, Tong-King. I. P. — V. P.

A 1 FRANC 50 LE VOLUME BROCHÉ, IN-8° ÉCU AVEC NOMBRES GRAVURES

Ed. BALCAM

Promenades en Russie.

Alexandre CLERC

Chez les Yankees.

E. GÉNIN

Les Explorations de Brazza.

Raoul JEUDY

Types et Scénarios des COMÉDIES *de Shakespeare.*
Types et Scénarios des DRAMES *de Shakespeare.*

Édouard LABESSE

Le Livre d'images.

Jean LAROCQUE

Par delà la Manche.

Ch. LEMIRE

En Australie.

MAJEAU
Avec préface de Paul Gaffarel

Les Explorations en Afrique pendant le XIXe siècle.

Ed. PETIT
Docteur ès lettres

Michel-Ange : l'homme, l'artiste, le citoyen.

Maxine PETIT

A travers le Danemark.
A travers la Suède-Norwège.

Dr PHILIPPS

René Duguay-Trouin.
Jean Bart et Duquesne.

Raoul POSTEL

Nos Aïeux.
En Tunisie et au Maroc.
Jeanne d'Arc.

Dr REUSS
Ancien médecin militaire

A travers l'Algérie.

Envoi FRANCO contre mandat-poste au nom de M. A. DEGORCE

N.-B. — Tous les ouvrages ci-dessus sont adoptés par le Ministre de l'Instruction publique et par la **Préfecture de la Seine.**

LES CATALOGUES COMPLETS

1° Librairie Degorce-Cadot (Romans, Nouveautés littéraires) avec Manuels de Cuisine et de Patisserie

2° Librairie générale de Vulgarisation Illustrée

9, RUE DE VERNEUIL, PARIS

Seront envoyés FRANCO à qui les demandera par lettre affranchie

CHEFS-D'ŒUVRE
DU
THÉATRE FRANÇAIS

ÉDITION TRÈS SOIGNÉE, COMPRENANT :

I

Portrait et Vie de chaque auteur; — Etude critique générale de son Théâtre

II

Analyse et Histoire de chacune des pièces publiées et Notices sur ses principaux interprètes, depuis la première représentation jusqu'à l'époque actuelle

III

Par chaque fascicule, un ou deux portraits d'après nature ou d'après des originaux communiqués par la *Bibliothèque Nationale* et la *Comédie Française*

IV

Chaque pièce est précédée d'un titre, *fac simile* exact de la première édition

UN FASCICULE
ILLUSTRÉ
de 24 pages
SOUS COUVERTURE
Prix : 30 centimes

UN FASCICULE
ILLUSTRÉ
de 24 pages
SOUS COUVERTURE
Chaque Dimanche

PIÈCES CHOISIES
DE
Corneille, Racine, Molière, Voltaire, Regnard, Marivaux, etc.

PAR

Jules FAVRE

PROFESSEUR DE L'UNIVERSITÉ, DOCTEUR ÈS LETTRES, LAURÉAT DE L'ACADÉMIE FRANÇAISE

PARIS
Librairie de vulgarisation (A. DEGORCE, *éditeur*)
9, RUE DE VERNEUIL, 9

CHEFS-D'ŒUVRE DU THÉÂTRE FRANÇAIS

Edition illustrée grand in-8° Jésus anglais

Pour le nombreux Public désireux d'être initié aux principales œuvres dramatiques françaises, nous publions le Théâtre choisi de nos grands auteurs.

Nous commençons par CORNEILLE avec *le Cid, Horace, Cinna, Polyeucte, le Menteur*; après, ce sera RACINE avec *Andromaque, Britannicus, Phèdre, Athalie, les Plaideurs*. Puis, les maîtresses œuvres de MOLIÈRE, VOLTAIRE, etc., etc.

Les pièces publiées de chaque auteur feront un fort et beau volume distinct, de plus de 400 pages. Avec le dernier fascicule sera mise en vente, ou expédiée gratis aux abonnés, la très belle couverture du volume complet, imprimée en deux couleurs.

Cette publication de nos chefs-d'œuvre dramatiques, conçue d'après un plan nouveau, à l'aide de documents, quelques-uns ignorés jusqu'à ce jour, et éditée avec grand soin malgré son prix modique — pas plus cher que les insanités et autres choses malpropres se débitant à trop grand nombre d'exemplaires — vient à point pour ceux, parmi le grand Public, dont le goût épuré recherche la saine et fortifiante lecture de nobles sentiments et d'actes héroïques magnifiquement exprimés.

La personnalité du Professeur-Écrivain qui a bien voulu prêter le concours de son talent et de son érudition à cette œuvre de vulgarisation est un sûr garant de son succès. Elle figurera sur la table et dans toutes les bibliothèques de la famille. Cette nouvelle édition sera également la bien venue pour les érudits et les amateurs de beaux et bons livres.

Afin de faciliter les personnes n'ayant pas de librairie à leur portée, l'Éditeur des *Chefs-d'œuvre du théâtre français* consentira des abonnements, renouvelables à volonté, de 10 ou 20 fascicules expédiés franco contre mandat-poste de 3 fr. 50 ou 7 fr. au nom de M. A. DEGORCE.

Par exception, afin de permettre l'appréciation de l'œuvre, les fascicules 1 et 2 seront expédiés contre 50 centimes en timbres-poste. Au cas d'abonnement immédiat pour la suite, ces 50 centimes seront déduits de l'abonnement.

Un fascicule *chaque dimanche* : Prix **30** centimes

Demander dans toutes les principales Librairies

CHEFS-D'ŒUVRE
DU
THÉATRE FRANÇAIS

ÉDITION TRÈS SOIGNÉE, COMPRENANT :

I

Portrait et Vie de chaque auteur; — Etude critique générale de son Théâtre

II

Analyse et Histoire de chacune des pièces publiées et Notices sur ses principaux interprètes, depuis la première représentation jusqu'à l'époque actuelle

III

Par chaque fascicule, un ou deux portraits d'après nature ou d'après des originaux communiqués par la *Bibliothèque Nationale* et la *Comédie Française*

IV

Chaque pièce est précédée d'un titre, *fac simile* exact de la première édition

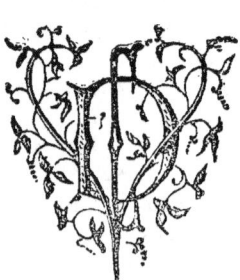

UN FASCICULE
ILLUSTRÉ
de 24 pages
SOUS COUVERTURE
Prix : 30 centimes

UN FASCICULE
ILLUSTRÉ
de 24 pages
SOUS COUVERTURE
Chaque fascicule

PIÈCES CHOISIES
DE
Corneille, Racine, Molière, Voltaire, Regnard, Marivaux, etc.
PAR
Jules FAVRE
PROFESSEUR DE L'UNIVERSITÉ, DOCTEUR ÈS LETTRES, LAURÉAT DE L'ACADÉMIE FRANÇAISE

PARIS
Librairie de vulgarisation (A. DEGORCE, éditeur)
9, RUE DE VERNEUIL, 9

CHEFS-D'ŒUVRE DU THÉÂTRE FRANÇAIS

Edition illustrée grand in-8° Jésus anglais

Pour le nombreux Public désireux d'être initié aux principales œuvres dramatiques françaises, nous publions le Théâtre choisi de nos grands auteurs.

Nous commençons par CORNEILLE avec *le Cid, Horace, Cinna, Polyeucte, le Menteur*; après, ce sera RACINE avec *Andromaque, Britannicus, Phèdre, Athalie, les Plaideurs*. Puis, les maîtresses œuvres de MOLIÈRE, VOLTAIRE, etc., etc.

Les pièces publiées de chaque auteur feront un fort et beau volume distinct, de plus de 400 pages. Avec le dernier fascicule sera mise en vente, ou expédiée gratis aux abonnés, la très belle couverture du volume complet, imprimée en deux couleurs.

Cette publication de nos chefs-d'œuvre dramatiques, conçue d'après un plan nouveau, à l'aide de documents, quelques-uns ignorés jusqu'à ce jour, et éditée avec grand soin malgré son prix modique — pas plus cher que les insanités et autres choses malpropres se débitant à trop grand nombre d'exemplaires — vient à point pour ceux, parmi le grand Public, dont le goût épuré recherche la saine et fortifiante lecture de nobles sentiments et d'actes héroïques magnifiquement exprimés.

La personnalité du Professeur-Écrivain qui a bien voulu prêter le concours de son talent et de son érudition à cette œuvre de vulgarisation est un sûr garant de son succès. Elle figurera sur la table et dans toutes les bibliothèques de la famille. Cette nouvelle édition sera également la bien venue pour les érudits et les amateurs de beaux et bons livres.

Afin de faciliter les personnes n'ayant pas de librairie à leur portée, l'Éditeur des *Chefs-d'œuvre du théâtre français* consentira des abonnements, renouvelables à volonté, de 10 ou 20 fascicules expédiés franco contre mandat-poste de 3 fr. 50 ou 7 fr. au nom de M. A. DEGORCE.

Par exception, afin de permettre l'appréciation de l'œuvre, les fascicules 1 et 2 seront expédiés contre **50 centimes** en timbres-poste. Au cas d'abonnement immédiat pour la suite, ces 50 centimes seront déduits de l'abonnement.

Un fascicule *chaque dimanche* : Prix **30 centimes**

Demander dans toutes les principales Librairies

CHEFS-D'ŒUVRE
DE
THÉATRE FRANÇAIS

ÉDITION TRÈS SOIGNÉE, COMPRENANT :

I

Portrait et Vie de chaque auteur; — Etude critique générale de son Théâtre

II

Analyse et Histoire de chacune des pièces publiées et Notices sur ses principaux interprètes, depuis la première représentation jusqu'à l'époque actuelle

III

Par chaque fascicule, un ou deux portraits d'après nature ou d'après des originaux communiqués par la *Bibliothèque Nationale* et la *Comédie Française*

IV

Chaque pièce est précédée d'un titre, *fac simile* exact de la première édition

UN FASCICULE
ILLUSTRÉ
de 24 pages
SOUS COUVERTURE
Prix : 30 centimes

UN FASCICULE
ILLUSTRÉ
de 24 pages
SOUS COUVERTURE
Chaque Dimanche

PIÈCES CHOISIES
DE
Corneille, Racine, Molière, Voltaire, Regnard, Marivaux, etc.
PAR
Jules FAVRE
PROFESSEUR DE L'UNIVERSITÉ, DOCTEUR ÈS LETTRES, LAURÉAT DE L'ACADÉMIE FRANÇAISE

PARIS
Librairie de vulgarisation (A. DEGORCE, éditeur)
9, RUE DE VERNEUIL, 9

FASCICULE 14

CHEFS-D'ŒUVRE DU THÉÂTRE FRANÇAIS

Edition illustrée grand in-8° Jésus anglais

Pour le nombreux Public désireux d'être initié aux principales œuvres dramatiques françaises, nous publions le Théâtre choisi de nos grands auteurs.

Nous commençons par CORNEILLE avec *le Cid, Horace, Cinna, Polyeucte, le Menteur* ; après, ce sera RACINE avec *Andromaque, Britannicus, Phèdre, Athalie, les Plaideurs*. Puis, les maîtresses œuvres de MOLIÈRE, VOLTAIRE, etc., etc.

Les pièces publiées de chaque auteur feront un fort et beau volume distinct, de plus de 400 pages. Avec le dernier fascicule sera mise en vente, ou expédiée gratis aux abonnés, la très belle couverture du volume complet, imprimée en deux couleurs.

Cette publication de nos chefs-d'œuvre dramatiques, conçue d'après un plan nouveau, à l'aide de documents, quelques-uns ignorés jusqu'à ce jour, et éditée avec grand soin malgré son prix modique — pas plus cher que les insanités et autres choses malpropres se débitant à trop grand nombre d'exemplaires — vient à point pour ceux, parmi le grand Public, dont le goût épuré recherche la saine et fortifiante lecture de nobles sentiments et d'actes héroïques magnifiquement exprimés.

La personnalité du Professeur-Écrivain qui a bien voulu prêter le concours de son talent et de son érudition à cette œuvre de vulgarisation est un sûr garant de son succès. Elle figurera sur la table et dans toutes les bibliothèques de la famille. Cette nouvelle édition sera également la bien venue pour les érudits et les amateurs de beaux et bons livres.

Afin de faciliter les personnes n'ayant pas de librairie à leur portée, l'Éditeur des *Chefs-d'œuvre du théâtre français* consentira des abonnements, renouvelables à volonté, de 10 ou 20 fascicules expédiés franco contre mandat-poste de 3 fr. 50 ou 7 fr. au nom de M. A. DEGORCE.

Par exception, afin de permettre l'appréciation de l'œuvre, les **fascicules 1 et 2 seront expédiés contre 50 centimes en timbres-poste.** Au cas d'abonnement immédiat pour la suite, ces 50 centimes seront déduits de l'abonnement.

Un fascicule *chaque dimanche* : Prix **30** centimes

Demander dans toutes les principales Librairies

Extrait du Catalogue de la Librairie générale de Vulgarisation Illustrée
PARIS — 9, RUE DE VERNEUIL, 9

BIBLIOTHÈQUE DE VULGARISATION A 3 FRANCS LE VOLUME BROCHÉ
AVEC GRAVURES DANS LE TEXTE — ÉDITION GRAND FORMAT IN-8° CARRÉ

J.-E. ALAUX
Docteur ès lettres, agrégé de philosophie
La Langue et la Littérature françaises du xv° au xvii° siècle.

Ad. BITARD
Les Merveilles de l'Océan.
L'Art et l'Industrie chez les Insectes.

Louis BOUGIER
Professeur agrégé d'histoire
La France et l'Europe pendant la Révolution.

G. BUREAU
Ingénieur civil, inspecteur des chemins de fer de la Compagnie de l'Ouest
La Vapeur, ses principales applications : Voies ferrées, Navigation.

D' CAMILLE-GROLLET
L'Electricité, ses principales applications.
Le Ciel et ses Merveilles.

Édouard CAT
Agrégé d'histoire et de géographie, inspecteur d'académie
Les Grandes découvertes Maritimes du xiii° au xvi° siècle.
Découvertes, Explorations du xvii° au xix° siècle.

Adrien DESPREZ
Richelieu et Mazarin.
La France et l'Europe au temps de Charlemagne.

Ad.-F. de FONTPERTUIS
Chine, Japon, Siam et Cambodge.
Les Etats Latins de l'Amérique.

Paul GAFFAREL
Doyen de la faculté des Lettres de Dijon
Les Explorations françaises depuis 1870, avec gravures dans le texte et six cartes géographiques. (Prix Jomard, décerné par la Société de Géographie.)

André GATTEYRIAS
De l'école des Langues orientales
A travers l'Asie Centrale.

E. GÉNIN
Professeur agrégé de l'Université
Madagascar, les îles Comore, Mayotte, La Réunion.

GIRARD de RIALLE
Nos Ancêtres, avec nombreuses gravures préhistoriques.

Paul GUILLAUME
Professeur agrégé des sciences physiques
Les Entrailles de la Terre.

LE TASSE
Traduction du prince Lebrun
La Jérusalem délivrée.

Maurice PELLISSON
Agrégé des lettres
Les Romains au temps de Pline le Jeune : leur vie privée.
Rome sous Trajan. Religion Administration, Lettres et Arts.

Maxime PETIT
Les Pays Scandinaves.

A. PIZARD
Agrégé d'histoire, inspecteur d'académie
La France en 1789 : la société, le gouvernement, l'administration, avec deux cartes des gabelles et des traites d'après Necker.
Les Origines de la Nation française : des Gaulois à Charlemagne.

Raoul POSTEL
Ancien administrateur colonial
L'Extrême - Orient : Cochinchine, Annam, Tong-King. I. P. — V. P.

A 1 FRANC 50 LE VOLUME BROCHÉ, IN-8° ÉCU AVEC NOMBRES GRAVURES

Ed. BALCAM
Promenades en Russie.

Alexandre CLERC
Chez les Yankees.

E. GÉNIN
Les Explorations de Brazza.

Raoul JEUDY
Types et Scénarios des Comédies de Shakespeare.
Types et Scénarios des Drames de Shakespeare.

Édouard LABESSE
Le Livre d'images.

Jean LAROCQUE
Par delà la Manche.

Ch. LEMIRE
En Australie.

MAJEAU
Avec préface de Paul Gaffarel
Les Explorations en Afrique pendant le xix° siècle.

Ed. PETIT
Docteur ès lettres
Michel-Ange : l'homme, l'artiste, le citoyen.

Maxime PETIT
A travers le Danemark.
A travers la Suède-Norwège.

D' PHILIPPS
René Duguay-Trouin.
Jean Bart et Duquesne.

Raoul POSTEL
Nos Aïeux.
En Tunisie et au Maroc.
Jeanne d'Arc.

D' REUSS
Ancien médecin militaire
A travers l'Algérie.

Envoi FRANCO contre mandat-poste au nom de M. A. DEGORCE

N.-B. — Tous les ouvrages ci-dessus sont adoptés par le Ministre de l'Instruction publique et par la Préfecture de la Seine.

LES CATALOGUES COMPLETS

1° Librairie Degorce-Cadot (Romans, Nouveautés littéraires) avec Manuels de Cuisine et de Patisserie

2° Librairie générale de Vulgarisation Illustrée

9, RUE DE VERNEUIL, PARIS

Seront envoyés FRANCO *à qui les demandera par lettre affranchie*

Extrait du Catalogue de la Librairie générale de Vulgarisation Illustrée
PARIS — 9, RUE DE VERNEUIL, 9

BIBLIOTHÈQUE DE VULGARISATION A 3 FRANCS LE VOLUME BROCHÉ
AVEC GRAVURES DANS LE TEXTE — ÉDITION GRAND FORMAT IN-8° CARRÉ

J.-E. ALAUX
Docteur ès lettres, agrégé de philosophie
La Langue et la Littérature françaises du XV° au XVII° siècle.

Ad. BITARD
Les Merveilles de l'Océan.
L'Art et l'Industrie chez les Insectes.

Louis BOUGIER
Professeur agrégé d'histoire
La France et l'Europe pendant la Révolution.

G. BUREAU
Ingénieur civil, inspecteur des chemins de fer de la Compagnie de l'Ouest
La Vapeur, ses principales applications : Voies ferrées, Navigation.

D' CAMILLE-GROLLET
L'Électricité, ses principales applications.
Le Ciel et ses Merveilles.

Édouard CAT
Agrégé d'histoire et de géographie, inspecteur d'académie,
Les Grandes découvertes Maritimes du XIII° au XVI° siècle.
Découvertes, Explorations du XVII° au XIX° siècle.

Adrien DESPREZ
Richelieu et Mazarin.
La France et l'Europe au temps de Charlemagne.

Ad.-F. de FONTPERTUIS
Chine, Japon, Siam et Cambodge.
Les États Latins de l'Amérique.

Paul GAFFAREL
Doyen de la faculté des lettres de Dijon
Les Explorations françaises depuis 1870, avec gravures dans le texte et six cartes géographiques. (Prix Jomard, décerné par la Société de Géographie.)

André GATTEYRIAS
De l'école des langues orientales
A travers l'Asie Centrale.

E. GÉNIN
Professeur agrégé de l'Université
Madagascar, les îles Comore, Mayotte, La Réunion.

GIRARD de RIALLE
Nos Ancêtres, avec nombreuses gravures préhistoriques.

Paul GUILLAUME
Professeur agrégé des sciences physiques
Les Entrailles de la Terre.

LE TASSE
Traduction du prince Lebrun
La Jérusalem délivrée.

Maurice PELLISSON
Agrégé des lettres
Les Romains au temps de Pline le Jeune : leur vie privée.
Rome sous Trajan. Religion : Administration, Lettres et Arts.

Maxime PETIT
Les Pays Scandinaves.

A. PIZARD
Agrégé d'histoire, inspecteur d'académie
La France en 1789 : la société, le gouvernement, l'administration, avec deux cartes des gabelles et des traites d'après Necker.
Les Origines de la Nation française : des Gaulois à Charlemagne.

Raoul POSTEL
Ancien magistrat à Saigon
L'Extrême-Orient : Cochinchine, Annam Tong-King. I. P. — V. P.

A 1 FRANC 50 LE VOLUME BROCHÉ, IN-8° ÉCU AVEC NOMBRES GRAVURES

Ed. BALCAM
Promenades en Russie

Alexandre CLERC
Chez les Yankees.

E. GÉNIN
Les Explorations de Brazza.

Raoul JEUDY
Types et Scénarios des Comédies de Shakespeare.
Types et Scénarios des Drames de Shakespeare.

Édouard LABESSE
Le Livre d'images.

Jean LAROCQUE
Par delà la Manche.

Ch. LEMIRE
En Australie.

MAJEAU
Avec préface de Paul Gaffarel
Les Explorations en Afrique pendant le XIX° siècle.

Ed. PETIT
Docteur ès lettres
Michel-Ange : l'homme, l'artiste, le citoyen.

Maxime PETIT
A travers le Danemark.
A travers la Suède-Norwège.

D' PHILIPPS
René Duguay-Trouin.
Jean Bart et Duquesne.

Raoul POSTEL
Nos Aïeux.
En Tunisie et au Maroc.
Jeanne d'Arc.

D' REUSS
Ancien médecin militaire
A travers l'Algérie.

Envoi FRANCO contre mandat-poste au nom de M. A. DEGORCE

N.-B. — Tous les ouvrages ci-dessus sont adoptés par le **Ministre de l'Instruction publique** et par la **Préfecture de la Seine**.

LES CATALOGUES COMPLETS

1° Librairie Degorce-Cadot (Romans, Nouveautés littéraires) avec Manuels de Cuisine et de Patisserie

2° Librairie générale de Vulgarisation Illustrée

9, RUE DE VERNEUIL, PARIS

Seront envoyés FRANCO *à qui les demandera par lettre affranchie*

Extrait du Catalogue de la Librairie générale de Vulgarisation Illustrée
PARIS — 9, RUE DE VERNEUIL, 9

BIBLIOTHÈQUE DE VULGARISATION A 3 FRANCS LE VOLUME BROCHÉ
AVEC GRAVURES DANS LE TEXTE — ÉDITION GRAND FORMAT IN-8° CARRÉ

J.-E. ALAUX
Docteur ès lettres, agrégé de philosophie
La Langue et la Littérature françaises du xv° au xvii° siècle.

Ad. BITARD
Les Merveilles de l'Océan.
L'Art et l'Industrie chez les Insectes.

Louis BOUGIER
Professesseur agrégé d'histoire
La France et l'Europe pendant la Révolution.

G. BUREAU
Ingénieur civil, inspecteur des chemins de fer de la Compagnie de l'Ouest
La Vapeur, ses principales applications : Voies ferrées, Navigation.

D' CAMILLE-GROLLET
L'Electricité, ses principales applications.
Le Ciel et ses Merveilles.

Édouard CAT
Agrégé d'histoire et de géographie, inspecteur d'académie
Les Grandes découvertes Maritimes du xiii° au xvi° siècle.
Découvertes, Explorations du xvii° au xix° siècle.

Adrien DESPREZ
Richelieu et Mazarin.
La France et l'Europe au temps de Charlemagne.

Ad.-F. de FONTPERTUIS
Chine, Japon, Siam et Cambodge.
Les États Latins de l'Amérique.

Paul GAFFAREL
Doyen de la faculté des lettres de Dijon
Les Explorations françaises depuis 1870, avec gravures dans le texte et six cartes géographiques. (Prix Jomard, décerné par la Société de Géographie.)

André GATTEYRIAS
De l'école des langues orientales
A travers l'Asie Centrale.

E. GÉNIN
Professeur agrégé de l'Université
Madagascar, les îles Comore, Mayotte, La Réunion.

GIRARD de RIALLE
Nos Ancêtres, avec nombreuses gravures préhistoriques.

Paul GUILLAUME
Professeur agrégé des sciences physiques
Les Entrailles de la Terre.

LE TASSE
Traduction du prince Lebrun
La Jérusalem délivrée.

Maurice PELLISSON
Agrégé des lettres
Les Romains au temps de Pline le Jeune : leur vie privée.
Rome sous Trajan. Religion : Administration, Lettres et Arts.

Maxime PETIT
Les Pays Scandinaves.

A. PIZARD
Agrégé d'histoire, inspecteur d'académie
La France en 1789 : la société, le gouvernement, l'administration, avec deux cartes des gabelles et des traites d'après Necker.
Les Origines de la Nation française : des Gaulois à Charlemagne.

Raoul POSTEL
Ancien magistrat à Saigon
L'Extrême-Orient : Cochinchine, Annam, Tong-King. I. P. — V. P.

A 1 FRANC 50 LE VOLUME BROCHÉ, IN-8° ÉCU AVEC NOMBRES GRAVURES

Ed. BALCAM
Promenades en Russie.

Alexandre CLERC
Chez les Yankees.

E. GÉNIN
Les Explorations de Brazza.

Raoul JEUDY
Types et Scénarios des COMÉDIES *de Shakespeare.*
Types et Scénarios des DRAMES *de Shakespeare.*

Édouard LABESSE
Le Livre d'images.

Jean LAROCQUE
Par delà la Manche.

Ch. LEMIRE
En Australie.

MAJEAU
Avec préface de Paul Gaffarel
Les Explorations en Afrique pendant le xix° siècle.

Ed. PETIT
Docteur ès lettres
Michel-Ange : l'homme, l'artiste, le citoyen.

Maxine PETIT
A travers le Danemark.
A travers la Suède-Norwège.

D' PHILIPPS
René Duguay-Trouin.
Jean Bart et Duquesne.

Raoul POSTEL
Nos Aïeux.
En Tunisie et au Maroc.
Jeanne d'Arc.

D' REUSS
Ancien médecin militaire
A travers l'Algérie.

Envoi FRANCO contre mandat-poste au nom de M. A. DEGORCE

N.-B. — Tous les ouvrages ci-dessus sont adoptés par le Ministre de l'Instruction publique et par la Préfecture de la Seine.

LES CATALOGUES COMPLETS

1° Librairie Degorce-Cadot (Romans, Nouveautés littéraires) avec Manuels de Cuisine et de Patisserie

2° Librairie générale de Vulgarisation Illustrée

9, RUE DE VERNEUIL, PARIS

Seront envoyés FRANCO *à qui les demandera par lettre affranchie*

CHEFS-D'ŒUVRE
DU
THÉATRE FRANÇAIS

ÉDITION TRÈS SOIGNÉE, COMPRENANT :

I

Portrait et Vie de chaque auteur; — Etude critique générale de son Théâtre

II

Analyse et Histoire de chacune des pièces publiées et Notices sur ses principaux interprètes, depuis la première représentation jusqu'à l'époque actuelle

III

Par chaque fascicule, un ou deux portraits d'après nature ou d'après des originaux communiqués par la *Bibliothèque Nationale* et la *Comédie Française*

IV

Chaque pièce est précédée d'un titre, *fac simile* exact de la première édition

UN FASCICULE
ILLUSTRÉ
de 24 pages
SOUS COUVERTURE
Prix : 30 centimes

UN FASCICULE
ILLUSTRÉ
de 24 pages
SOUS COUVERTURE
Chaque Dimanche

PIÈCES CHOISIES
DE
Corneille, Racine, Molière, Voltaire, Regnard, Marivaux, etc.
PAR
Jules FAVRE
PROFESSEUR DE L'UNIVERSITÉ, DOCTEUR ÈS LETTRES, LAURÉAT DE L'ACADÉMIE FRANÇAISE

PARIS
Librairie de vulgarisation (A. DEGORCE, éditeur)
9, RUE DE VERNEUIL, 9

FASCICULE **21**

CHEFS-D'ŒUVRE DU THÉATRE FRANÇAIS

Edition illustrée grand in-8° Jésus anglais

Pour le nombreux Public désireux d'être initié aux principales œuvres dramatiques françaises, nous publions le Théâtre choisi de nos grands auteurs.

Nous commençons par CORNEILLE avec *le Cid, Horace, Cinna, Polyeucte, le Menteur* ; après, ce sera RACINE avec *Andromaque, Britannicus, Phèdre, Athalie, les Plaideurs*. Puis, les maîtresses œuvres de MOLIÈRE, VOLTAIRE, etc., etc.

Les pièces publiées de chaque auteur feront un fort et beau volume distinct, de plus de 400 pages. Avec le dernier fascicule sera mise en vente, ou expédiée gratis aux abonnés, la très belle couverture du volume complet, imprimée en deux couleurs.

Cette publication de nos chefs-d'œuvre dramatiques, conçue d'après un plan nouveau, à l'aide de documents, quelques-uns ignorés jusqu'à ce jour, et éditée avec grand soin malgré son prix modique — pas plus cher que les insanités et autres choses malpropres se débitant à trop grand nombre d'exemplaires — vient à point pour ceux, parmi le grand Public, dont le goût épuré recherche la saine et fortifiante lecture de nobles sentiments et d'actes héroïques magnifiquement exprimés.

La personnalité du Professeur-Écrivain qui a bien voulu prêter le concours de son talent et de son érudition à cette œuvre de vulgarisation est un sûr garant de son succès. Elle figurera sur la table et dans toutes les bibliothèques de la famille. Cette nouvelle édition sera également la bien venue pour les érudits et les amateurs de beaux et bons livres.

Afin de faciliter les personnes n'ayant pas de librairie à leur portée, l'Éditeur des *Chefs-d'œuvre du théâtre français* consentira des abonnements, renouvelables à volonté, de 10 ou 20 fascicules expédiés franco contre mandat-poste de 3 fr. 50 ou 7 fr. au nom de M. A. DEGORCE.

Par exception, afin de permettre l'appréciation de l'œuvre, les fascicules 1 et 2 seront expédiés contre 50 centimes en timbres-poste. Au cas d'abonnement immédiat pour la suite, ces 50 centimes seront déduits de l'abonnement.

Un fascicule *chaque dimanche* : Prix 30 centimes

Demander dans toutes les principales Librairies

Extrait du Catalogue de la Librairie générale de Vulgarisation Illustrée
PARIS — 9, RUE DE VERNEUIL, 9

BIBLIOTHÈQUE DE VULGARISATION A 3 FRANCS LE VOLUME BROCHÉ
AVEC GRAVURES DANS LE TEXTE — ÉDITION GRAND FORMAT IN-8° CARRÉ

J.-E. ALAUX
Docteur ès lettres, agrégé de philosophie

La Langue et la Littérature françaises du XV° au XVII° siècle.

Ad. BITARD
Les Merveilles de l'Océan.
L'Art et l'Industrie chez les Insectes.

Louis BOUGIER
Professeur agrégé d'histoire

La France et l'Europe pendant la Révolution.

G. BUREAU
Ingénieur civil, inspecteur des chemins de fer de la Compagnie de l'Ouest

La Vapeur, ses principales applications : Voies ferrées, Navigation.

Dr CAMILLE-GROLLET
L'Électricité, ses principales applications
Le Ciel et ses Merveilles.

Édouard CAT
Agrégé d'histoire et de géographie, inspecteur d'académie

Les Grandes découvertes Maritimes du XIII° au XVI° siècle.
Découvertes, Explorations du XVII° au XIX° siècle.

Adrien DESPREZ
Richelieu et Mazarin.
La France et l'Europe au temps de Charlemagne.

Ad.-F. de FONTPERTUIS
Chine, Japon, Siam et Cambodge.
Les États Latins de l'Amérique.

Paul GAFFAREL
Doyen de la faculté des lettres de Dijon

Les Explorations françaises depuis 1870, avec gravures dans le texte et six cartes géographiques. (Prix Jomard, décerné par la Société de Géographie.)

André GATTEYRIAS
De l'école des langues orientales

A travers l'Asie Centrale.

E. GÉNIN
Professeur agrégé de l'Université

Madagascar, les îles Comore, Mayotte, La Réunion.

GIRARD de RIALLE
Nos Ancêtres, avec nombreuses gravures préhistoriques.

Paul GUILLAUME
Professeur agrégé des sciences physiques

Les Entrailles de la Terre.

LE TASSE
Traduction du prince Lebrun

La Jérusalem délivrée.

Maurice PELLISSON
Agrégé des lettres

Les Romains au temps de Pline le Jeune : leur vie privée.
Rome sous Trajan. Religion : Administration, Lettres et Arts.

Maxime PETIT
Les Pays Scandinaves.

A. PIZARD
Agrégé d'histoire, inspecteur d'académie

La France en 1789 : la société, le gouvernement, l'administration, avec deux cartes des gabelles et des traites d'après Necker.
Les Origines de la Nation française : des Gaulois à Charlemagne.

Raoul POSTEL
Ancien magistrat à Saïgon

L'Extrême-Orient : Cochinchine, Annam, Tong-King. I. P. — V. P.

A 1 FRANC 50 LE VOLUME BROCHÉ, IN-8° ÉCU AVEC NOMBRES GRAVURES

Ed. BALCAM
Promenades en Russie.

Alexandre CLERC
Chez les Yankees.

E. GÉNIN
Les Explorations de Brazza.

Raoul JEUDY
Types et Scénarios des Comédies de Shakespeare.
Types et Scénarios des Drames de Shakespeare.

Édouard LABESSE
Le Livre d'images.

Jean LAROCQUE
Par delà la Manche.

Ch. LEMIRE
En Australie.

MAJEAU
Avec préface de Paul GAFFAREL

Les Explorations en Afrique pendant le XIX° siècle.

Ed. PETIT
Docteur ès lettres

Michel-Ange : l'homme, l'artiste, le citoyen.

Maxine PETIT
A travers le Danemark.
A travers la Suède-Norwège.

Dr PHILIPPS
René Duguay-Trouin.
Jean Bart et Duquesne.

Raoul POSTEL
Nos Aïeux.
En Tunisie et au Maroc.
Jeanne d'Arc.

Dr REUSS
Ancien médecin militaire

A travers l'Algérie.

Envoi FRANCO contre mandat-poste au nom de M. A. DEGORCE

N.-B. — Tous les ouvrages ci-dessus sont adoptés par le **Ministre de l'Instruction publique** et par la **Préfecture de la Seine**.

LES CATALOGUES COMPLETS

1° Librairie Degorce-Cadot (Romans, Nouveautés littéraires)
avec Manuels de Cuisine et de Patisserie

2° Librairie générale de Vulgarisation Illustrée

9, RUE DE VERNEUIL, PARIS

Seront envoyés FRANCO *à qui les demandera par lettre affranchie*

www.ingramcontent.com/pod-product-compliance
Lightning Source LLC
Chambersburg PA
CBHW060753230426
43667CB00010B/1553